외재 정태진의
생애와 학문

연민학회 연구총서 1

畏齋 丁泰鎭의 生涯와 學問

외재 정태진의 생애와 학문

허권수·허경진 외 지음

보고사
BOGOSA

외재 정태진 선생 영정

연민 이가원이 외재 정태진에게 글을 배웠던 영주 줄포 검암정사.

검암 정언숙이 원주 치악산 아래에 세웠던 검암정사가 쇠퇴해지자 외재가 1925년에 줄포로 옮겨 세웠으며, 이곳에서 수많은 인재를 배출하였다.

소우(小愚) 강벽원(姜璧元)이 쓴 검암정사 편액 뒤에 미수(眉叟) 허목(許穆)이 검암에게 전서로 당호를 써준 수고헌(壽考軒) 편액이 보이고, 그 옆에 외재가 그 사연을 설명한 근서수고헌제판후(謹書壽考軒題板後) 제판이 보인다.

외재가 검암정사를 줄포에 옮겨 세우면서 중건상량문을 지어 그 사연을 설명하였다.

나주정씨 줄포 입향조인 정언숙이 1638년에 터를 잡았던 호암종택.
외재의 손자 정건영이 2008년에 훼손된 종택을 헐고 다시 지었다.

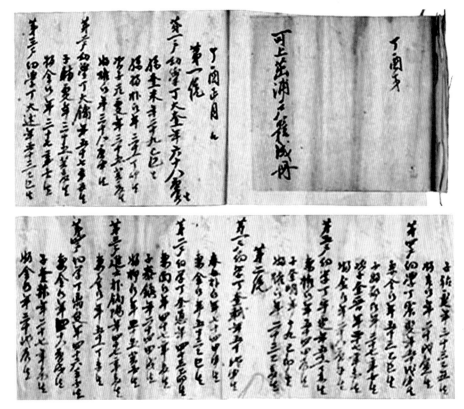

1897년에 작성한 가상줄포호적성책(可上茁浦戶籍成冊)에 제1통부터 제5통까지 주로 나주정씨들의 인적사항이 실려 있다. 제2통 제2호 (하단 왼쪽) 유학(幼學) 정규덕(丁奎悳) 43세 집안에 처 남씨(南氏) 47세, 아들 태진(泰鎭) 24세 갑술생, 며느리 류씨(柳氏) 25세의 이름이 보인다.
갑술생이라면 1874년 생이니, 현재 1876년 생으로 알려진 것과 2년 차이가 나서 24세로 기록되었다.

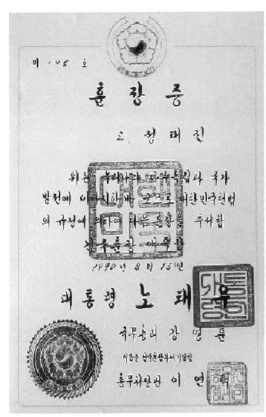

외재가 받은 건국훈장 애족장(1990)

9

외재의 장손인 정조영(丁祖榮)이 대전공과학원에 재학 중 요절하자,
제자 이가원이 위로하는 편지를 올렸다.

외재 소상일(小祥日)에 후배 양전(陽田) 이상호(李祥鎬)가 바친 제문.
이상호는 퇴계의 후손이자 이가원의 종조숙부로, 이가원은 친가의 양전과 외가의
외재를 번갈아 찾아다니며 글을 배웠다.

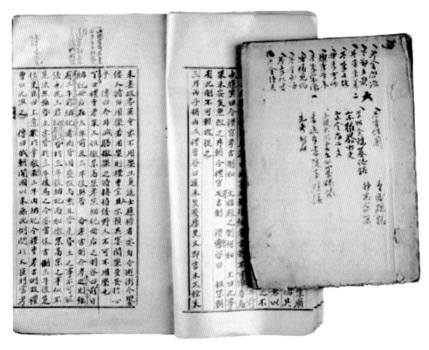

『외재문집』을 간행하기 위해 시문을 모아 처음 편집한 초고본

1965년에 간행된 『외재문집』 14권 7책

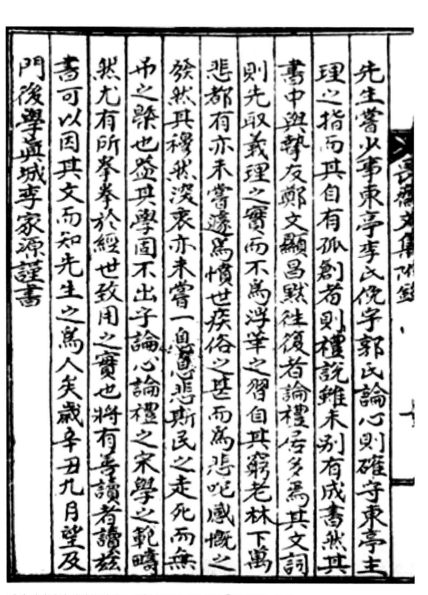

先生嘗必事東亭李氏倪字郭氏論心則確守東亭主

理之指而其自有孤創者則禮說雖未別有成書然其

書中與擊友鄭文顯昌默徃復者論禮居多爲其文詞

則先取義理之實而不爲浮華之習其窮老林下萬

悲都有亦未嘗遼爲憤世疾俗之甚而爲悲呢感慨之

發然其禮狀淡衰亦未嘗一魚嘗慍斯民之走死而無

弔之繁也益其學固不出乎論心論禮之宋學之範疇

然尤有所拳拳於經世致用之實也將有善讀者讀玆

書可以因其文而知先生之爲人矣歲辛丑九月望及

門後學眞城李家源謹書

제자 이가원이 편집을 마치고 신축년(1961)에 지은 『외재문집』 발문

則是辨得此一事，在今已屬宇宙閒最難為，不難知已。然以不佞覲孫氏，則效之一事，自是傳家舊物，何以知其為然也？孫氏之遠祖，實有埋兒得鍾者，以孝善名，粵在羅之興德王之代，王以其地湧石鍾，擬之郭巨之天賜金釜，麗釋一然氏，又載厥遺事，傳諸千後。顧今山河異昔，而孕氣無竭，復出此割股墓之事，視諸埋兒未舉，啞鍾先鳴者，其苦心菲惻，又何如也？故效事也，豈置云爾？實舊物維新，尤有耀於其先矣。且是物也，觸之固無見，而既行之非假，則必有言久而無泯者矣。詎不韙哉？

畏齋全書跋

已亥夏，吾經師畏齋丁先生沒，其少友金雲瑞龍圭，門人金子敬承學，發巾衍之藏，共為訂校，而猶散漫未定卷第，今先生悲子海鳳海龍，將付諸公刊，奉藁入冽，命家源繼之二子之役，而為之卒業焉。蓋以家源從先生游，前後二十餘載最悠也。家源乃敢妄以己意，存其十之贏八，分以文體，類以系之，都為十四卷七冊，附之以狀碣志跋等若干篇，敬題之曰：『畏齋全書。』嗚呼！先生之初讀書為文也，李韓之運已垂訖，而竟值山河崩絕，異族來假，則先生掩卷而起，儒衣空脊以抗之，南絆財解，北走于燕，及到故山，遂絕意世事，杜門劇讀，以終其歲。先生皆少事東亭李氏，偘宇郭氏，論心則確守李氏主理之旨，而其自有孤㶁者，則禮說，雖未別有成書，然

같은 발문이 이가원의 문집『연연야사재문고(淵淵夜思齋文藁)』에는「외재전서발(畏齋全書跋)」이라는 원래의 제목으로 실려 있다

미수가 쓴 수고헌(壽考軒) 현판에 대해 외재가 1937년에 설명한
「근서수고헌제판후(謹書壽考軒題板後)」 초고

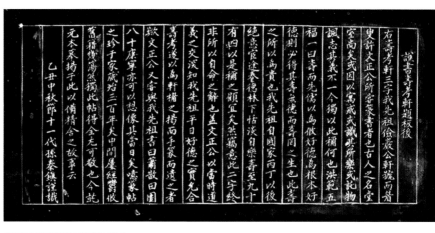

편액은 검암정사에 걸려 있다.

선유구곡 제1곡 옥하대에 외재가 지은 시가 소개되었다.

선유구곡 제9곡까지 사진과 함께 시를 소개한 안내판

　우리나라 한문학계(漢文學界)의 태두(泰斗)인 연민(淵民) 이가원(李家源) 선생은 학문을 이루는 과정에서 여러 명의 훌륭한 스승을 모셨습니다. 그 가운데서 가장 오래 모시고 배웠던 대표적인 스승이 외재(畏齋) 정태진(丁泰鎭)선생입니다. 주로 경학(經學)과 시문창작(詩文創作)을 배웠습니다.

　외재선생의 학문은, 면우(俛宇) 곽종석(郭鍾錫) 선생과 동정(東亭) 이병호(李炳鎬) 선생의 학문을 이어받아 당시 영주(榮州)의 참된 선비로 이름이 있었습니다. 외재 선생의 학문은, 단순히 성리학(性理學)에만 머문 것이 아니고, 경세치용적(經世致用的)인 요소가 많고 독창적인 특성이 많습니다. 이런 요소가 있어 연민선생이 실학(實學)에 관심을 두게 했습니다.

　외재선생은 선비로서 국가민족을 늘 걱정하여 일본 점령하에서 파리국제회의에 한국(韓國)의 독립을 청원하는 파리장서(巴里長書)에 유림대표(儒林代表)로서 서명도 했고, 만주(滿洲)에 가서 독립기지를 만드는 독립운동에도 참여했습니다. 연민선생이 남북통일, 독재타도 등 현실문제에 깊이 관심을 가졌던 것도 외재선생으로부터 받은 영향이 큽니다.

　우리 연민학회(淵民學會)에서는 지금까지 몇 차례에 걸쳐서 외재선생의 생애와 학문사상 및 독립운동에 대하여 각 분야의 권위자들을 초빙하여 다각도로 연구하여 다양한 논문을 발표해 왔습니다. 이 번에 이를 정리하여 모아 단행본으로 간행하여 외재선생의 생애와 학문을 세상에 널리 알리고자 합니다.

외재선생에게 학문을 배운 연민선생은 광복 이후 대학 강단에서 전통학문을 현대의 학자들에게 강의하여 우리 민족학문의 맥을 계승하게 해준 중요한 역할을 하셨습니다. 이에는 외재선생의 영향이 컸습니다.

연민(淵民) 선생은, 우리나라를 대표하는 대학자입니다. 그 학문범위는 한문학(漢文學)은 물론이고, 국문학(國文學), 중국문학(中國文學), 경학(經學), 사학(史學), 금석서예학(金石書藝學)까지 두루 포괄합니다. 연민선생의 학문을 깊이 연구하는 사업은, 우리나라 학술사(學術史)를 계속 정리해 나가는 큰 의미가 있습니다.

이번 이 책의 발간은 연민학(淵民學)의 근원과 맥락을 탐구해 나가는 데 중요한 기능을 하고, 우리나라 한문학 연구에 중요한 도움이 될 것으로 생각됩니다. 앞으로 계속 간행될 연민학회의 연구총서(研究叢書)에 학계 제현들께서 많은 관심을 갖고서 독려해 주시기 바랍니다.

본서의 간행에 많은 도움을 주신 외재(畏齋)선생의 초손(肖孫) 정건영(丁健榮) 회장님께 깊은 감사를 드립니다.

2022년 2월 20일
사단법인 淵民學會 회장 許捲洙 敬識

외재(畏齋) 정태진(丁泰鎭) 선생에 대하여

외재 선생은 반천년의 조선왕조가 일제의 침략 앞에 맥없이 무너지던 구한말(舊韓末)에 84년간 재세(在世, 1876-1959)하셨던 큰 학자요 독립운동가이며 재야(在野)의 올곧은 선비였습니다. 그러나 그의 행적(行績)에 비하면 명성(名聲)은 그렇게 잘 알려지지 않은 분입니다.

선생은 일찍이 동정(東亭) 이병호(李炳鎬) 선생으로부터 경학(經學)을 닦았고, 면우(俛宇) 곽종석(郭鍾錫) 선생으로부터는 예학(禮學)을 익혔습니다. 이는 선생의 학문적 기반이 되었던 것입니다. 그 이후에는 점진적으로 실사구시(實事求是)의 성향이 짙은 의지를 견지(堅持)하게 되었던 것 같습니다. 이는 아무래도 선생의 방조 문암공(文巖公)(휘志宬)과 다산공(茶山公)(휘若鏞)의 영향을 많이 입었기 때문으로 사료(思料)됩니다. 그래서 『외재집(畏齋集)』에는 학교 교육이나 인재 등용, 전지(田地) 제도(制度) 등 경세치용(經世致用)의 의상(意想)이 뚜렷이 나타나 있음을 엿볼수가 있습니다. 특히 〈두설(蠹說)〉에는 인간의 악한 품성을 해충인 좀에 빗대어서 심각하게 표현한 점이 퍽 예리하고 정확하였습니다.

선생의 사장학(詞章學)은 주로 인근의 산수(山水) 경관(景觀)을 읊은 것이 많고 훌륭한데, 실경(實景)을 사실적으로 묘사(描寫)함으로써 주로 형식에만 기울어져 부화(浮華)하기만 했던 것과는 거리가 있는 듯합니다. 어쨌든 외재 선생의 대책(對策)이나 논설(論說) 그리고 문학창작(文學創作) 등에 나타난 중심사상은 그의 우국충정(憂國衷情)과 더불어 실사구시(實事求是)의 사상에 그 근간을 두고 있다고 볼 수가 있습니다.

한편, 선생의 독립운동 참여는 이른바 제1차 유림단사건(儒林團事件) 때에 유림대표로 〈파리장서(巴里長書)〉에 서명했던 일을 특기(特記)해야 할 것입니다. 그러나 선생은 그 이전부터 이미 국내외에서 한국의 주권회복(主權回復)을 위해 주위의 지사(志士)들과 더불어 적극적으로 활약했던 흔적(痕迹)이 보이기도 합니다. 그래서 본인의 생각으로는 선생의 일상(日常)은 '출(出) 즉 독립운동, 처(處) 즉 후진양성(後進養成)'으로 이어졌던 것이며 따라서 연민(淵民) 이가원(李家源) 선생 같은 대단한 석학(碩學)이 그 문하에서 배출되었던 것이라고 봅니다.

『외재문집(畏齋文集)』은 선생이 돌아가신 뒤, 후배 번와(樊窩) 김룡규(金龍圭), 제자 수촌(水村) 김승학(金承學), 연민 이가원 등이 수습, 바로 공(共) 7권의 석판인쇄로 간행하였습니다. 그로부터 어언 약 반세기(半世紀) 이상의 세월이 훌쩍 흘러갔지만 아직도 국역본(國譯本)이 나오지 않아 후학들이 연구에 어려움을 겪고 있으니 조속히 국역본이 출간되어 자세한 해설과 더불어 외재 선생의 학덕과 공적이 널리 알려지기를 여러분과 다 함께 기대해 봅니다.

끝으로 오늘 이 학술회의가 큰 성과를 거두기를 바라고, 논문발표자 토론참여자 사회자 등의 노고(勞苦)에 감사하며, 허권수 회장님을 비롯해서 기타 회의 개최를 위해 수고하신 모든 분들께 감사의 말씀을 드립니다.

신축(2021)년 12월
족후제 정범진 근술(族後弟 丁範鎭 謹述)

【제2부】 외재 정태진의 시문학

외재 정태진의 시문에 대한 규견 [심경호]

【제3부】 외재 정태진의 개혁의식과 독립운동

【제4부】 외재 정태진과 연민 이가원의 사제관계

【부록】

축시(祝詩)

외재선생이 학문을 이루었지만 때를 만나 경륜을 펼치지 못 한 것을 아쉬워하여, 다섯 수

惜畏齋先生成學而不遇時而展五首

허권수

其一

구대 연달아 옥당에 든 것 누가 흠앙하지 않으랴?

愚潭 海左 茶山의 명성 오늘에까지 이르렀네.

苫浦 丁氏 집안에서 이 學統 이었나니,

영남에서 혁혁하여 유림에 이름났도다.

九世玉堂誰不欽. 愚海及茶聲到今.

苫浦丁門承此統, 嶺南赫赫著儒林.

其二

검암공이 자리 잡은 이름난 지역은,

앞엔 물 뒤엔 산이라 형세 그림 같도다.

땅 신령스러워야 인걸 나는 것 뉘 믿지 않으랴?

이 마을 학문 문장 세상에서 다투어 모범으로 삼네.

儉巖卜地一名區, 臨水背山形若圖.

人傑地靈誰不信? 此村文翰世爭模.

其三

외재선생 학문 덕행 성취가 높나니,

가슴에 큰 경륜 쌓았건만 때 만나지 못 했다네.

왜적이 나라 점령하여 백성들 숨도 겨우 쉬는데,

선비로서 날마다 근심과 수고로움 가득했도다.

畏齋學德成就高, 胸蓄鴻圖時不遭.

倭賊占邦民苟喘, 爲儒日日滿憂勞.

其四

잠시 해방 기뻐하는 중에 나라 허리는 잘렸고,

왜놈 풍습 쫓아내기도 전에 미국 물결 출렁이네.

경향의 학교에서 무슨 과목 가르치는가?

서양제도 다투어 본받고 국학은 텅 비었더라.

解放暫歡邦斷腰, 倭風未黜美潮飆.

京鄕校裡何科敎? 爭效西制國學枵.

其五

다행히 한 가닥 學脈 전했나니 그 학생 누구던가?

천리마 같은 淵民이 사통팔달의 거리 달리네.

외재선생 깊은 공부 만세에 전하여,

우리 대한 글 종자 무성해지리라.

幸傳一脈學生誰? 駿足淵民馳大逵.

畏老邃功綿萬世, 吾韓文種可葳蕤.

신축(2021)년 음력 10월 22일에,

두 번째 전한 제자 허권수는 삼가 초를 잡습니다.

歲舍辛丑之陽月念二, 再傳弟子許捲洙謹草.

외재와 연민 두 분 선생님을 사숙하면서 느낌이 있어서,
민을 운자로 선택한다.
私淑畏齋淵民兩先生有感. 押民.

沈慶昊

昔聞儉畏鑄淵民
今誦猥卑有宿因
書牘議論敎懦立
詩談衍說起庸人
良田再覽思東海
貞室三歎慕蜀岷
松柏歷年猶勁古
玉溜豈許點埃塵

들자니 외재의 검암정사에서 연민이 수학하셨다고 하는데,

지금 비재(非才)가 외람되게 두 분 글을 읽게 된 것은 내게 오랜 인연 이랄까 바람이 있기 때문일 듯하다.

외재의 서찰도 의론도 모두 나약한 나를 굳건히 서게 만들고

연민의 시론과 문학사는 언제나 용렬한 나를 일으켜 준다.

외재의 「맥한유(麥韓愈)」에서 마음의 양전에 벼 기장의 씨를 뿌리라 하신 말씀을 거듭 살펴보면서 선생께서 「동해송」에 담아내신 정신을 생각하게 되고,

연민의 『정암문존(貞盦文存)』을 손에 들고 다시금 칭송하며 우뚝한 그 모습을 그리워하지 않을 수 없다.

외재의 송백같은 기상은 세월이 흘러도 굳세고 창연할 것이 아닌가

연민의 산장에 있었다는 옥류는 어디 허접한 티끌이 더럽힐 수 있겠 는가?

[玉溜의 溜는 평수운에서 측성이지만 『집운(集韻)』에 따라 평성으로 읽었다.]

[연민의 『옥류산장시화』와 『정암문존』은 허경진 선생님이 20여 년 전에 주신 책들이다.]

– 沈慶昊 謹製

정태진 선생의 『외재집』을 읽고
讀畏齋集后

崔英成

삼외(三畏)[1]의 뜻 가슴에 새기며
시종일관 참 삶을 사신 분
우담·사암(俟菴)·면우·동정(東亭)의
가르침 한 몸에 아우르시었네
파리장서에 이름을 거신 것은
의리의 실천을 드러내려 함이요
중국 땅으로 발길 옮긴 것은
와신상담(臥薪嘗膽)에 뜻 두심이라

---

1 천명(天命)·대인(大人)·성인(聖人)의 말을 두려워해야 함을 말한다. 『논어』「계씨(季氏)」 참조.

선유동에서는 푸른 물에

마음을 맑히시었고

시골의 학당 안에서는

온화한 안색 가득 지으셨다네

팔십사년의 생애가

온통 군자의 발자취인데

아아, 훌륭하시도다

연민 같은 큰 제자를 두시었으니

服膺三畏始終眞　愚俟偗東幷一身
名掛遠書彰蹈義　足移遐域志嘗薪
仙遊洞裏澄心碧　村學堂中滿面春
八十渾成君子跡　偉哉門下有淵民

〔해설〕

　오는 12월 4일, 연민학회에서 외재 정태진(1876-1959) 선생의 학술을 조명하는 심포지엄이 열린다. 나도 발표자의 열(列)에 끼었다. 선생의 생애와 학문을 한시로 지어달라는 학회 측의 부탁이 따로 있었다.

　외재 선생은 20세기의 학자요 독립운동가다. 1919년 파리장서에 서명하여 옥고를 치른 137명 가운데 한 분으로, 그에 앞서 중국 땅에 건너가 황무지를 개간하여 독립운동 기지로 만들려고 노력을 하다가 뜻대로 되지 않아 귀국하였다. 1990년에야 서훈(敍勳)이 이루어졌다. 만시지탄이 없을 수 없다.

외재 선생은 본관이 나주다. 우담 정시한 – 사암(俟菴: 다산) 정약용으로 이어지는 가문의 학풍을 잘 이어받았다. 처음에 퇴계 후손인 동징(東亭) 이병호(李炳鎬)에게 나아가 학문을 연마하다가 스승이 도중에 세상을 떠나자 면우 곽종석의 문하에 나아가 수업을 마쳤다. 중년까지 독립운동에 뜻을 두었으나 여의치 않자 향촌에 눌러앉아 심성을 수양하고 제자를 양성하는 데 힘썼다. 본디 영주 줄포(茁浦) 출신인데, 1940년대에 문경으로 옮겨가 살았다. 선유구곡(仙遊九曲)에 관한 시를 남겨 오늘날 문경 사람들이 애송하고 있다.

문인 제자로 저명한 사람이 바로 연민 이가원 선생이다. 외재 문하에서 한국한문학계의 태두인 연민이 배출되었으니, 제자를 양성한 공이 크다고 하지 않을 수 없다. 내가 '청출어람(靑出於藍)'을 논할 위치에 있지는 않지만, 제자를 잘 두어 스승까지 조명을 받는 성사(盛事)를 기뻐하여 마지않는다. 아름다운 행사가 될 것으로 믿어 의심치 않는다.
(上平聲 眞韻)

– 崔英成 謹製

『통고당집』 서문을 읽고
沁園春, 讀通故堂集序

南相鎬

6세의 淵民은 畏齋 선생에게 배웠는데,
낮에는 글공부하고 밤에는 생각에 잠겼다네.
옛것 익히기 20년, 세속에 물들지 않고;
오직 성현의 가르침 따르며, 학문의 기초를 쌓았다네.
만물의 변화는 무궁한데, 사람의 능력은 유한하니,
사람들은 기이하다 하네.
淵民 선생은 의혹이 생기면 고전을 연구하고,
畏齋 선생은 어찌했었나 회고했다네.

지금은 고려 시대가 아니므로,
시대에 따라 변화하며 적절하게 하였다네.
선현의 말만 고집하면, 근본을 잃어,

고전은 하나의 이끼 낀 비석에 불과하게 된다네.

자기 마음속은 소홀히 하면서, 고전에 빠진 사람

어떻게 곤경을 극복하나?

자기를 되돌아보며, 쉬지 않고 인덕을 행하면

천기를 얻을 수 있다네.

六歲淵民, 學於畏齋, 晝讀夜思. 習古經卅載, 不流世俗; 唯從聖跡, 誠築文基. 變化無窮, 看觀有限, 因此人都說異奇. 或如惑, 再究諸典籍, 回顧丁師.

而今不是高麗. 須要變、隨時通適宜. 固執先賢說, 傷根失葉, 金文玉字, 只個苔碑. 疏忽心中, 過貪外物, 章句因何以免罹? 反自己, 逐逐行仁德, 可得天機.

- 詞牌: 〈沁園春, 赴密州早行馬上寄子由〉蘇軾. 雙調114字, 前段 13句4平韻, 後段 12句5平韻.
- 이 사(詞)는 2021년 12월 4일 외재 정태진(畏齋 丁泰鎭, 1876-1959) 선생의 학술을 조명하는 연민학회 심포지엄을 기념하기 위해 지은 것이다. 연민 선생이 『通故堂集』(國民書館, 1979) 서문에서 말한 法古創新精神을 기리기 위해 淵淵夜思의 思자를 취하여 支韻으로 압운하였다.
- 自己는 자신은 물론 우리나라와 현시대를 말한다.

제1부

나주정씨 줄포문중과
외재 정태진

나주정씨 줄포문중의 인물과 학문

허권수

1. 서론

　나주정씨(羅州丁氏)는 9대 걸쳐서 옥당(玉堂)에 선발된 전국적인 명문이고, 그 가운데 줄포문중(茁浦門中)은 영남(嶺南)의 명문으로 많은 인물들이 배출되었다.

　이 문중에서 배출한 근세의 학자이자 독립운동가인 외재(畏齋) 정태진(丁泰鎭)의 생애와 학문을 다루는 학술대회에서, 외재라는 학자가 배출될 수 있는 기반인 이 가문의 전반적인 역사와 인물과 학문을 구명(究明)하는 것이 본연구의 목적이다. 본고는 주로 외재라는 걸출한 학자가 탄생하기까지의 그 유래와 배경과 외재 전후의 대표적인 학자들을 소개하는 것을 목적으로 한다.

2. 나주정씨의 유래

줄포(茁浦)에 세거하는 정씨(丁氏) 본관은 나주(羅州)로, 고려(高麗) 검교대장군(檢校大將軍) 정윤종(丁允宗)을 시조로 삼는다. 정윤종은 고려 중기의 인물로 추정되나 자세한 행적은 알 수 없다. 신라(新羅) 때 당(唐)나라에서 건너온 시조 이후 정윤종 윗대를 이어 놓은 족보가 있지만, 나주정씨 집안에서는 인정하지 않는다.

시조의 5대손까지는 나주 압해현(押海縣)에서 살았다. 6대손 정원보(丁元甫)가 검교호군(檢校護軍)의 벼슬을 하여 비로소 수도 개성(開城)으로 옮겨와 살다가 인근 경기도(京畿道) 덕수(德水)로 옮겨 살았다.

8대손 정안경(丁安景)은 황해도(黃海道) 백천(白川)으로 옮겨 살았는데, 이 때부터 배천이 세거지가 되고 거기 존재하는 묘소도 알 수 있게 되었다. 정안경은 낭장(郎將)을 지냈는데, 증손 정수강(丁壽崗)이 현귀(顯貴)함에 따라 통훈대부(通訓大夫) 사섬사정(司贍寺正)에 추증되었다. 13대손 해좌(海左) 정범조(丁範祖)가 지은 묘지(墓誌)가 있다.

조선왕조(朝鮮王朝)에 들어와 정안경의 손자인 정자급(丁子伋, 1423-1487)이 비로소 생원과 문과에 급제하여 1460년 출사하였다. 최종 벼슬은 소격서령(昭格署令)을 지냈는데, 예조판서(禮曹判書)에 추증(追贈)되었다. 11대손 해좌(海左) 정범조가 지은 묘지(墓誌)에 그 생애가 기록되어 있다.

정자급으로부터 9대에 연이어 문과(文科)에 급제한 것으로 유명한 가문인데, 외재 정태진의 직계는 5대에 연이어 문과에 급제하였고, 생가 세계로 하면 6대에 연이어 문과에 급제했다.[1]

정자급의 둘째 아들이 월헌(月軒) 정수강(丁壽崗, 1454-1527)이다. 진사와 문과에 급제하여 강원도(江原道) 관찰사(觀察使) 대사간(大司諫) 등을 거쳐, 최종버슬이 병조참판(兵曹參判)에 이르렀고, 뒤에 찬성(贊成)에 추증되었다. 중종반정(中宗反正)으로 원종공신(原從功臣) 1등에 책록(策錄)되었다.

시(詩)에 매우 능하여 많은 시 작품을 남겼는데, 대부분 문집 『월헌집(月軒集)』에 수록되어 있다. 나주정씨 가운데서 최초로 문집을 남긴 인물이다. 특히 『월헌집』은 영조(英祖)의 명으로 다시 간행되었다. 10대손 해좌 정범조의 묘지가 있다.[2]

월헌의 차자 월봉(月峯) 정옥형(丁玉亨, 1486-1549)은, 문과에 급제하여, 부제학(副提學), 공조(工曹), 형조(刑曹), 예조(禮曹), 병조(兵曹) 등 사조(四曹)의 판서(判書)를 거쳐 좌찬성(左贊成)에 이르렀다. 태자진하사(太子進賀使)로 명(明) 나라에 다녀왔다. 보익공신(保翼功臣)에 책록되고 금천군(錦川君)에 봉해졌다. 시호는 공안(恭安)이다. 전장(典章)에 밝아 『대전후속록(大典後續錄)』의 편찬에 참여했다. 영의정(領議政) 인재(忍齋) 홍섬(洪暹)이 신도비(神道碑)를 지었고, 석봉(石峰) 한호(石峰 韓濩)가 비문을 썼다. 대제학(大提學) 호음(湖陰) 정사룡(鄭士龍)이 묘지명(墓誌銘)을 지었다.[3]

그 아들 삼양재(三養齋) 정응두(丁應斗, 1508-1572)는 진사를 거쳐 1534년에 문과에 장원급제했다. 이 때 퇴계(退溪) 이황(李滉)도 동방(同榜)에 급제하였다. 병조판서(兵曹判書) 등을 거쳐 판중추부사(判中樞府事)에 이

---

1 李宜顯, 『陶谷集』 卷28, 雜著 「陶峽叢說」.

2 丁範祖, 『海左集』 韓國文集叢刊所收.

3 鄭士龍, 『湖陰雜稿』 卷7.

르렀다. 나중에 영의정(領議政)에 추증되었다. 시호는 충정(忠靖)이다. 신도비는 영의정(領議政) 약천(藥泉) 남구만(南九萬)이 짓고 썼고, 묘지명은 8내손 제학(提學) 해좌(海左) 징범조(丁範祖)가 묘지문(墓誌文)을 지었다. 명곡(明谷) 최석정(崔錫鼎)이 시장(諡狀)을 지었다.

정응두(丁應斗)의 넷째 아들 정윤복(丁胤福, 1544-1592)는, 진사와 문과에 급제하여 부제학(副提學), 도승지(都承旨) 등을 거쳐 대사헌(大司憲)에 이르렀다. 사후에 호성원종공신(扈聖原從功臣)에 책록되었고, 여러 차례 증직되어 영의정(領議政)에 이르렀다. 『논어(論語)』를 좋아하여 늘 읽었고, 경연(經筵)에서의 강론이 정확하였다. 대제학(大提學) 우복(愚伏) 정경세(鄭經世)가 신도비를 지었다.[4]

정윤복(丁胤福) 대까지는 외재 집안은, 우담, 해좌, 다산과 같은 집안이다. 정윤복은 아들 일곱을 두었는데, 외재(畏齋) 가문은 장자 정호약(丁好約)의 후손이다. 우담(愚潭) 정시한(丁時翰)은 정윤복의 셋째 아들 사성(司成) 정호관(丁好寬)의 후손인데, 우담은 정호관의 장자 정언황(丁彦璜)의 후손이고, 해좌는 우담의 현손이다. 다산(茶山) 정약용(丁若鏞)의 가문은, 정윤복의 넷째 아들 정호선(丁好善)의 7대손이다.[5]

정윤복의 장자 정호약(丁好約, 1564-1601)은 진사에 합격하고 참봉에 임명되었다. 나중에 호조참판에 추증되었다.

4 鄭經世, 『愚伏集』 권17.
5 『南譜』 朝鮮黨爭關係資料集 제16책, 驪江出版社, 1987.

3. 줄포 정씨 가문의 형성

정호약(丁好約)은 아들이 없어 아우 북록(北麓) 정호공(丁好恭, 1565-1611)의 아들 검암(儉巖) 정언숙(丁彦璛, 1600-1693)을 후사(後嗣)로 삼았다. 정호공은 문과에 급제하여 병조정랑(兵曹正郞), 홍문관(弘文館) 교리(校理), 경기도사(京畿都事)를 지냈고, 진하사(進賀使)의 서장관(書狀官)으로 명(明) 나라에 다녀왔다. 이조참판(吏曹參判)에 추증되고, 호성원종공신(扈聖原從功臣)에 책록(策錄)되었다.

정언숙은 진사에 합격한 뒤 음사(蔭仕)로 의금부도사(義禁府都事), 호조좌랑(戶曹佐郞), 현감(縣監)을 지냈고, 수직(壽職)으로 동지중추부사(同知中樞府事)를 받았다. 서울에 살면서 안동부(安東府) 통판(通判)을 지낸 뒤 영천군(榮川郡)의 줄포(茁浦)로 옮겨와 살았다.

이 분이 바로 영주(榮州) 입향조인데, 외재에게는 11대조가 된다.

줄포 정씨(丁氏)의 직계 선조 가운데서 부제학(副提學) 정수강(丁壽崗), 병조판서 정옥형(丁玉亨), 좌찬성(左贊成) 정응두(丁應斗), 대사헌(大司憲) 정윤복(丁胤福)이 배출되어 전국적인 명문가가 되었다. 6대 연속으로 옥당(玉堂)에 들어갔으므로 전국적으로도 아주 큰 영예로 여기고 있다.

정언숙 이후로는 나주정씨(羅州丁氏)의 가세가 이전의 혁혁한 문성(門聲)을 유지하기 어려워 전국적인 명문에서 영남(嶺南)지방의 양반가문으로 위상이 축소되었다. 1623년 이후 조선왕조(朝鮮王朝)의 정계는 서인(西人)이 득세하고, 남인(南人)들은 위축되었는데, 나주정씨가 남인에 속했기 때문이었다.

정언숙의 장자는 통덕랑(通德郞) 정시원(丁時遠, 1618-1673)이다. 아들이 없어 아우 정시운(丁時運)의 아들 정도민(丁道敏)을 후사로 삼았다.

정도민은 호가 백현당(白玄堂)인데 음사(蔭仕)로 별검(別檢)을 지냈다.

정도민의 장자는 송와(松窩) 정필신(丁必愼)이다. 아들이 없어 재종제 신사 성겸신(丁謙愼)의 아들 정시안(丁志安)을 후사로 삼았나. 정시안의 아들이 정재극(丁載極)이다. 정재극의 맏아들은 정약동(丁若東)인데, 후사 없이 일찍 별세했다. 아우 정약규(丁若奎)의 아들 정서교(丁序敎)가 정약동의 뒤를 이었다.

우담(愚潭) 정시한(丁時翰)의 셋째 아들이 정도진(丁道晉)이다. 아들이 없어 정도민(丁道敏)의 아들 정오신(丁五愼)을 사자(嗣子)로 삼았다. 정오신은 생가로 검암(儉巖) 정언선(丁彦璿)의 증손자이다. 정오신은 아들이 없어 사촌 정영신의 아들 정지명(丁志明)을 사자로 삼았다. 정지명은 해좌(海左) 정범조(丁範祖)의 부친 정지녕의 아우이다. 정지명은 아들이 없어 학구재(學龜齋) 정희조(丁熙祖)를 사자로 삼았다. 이 분이 송대(松臺) 정대직(丁大稙)의 증조이다.

다산의 직계는, '구세옥당(九世玉堂)'이라고 자부심을 나타내었는데, 다산은 집안의 특징을 근(謹), 졸(拙), 선(善) 세 가지를 들었다.

우리 집안에는 특별한 氣風이 있는데, 이제 간략하게 말하면 이러하다.

첫째는 삼감[謹]이다. 국가가 혼란할 때를 당하여서도 뛰어난 충성 貞烈 節義 등 몸을 희생하거나 목숨을 바치는 슬픈 일은 없었다. 그렇다고 하여, 윗사람의 뜻을 순종하여 비리를 저지르거나 세력가를 추종하여 나쁜 일을 하였던 적은 없었다. 그래서 낌새를 보고 미리 떠나 그 禍難에 관여하지 아니하지만, 임금을 보필하는 어진 신하가 되는데에는 손색이 없었다.

둘째는 졸렬함이다. 어떤 일을 만났을 적에는 먼 장래 염려부터 먼저 하므로 밖으로는 겁내는 듯하지만, 속은 사실상 군건하여 일체의 권력으로 인한 쟁탈과 경쟁을 벌이는 장소에는 언제나 몸을 사리고 앞서지 아니하였다. 그래서 비록 큰 승리는 없으나 또한 큰 패배도 없었다. 벼슬하는 사람만 그러한 것이 아니라, 비록 벼슬하지 않고 아래에 있는 사람이라도 집안을 꾸려가고 일을 처리하기를 이렇게 하였기 때문에 출세하여도 큰 벼슬은 없었고, 궁하게 살아 큰 부자는 없었다.

셋째는 착함이다. 대개 丁氏 성을 가진 사람은 그 마음이 모두 선량하여 독기가 없다. 독기가 없다는 것은 결기가 없다는 말과 같다. 그 중에는 이런 사람 저런 사람 모두가 똑같지 않은 점은 있으나 마침내 원망을 품거나 악에 대한 보복을 하지 않는 것은 누구나 그러하였다.

우리 집안이 9대가 玉堂에 벼슬한 것에 대해서는 세상에서 부러워하는 점이다. 그러나 하지 않은 벼슬이 세 가지가 있는데 그것은 정승, 吏曹判書, 文衡이다. 만약 忠靖公[丁應斗의 시호] 때 같으면 조금만 더 진출하였더라면 어찌 거기에 도달하지 못하였겠는가? 다만 한 걸음 물러섰을 뿐이었다.

대체로 한 걸음 물러서는 법은 벼슬하는 데만 그렇게 할뿐만 아니라, 고을 사람들이나 친척들과의 관계에 있어서도 역시 그러한 법도를 지켜서 남보다 앞서려고 하지 말고, 中道를 따르는 것으로 常道를 삼는 것이 옳을 것이다.[6]

---

6 丁若鏞 『與猶堂全書』 詩文集 권14, 「題家乘撮要」. 吾家, 別有一種風氣. 今, 約略言之, 一曰謹. 當國家板蕩, 亦未有危忠烈節殉身舍命之慘. 然未嘗順旨爲非, 趨勢爲惡, 故見幾而作, 不與其難, 不失爲良臣拂士也. 二曰拙. 遇事, 先之以遠慮, 外若怯懦, 中實貞固, 一切權要傾奪奮發之場, 每斂縮不居前, 雖無大勝, 亦無大敗. 不唯仕宦爲然, 雖窮而在下者, 其治家理物如此. 故達之, 無大官. 窮之, 無大富也. 三曰善. 凡以丁爲姓者, 其心, 皆良善無毒. 無毒者, 如云無結氣也. 其中, 雖有參錯不齊, 畢竟不宿怨, 不報惡, 則無不然也. 吾家, 九世玉堂, 世所艶稱. 然有不做者, 三, 曰政丞, 曰吏判, 曰文衡也. 若忠靖之世, 令其少進, 豈不到此? 蓋退一步爾. 凡退一步法, 不但仕宦爲然, 雖於鄕黨宗族之間, 亦須存此規模, 無爲人先, 緣督爲經, 斯可矣.

1790(정조 14)년 29세 되던 다산(茶山) 정약용(丁若鏞)이 줄포를 방문하여 족숙인 정협조(丁協祖)와 정재종(丁載鍾)의 집을 방문하고 시를 남겼다. 이 시는 당시 茁浦의 분위기를 알 수 있는 매우 중요한 시이다.

> 우리 일가들이 숨어 사는 곳,
> 굽은 오솔길 시내 따라 가늘게 나 있네.
> 영남으로 멀리 이사해 와서,
> 수풀 속에 나지막하게 집 지었구나.
> 아이들 가르치는 책 한 시렁이요,
> 종에게 맡긴 남새밭 세 이랑이네.
> 돈독하고 화목하여 서로 의지할 만하니,
> 외롭고 가난하다고 구슬퍼마오.
> 吾宗隱居處, 曲徑細緣溪.
> 嶺外移家遠, 林中着屋低.
> 敎兒書一架, 課僕菜三畦.
> 敦睦宜相賴, 孤貧莫自悽.[7]

그 때까지만 해도 줄포의 나주정씨(羅州丁氏)들은 외롭고 가난하게 살고 있었다. 그래도 서로 화목하게 독실하게 살아가면서 자녀 교육에 힘쓰는 선비 가문의 모습을 이어나가는 상황을 묘사하였다. 옛날 혁혁하던 가세를 생각하여 너무 서글퍼하지 말 것을 다산(茶山)은 줄포의 일가들에게 당부하였다.

---

7 丁若鏞 『與猶堂全書』 제1집, 茶山詩文集 권1, 「榮川茁坡訪族父進士協祖處士載鍾山居」.

4. 줄포정씨 가문의 인물과 학문

1) 검암 정언숙

검암(儉巖)은 1600년 서울에서 태어났다. 자(字)는 군서(君瑞), 호는 검암(儉巖), 또는 수고헌(壽考軒)이다.

어려서부터 맑고 빼어났다. 일찍 부친을 잃었으므로, 숙부 참판공(參判公)한테서 길러졌는데 숙부가 의방(義方)으로 교육하였다.

검암은 풍모가 빼어나 깨끗하여 빙설(氷雪) 같았고, 마음이 깨끗하여 한 점의 티끌도 없었다.

매일 아침 일찍 일어나 세수하고 머리 빗고는 단정히 앉아 종일토록 옛날 책을 읽었다.

다른 사람과 이야기할 때는, 온화하고 편안한 얼굴빛으로 대했고, 사람 차별을 하지 않았다. 평생 남의 허물을 이야기하지 않았다. 주량은 컸지만 과음한 적은 없었다.

글씨는 힘이 있으면서도 단중(端重)하였다. 비록 아들이나 손자에게 주는 글씨라도 줄 사이를 넓게 해서 해서(楷書)로 써 주었지, 어지러운 초서로 아무렇게나 쓰지 않았다.

생활이 검소하여 거문고와 학 기르는 것으로 즐겼고, 영주(榮州)나 원주(原州)에 자손을 위해 마련한 몇 마지기의 전답도 없었다.

관직에 있으면서 자녀들의 혼사를 치를 때 혼수 장만해서 보내는 것이 마치 가난한 선비와 같았다. 사위를 맞이할 때 사위가 사흘 만에 돌아갔는데, 사위 집에서 관아의 물품으로 사치스럽게 꾸며 보낼 줄 알고 하인들이 기다렸다. 그런데 신부 집에서 예물이 왔는데 보니, 말린 생선 몇 종류뿐이었다.

검암은 젊은 시절 명성이 보통사람들보다 월등하게 뛰어나 사람들이 큰 인물이 될 것으로 기대했으나, 결국 많은 사람들의 견제로 떨쳐 일어나지 못 했다. 낭관급(郎官級) 관직이나 작은 고을원 성노에 그치고 말았다. 세상에서 아까워했지만, 검암은 평소에 공명을 좋아하지 않았고, 득실(得失)의 문제에 있어서 담담하였다. 산수 사이에서 깨끗하게 느긋하게 살면서, 산골에서 농사짓고 가난하게 지내는 것이 습관처럼 되어 있었다.

천성이 효우(孝友)하여 생양가(生養家) 두 모친을 섬김에 있어 잠시도 곁을 떠나려고 하지 않고, 극도로 기쁘게 하려고 했다. 일찍이 참의공(參議公)의 임소(任所)에 갔다가 이상하게 마음이 떨리기에 급히 서울 집으로 돌아와보니, 이괄(李适)의 난이 일어나 있는 상황이었다. 급히 두 모친을 모시고 피난갔다.

생가 모친 광주정씨(光州鄭氏)의 상을 당했을 때, 60세를 넘었으면서도 광주(廣州)에서 3년 동안 여묘(廬墓)를 한 뒤에서야 영주로 돌아왔다.

제사를 받들 때는 성경(誠敬)을 다했다. 제사 지내기 전부터 갓과 의복을 차려 입고 재계(齋戒)하였다. 제사에 종사하는 여자 하인들도 모두 몸을 깨끗이 하고 시끄럽게 떠들지 못 하도록 했다.

집안을 다스림에 있어 엄숙하게 하였다. 여러 아들들과 며느리들이 날마다 거처를 따뜻하게 만들거나 시원하게 만드는 일에 신중히 했다. 진퇴를 조심스럽게 하게 하였다.

1613년 14세 때 한성시(漢城試)에 나가 시(詩)로써 높은 성적으로 합격하였다. 1623년 진사(進士)에 장원급제했으나, 합격이 취소되었다. 그 다음해 다시 진사에 합격하였다.

1628년 음서(蔭敍)로 전함사(典艦司) 별좌(別坐)에 임명되었다가, 12월에 의금부(義禁府) 도사(都事)에 임명되었다. 1629년 사옹원(司饔院) 직장(直長)되었다. 1632년 사헌부(司憲府) 감찰(監察)로 승진하였다가, 호조좌랑(戶曹佐郎)에 임명되었다. 1633년 안동부(安東府) 통판(通判), 1640년 삼가현감(三嘉縣監)[8], 1639년에 활인서(活人署) 별제(別提), 형조좌랑(刑曹佐郎)을 역임했다. 이해 8월에 영덕현령(盈德縣令)으로 부임했다. 고을에 중앙의 권세에 의지해서 백성들에게 해악을 끼치는 토호(土豪)가 있어 검암(儉巖)이 법으로 다스리려고 했다. 그 토호의 아들이 무관으로서 중앙의 권세가에게 검암을 무함(誣陷)하기에, 검암은 벼슬을 떠나고 말았다.

1656년에 예천군수(醴泉郡守)에 임명되었으나, 양모 강릉김씨(江陵金氏)의 상을 당하여 나가지 않았다.

1685년에 이르러 수직(壽職)으로 통정대부(通政大夫)에 올랐고, 1690년에는 가선대부(嘉善大夫)에 올랐고, 1692년에는 동지중추부사(同知中樞府事)에 임명되었다.

관직에 있을 때는. 법도를 지켜 사사로운 일을 가지고 공사(公事)를 그르치지 않았다. 정사는 강의(剛毅)함을 숭상하면서도 화이(和易)로 일을 해결해 나갔다. 일일이 간섭하는 가혹하고 각박한 정치를 하지 않았으면서도, 직무는 잘 이행되고 일은 절 처리되었고, 아전들은 두려워하면서 백성들은 그리워하였다. 가는 곳마다 베푼 사랑이 있었다.

1635년 안동부(安東府) 통판(通判)의 임기를 마치고 돌아오다가 영주(榮州)를 지나가게 되었다. 영주 산수의 승경(勝景)을 사랑하여 집을 빌려

---

8   丁志宬의 『文巖集』 권1에 실린 「高祖考府君遺事」에 '三嘉縣令'으로 되어 있으나, 실제로 三嘉縣은 縣監이 다스렸다.

서 거기서 거처하였다. 그 다음에 병자호란(丙子胡亂)이 발생하였으므로 사진(仕進)의 뜻이 없어져, 영주 서쪽 줄포리(茁浦里)에 집을 짓고 임하(林下)에서 소요(逍遙)할 계획을 하였다. 이 때 검암은, 영주의 선비 학사(鶴沙) 김응조(金應祖), 매음(梅陰) 나이준(羅以俊) 등과 도의지교(道義之交)를 맺고 왕래를 하며 지냈다.

영덕현령(盈德縣令)을 마치고 돌아온 이후로는 서울의 집으로 들어가 본 적이 없었다. 일가들 가운데 현달하여 청요직(淸要職)에 있는 사람이 많았지만, 검암은 일찍이 자제들을 위해서 청탁을 해 본 적이 없었다. 세 곳의 고을원을 지냈지만, 의식에 도움이 될 재물을 가져온 적이 없었다.

그 뒤 1665년에 모친 김씨(金氏)의 묘소를 원주(原州) 동쪽 사악(沙岳)에 이장했다. 1667년에는 묘소를 수호하기 위하여 줄포의 거처를 철거하여 묘소 아래 영랑촌(永浪村)으로 돌아갔다. 이 때 학사(鶴沙)가 검암을 몽음사(夢陰寺)로 초빙하여 즐겁게 이야기하다가 시를 읊고서 전송했다. 각자 이름을 써서 한 책을 만들었는데, 그 책을 이름하여 「선유록(仙遊錄)」이라고 했다.

검암이 원주(原州)로 돌아간 뒤로 끼니를 잇지 못할 정도로 가난했지만, 개의치 않고, 서사(書史)를 즐기고 시를 읊으며 지냈다. 그 때 강원감사(江原監司) 홍만종(洪萬鍾)이 찾아와 문안하였다. 그 뒤 홍만종은 법천(法泉)으로 우담(愚潭) 정시한(丁時翰)을 방문하였는데, 돌아가 다른 사람들에게 "집을 사치스럽게 꾸미지 않는 것이 정씨(丁氏) 집안의 가풍(家風)이네."라고 말했다.

1693년 검암은 영랑촌에서 별세하니 향년 94세였다. 사악(沙岳) 선산 아래 안장했다. 세상을 떠나면서 하루 전에 책과 원고를 정리하게 하고 "장례는 검소하게 하라."고 말하고, 유계(遺戒) 몇 장을 남겨 선조를 받드는 데 있어 성경(誠敬)을 다하라고 명했는데, 집안일에 관한 것은 한 마디도 없었다. 자리를 정리하고 편안하게 세상을 떠났다.

검암은 평소에 시 읊기를 좋아하여 원고가 남아 있었다. 후손 정돈섭(丁敦燮)과 정태진이 정리하여 면우(俛宇) 곽종석(郭鍾錫)의 서문을 받아 『검암시집(儉巖詩集)』으로 간행했다.

면우는 검암의 시를 이렇게 평했다.

> 邵康節의 참된 음율이 있는 듯 즐거웠으니, 읊은 것이 性情이 나타난 것이다. 속마음을 뽑아내지 않아도 天紀가 바로 나와 사물의 실정을 그려낸 것이니, 자연스럽게 그렇게 된 것이다.
>
> 대개 그의 시는 음률과 규칙에 급급하지 않았고, 安排하거나 수식하거나 남의 시를 모방하여 짜 맞추지 않았다. 말의 기운은 조화로우면서 평이하고, 의미는 맑으면서도 원대하였다. 음률이 조화로우면서도 여유가 있고, 정신이 밝고 꿰뚫었다. 시를 구성하고 글자를 선택한 것이 여유 있게 솜씨를 발휘하는 오묘함이 있는데, 더욱 古體詩에 뛰어났다.
>
> 시의 제목을 붙이고 사물을 읊는 데 있어, 사물 바깥에서 詩材를 취하고 말 밖에서 뜻을 붙여 빛깔이나 냄새가 다 사라지고, 정신만 홀로 운용된다. 마치 하늘나라에서 음악을 펼치는 듯하고, 霓裳羽衣曲의 곡조가 신선의 바람 속에서 나부끼며 은은하게 구만리 하늘에서 내려와 툭 트인 洞庭湖의 君山에 머무는 것 같으나, 가까이해서 들을 수 없는 것 같다. 생각건대, 그 가슴은 깨끗하여 사물에 얽매이지 않고, 그 정신은 詩境과 어울리고, 마음이 형상과 더불어 텅 비어 참된 정취가 가득히 넘쳐 의미가 이루어지고 韻律이 통했다.[9]

---

9 郭鍾錫 『俛宇集』 권35, 「儉巖詩集序」. 怡乎其有無名公之眞樂矣. 是其性精之發於吟哦者,

면우는, 검암의 시는 당시(唐詩)에 가까운데 특히 고체시(古體詩)에 뛰어났고, 시어(詩語)는 조화롭고 평이하면서 의미는 맑으면서 원대하여 사물 바깥에서 시(詩)의 제재(題材)를 취하고, 말 밖에서 뜻을 부여한다고 했다. 검암의 시는 유가(儒家)의 시전통(詩傳統)에 따라 함축미(含蓄味)가 매우 깊은 시임을 알 수 있다.

2) 임와 정일신(丁一愼)

1682년에 태어났다. 자(字)는 중긍(仲兢)이고 임와(臨窩)는 그 호다.

검암(儉巖) 정언숙(丁彦璛)의 증손이다. 조부는 정시원(丁時遠), 생가(生家) 조부는 정시운(丁時運)이고, 부친은 정도민(丁道敏)이다.

타고난 자질이 빼어나고 특이했고, 거동이 중후하여, 나이 예닐곱 살 때 이미 노성한 모습이 있었다.

족조 우담(愚潭) 정시한(丁時翰)을 스승으로 모셨다. 우담이 기대를 갖고서 중히 여겨, 주자(朱子)의 「존덕성재명(尊德性齋銘)」에 나오는 '그윽한 방에서도 하느님이 임한 듯이 하라.[有幽其室, 有赫其臨.]'이라는 여덟 글자를 써서 주었다. 대개 경계하여 혼자 있을 때를 삼가는 것의 요점으로써 면려한 것이었다. 임와는 이 글을 자리 오른쪽에 붙여 두고, 서실 이름을 임와라고 하고, 잠시 사이에도 마음을 간직하고 본성을 길러 나가 한번 생각할 때도 반드시 성찰하였다.

不待搯擢肝腎, 而直洩天機, 陶寫物情, 乃自然而然也. …… 盖其爲詩, 不規規於聲病, 不由於安排雕纂, 而詞氣冲夷, 意味淸遠, 節奏和徐, 而神采皎徹. 屬辭下字, 恢恢有游刃之妙, 而尤長於古體. 其命題賦事, 類皆取材於狀外, 托意於言表, 色臭俱泯, 靈爽獨運. 有若張廣樂於匀天之庭, 而霓羽商徵, 播璇風而裊太虛, 隱隱九萬里而下, 乍逗于君山洞庭之曠, 而不可狎而聽也. 意其胷次, 灑灑, 不累於物. 故, 神與境得, 心與象虛, 眞趣盈溢, 意到, 而聲通矣.

새벽에 일어나 갓 쓰고 띠를 두르고 부모에게 문안하였다. 부모를 봉양하여 마음을 즐겁게 하였는데, 특별히 정해진 방법에 얽매이지 않고 두루 잘 했다. 물러나서는 형제들과 잠규(箴規) 등의 글을 강론했는데, 형제간에 서로 도움을 주고받는 즐거움이 있었다.

  『논어(論語)』 읽기를 좋아했는데, 반복해서 읽고 체험했고, 오래될수록 그 내용을 더욱 믿었다. 일찍이 이런 시를 지었다.

> 성인이나 철인 볼 수는 없어도,
> 그 말은 책에 있도다.
> 지극한 말로 귀에 대고 가르쳐주는 듯하고,
> 덕을 갖춘 모습은 완연히 눈앞에 있도다.
> 정밀하거나 거친 것 그 것대로 버리는 것 없고,
> 높은 것 낮은 것을 어찌 뛰어넘을 수 있겠는가?
> 그것을 하는 것은 일상생활에 있나니,
> 어찌 꼭 어둡고 아득한 데서 구하려 하는가?
> 나는 장차 이 말에 따라 하여,
> 부지런히 힘을 다하려 한다네.
> 聖哲不可見, 其言在方策.
> 至言如詔耳, 德容宛在目.
> 精粗自無遺, 高下焉可躐.
> 爲之在日用, 不必求冥漠.
> 吾將事斯語, 孜孜庶竭力.

  이 시는 시스로 공부하려고 맹세하는 시다.

  부모의 뜻에 따라 과거공부를 해서 여러 번 향시(鄕試)에는 합격했지만, 문과(文科)에 급제하지는 못 했다.

부모상을 당하여 울부짖으며 슬퍼하여 그의 목숨을 잃을 뻔했다. 발은 중문(中門) 안으로 들어간 적이 없었고, 병이 나도 영양 있는 음식을 늘지 않았다. 물품을 갖추고 예법을 나하여 상례를 마쳤다.

상례를 마친 뒤로는 과거시험장에 자취를 끊었으니, 부모가 안 계시기 때문이었다. 문을 닫고 조용히 앉아 날마다 성현의 글을 가져다 그 속에 푹 빠져들어 연구하였는데, 즐거워서 늙는다는 것도 잊고 지냈다.

거친 음식을 계속 대지 못해도 덤덤하게 별 생각이 없었다. 뜰에는 국화 수백 그루를 심어두고 여가 있는 날에는 시를 읊조리며 사랑하고 즐겨 그 맛에 감동되는 듯 기뻐했다.

서로 교류하면서 학문적으로 도움을 받는 사람으로는, 용강(龍岡) 황수일(黃壽一), 제산(霽山) 김성탁(金聖鐸) 등이었다.

1737년에 세상을 떠났다.[10]

3) 문암 정지성

(1) 생애

문암(文巖) 정지성(丁志宬)은 조선 후기의 학자다. 자는 성지(成之), 문암(文巖)은 그의 호다.

1718년 영주(榮州) 줄포(茁浦)에서 태어났다. 줄포에 자리잡은 검암 정언숙(丁彦璛)의 현손이다. 증조는 통덕랑(通德郎) 정시매(丁時邁)이고, 생가 증조는 통덕랑 정시건(丁時健)이다. 조부는 정도천(丁道天)이고, 부친은 정태신(丁泰愼)이다.

문암은 5세 때 부친을 잃고, 백부인 진사(進士) 동암(桐岩) 정겸신(丁謙

---

10 郭鍾錫 『俛宇集』 권150, 「臨窩丁公墓誌銘」.

愼)에게 수학하였는데, 백부가 엄격하게 가르쳐 학문을 이루었다. 특히 북송(北宋) 성리학(性理學)을 깊이 믿고 따랐다. 하도낙서(河圖洛書), 율력(律曆), 병기(兵機), 복서(卜筮), 산수(算數) 등도 한번 보고서 그 핵심을 파악하였다.

26세 향시(鄕試)에 장원하였고, 36세 때 성균관(成均館)에 들어가 공부하였는데, 당시 사람들이 크게 기대하였다. 언젠가 회시(會試)에 들어갔다가, 고관(考官)이 된 친척이 문암이 왔는지 알아봤다는 사실을 알고는 문암은 과거장에서 나와 버렸다.

집안을 다스리는 데는 법도가 있었고, 자질들이 그 가르침을 따라 수신하였다. 집안이 매우 가난했는데도 태연하였다. 지푸라기만한 것이라도 취할 때는 반드시 도의(道義)로써 했다.

1800년 수직(壽職)으로 통정대부(通政大夫)의 품계에 올라 절충장군(折衝將軍) 첨지중추부사(僉知中樞府事)가 되었다.

1801년 작고하니 향년 84세였다.

덕우(德宇)가 높고 깊고, 공부가 확실하였다. 한평생 행실을 단속하였는데, 윤리에 독실하고 경술(經術)에 근본을 두었다. 자기를 드러나지 않으면서 조심조심 법도에 맞게 자신을 규율하여 법도를 넘지 않게 하고 깨끗하여 다른 사람의 물건을 받거나 물들지 않았다.

문집『문암집(文巖集)』을 남겼다.『문암집』에 들어 있는「칠실공담(漆室空談)」은, 초야 선비의 입장에서 당시 국가 사회의 폐단에 대한 개혁안을 제시한 것이다. 이는 주객문답식으로 되어 있는데, 국가의 정치 경제 사회 문제의 폐단을 지적하여 시정할 방안을 제시하였다.「칠실공담」은, 근기(近畿) 이외의 지역에서도 실학(實學)이 자생적으로 일어났다는 중요한 증거가 될 수 있는 문헌이다.[11]

(2) 시문

권1에는 시 49수, 기문(記文) 2편, 제문(祭文) 2편, 유사(遺事) 1편이 실려 있다. 권2에는 「칠실공담(漆室空談)」이 실려 있다. 그런데 조선전기(朝鮮前期)의 시인 뇌계(㵢溪) 유호인(俞好仁)의 시가 23수 잘못 편입되어 있어, 정작 문암 본인의 작품은 26밖에 안 된다. 이 시들도 수창(酬唱), 차운(次韻), 증여시(贈與詩)이기 때문에 작가의 사상이 담긴 작품은 거의 없다. 아마도 문암의 시문(詩文)이 다 산일(散逸)된 뒤에 수습(收拾)하여 문집을 편찬한 것으로 보인다.

권2의 「칠실공담」은, 48항목에 걸쳐 당시 사회가 안고 있는 구조적 모순을 실학적인 사상을 바탕으로 분석 비판하고 그 개혁안을 내놓은 것이다. 48개 항목은 크게 보면 토지제도, 환곡제도(還穀制度), 과거제도 및 일반농정에 관한 것이다.[12]

문암이 주장한 내용은 대체로 다음과 같다. 붕당(朋黨)의 폐단을 지적해 관리들에게 편당행위의 근절을 법제화할 것과 담배가 야기하는 불이익과 경제적 손실 등을 지적하여 그 대책을 제시하였다. 또 사회의 구조적 모순이 도량형 제도의 문란과 토지제도의 문란에 있다고 보고, 팔도의 도량형을 통일시키고 토지제도를 정비하여 유식층(遊食層)이 없도록 해야 한다고 주장하였다.

또 정전제(井田制)의 부활과 시행을 강력히 주장하였다. 이렇게 하면 권세가나 부호들의 토지 겸병을 막을 수 있다고 보았다.

환정(還政)이 백성들을 구제하는 제도가 아니고 괴롭히는 제도가 되

---

11 鄭相泓, 『文巖集』 解題, 국역 『文巖集』 수록, 東洋大學校 한국선비문화연구원, 2016.
12 위의 책.

었음을 지적하고, 그 개혁안을 제시하였고, 과거제도의 폐단을 지적하여 인재등용의 바른 길을 제시하였다.

문암의 주장은 상고주의적(尙古主義的)인 경향을 띠면서도 현실에 맞는 제도의 적절한 변통을 주장했다. 그러나 전반적으로『경국대전(經國大典)』체제의 복귀를 주장하는 유학자의 한계를 드러내었다. 다만 결부법(結負法)에 기초한 정전제(井田制)의 시행과 백관(百官)과 서이(胥吏)에게 채전(采田)을 지급해야 한다는 주장은 다른 실학자(實學者)들에게서 볼 수 없는 독특한 견해였다. 서이층(胥吏層)의 부정이 환정(還政)의 문란의 가장 큰 문제점이라고 파악하고 있었는데, 19세기 농민의거(農民義擧)의 원인이 삼정(三政)의 문란 때문이었고, 삼정의 문란은 서리층의 부정에서 야기되었다는 점에서 볼 때 문암은 사태의 원인을 정확하게 진단하고 있었다는 것을 알 수 있었다.[13]

4) 도정 정의철(丁義轍)

1791년 영주(榮州) 줄포(茁浦)에서 태어났다. 자(字)는 영로(瀕老)이다. 우담(愚潭) 정시한(丁時翰)의 5대손이다. 고조는 정도진(丁道晉), 증조는 진사(進士) 정오신(丁五愼), 조부는 정지명(丁志明), 부친은 정희조(丁熙祖)이다.

조금 지각이 있을 때부터 부모를 잘 모셔서 잠시도 곁을 떠나지 않고, 어른처럼 힘든 일을 잘 처리하였다. 글을 배우기 시작할 때부터 실천을 시급한 일로 여겼다. 15세 때 모친상, 18세 때 부친상을 당했다. 집이 가난하여 상례(喪禮)를 치를 수 없었고, 일 진행하기가 어려워 다

---

13 앞의 책.

른 사람이라면 감당할 수가 없었을 것인데도 자신의 힘으로 예를 치렀고, 매우 엄격하게 예법을 지키자 이웃 사람들이 감탄했다.

11세 이전에 원주(原州)에 살던 종숙 해좌(海左) 정범조(丁範祖)에게 가서 배웠다. 외롭고 곤궁한 것 때문에 기가 꺾이지 않았다.

다시 영주(榮州)로 돌아와 과거공부에 뜻을 끊고 오로지 『소학(小學)』을 공부하며 그 내용에 따라 처신했다. 서재 이름을 희현(希賢)이라고 하고서, 갓과 띠는 반드시 단정하게 하고, 앉거나 일어나는 데 법도가 있었다.

늘 일찍 부모를 잃은 것을 지극한 슬픔으로 여겨, 자신은 가볍고 따뜻한 옷을 입지 않았고, 맛있거나 기름진 음식을 가까이 하지 않았다. 제사가 다가오면 반드시 삼가고 엄숙하게 제사를 지내며 울부짖었는데, 마치 상을 막 당했을 때처럼 했다. 새벽에는 반드시 가묘(家廟)에 참알(參謁)했고, 삭망마다 묘소에 참배했다. 자신의 생활을 절약하여 선영에 제전(祭田)을 마련하고 비석을 세웠다.

일가들과 화목하게 지냈고, 여러 가지 일을 반드시 서로 구제하면서 살았다. 서재를 마련하여 집안의 자제들을 모아 학문을 익히도록 하고 과정(課程)을 정해주고 독려했다.

노년에 이르러서도 총명함이 쇠퇴하지 않았고, 장엄한 자세로 사람들을 접견했는데, 종일토록 힘들어하는 기색이 없었다.

붓을 움직여 글씨를 쓰면서 하루살이 만한 작은 글씨도 점획(點劃)이 단정하고 절묘했으니, 일생동안 함양한 공력이 어떠한가를 알 수 있다.

음서(蔭敍)로 선공감(繕工監) 감역(監役)에 임명되었고, 얼마 있다가 수직(壽職)으로 돈녕부(敦寧府) 도정(都正)에 승진했다.

1871년 별세하였다. 손자 안협현감(安峽縣監) 정대직(丁大稙)이 면우

곽종석에게 요청하여 묘갈명(墓碣銘)을 받았다.[14]

5) 송대 정대직

정대직(丁大稙, 1847-1933)의 처음 이름은 대현(大顯)이다. 자(字)는 이
건(而建)이고, 호는 하초(芐俏), 또는 송대(松臺)이다. 우담(愚潭) 정시한
(丁時翰)의 7대손인데, 생가로는 검암 정언숙의 8대손이다. 구학재(龜鶴
齋) 정희조(丁熙祖)의 증손이다. 조부는 희현당(希賢堂) 정의철(丁義轍)인
데, 문학(文學)과 덕행(德行)이 있었고, 평생『소학(小學)』의 취지를 터득
하여 실천하였다.[15] 선공감(繕工監) 감역(監役)을 지냈고, 수직(壽職)으로
돈녕부(敦寧府) 도정(都正)을 받았다. 부친은 정남교(丁南敎)이다. 아들이
없어 아우 통덕랑(通德郎) 정순교(丁恂敎)의 장자인 송대를 사자(嗣子)로
삼았다.

어려서 과거공부(科擧工夫)를 하여 1888년에 생원(生員)에 합격하였
다. 1891년 우담(愚潭)의 종손(宗孫)인 이조참판 정리섭(丁理燮)의 권유로
선공감(繕工監) 가감역(假監役)에 취임했다. 1892년 의금부(義禁府) 도사
(都事)로 옮겼다가 가을에 북부(北部)로 옮겼다. 그 때 청(淸) 나라의 군대
가 서울에 주둔하면서 횡포가 심했는데, 북부의 백성을 살해하는 일이
발생했다. 송대(松臺)는 그 병사를 체포하여 구금하려고 하였으나 뜻대
로 되지 않자, 청나라 장수 원세개(袁世凱)를 찾아가 "사람을 죽인 자는
사형에 처하는 것은 천하의 공정한 법인데, 장군은 어찌 사사로운 정으
로 공법(公法)을 폐기하려 하시오?"라고 하자, 원세계가 사과하고 보상

---

14 郭鍾錫,『俛宇集』권160,「通政大夫敦寧府都正丁公墓碣銘」.
15 丁敦燮,『陶庵文集』卷4,「祭伯父縣監府君文」.

을 해 주고 마무리지었다.

그 해 겨울에 상의원(尙衣院) 별제(別提)로 옮겼다. 얼마 있지 않아서 공조좌랑(工曹佐郎)으로 옮겼다. 1894년 사헌부(司憲府) 삼찰(監察)로 옮겼다. 그 해 겨울에 조정의 여론에 의해서 안협현감(安峽縣監)으로 나갔는데, 고종(高宗)이 친서(親書)로 임명하였다. 도임하는 날 인근 이천현감(伊川縣監)도 겸직하였다. 1895년 이후로는 이천현감만 맡았다. 이천 고을은 습속이 모질었는데, 송대는 기발하면서도 엄격한 법을 적용했으므로 잠시 사이에 폐단이 제거되고 분위기가 안정되었다. 백성들이 비석을 세워 칭송하였다.

1895년 음력 8월에 명성황후(明成皇后) 시해사건이 있었다. 10월에는 단발령을 내렸고, 조정은 외국과 통상을 하고, 많은 제도를 고쳤다. 그래서 관직에서 물러나 고향으로 돌아왔다.

명성황후 시해사건 이후 각지에서 의병이 일어났다. 1896년에는 영남(嶺南)에서 의병이 크게 일어났다. 고을 사람들이 송대(松臺)를 의병의 중장(中將)으로 추대하여 군사 일을 맡겼으므로 안동(安東)으로 가서 안동 예안(禮安)의 군대와 만났다. 내시가 와서 역신(逆臣)으로 처형하겠다고 했으므로, 군사를 고을 사람들에게 맡기고 고향으로 돌아왔다.

고향에서 세상일에 마음을 끊고 마을 뒤 언덕에 조그만 집을 짓고 소나무 오동나무를 심어 송오대(松梧臺)라 명명하고 서사(書史)와 술로 스스로 즐겼다. 소나무는 소나무의 절개를 취한 것이고, 오동은 줄 없는 거문고를 상징했다.

가학(家學)의 정신을 '궁행잠수(躬行潛修)' 네 글자로 요약하여 그 조카 도암(陶庵) 정돈섭(丁敦燮)에게 "이것이 오가(吾家)의 청전(靑氈)이다"라고 했다.

당대의 대학자 면우(俛宇) 곽종석(郭鍾錫), 동정(東亭) 이병호(李炳鎬)와 우의가 좋았다. 두 학자에게 집안의 자질들을 보내어 배우도록 했다. 이로 인해 집안에 학문하는 사람이 많아졌다.

고을의 후배인 강도희(姜道熙)에게 말하기를, "내가 초학자(初學者)들을 많이 보았는데, 조금 재기(才氣)가 있는 사람들은 문사(文辭)에 성급하게 힘을 기울이는데, 모름지기 먼저 회암(晦菴)의 글을 읽어 공부의 방향을 정해야 한다."라고 하여, 주자(朱子)의 학문이 모든 학문의 기본이 된다는 점을 강조하였다.

경비를 독담하여 7대조 우담(愚潭) 정시한(丁時翰)의 방대한 문집인 『우담집(愚潭集)』을 간행하고, 구담정(龜潭亭)을 중건했다.

문집은 없고, 그에 관한 기록을 모은 『송대실록(松臺實錄)』 1책이 있다. 서주(西洲) 김사진(金思鎭)이 묘갈명을 짓고, 그의 외손 연민(淵民) 이가원(李家源)이 행장(行狀)을 지었다. 그의 학문적으로나 사상적으로 영향을 많이 받은 사람이 외손 연민이다.[16]

6) 도암 정돈섭

(1) 생애

도암(陶庵) 정돈섭(丁敦燮)은 조선 말기 일제 초기의 학자이자 독립운동가이다. 자(字)는 백숭(伯崇)이고, 호는 도암이다. 그 자(字)와 호(號)는 스승 면우 곽종석이 지어 준 것이다.[17]

그 부친 정대진(丁大稹)은, 정순교(丁恂敎)의 셋째 아들로 송대(松臺)

---

16 李家源, 「外王考通訓大夫安峽縣監松臺丁府君行狀」, 『淵淵夜思齋文藁』 490-493頁, 通文館, 1967.

17 金承學 所撰, 「陶庵墓誌銘」, 『陶庵文集』 附錄.

정대직(丁大稙)의 아우였으나, 참봉공파(參奉公派) 정원교(丁遠敎)의 후사가 되었다.

1870년 영주(榮州) 술포에서 장자로 태어났다. 나면서부터 영민하여 글을 좋아한 것이 보통 아이들보다 월등하게 뛰어났다. 때때로 책방에 들어가 책을 뽑아 들고 혼자 앉아 있었는데, 집안 사람들이 간 곳을 잃어버리고 찾을 때가 있었다.

1882년 13세 때 백부 송대 정대직의 명으로 동정 이병호의 문하에 나아갔다. 그 때 동정은 소백산(小白山) 속의 절간에 있었는데, 도암은 따라가서 배웠다. 어려움을 참고서 어른들과 똑 같은 과정을 소화했다. 도암이 어린 나이에 뜻을 독실이 하여 공부하자 궁리(窮理)와 수신(修身)의 요지를 말해 주었는데, 속학(俗學) 이외에 성인(聖人)의 학문이 있다는 것을 아는 등 깨달은 바가 자못 많았으므로, 원대(遠大)한 인물이 될 것으로 기대하였다.

그 때 면우 곽종석이 안동(安東) 춘양(春陽) 태백산(太白山) 아래 학산(鶴山)으로 와서 동정(東亭)과 이웃하여 살았다. 도암(陶庵)은 면우 문하에도 출입하며 똑같이 스승으로 삼았다. 면우는 도암이 동지(動止)가 안중(安重)하고, 기도(氣度)가 청원(淸遠)한 것을 보고 도(道)에 함께 나아갈 만한 사람으로 생각했다. 관례(冠禮)를 할 때 자사(字辭)를 지어 주며 기망(期望)하고 면려하였다.

면우가 『태극언해(太極諺解)』, 『통서언해(通書諺解)』를 지어 제자들에게 보이고, 도암에게 논설을 지어라고 했다. 도암은 수백 자에 달하는 논설을 지었는데, 그 요지는 '경(敬)'에 귀결시켰다. 그 때 도암(陶庵)의 나이 19세였는데, 학문의 큰 틀을 이미 파악하고 있었다. 면우는 "도설(圖說)의 본래 뜻을 얻었으니, 우리 유도(儒道)가 믿을 데가 있도

다."라고 했다.[18]

1889년 20세 때 동정(東亭)을 모시고 태백산(太白山)에 오르고, 배를 타고 동해(東海) 일대의 명승지를 두루 구경했는데, 그때 지은 기행문과 시가 있다.

21세 때 동정을 따라 사서(四書), 『심경(心經)』, 『근사록(近思錄)』등 여러 책을 연구하며, 모르거나 막히는 곳이 있으면 바로 질문하고, 궁리하여 차기(箚記)로 남겼다. 「성학십도찬(聖學十圖贊)」을 지어 성리학(性理學)의 근원을 밝히고, 「집중론(執中論)」을 지어 속학(俗學)들의 편협하고 침체된 것을 바로잡았고, 「과거론(科擧論)」을 지어 국가가 선비를 채용함에 있어서 문구(文具)만 숭상하고 실제에 도움이 안 되는 점을 문제로 삼았다. 동정의 지도를 받아 지은 것이지만, 문사(文詞)가 아건(雅健)하고, 논의가 정박(精博)하여, 그 당시 원로학자들의 칭찬을 크게 받았다.

1908년 29세 때 동정이 별세하였는데, 도암은 아직 학문이 이루어지지 않았으므로, 의지할 때 없게 된 것을 한스럽게 여겼다. 그래서 면우가 옮겨가 사는 거창(居昌) 다전(茶田)으로 따라가서 살려는 계획을 했으나 뜻대로 안 되었다.

이어 1910년에는 조선왕조(朝鮮王朝)가 망했다. 도암은, "구차하게 살면서 오랑캐에게 압제를 받으니, 차라리 멀리 요동(遼東)으로 가서 몸을 깨끗이 하고 뜻을 기르는 것이 선비의 의리에 저버림이 없겠다."라는 생각을 가졌다. 식민지가 된 이후, 왜인들의 단발(斷髮), 역복(易服) 등의 압력이 끊어지지 않았다. 이런 생각으로 십수 년 동안 마음을

---

18 丁奎應 所撰, 「先父君家傳」, 『陶庵文集』 附錄.

잡을 수가 없어, 거처를 풍산(豊山), 영주(榮州)의 성산(星山) 등 여러 곳으로 옮겼다.

1915년 봄에 진사(進士) 이광룡(李光龍) 등과 함께 북쪽 지방으로 가기로 약속했다. 요동(遼東)으로 가서 대계(大溪) 이승희(李承熙)를 만났고, 봉천(奉天)에서는 서천(西川) 조정규(趙貞奎)를 만났다. 두 분은 도암(陶庵)의 인물됨에 경도되어 큰 기대를 걸었다. 그 곳 덕흥보(德興堡)에서 거친 저습지를 개발하였다. 도암은 직접 농기구를 들고 농사일을 부지런히 하였고, 밤에는 책상을 마주하고서 밤 늦게까지 공부하였다.

이 해 8월에 조정규·이승희 두 사람과 함께 곡부(曲阜)로 가서 고유문(告由文)을 지어 공자(孔子)의 사당인 공묘(孔廟)를 참배하고 탄신제(誕辰祭)에 참여하였다. 이어 공자의 묘가 있는 공림(孔林), 노(魯) 나라의 태묘(太廟), 안자(顔子)의 사당, 행단(杏壇), 기수(沂水), 무(舞雩) 등을 참관하였다. 공묘(孔廟) 안의 도서관격인 규문각(奎文閣)에 앉아 중국(中國) 유학자들이 「대학설(大學說)」을 강론하는 것을 듣고, 경전(經傳)의 새로운 뜻을 많이 얻었다. 상읍례(相揖禮)를 행했다.

당시 중국에서 강유위(康有爲) 등에 의해서 공자교(孔子敎) 운동이 한창이었는데, 공자의 후손으로 태사(太師)를 지낸 공상림(孔祥霖)이 공자교의 총리(總理)로 있었다. 그 때 도암(陶庵)이 방문하여 곡부(曲阜)에 정거(定居)할 뜻이 있었으나, 물력(物力)이 부족하고 시기가 맞지 않아 뜻을 이루지 못했다. 다시 덕흥보(德興堡)로 돌아오자 농사가 이미 실패하여 거둘 것이 없었다. 그래서 부득이 국내로 돌아왔다.

그 다음 해인 1916년 대계(大溪)가 세상을 떠났고, 같이 일하던 동지들이 모두 단합이 되지 않았다.

1917년 다시 요동으로 들어가 봉천(奉天)에서 서쪽으로 10리 되는 산리촌(山裏村)에 농장을 설치하고 8개월을 머물렀다. 그러나 다시 실패하고 돌아왔다. 부모의 연세가 많아 더 이상 원행(遠行)을 하지 못했다. 그러나 요동으로 가고자 하는 계획은 하루도 마음에서 떠난 적이 없었다. 공상림에게 서신을 보내어 곡부에 가서 정거(定居)하지 못 하는 아쉬움을 이야기했다. 성인(聖人)의 백성이 되고자 하였으나 뜻을 이루지 못 했다. 이 때 공상림에게 『우담집(愚潭集)』 한 질을 보냈다.[19]

1919년 가을에는 면우가 별세하자, 더욱 의지할 데 없는 슬픔을 견디지 못 하였다. 그러나 1921년에 이르러서야 겨우 조문(弔問)했다. 이 이후로 단양(丹陽), 영월(寧越), 개성(開城) 등지의 산수간을 노닐면서 울분을 풀었다.

1941년 4월에 다시 요동으로 갔다. 왜놈의 학정 아래에서 금수처럼 살 수가 없었기 때문이다. 길림성(吉林省) 영길현(永吉縣) 산외자(山隈子)에 이르러 아들 정규한을 먼저 보내어 농토를 세내어 농장을 만들게 했다. 뒤따라 도암이 농장에 도착하자말자 병이나 한 달 이상 신음하다가 6월 22일에 세 들어 살던 집에서 별세하니, 향년 72세였다.[20]

중국으로 떠나려 할 때 친척이나 친구들이 고령에 다른 병이 날 수도 있으니, 가지 말라고 만류했으나, 도암은, "내 몸을 깨끗이 하여 깨끗한 땅에 묻힐 수 있으면, 그 뿐이네."라고 했다. 세상 떠나기 며칠 전에 아들 정규한에게 명하기를, "내 죽은 뒤 반장(返葬)하려고 하지 말고, 용동 들판에 묻고, 의물(儀物) 갖추려고 하지 말라. 망국(亡國)의 망명

---

19 丁奎應 所撰, 「先父君家傳」, 『陶庵文集』 附錄.

20 이은영 등의 「20세기초 北間道 亡命 儒敎知識人들의 漢文學 資料 實態 考察」에서는 陶庵 丁敦燮의 몰년을 1947년으로 잘못 기록해 놓았다. 2014년 한국연구재단.

객에게 무슨 의례(儀禮)냐? 내가 여기 온 것은 다시 압록강(鴨綠江)을 건너가지 않기 위해서니, 내 뜻을 어기지 않는 것이 옳다."라고 했다. 그래서 그 곳 마을 뒤에 묻었다. 그 뒤 곧 해방이 되었으나, 남북이 막히고 요동에 갈 수 없어 반장하지 못 하고 말았다.[21]

도암(陶庵)은 늘 정중하고 단정하게 처신하였다. 효우(孝友)가 지극했다. 다른 사람들에게 정성스럽게 관대하게 대했지만, 시비(是非)나 선악을 분변할 때는 엄격하였다.

(2) 학문과 사상

도암(陶庵)은 모든 학문의 요지는 경(敬)으로 귀결한다고 보았다. 경이 아니면 도(道)에 들어갈 수 없고, 경이 아니면 덕(德)도 온전히 할 수 없다고 보았다. 경을 계속하면 인욕(人慾)이 감소되는데, 그 감소의 극치에 이르면 성인(聖人)을 배울 수 있다고 보았다. 인의(仁義)는 하늘이 사람에게 부여한 본성(本性)으로 동정(動靜)의 덕(德)이라고 보았다.

도암은 말하기를, "학문의 길은 오직 실천을 귀하게 여긴다. 절도(節度)에 넘치거나 허황한 데로 치닫거나 뜻을 멋대로 부리거나 사물에 대해서 오만한 태도를 가지는 것을 고상한 정치(情致)로 여기는 것은 학문이라 할 수가 없다."라고 하여 학문은 허식(虛飾)보다는 실천을 대단히 중시하였다.

또 "도리는 본래 간명(簡明)하고 당연한 것이니, 따라서 행하면 된다. 질직(質直)하여 거짓이 없는 사람은 군자이고, 추잡하고 핑계대고 허탄하고 속이는 사람은 소인이다."라고 했다. 군자가 되는 길은, 꾸밈없이

---

21 『陶庵文集』 附錄. 金梶 所撰, 「陶庵行狀」 李家源 所撰, 「陶庵丁公墓碣銘」.

소박하고 정직하면 된다는 간단한 논리이다.

도암의 문장은, 문장가들의 규범을 따르지 않았고, 또 세속의 부화(浮華)한 것도 따르지 않았다.

학문하는 방법도, 전문가법(專門家法)을 써서 성리학(性理學), 예학(禮學), 사학(史學) 등에 있어 하나를 선택하여 힘을 오로지하여 연구하면 효과가 두 배로 될 수 있다는 독창적인 생각을 했다.[22]

저술로는『곡부기행(曲阜紀行)』,『요중일기(遼中日記)』가 있었으나, 산일(散逸)되고 말았다. 시문집『도암문집(陶庵文集)』6권 3책이 남아 있다. 그러나 시문이 이미 많이 산일되었다. 그의 문집은 북간도(北間島)를 중심으로 한 한국독립운동사 연구에 중요한 자료로 쓰일 수 있고, 또 20세기 유교(儒敎) 지식인(知識人)의 망명문학(亡命文學)으로서도 가치가 크다.

(3) 시문

현재 도암의 문집에 실려 있는 작품으로는, 사(辭) 1제(題) 2수, 시(詩) 98제(題) 106수, 서신(書信) 35편, 고유문(告由文) 1편, 제문(祭文) 13편, 계(戒) 1편, 논(論) 3편, 설(說) 5편, 해(解) 2편, 명(銘) 2편, 찬(贊) 1편, 송(頌) 3편, 잡저(雜著) 33편이다.[23] 시가 98수, 산문이 모두 178편이다.

도암의 시 가운데 「병중서회(病中書懷)」란 시는 망국 지식인의 고회(苦懷)를 표출한 대표작이라 할 수 있다.

---

22 金承學 所撰, 「陶庵墓誌銘」,『陶庵文集』附錄.
23 心學彙言이라는 큰 제목 아래 들어 있는데, 모두 經書의 내용을 부연 해설한 것이다.

겨울 옷 벗기도 전에 저무는 봄 보내나니,
홀로 타국에 있는 몸 무척 가엾도다.
문 앞의 수레는 무득 드뭄어지고 꽃은 절로 지는데,
고향 편지는 오래 끊어졌고 달만 다시 새롭구나.
온갖 가난 참는 데는 쇠 같은 속이 있고,
병들어 티끌세상을 근심스럽게 본다네.
수풀에 가득한 뭇 세들이여 서로 다투지 말게나.
떨치고 일어난 내일 아침에도 정신은 괴로우리.
寒衣未袪送殘春, 獨在偏憐異域身.
門轍頓踈花自落, 鄕書久斷月重新.
百貧耐有腔腸鐵, 一病愁看宇宙塵.
滿林群鳥莫相鬪, 高起明朝也惱神.[24]

　　왜인들의 식민지 통치에 굴욕을 느끼고 요동으로 망명하여 농토를
개간하여 살지만, 외로움과 생활의 곤란함은 견디기 어렵다. 그래서
찾아오는 사람이 그립고, 고향의 편지가 기다려지는 것이 인지상정(人之
常情)이다. 그러나 아무런 영향력이 없으니, 찾아오는 사람은 거의 없고,
고향의 편지도 자주 올 리가 없다. 그런 속에도 고국에서 온 동포끼리
다툼이 끊이지 않았던 모양이다. 그래서 병든 몸이 일어난다 해도 정신
은 편하지 않을 것이라 했다. 나라 잃은 백성이 되면, 이민족의 압제에
신음하지 않을 수 없다. 그러나 망명한다고 해서 새로운 광명이 기다리
는 것도 아니고, 부귀가 있을 수도 없는 가난한 어려운 생활을 면할
길이 없었다.

---

24 『陶庵文集』 권1.

당시 이국에 망명하여 독립운동하던 가난한 유교 지식인들의 정신적 고뇌와 생활의 어려움을 잘 표현하였다.

세상을 떠나기 두 달 전 세 번째 요동에 도착해서 감회를 읊은 시는 이러하다.

> 누가 백년을 길다고 했나?
> 돌이켜 생각해 보니 눈물 옷깃에 그득하네.
> 평생 한 가지 일 할 것 없이,
> 내 마음에 부끄럽지 않고자 하네.
> 誰謂百年長, 回思淚滿襟.
> 生平無一事, 要不愧吾心.[25]

이 시는 도암의 마지막 절필시(絶筆詩)이다. 도암은 한평생을 회상해 보니 잠깐인데, 눈물 흘릴 일이 많다. 나라가 망하여 망명객이 되어 이국 땅에서 농사를 경영하고 있다. 그러나 어떤 일에서도 부끄러움이 없고자 했다. 이것이 선비정신으로 한평생을 살아온 결과다.

도암의 산문은 독창적이고 의미가 풍부한 것이 많다. 그 가운데서도 「학계(學戒)」는 바른 학문의 방법과 방향을 밝힌 중요한 글이다. 도암이 말한 학문은, 성인(聖人)의 학문이다. 이 성인의 학문을 버리고 노장(老莊) 등 다른 학문에 종사하는 것은, 마치 자기 집에 있는 금은(金銀)을 버리고 이웃집의 구리나 쇠를 탐내어 훔치는 것과 같다고 보았다. 성인의 학문은 곧 의리(義理)를 밝히는 학문이다. 누구나 이 도(道)를 밝히면 현인(賢人)을 거쳐 성인에 이를 수 있다고 보았다. 세상이 어지

---

25 「辛巳四月書感懷一絶」, 『陶庵文集』 권1.

러운 것은 이 도(道)가 밝혀지지 않았기 때문이다. 선비의 임무는 무거운데 도를 밝혀서 젊은 시절에 역량을 갖추어야 한다고 했다.[26]

도암의 「과거론(科擧論)」은, 과서의 문제점을 지적하여 좋은 인재를 올바르게 등용하자는 내용이다. 천하를 다스리는 데는 인재를 잘 선발하는 것이 가장 중요하다. 그런데 후세의 과거제도는, 실속 없는 공언(空言)으로 선비를 뽑는 제도다. 그러나 그 것은 선비들의 잘못이 아니고, 조정이 바른 도리를 얻지 못 해 그런 것이다. 학문이 이루어지고 행실이 높은 사람을 성균관(成均館)이나 사학의 스승으로 삼아 정학(正學)을 강명(講明)하여, 학행(學行)이 갖추어진 사람을 조정에 추천하는 식으로 인재를 선발해야 한다고 주장했다. 단순히 문예만 숭상하여 경쟁을 통한 과거를 지양해야 선비 된 사람들이 덕의(德義)를 존중할 줄 알게 될 것이라고 했다.[27]

도암의 「자득설(自得說)」은, 학문하는 데 있어 자득(自得)의 중요성을 강조하여 말한 작품이다. 공부하는 사람은 사우(師友)가 없어서는 안 되겠지만, 스스로 자득하려고 노래하는 것이 중요하다 했다.[28]

7) 담옹 정규창

담옹(淡翁) 정규창(丁奎昌)은 1872년에 태어났다. 자(字)는 자회(子晦)이고, 담옹은 그 호이다. 고조는 암서(巖西) 정약황(丁若璜), 증조는 정주교(丁胄敎), 조부는 정대연(丁大淵), 부친은 정춘섭(丁春燮)이다.

---

26 「學戒」, 『陶庵文集』 권4.
27 「科擧論」, 『陶庵文集』 권4.
28 「自得說」, 『陶庵文集』 권4.

용산(龍山) 이만인(李晚寅)의 문하에서 배웠고, 그 뒤 동정(東亭) 이병호(李炳鎬), 면우 곽종석을 종유(從遊)하였다. 영주(榮州)의 학자 항재(恒齋) 최병인(崔炳寅), 서주(西洲) 김사진(金思鎭), 석산(石山) 김종원(金鍾遠), 외재(畏齋) 정태진(丁泰鎭) 등과 막역한 교의(交誼)를 맺었다. 성리설(性理說)에 있어서는 대부분의 친구들과 달리 주기론(主氣論)을 반대하고, 합이기론(合理氣論)을 주장했다.

담옹은 처음에는 과거공부에 힘썼으나, 1894년 이후 나라 일이 날로 그릇되는 것을 보고는 산수간에 마음을 두고 소백산(小白山) 태백산(太白山)을 다 살핀 뒤 천부산(天浮山) 아래 월동(月洞)에 집을 짓고 속리산(俗離山) 일월산(日月山) 등 많은 산을 유람하였다.

1910년 나라가 망한 이후로 동지들과 요동으로 건너가려 했으나 뜻대로 되지 않았다. 만년에는 문경(聞慶)의 갈평(葛坪)에 자리잡아 살다가 얼마 안 있어, 영주 읍내의 집으로 돌아왔다가 1949년에 병으로 별세하였다. 유고 『담옹고(淡翁藁)』 2책이 있다.

8) 외재 정태진

1876년 줄포에서 태어났다. 자(字)는 노수(魯叟), 호는 서포(西浦)라고 하다가 만년에 외재(畏齋)라고 했다. 정서교(丁序敎)의 현손으로, 줄포 정씨(丁氏) 집안의 종손이다. 그 증조는 송포(松圃) 정대익(丁大翊), 조부는 정인섭(丁寅燮)이다.

부친은 춘포(春圃) 정규덕(丁奎悳)이다. 향시(鄕試)에 합격하였고, 족조(族祖) 정대직(丁大稙)을 따라 의병(義兵)에 참여했다. 뒤에 1907년에 이르러 풍기(豊基) 녹문동(鹿門洞)에 이주해 살았다.

외재의 직계는 6대에 연달아 옥당(玉堂)이 나왔지만, 집안의 분위기는 크게 다산 집안과 다를 바가 없었을 것이다. 외재의 가문은 조선 일대에 걸쳐 큰 학자와 저명한 인물이 많이 나왔다. 비록 직계는 아니지만, 대표직인 인물을 들면, 우담(愚潭) 정시한(丁時翰, 1625-1707)은 퇴계(退溪)의 학통(學統)을 이어 도학(道學)이 우뚝하였다. 해좌(海左) 정범조(丁範祖, 1723-1801)는 문장과 경학(經學)으로 이름 높았다. 다산(茶山) 정약용(丁若鏞, 1762-1836)은 실학을 집대성한 대학자이다.

외재는 집안의 이런 대학자들의 영향을 크게 받아 학문할 수 있는 기반을 어릴 때부터 갖추어졌다. 그릇이 우뚝하고 안정되어 있었고, 뜻이 우뚝하였다. 이마가 넓었고, 콧대가 높았고, 수염이 신선 같았다.

집안의 뛰어난 학자들이 남긴 가학(家學)의 바탕 위에서, 20세 때부터 동정 이병호, 면우 곽종석 같은 큰 스승에게 배워 충실한 학문을 이루었다. 특히 경학에 조예가 깊었다. 문학도 스스로 표방하지는 않았지만, 시문의 수준이 아주 높았다.

외재는 아는 것을 실천에 옮기는 지행합일(知行合一)에 이른 학자였다. 우리나라의 독립을 국제적으로 청원한 파리장서(巴里長書)에 서명하고 만주(滿洲)로 가서 조국의 독립을 위해 활동하는 등 적극적으로 독립운동에 참여하였고, 늘 국가민족을 생각하는 사명감을 가진 학자였다. 단지 학문을 위한 학문을 하면서 자기 자신만 깨끗이 간직하는 은둔형 선비는 아니었다.

가르친 은혜에 보답하기 위해서 동정·면우 두 스승의 문집 간행에 주도적으로 참여하여 제자의 의리를 보여준 선비였다.

외재의 문집에는 가치 있는 글들이 많이 있다. 각종 체(體)의 시가 239수가 실려 있는데, 영주나 문경의 산수 자연을 알 수 있는 경물시(景物詩)가 많이 있다. 문경 선유동(仙遊洞)을 읊은 시는 문학성이 대단히 뛰어나다. 그 가운데「선유구곡(仙遊九曲)」시는 주자(朱子)나 퇴계(退溪)의 구곡시(九曲詩) 전통을 계승한 우수한 작품이다.

또 시 가운데는 일제 이후 해방 후까지 활동했던 유학자들의 만사(挽詞)가 많은데, 이는 우리나라 유학사(儒學史)나 사상사(思想史)를 연구할 수 있는 전기적(傳記的) 자료로서 가치가 크다.

동정·면우 등 당대의 대표적 학자를 위시한 회당(晦堂) 장석영(張錫英), 귤원(橘園) 이선구(李善求), 이강(二江) 유만식(柳萬植), 임거(林居) 정창묵(鄭昌默), 문암(文巖) 손후익(孫厚翼), 중재(重齋) 김황(金榥) 등과 학문을 토론한 서신은, 유학 연구에 도움이 되는 자료들이다. 특히 우복(愚伏) 정경세(鄭經世)의 후손인 정창묵과 주고받은 많은 서신은, 성리학(性理學), 예학(禮學) 연구에 좋은 자료가 된다.

문집에 실린 책(策), 논(論), 설(說) 등은 독창적인 사고와 안목을 담은 중요한 글이다. 이런 면이 외재를 여타의 시골 선비와 위상을 달리하게 한다.

뛰어난 학문과 국가민족을 생각하는 실천이 받침이 된 학자지만, 외재가 살았던 시대가 일제강점기 해방 이후 혼란기인지라, 평생 쌓은 경륜(經綸)을 펼치지 못 하여 아쉬웠다. 그러나 외재의 학문이나 사상은 그의 문집을 잘 읽으면 알 수 있기 때문에, 앞으로 젊은 학자들의 외재에 대한 본격적인 연구가 있어야 할 것으로 생각된다.

9) 월실 정낙진

월실(月室) 정낙진(丁洛鎭)은 1897년에 태어났다. 자(字)는 원백(源伯), 월실은 그 호이다. 담옹(淡翁) 정규창(丁奎昌)의 아들이다. 자라자 키가 훤칠하고 파리하였고, 말은 느리고 더듬었다.

어려서부터 면우 곽종석 문하에 나가서 배웠다. 오래지 않아 돌아와 지리산(智異山), 덕유산(德裕山), 계룡산(鷄龍山)을 두루 유람하고 함평(咸平), 요동 등지에까지 이르렀다가 돌아왔다. 돌아와서는 성현의 지극한 말을 가져다가 열심히 읽고 다 외웠다. 특히 『대학(大學)』에서 득력(得力)한 바가 많았다.

1937년부터 어지러운 세상을 피하여 문경 아호(鵝湖)에 자리잡아 살았으니, 전원수죽(田園水竹)의 즐거움이 있었다. 효성이 지극하였는데, 모친이 병이 나자 약을 조제하며 띠를 풀지 않은 것이 2년이었다.

10) 정노진 등

이밖에도 『외재집(畏齋集)』 등에 보이는 정규식(丁奎軾), 정규현(丁奎顯), 참봉(叅奉) 정후섭(丁厚燮), 정남진(丁南鎭), 정학진(丁學鎭), 정국진(丁國鎭), 정노진(丁魯鎭), 정식(丁湜) 등도 모두 줄포 정씨 집안에서 공부하는 사람으로 보이나, 개별 문집을 구하지 못하여, 논급(論及)하지 못하고, 뒷날 연구할 기회를 얻으면, 다시 다루기로 한다.

5. 결론

나주정씨(羅州丁氏)는 9대에 연이어 옥당(玉堂)에 오른 문한(文翰)과 과환(科宦)으로 알려진 전국적인 저족(著族)이다. 특히 퇴계학파(退溪學派)의 정통을 이은 우담(愚潭) 정시한(丁時翰), 영정조(英正祖) 때 문한(文翰)으로 우뚝했던 해좌(海左) 정범조(丁範祖), 실학(實學)을 집대성한 대학자 다산(茶山) 정약용(丁若鏞) 등이 다 이 가문 출신 학자들로 줄포의 정씨들과 멀지 않다. 또 줄포에 우담(愚潭)의 후손들도 살고 있다. 줄포 정씨들도 이 세 학자의 그 학문적 문학적 전통을 이어 받았다. 그 가운데서 병자호란(丙子胡亂) 이후 영주(榮州) 줄포(茁浦)에 자리잡아 문호를 이룬 가문은, 검암(儉巖) 정언숙(丁彦璛)이 전거(奠居)할 때부터 비로소 전개된다.

인조반정(仁祖反正) 이후 조정의 주도권을 잃은 남인(南人)에 속하는 가문이 된 이 집안에서는 혁혁한 명공거경(名公巨卿)은 배출되지 않아도 대대로 신실한 학자가 끊어지지 않고 나와 영남(嶺南)의 명문(名門)이 되었다. 또 조선말기(朝鮮末期)에는 의병(義兵)에도 참여했고, 일제강점기에는 독립운동에 참여하는 등 선비정신을 발로하여 국가민족을 잊지 않는 구국의 활동에 동참한 모범적인 선비 가문이었다.

이 가운데서도 조선말기 일제강점기(日帝强占期)를 거쳐 해방 이후까지 활동했던 외재(畏齋)는 큰 학문을 이루었고, 그 학문이 제자 연민(淵民) 이가원(李家源)을 통해서 현대 대학(大學)에까지 학맥을 전승해 준 것은 큰 의미가 있다.

이 가문의 학문전통이 오늘날까지 면면히 계승되어, 교수, 박사, 대학총장 등이 배출되어 학계에 기여하는 원동력이 되었다.

이 가문의 문집을 모두 모아 총서(叢書)로 간행하여 더욱더 체계적으로 종합적으로 연구할 필요가 있다.

외재 정태진의 삶과 사상

권오영

1. 머리말

19세기 영남학계에서는 이황(李滉)의 이학(理學)에 대한 새로운 비판적 해석이 나오고 있었다. 이진상(李震相)은 1861년에 심즉리설(心卽理說)을 발표하여 이황의 이기호발론(理氣互發論)이 지배적인 당시 영남학계를 깜짝 놀라게 했다. 그리하여 20세기 초에 영남의 상주에서 이진상의 『한주문집(寒洲文集)』이 불타는 사건이 벌어졌고, 그 학설은 이단(異端)으로 낙인이 찍혔다.

이진상 제자인 곽종석(郭鍾錫)은 스승 이진상의 심즉리설(心卽理說)을 옹호하는데 혼신의 힘을 다하였다. 그 결과 1916년에 영남학계에서는 비로소 이진상의 학설이 이황의 이학을 발전시킨 것으로 학문적 공론이 형성되어 갔다. 곽종석은 1919년에 전국 유림(儒林)을 대표하여 프랑스 파리에 유림단독립청원운동(儒林團獨立請願運動)을 한 대표적인 유학자였다. 현재 전하는 곽종석의 문인록(門人錄)에는 7백 여명의 문인(門人)이 실려 있는데 정태진(丁泰鎭, 1876-1959)은 곧 곽종석의 제자이다.

정태진은 조선 말기인 1876년(고종 13)에 태어나 일제강점기를 거쳐 대한민국 제1공화국시대까지 살다간 학자이다. 그는 유교왕조국가에서 태어나 산업화와 민주화의 시대로 진전하는 격동의 한국근현대사를 살았다. 그는 평생 재야에서 유학자로서 삶을 살면서 조선 이학(理學)의 부지(扶持)에 노력했고 제자를 양성했다. 이가원은 자신의 경사(經師)인 정태진의 문하에서 경학(經學)과 이학의 전통을 이으면서, 스승으로부터 실심(實心)을 세우고 실리(實理)를 궁구하고 실행(實行)을 실천하라는 가르침을 받고 평생 실학적(實學的) 삶을 살아가면서 실학(實學)을 즐겨 말하고 조선 후기의 실학을 깊이 연구하였다.

이 글에서는 우선 곽종석의 제자이면서 이가원(李家源)의 스승인 정태진의 가문의 내력과 학문 연원을 알아보고, 이어 그의 이학사상(理學思想)의 내용에 대해 검토하고자 한다. 그리고 마지막으로 정태진이 경학과 이학에 밝은 경사로서 제자를 어떻게 교육했는지에 대해 검토하고자 한다.

2. 가문의 내력과 학문연원

1) 가문(家門)의 내력

정태진은 자(字)는 노수(魯叟)이고 호는 외재(畏齋) 또는 서포(西浦)이다. 본관(本貫)은 나주(羅州)이다. 그는 1876년(고종 13) 8월 11일에 아버지 정규덕(丁奎悳, 호는 춘포(春圃))과 어머니 영양남씨(英陽南氏, 기홍(基

弘)의 딸) 사이에서 영주(榮州) 줄포(茁浦)에서 태어나 1959년 5월 21일 84세로 작고하였다.

나주정씨(羅州丁氏)는 조선 후기에 정시한(丁時翰)·정범조(丁範祖)·정약용(丁若鏞) 등 우뚝한 학자를 많이 배출하였다. 정시한은 이황의 주리(主理)의 설을 천명(闡明)한 학자로, 그 후손인 정범조는 정시한이 도학(道學)으로 한 시대의 사표(師表)가 되었다고 했고[1] 정시한의 방손(傍孫)인 정약용은 정구(鄭逑)와 장현광(張顯光) 이후 진유(眞儒)와 순유(醇儒)은 오직 정시한 일인(一人) 뿐이라고 했다.[2] 또한 정태진과 김사진(金思鎭, 1878-1954)은 항상 말하기를 "도산(陶山, 李滉)의 종(宗)은 아마 우담(愚潭, 丁時翰)에게 있을 것이다."라고 했고, 이가원(李家源)도 정시한을 '도산(陶山)의 적전(嫡傳)'이라고 표현하였다.[3]

나주정씨의 시조는 정윤종(丁允宗, 고려검교대장군)이다. 시조 이후에 고려 말에 활동한 인물인 정연(丁衍, 巖隱)은 조선 건국 후 절의(節義)를 지키고 벼슬을 하지 않았다. 조선조에 들어와서 세조(世祖) 때에 정자급(丁子伋, 교리)이 나주정씨로는 처음으로 서경별과(西京別科)에 합격하여 벼슬을 하였다. 그 뒤 정수강(丁壽崗, 月軒, 부제학)은 연산조(燕山朝)에 조정이 장차 어지러운 것을 보고 청맹과니를 가탁하여 벼슬을 하지 않았다. 그러나 1506년 중종반정 이후 정국공신(靖國功臣)에 녹훈(錄勳)이 되었고 벼슬이 대사헌에 이르렀다. 이어 정옥형(丁玉亨, 月峯, 병조판서, 증

---

1 『海左文集』 권32, 誌文, 王考贈戶曹參判府君墓誌.

2 『與猶堂全書』 第1集, 詩文集, 第17권, 文集, 遺事, 傍親遺事.

3 『淵淵夜思齋文藁』 蘭思書屋藁, 傳狀, 畏齋丁翁行狀(『李家源全集』 11, 正音社, 1986, 347-351면) "若愚潭先生時翰, 道學醇至, 實爲陶山之嫡傳."; 『畏齋文集』 附錄, 行狀(李家源).

좌찬성, 諡號 恭安)·정응두(丁應斗, 三養齋, 좌찬성, 증 영의정, 諡號 忠靖)·
정윤복(丁胤福, 대사헌) 등이 모두 홍문관에 벼슬하여 청현(淸顯)으로 조
선의 명족(名族)이 되었다.

　나주정씨는 고려 말 이후 주로 경기지역에 살았으나 조선 후기에는
강원도 원주(原州)의 법천(法泉)에 살았다. 정호공(丁好恭, 병조정랑, 증
참판)의 아들인 정언숙(丁彦璛, 儉巖, 蔭 현령, 동지중추부사)은 원주에서
다시 경상도 영주의 줄포마을로 이주하였다. 정언숙은 백부(伯父) 정호
약(丁好約, 건원릉참봉)의 아들로 입양(入養)되었는데, 정태진은 바로 정
언숙의 11세손이다. 정태진의 고조부는 정서교(丁序敎)이고 증조부는 정
대익(丁大翊, 호는 松圃)이고 조부는 정인섭(丁寅燮)이다.[4]

2) 학문연원과 실천적 삶

　정태진은 1895년에 이병호(李炳鎬, 1851-1908)의 문하에 나아가 공부
하였고[5] 1908년에 이병호가 작고하자 곽종석(郭鍾錫, 1846-1919)의 문
하에 나아가 가르침을 받기 시작하였다.[6]

　이황 이후 곽종석-정태진-이가원으로 이어지는 학통(學統)을 제시
하면 다음과 같다.

　　이황(李滉)-김성일(金誠一)-장흥효(張興孝)-이현일(李玄逸)-이재
　　(李栽)-이상정(李象靖)-남한조(南漢朝)-류치명(柳致明)-이진상(李震
　　相)-곽종석(郭鍾錫)-정태진(丁泰鎭)-이가원(李家源)[7]

4　『畏齋文集』 권13, 行狀, 先考處士府君行狀.
5　『畏齋文集』 권14, 墓碣銘, 崔仁卿墓碣銘 并序.
6　『俛宇文集』 권95, 書, 答丁魯叟 泰鎭 戊申.

정태진의 스승인 이병호는 주희(朱熹)와 이황의 주리(主理)와 명리(明理)의 견해를 지지하고 수용하였다. 그는 자기 집안의 가학(家學)은 마음을 다스리고 이(理)를 밝히는 것일 뿐이라고 했다.

정태진은 이병호가 이황 이후의 가학을 밝혔는데, 그 내용은 주리(主理)가 그 지결(旨訣)이라고 했다.[8] 이병호는 심(心)에 대한 학설이 크게 심즉기(心卽氣)라 말하기도 하고, 심즉리(心卽理)라 말하기도 하며, 심합이기(心合理氣)라고 말하기도 한다고 했다. 그는 심즉리라는 설은 본심(本心)을 논한 것에서 말할 수 있지, 심을 통론(統論)한 곳에서는 말할 수 없다고 했다.

정태진은 스승 이병호를 애도하는 만사(輓詞)에서 아래와 같이 말하였다.[9]

> 가학의 「심통성정도(心統性情圖)」가 전해지는데
> 진전(眞詮)이 오랜 세월 지나 바래졌도다
> 문장마다 주리(主理)의 종지(宗旨) 담겨 있으니
> 천고토록 진실로 서로 부합한다네
> 家學心圖在 眞詮久漸渝
> 章章主理旨 千古諒相符

이 만사의 주(注)에서 정태진은 근세에 여러 학자들의 심설(心說)이

7 李家源, 「總結－退溪學의 系譜的 研究」, 『退溪學及其系譜學的研究』, 退溪學研究院, 1989, 391면. 柳致明－李震相의 師承관계에 대해서는 아직 학계의 定說이 있는 것은 아니다. 이 글에서는 다만 이가원 선생이 그린 퇴계학파의 학통에 의거하여 정태진의 학통을 제시하였다.
8 『畏齋文集』 권12, 祭文, 祭東亭李先生文 戊申.
9 『畏齋文集』 권1, 詩, 東亭李先生輓.

분분하게 일어났는데 스승 이병호가 주리(主理)의 지(旨)를 분명하게 밝혔다고 했다.

정태진은 곽종석의 문하에서 학문을 익혔다. 곽종석은 정태진에게 유자(儒者)의 학(學)과 시무(時務)의 학(學)에 대해 자신의 견해를 표현했다. 그는 유사(儒士)라고 하여 시국(時局)에 완전히 어둡거나 사물을 소홀히 하여 내치거나 버려서는 안 된다고 했다.[10] 사실 곽종석은 1905년경에는 제자들에게 시무를 힘쓰게 하고, 외서(外書)와 외국어를 익히고 개화문자(開化文字)를 공부하는 것을 인정하고 있었다. 그는 지금까지 오로지 이기(理氣)의 담화(談話)로써 선비를 기르고 인재를 성취시키는 방법을 삼았다는 말은 듣지 못했다고 하였다.[11] 정태진은 이병호와 곽종석의 문하에서 공부하면서, 이학(理學)에 있어서는 심즉리설을 받아들였지만, 현실대응에 있어서는 다소 경세학적(經世學的)인 학풍을 지녔다고 할 수 있다.

정태진의 아버지 정규덕(丁奎悳)은 1910년 일본이 조선을 병탄했다는 소식을 듣고 크게 탄식을 하고 "삼천리강토(三千里疆土)와 오백년문물(五百年文物)이 하루아침에 없어져 우리 민족이 죽을 곳이 없다."라고 하며 여러 날을 흐느꼈다. 이때 정태진은 권종원(權鍾遠)과 함께 스승 곽종석을 따라서 조국을 잠시 떠나 요동(遼東)으로 건너가려 하였으나 일이 성사되지는 못하였다.[12] 정태진은 1916년에 이승희(李承熙)·조정규(趙貞奎)·정돈섭(丁敦燮)·김사진(金思鎭)과 함께 중국 동삼성(東三省)으로 가

---

10 『俛宇文集』 권95, 書, 答丁魯叟 己酉.
11 『俛宇文集續』 권2, 書, 答尹忠汝 乙巳.
12 『畏齋文集』 권1, 詩, 輓權聲之.

서 덕흥보(德興堡)에 정착하고 토지를 개간하여 농장을 경영하다가 농장
자금(農場資金)의 조달을 위하여 귀국하였다.[13]

1919년 4월 경상도에서 곽종석·김창숙(金昌淑)·장석영(張錫英)·송
준필(宋浚弼) 등이 주동이 되어 프랑스 파리강화회의에 제출할 독립청
원서 서명운동을 펼치자 정태진은 이에 참가하여 137명 중 한사람으로
서명하였으며 군자금(軍資金) 모집과 동지(同志)의 규합을 위한 활동을
하였다. 이 일로 인하여 그는 동지들과 함께 피체(被逮)되어 대구감옥
에 수감이 되었다가 수개월 만에 출감하여 곧바로 요동으로 갔으나 독
립운동계획이 뜻대로 이루어지지 않자 요동에서 6개월을 머물다가 귀
국하였다.[14]

정태진은 1945년 조국의 강토가 일제로부터 비록 광복이 되었으나
국맥(國脈)이 단절되어 있다고 하면서 근심스런 마음을 표현하였다.[15]
또한 그는 국책(國策)이 정해지지 않고 당파가 분열되고 서양의 강국(强
國)이 비록 협조를 한다고는 하나 남북(南北)이 분할(分割)되어 서로 알
력을 하여 정말로 존망(存亡)과 성패(成敗)의 기회가 호흡(呼吸)의 사이
에 달려있다고 했다. 그는 독립운동가들이 30여 년 동안 해외에서 활
동을 하다가 고국(故國)으로 돌아왔으니 사심(私心)을 버리고 대공(大
公)을 확립하여 합심하여 빨리 광복의 계책(計策)을 도모해야 한다고
했다. 그는 여러 사람들이 공리(功利)를 숭상하는 설에 익숙하여 지금

---

13 『畏齋文集』권5, 書, 答金謹夫思鎭 丙辰; 國家報勳處사이트, 功勳電子史料館, 獨立有功
者功勳錄, 丁泰鎭項.
14 國家報勳處사이트, 功勳電子史料館, 獨立有功者功勳錄, 丁泰鎭項;『畏齋文集』권3, 書,
"泰鎭以遼外行, 適到金泉, 由車路徑趍彼中 (中略) 因半年北塞而歸."
15 『畏齋文集』권6, 書, 與金啓源在洙.

의 상황에서 계획을 주장하는 것들은 공화(共和)와 공산(共産)의 밖에 벗어나지 못하고 있다고 하면서, 옛 성인의 공위(共位)와 공직(共職), 분전(分田), 제산(制産)의 법이 실로 천하 만고(萬古)의 중정(中正)의 도(道)가 되는 것을 도대체 알지 못하고 있다고 했다.[16]

정태진은 향간(鄕間)에 나이가 젊은 무리들이 회(會)를 만들어 예법(禮法)을 지키지 않고 질서를 문란하게 하고 인심(人心)을 동요시키고 있다고 보았다. 그는 평소 독서로 이름이 있는 인물도 이러한 풍조(風潮)를 쫓아가고 있고 혹은 단체에 들어가고 혹은 돈을 납부하고 혹은 편지를 보내어 이름을 팔고 있다고 했다. 그는 이러한 현실에 대해 유림(儒林)으로서 매우 부끄러운 일이라고 하면서, 오늘날 처신하는 방법은 문(門)을 닫고 스스로 어리석음을 지키는 것일 뿐이라고 했다.[17]

정태진은 1948년에 대한민국정부가 수립되었다는 소식을 듣고 이제 독립(獨立)의 기초가 될 것이라고 말하면서도, 남북(南北)이 분열되어 있으니 재앙의 싹이 그 사이에 몰래 감추어져 있는지 알 수 없다고 깊이 우려하였다.[18]

정태진은 만년에 문경(聞慶)의 모곡(茅谷)에 우거(寓居)하였다. 그는 1947년 5월에 문경의 선유구곡(仙遊九曲)을 유람하면서 아름다운 경치를 시로 읊었다.[19] 그는 때때로 나무심기를 좋아했고, 채소밭을 가꾸는 노포(老圃)로서 비록 산야(山野)에 궁핍하게 살았지만 오로지 독서를 정밀하게 한 학자였다.

---

16 『畏齋文集』 권5, 書, 答鄭文顯.
17 『畏齋文集』 권5, 書, 答鄭文顯.
18 『畏齋文集』 권5, 書, 答鄭文顯.
19 『畏齋文集』 권2, 詩, 遊仙遊洞詩.

1990년에 대한민국정부에서는 정태진이 독립운동에 참여한 공훈(功勳)을 기리어 건국훈장(建國勳章) 애족장(愛族章)을 추서(追敍)하였다.[20]

3. 이학사상(理學思想)과 경세론(經世論)

정태진은 이황의 후손인 이병호의 문인(門人)이다. 그는 학통으로 보나 영남이라는 지역으로 보나 주리(主理)를 주장하는 이황의 학풍속에서 학문 활동을 하였다. 이병호는 정태진에게 이황의 「심통성정도(心統性情圖)」 중도(中圖)에 대해 자신의 견해를 피력하였다. 그는 성(性)은 하나라고 하면서 중인(衆人)의 성과 성인(聖人)의 성은 같다고 했다. 다만 중인의 성(性)은 기질(氣質)로 인하여 차등이 있지만, 기품(氣稟)에 나아가 본연(本然)의 성을 지적하면 중인과 성인의 성이 같다고 보았다.[21] 이같이 이병호는 이황의 「심통성정도」 중도를 주리적(主理的) 견지에서 이해하여, 이진상과 곽종석이 「심통성정도」 중도를 심즉리(心卽理)로 과감하게 해석하는 데에 다가갈 수 있는 여지를 남겼다.[22]

이진상(李震相)은 이기호발설(理氣互發說)과 심합이기설(心合理氣說)을 굳게 지켜온 영남학계에 1861년에 심즉리설(心卽理說)을 발표하여 이후 학계를 놀라게 했다. 그 뒤 1895년 12월에 『한주문집(寒洲文集)』이

---

20 國家報勳處사이트, 功勳電子史料館, 獨立有功者功勳錄, 丁泰鎭項.

21 『東亭遺稿』 권2, 書, 答丁魯叟泰鎭 問目 辛丑.

22 『俛宇文集』 권36, 書, 答李子翼 己亥. "老先生深喩乎此, 故亦曰心之未發, 氣不用事, 惟理而已, 安有惡乎? 曰氣不用事則氣質之性, 無自而名也. 曰惟理而已則本然之善而已, 此中圖之微意而爲心學之宗旨也. 以是論未發之眞境, 則謂無氣質之性亦可也, 此鍾於老先生之圖兩下遵承, 而尤以中圖爲準的, 始信師說之有所本而不可以管蠡遽窺測也."

간행되고 1897년 『이학종요(理學綜要)』가 간행되자 영남학계는 분열의 양상이 일어났다. 이황의 후손인 이병호가 이진상의 심즉리설을 지지하자 영남의 안동(安東)을 비롯한 북부지역에서는 이병호의 문하에 나아가는 것을 꺼려하는 분위기였다. 이러한 조건하에서도 정태진·권종원(權鍾遠) 등은 이병호의 문하에 나아가 가르침을 받았다.

1897년에 『한주문집』이 안동의 도산서원(陶山書院)으로 발송되자 도산서원에서는 이진상의 심즉리설에 이황의 학설을 핍박(逼迫)한 내용이 들어 있다고 하여 그 책을 반송하였다. 이어 이황의 후손인 이만인(李晩寅)은 이진상의 학설을 조목조목 비판하고 이황의 학설을 옹호하였다.[23] 이만인은 「심통성정도」의 중도가 진실로 이(理)를 주로 말했지만, 권자(圈子)의 위에 이미 '합이기(合理氣)'라는 글자를 붙이고 있으니 이 그림은 이기(理氣)가 합한 가운데 선악(善惡)의 기(幾, 기미)에 나아가 선(善) 한쪽을 말한 것으로 심즉리의 증거가 되지 않는다고 하였다.[24] 또한 이만인은 이황이 심은 이기(理氣)를 합하고 있다고 말하면서 미발(未發)에는 기(氣)가 아직 용사(用事)하지 않고 오직 이(理)일 뿐이라고 말했지만, 이것은 이기가 합한 중에 나아가기가 용사하지 않는 것을 말한 것이지 기가 없다는 것을 말한 것은 아니라고 하였다.[25] 이에 이승희(李承熙)는 아버지 이진상의 학설에 대한 이만인의 변록(辨錄)을 구하여 보고 이에 조목조목 변론하여 아버지의 학설을 옹호하였고[26] 이진상의 제자인 윤주하(尹冑夏)는 이만인의 글을 축조 분석하여 스승 이진상

---

23 『龍山文集』권6, 雜著, 寒洲李氏動靜說條辨.
24 『龍山文集』권5, 雜著, 寒洲李氏動靜說條辨.
25 『龍山文集』권5, 雜著, 寒洲李氏動靜說條辨.
26 『韓溪遺稿』 6, 辨, 宣錄條辨.

의 학설을 변호하였다.[27]

이진상의 제자인 곽종석은 안동의 춘양(春陽)에 가서 살면서 이병호와 10년간 학분을 토론하였다.[28] 곽종석은 이병호에게 편지로 심즉리설에 대하여 논하였다. 이병호는 곽종석에게 본심(本心)이 진실로 이(理)이지만 심즉리의 '즉(即)'이란 글자가 너무 급박(急迫)하다고 하였다. 이에 대해 곽종석은 심(心)을 얘기할 때는 진실로 본심(本心)을 지적해야 하기 때문에 이같이 설명해야 하며, 이황의 「성학십도(聖學十圖)」의 심통성정도의 중도가 심학(心學)의 근본 뜻을 드러낸 것이라고 하였다.[29]

그런데 이황의 후손들은 1936년에 『동정유고(東亭遺稿)』가 간행될 무렵에도 한 두 사람은 아직 이병호의 심설(心說)을 받아들이지는 않았다.[30] 정태진은 이황의 종손인 이충호(李忠鎬)에게 스승인 이병호의 심주리설(心主理說)에 대해 설명을 했다.

"무릇 이 문집(『東亭遺稿』)에 심(心)을 논한 곳은 이(理)를 주(主)로 말한 것으로 노선생(老先生, 퇴계)의 본지(本旨)와 처음부터 합하지 않는 것이 없습니다. 일간에 자못 유언비어에 의심하는 바가 일어나 귀중(貴中)의 여러분의 견해가 매우 석연치 않게 여기고 있어 전에 한번 교정을 보라고 청한 것이 이 때문이었습니다. 지난번에 귀문(貴門)의 대운형(大運兄)을 만나서 일찍이 이에 대해 논했는데 그 말이 노선생은 일찍이 합이기(合理氣)를 말했고 이(理)를 주로 하여 말하지 않았다고 했습니다. 내가 당시에 그렇지 않다고 밝혔으나 내 말을 옳다고 하는지

---

27 『膠宇文集』권16, 雜著, 反究錄.
28 『俛宇文集』권8, 詩, 挽李子翼.
29 『俛宇文集』권36, 書, 答李子翼 己亥.
30 『畏齋文集』권6, 書, 答李舜哉起鎬.

는 알지 못하겠습니다."[31]

"대개 심(心)을 일반적으로 말하면 합이기(合理氣)라고 말하는 것이 가하므로 노선생(퇴계)이 진실로 많이 그렇게 말하였습니다. 그러나 합이기(合理氣)중에 또한 주(主)와 빈(賓), 경(輕)과 중(重)의 다름이 있어 다만 이기(理氣) 두 글자로 대대(對待)하여 설명할 수 없습니다. 그러므로 심(心)이 미발(未發)함에 기(氣)는 용사(用事)하지 않고 오직 이(理)뿐이다 라고 말씀하였으니, 이것은 미발시(未發時)에 이(理)를 주로 하여 말한 것입니다."[32]

16세기 이황에 의해 사상적 체계를 형성한 조선 이학은 심(心)에 대한 이해에 있어 19세기 전반까지도 합이기(合理氣)를 이황의 정안(定案)으로 생각하고 있었다. 이에 대해 이병호와 곽종석은 서로간의 토론을 통해 합이기(合理氣)가 진실로 일반적인 설이나 그 본체(本體)와 주재(主宰)를 말하면 오직 이(理)일 뿐이라고 했다. 정태진은 이 설을 믿어 의심하지 않고 지지하였다.

정태진은 심합이기(心合理氣)와 심즉리, 심주리(心主理)에 대해 논하였다. 조선 초기에 심(心)을 이(理)와 기(氣)의 합으로 보는 설은 정도전(鄭道傳)이 「심기리편(心氣理篇)」에서 처음 거론하였다.[33] 정도전을 이

---

31 『畏齋文集』 권3, 書, 與李參奉恕卿忠鎬. "大抵此集論心處, 主理而言, 與老先生本旨, 初無不合者, 日看頗爲流言所疑貳, 貴中衆見, 未甚 釋然, 前所請一回校過者, 此也. 頃對貴族大運兄, 嘗論及於此, 其言以爲老先生嘗言合理氣, 未嘗主理而言, 余當時明其不然, 未知其以余言爲是也."

32 『畏齋文集』 권3, 書, 與李參奉恕卿忠鎬. "蓋普說心, 可日合理氣, 故老先生固多以此言之矣. 然合理氣之中, 又自有主賓輕重之別, 不可但以理氣二字對待說下. 故若日心之未發, 氣不用事, 惟理理而已, 此未發時, 主理而言也."

33 권오영, 「고려말 조선초 성리학 주요 개념의 이해의 추이」, 『圃隱學研究』 27, 圃隱學會,

어 권근(權近) 등 많은 학자들은 심합이기(心合理氣)를 주장했고, 이황도 이러한 설을 받아들였다. 이황의 제자 김취려(金就礪)는 이황이 "심(心) 안에서 이(理)와 기(氣)를 나눈다."라고 하자 그렇다면 심은 이와 기를 합한 것을 이른 것인가 라고 질문을 했다. 이에 대해 이황은 심이 이(理)와 기(氣)를 합한 것이라고 하는 것은 자신의 설이 아니고 선유(先儒)가 이미 말한 것이라고 했다.[34]

정태진은 심합이기가 이황의 정론(定論)이라는 것에 대해 아래와 같이 말하였다.

> "심합이기(心合理氣)는 본래 북계(北溪, 陳淳)의 설인데, 퇴도(退陶)가 취하여 보편적인 설로 삼았습니다. 심(心)의 정론은 「심통성정도(心統性情圖)」의 중도(中圖)와 하도(下圖) 두 그림입니다. 중도와 하도에 모두 제일 윗부분에 '합이기(合理氣)'란 세 글자가 쓰여 있는데, 중도(中圖)는 합이기(合理氣)의 가운데에 나아가 척발(剔發)하여 이(理)를 홑지게 말한 것이니 진실로 심(心)의 본체는 기(氣)에 섞어서 말할 수 없기 때문입니다. '심즉리(心卽理)'의 설은 곧 중도(中圖)의 뜻을 이은 것입니다. 예로부터 성현이 심(心)을 논하면서 이(理)를 홑지게 가리켜 말할 때도 있고 이기(理氣)를 합하여 말할 때도 있으니, 홑지게 가리키는 것은 본체(本體)이고 기(氣)를 합했다는 것은 통체(統體)입니다. (중략) 본체를 가리켜 '심즉리(心卽理)'라고 말하는 것이 진실로 모르겠습니다만, 어디가 옛 성인의 뜻에 어긋나기에 온 세상이 공격하여 배척하기를 마치 이단사설처럼 합니까. 순(舜)의 인심도심(人心道心)은 형기(形氣)와 성명(性命)을 아울러 거론하여 말했고, 공자의 존망(存亡)과 출입(出入)은

2021, 180면.

34 『退溪文集』 권29, 書, 答金而精.

진망(眞妄)과 사정(邪正)을 합하여 말한 것이니 모두 전체를 통섭하여 가리킨 것입니다. '심즉리(心卽理)'를 말하는 것이라고 해서 어찌 일찍이 기(氣)를 합한 심(心)을 말하지 않았다고 하겠습니까. 다만 본체로서 말하기 때문에 '심즉리(心卽理)'라고 이르는 것입니다."[35]

정태진은 심합이기는 진순(陳淳)이 처음 주장한 것으로 이황(李滉)이 그 설을 취하여 일반적인 설로 삼았다고 했다. 그러면서 이황의 심(心)의 정론은 「심통성정도(心統性情圖)」 중도(中圖)와 하도(下圖) 두 그림이라고 했다. 그는 중도는 합이기(合理氣)의 가운데에 나아가 척발(剔發)하여 이를 홑지게 말한 것이니, 진실로 심(心)의 본체(本體)는 기(氣)를 섞어서 말할 수 없기 때문이라고 했다. 그는 심즉리의 설은 곧 중도의 뜻을 이은 것이라고 했다.[36]

정태진은 비록 재야의 이학자였지만 자신의 경륜(經綸)을 글로 표현하여 세상을 잊지 않았다는 뜻을 드러내었다. 그는 「전제(田制)」와 「정전론(井田論)」, 「전부론(田賦論)」 등을 지어 정전제(井田制)의 시행을 주장하고, 양전(量田)과 분등(分等)의 법을 활용하여 단순하게 토지를 정리하여 고르게 나누어 분배하면 된다고 생각했다.[37] 그는 학교(學校)·과거(科擧)·서원(書院)·용인(用人)·치생(治生)·종수(種樹)·치포(治圃) 등에 대

---

35 『畏齋文集』권3, 書, 答鄭文顯別紙. "心合理氣本北溪說, 退陶取之以爲普說, 心之定論, 其爲心統性情中下二圖也. 皆首書合理氣字, 而中圖取合理氣中, 剔發而單言理者, 誠以心之本體, 不可雜氣而言之故也. 卽理之說, 乃述中圖之意也. 從上聖賢之論心, 有單指理言時, 有合氣言時, 單指者本體也, 合氣者統體也. … 중략 … 指本體言卽理者, 果未知何所悖於前聖之旨, 而擧世攻斥之若異端邪說乎? 舜之人心道心, 幷擧形氣性命, 孔子之存亡出入, 合眞妄邪正而言, 皆統指全體者也. 爲卽理說者, 何嘗不言合氣之心耶? 特以本體言, 故曰卽理也."
36 『畏齋文集』권5, 書, 答鄭文顯.
37 『畏齋文集』권10, 論, 井田論.

해서도 논설을 지었다. 그는 「두설(蠹說)」이란 글을 지어 도의(道義)의 좀, 학술(學術)의 좀, 국가(國家)의 좀, 패속(敗俗)의 좀, 명예(名譽)의 좀 등 오두(五蠹)를 제시하였다. 그는 공(空)과 허(虛)를 남론하는 것은 도의 (道義)의 좀이고, 문사(文辭)의 기예(技藝)를 힘쓰는 것은 학술의 좀이고 아첨하고 녹(祿)을 탐하는 것은 나라를 병들게 하는 좀이고, 부탄(浮誕) 하고 방종(放縱)하는 것은 패속(敗俗)의 좀이고 허(虛)를 꾸미고 공(功)을 가까이하는 것은 명예의 좀이라고 했다. 그는 천지에 가득 찬 것이 모두 좀의 해(害)이고 내 마음을 해치는 것도 모두 좀의 해라고 했다. 진실로 천하를 위하여 해를 제거하려면 반드시 내 몸을 먼저 살펴야 하니, 경(敬) 이라는 것은 일심(一心)의 주재(主宰)이고 만사(萬事)의 본근(本根)이라고 했다. 그는 천고(千古)에 성인(聖人)을 배우는 법이 이 경(敬)에 벗어나지 않는다고 했다.[38] 이러한 정태진의 「두설(蠹說)」은 이익(李瀷)의 「육두(六 蠹)」의 설을 이어서 주장한 것이었다.[39]

4. 경사로서의 제자교육

이가원은 정태진을 자신의 경사(經師)라고 했다. 이가원은 이황(李滉) 의 14대손이다. 그는 20여 년간 정태진을 종유(從遊)하면서 그 문하에서 공부하였다. 이가원은 1938년에 스승 정태진에게 암담한 시국을 개탄하 며 의리(義理)가 천(賤)하게 되어 유술(儒術)이 장차 쇠미하게 될 것을

---

38 『畏齋文集』 권11, 雜著, 蠹說.
39 李家源, 「畏齋 丁泰鎭 小傳」, 『李家源全集』 9, 韓國名人小傳, 正音社, 1986, 246-247면.

우려하였다. 그러면서 그는 지도(至道)는 수시변역(隨時變易)이라고 하면서 대인선생(大人先生)의 인도(引導)가 필요하다고 했다.[40] 당시 22세의 이가원은 스승 정태진을 '대인선생'으로 생각하였다.

이가원은 1934년 여름에 정태진의 문하에서 공부하였다.[41] 그는 1935년에는 『맹자(孟子)』를 공부하면서 의심나는 부분이 너무 많고 명확하게 이해하기 어려워 걱정이라고 했다.[42] 정태진은 이가원에게 독서를 하다가 의심스럽고 어려운 곳을 만나면 바로 차록(箚錄)을 해두었다가 혹 편지로 묻거나 서로 만났을 때 강론(講論)의 바탕으로 삼자고 했다. 그는 독서의 방법은 이것저것 여러 책을 많이 읽는 것을 탐해서는 안 되고 오래도록 익숙히 읽고 생각하여 의미를 알 수 있게 되어야 힘을 얻을 수 있다고 했다. 그렇지 않고서 만약에 송설(誦說)만을 힘쓰면 끝내 자기의 일과는 관계가 없게 되니 반드시 실(實)한 곳에 나아가 공부를 해야 한다고 했다.[43]

정태진은 이가원에게 『맹자』에 담긴 의리(義理)의 뜻을 깊게 터득하여 자신의 실용(實用)으로 삼았는지 물었다. 그러면서 그는 『맹자』에서 말하고자 하는 것은 다만 사람들이 인욕(人欲)을 막고 천리(天理)를 보존하게 하는 것이라고 했다. 따라서 『맹자』를 읽는 사람이 책속에서 천리와 인욕을 해설할 뿐만 아니라 일상생활에 나아가서 이 마음이 발하는 것이 천리인가, 인욕인가를 생각하여 만약 천리이면 확충(擴充)을

40 『淵淵夜思齋文藁』海琴堂藁, 書牘, 與畏齋丁翁(『李家源全集』11, 正音社, 1986).
41 『畏齋文集』 권4, 書, 答鄭文顯 戊辰. 戊辰은 1928년인데, 편지 내용 중에 이가원(1917-2000)의 나이가 18세("有宣城李君家源者, 年今十八")라고 한 것으로 보아 갑술년(1934)의 편지로 보인다.
42 『淵淵夜思齋文藁』落帽山房藁, 書牘, 答畏齋丁翁(『李家源全集』11, 正音社, 1986).
43 『畏齋文集』 권7, 書, 與李淵民.

하고 인욕이면 막아서 제거를 해야 한다고 했다. 그는 천리를 보존하고 인욕을 막는 것을 오늘 이같이 하고 내일 이같이 하여 그 힘을 실제로 쓰면 점점 전리의 분수(分數)가 많고 인욕의 분수가 적어지고 또 오래되면 인욕은 깨끗이 다 없어지고 순수하게 천리가 남을 것이니 이것이 성인(聖人)을 배우는 방법이라고 했다. 정태진은 이가원에게『맹자』의 이러한 가르침을 실천하기를 바란다고 했다.[44]

이가원은 20대 초반에 도산서원(陶山書院)의 농운정사(隴雲精舍)에서 공부하였다. 정태진은 이가원이 농운정사에서『대학(大學)』을 공부한다는 소식을 듣고 익숙하게 읽기를 바라고,『대학혹문(大學或問)』도 함께 공부를 해야 한다고 했다. 그러면서 그는 문자에 얽매여 그 실(實)을 연구하지 못하고 빨리 공부를 마치고 싶은 마음이 들어 오로지 단계를 뛰어 넘게 되면 끝내 터득을 할 수 없게 된다고 했다.[45]

정태진은 이황의 종손인 이충호(李忠鎬)에게 "근래 가원군(家源君)과 만나 여러 달 서로 토론을 하니 생각해보면 피차(彼此)가 서로 도움이 되는 것이 없지 않으니 애오라지 다행스럽게 생각할 따름이다"라고 했다.[46]

정태진은 이가원과 고금(古今)의 치란(治亂)의 원인과 당대의 학술과 문장, 파별(派別)의 동이(同異)와 득실(得失)에 대해 논의하기도 했다.[47] 그는 유술(儒術)의 폐해가 오래되었다고 하면서 만약 종일 공허(空虛)한 곳에서 글을 읽으면서 사장(詞章)의 습(習)에 젖어 끝내 털끝만큼의 실용(實用)이 없다면 이것은 유사(儒士)의 업(業)이 아니라고 했다. 그는

---

44 『畏齋文集』권7, 書, 答李淵民.
45 『畏齋文集』권7, 書, 答李淵民家源.
46 『畏齋文集』권3, 書, 與李參奉恕卿忠鎬.
47 『畏齋文集』附錄, 行狀.

근세에 유술을 천하게 여기는 것은 사실 유자(儒者)가 자초한 것일 뿐이라고 했다.[48] 그는 이가원에게 본심(本心)의 바름을 지니고 사장(詞章)과 공리(功利)의 말습(末習)에 오로지 몸을 맡기지 말라고 했다.[49] 그는 사장에 힘쓰는 이가원에게 사장은 말기(末技)라고 하면서 경학(經學)에 힘쓸 것을 강조했다. 그는 가까운 것으로 말하면 사장은 자신을 다스릴 수 없고 먼 것으로 말하면 남을 다스릴 수 없다고 했다. 그는 이가원에게 오로지 경학에 뜻을 두어 성현(聖賢)의 경지에 나아가는 것으로 스스로 기약하기를 바란다고 했다.[50]

정태진은 이가원이 자신에게 보낸 편지가 의론(議論)이 왕양(汪洋)하고 호박(浩博)하여 조목(條目)마다 하나하나 분석하여 답을 하기가 어렵다고 했다. 그는 이가원이 박람(博覽)하고 다식(多識)한 것을 고상(高尚)한 것으로 삼고 일찍이 밀절(密切)한 공부를 하지 않아 보는 곳이 정명(精明)하지 않고 마음이 편안하고 고요하지 않아 병통이 있게 되었다고 했다. 그는 오직 맹렬(猛烈)히 반성하여 잘 다스린 뒤에 비로소 학문에 진보가 있고 덕(德)이 닦여진다고 했다. 그리하여 모름지기 의리(義理)의 가르침에 푹 젖어 들고 자기 반성을 부지런히 하여 지(知)는 더욱 밝아지고 행(行)은 더욱 돈독해져야 한다고 했다.[51]

이가원은 고문사(古文辭)를 힘써 공부하고자 하여 자못 문(文)에 인하여 도(道)에 들어가는 것을 중시하였다. 또한 그는 대동(大同)과 소강(小康)의 설에 대해서도 깊이 탐구할 필요가 있다고 했다.[52] 이에 대해

---

48 『畏齋文集』 권7, 書, 答李淵民.
49 『畏齋文集』 권7, 書, 答李淵民.
50 『畏齋文集』 권7, 書, 答李淵民.
51 『畏齋文集』 권7, 書, 答李淵民.

정태진은 이가원에게 유학(儒學)은 도의(道義)로 주(主)를 삼고 서양의 술(術)은 공리(功利)를 주로 삼는다고 하면서, 자신의 충고를 스스로 생각하여 이해해주기 바란다고 했다.

> "보내온 편지의 뜻을 상세히 읽어보니 매번 두루 넓은 것으로 일을 삼고 친절한 곳에는 즐겨 마음을 쓰지 않으니 이를 따라가면 비록 글이 한퇴지(韓退之)와 같고 지혜가 관중(管仲)과 같더라도 끝내 성인(聖人)의 도(道)에 배반이 될 것입니다. 대개 학자는 반드시 실심(實心)을 세우고 실리(實理)를 궁구하고 실행(實行)을 실천하여 오래되면 도(道)에 거의 가까워질 수 있을 것입니다. … 중략 … 현자(賢者)가 처음 문(文)에 인하여 도(道)를 안다는 것은 이미 앞에서 실수를 한 것입니다. 지금 또 외양(外洋)의 설에 푹 젖고 대동(大同)과 소강(小康)의 설에 억지로 끌어 붙이고 날조하여 합하게 하니 잃은 것이 또한 심합니다. 이와 같이 하여 그치지 않고 실(實)에 돌아와 궁구할 줄 모르면 나는 현자가 끝내 미혹에 빠져 더욱 도(道)에서 멀어질 것으로 생각합니다."[53]

정태진은 이가원에게 "대개 학자는 반드시 실심(實心)을 세우고 실리(實理)를 궁구하고 실행(實行)을 실천하여 오래되면 도(道)에 거의 가까워질 수 있을 것이다."라는 가르침을 주었다. 정태진의 이러한 가르침은 이가원이 평생 학자로서 실학적(實學的) 삶을 살아가면서 실학(實學)

---

52 『淵淵夜思齋文藁』橘雨仙館藁, 書牘, 與畏齋丁翁(『李家源全集』11, 正音社, 1986).

53 『畏齋文集』권7, 書, 答李淵民. "竊詳來論之意, 每欲以汎博爲務, 而至於襯切之地, 不肯下手, 遵是以往, 則雖文如退之, 智如夷吾, 終背於聖人之道也. 蓋學者必能立實心究實理踐實行, 眞積力久, 則於道可庶幾焉. …中略… 賢者初欲因文見道者, 旣已失之於前矣. 今又沈淫於外洋之說, 而附會於大同小康之義, 牽强捏合, 則失之又甚矣. 若此未已, 不知所以反求乎實, 則吾恐賢者, 終於迷惑而益遠於道矣."

을 즐겨 말하고, 조선 후기의 실학자인 박지원(朴趾源) 등을 깊이 연구한 바탕이 되었다.

정태진은 1954년에 김사진(金思鎭)이 작고했다는 소식을 듣고 깊은 슬픔을 느꼈고, 같은 해에 변영만(卞榮晚)이 작고했다는 소식을 듣고 '금세(今世)의 문장(文章)'이 없어졌다고 했다. 그는 평소 강학(講學)을 했던 학자들이 다 작고했다고 하면서 자신이 죽기 전에 이가원을 마지막으로 한번 만나서 학문을 담론하고 싶다고 했다.[54]

정태진의 문하에서 가르침을 받은 이가원은 정태진의 문사(文詞)가 먼저 의리(義理)의 실(實)을 취했고 부화(浮華)한 습작(習作)은 하지 않았다고 평했다.[55] 이가원은 정태진의 학문에 대해 진실로 심(心)을 논하고 예(禮)를 논하는 송학(宋學)의 범위에 벗어나지 않았으나 더욱 경세치용(經世致用)의 실에 참된 마음으로 정성스럽게 지켰다고 했다.[56] 이가원은 정태진의 행장(行狀)을 지으면서 정태진의 학통을 통해 경학(經學)을 배웠음을 말하였다.[57]

5. 맺음말

정태진은 영남의 퇴계학(退溪學)의 이학 전통을 이은 학자였다. 그는 이병호와 곽종석의 문하에서 공부하여 이황의 주리의 학통과 이진상

---

54 『畏齋文集』 권7, 書, 與李淵民.

55 『畏齋文集』 附錄(跋).

56 『畏齋文集』 附錄(跋).

57 『畏齋文集』 附錄, 行狀.

(李震相)의 심즉리설을 이었다. 사실 19세기 말의 영남학계는 이진상의 심즉리설로 인하여 분열의 상황이 벌어졌다. 이황의 고향인 영남의 안동시억은 이기호발론(理氣互發論)과 심합이기(心合理氣)의 설이 지배적이었다. 그런데 이황의 후손인 이병호가 곽종석과 심설(心說)에 대한 토론을 통해 이진상의 심즉리설을 지지하자 영남의 북부지역에서는 이병호의 문인이 되는 것을 꺼리는 분위기가 있었다. 이러한 상황에서도 정태진은 이병호와 곽종석의 문하에 나아가 심즉리설의 가르침을 받고 고수하였다.

정태진은 심합이기와 심즉리, 심주리설(心主理說)에 대해 논하였다. 특히 그는 심합이기설은 송(宋)대 학자인 진순(陳淳)이 처음 주장한 것으로 이황이 그것을 취하여 일반적인 설로 삼았다고 했다. 그러면서 이황의 심(心)의 정론은 『성학십도』의 「심통성정도(心統性情圖)」 중도(中圖)와 하도(下圖) 두 그림이라고 했다. 그는 중도는 합이기(合理氣)의 가운데에 나아가 척발(剔發)하여 이(理)를 홀지게 말한 것이니, 진실로 심(心)의 본체(本體)는 기(氣)에 섞어서 말할 수 없기 때문이라고 했다. 그는 심즉리의 설은 곧 중도의 뜻을 이은 것이라고 했다. 그는 20세기 중반까지 이학자(理學者)의 삶을 살았고 사우(師友)들과 이학의 담론을 일삼았다.

이가원은 평소 자신이 곽종석의 재전제자(再傳弟子)라고 말하였다. 그것은 스승 정태진이 곽종석의 제자였기 때문이다. 정태진과 이가원은 이른바 조선 유학사에서 이황 이후의 학통이 뚜렷이 이어지는 학자들이다. 정태진은 이가원의 경사(經師)로서 제자교육을 통해 주자학-퇴계학의 전통과 현대를 잇는 가교의 역할을 하였다. 그는 주자학과 퇴계학의 범위 안에서 학문 활동을 했으나 경세치용(經世致用)의 실학(實學)도 주장하였다. 이황의 가학을 이은 이가원은 어린 시절부터 정태진의 문하에서 경학(經學)을 공부했고, 경세치용의 학풍도 익혔다. 정태진은 이가 원에게 학자는 반드시 실심(實心)을 세우고 실리(實理)를 궁구하고 실행(實行)을 실천하여 오래되면 도(道)에 거의 가까워질 수 있을 것이라고 했다. 이러한 그의 가르침은 이가원이 평생 학자로서 실학적(實學的) 삶을 살아가면서 실학(實學)을 즐겨 말하고, 조선 후기의 실학자인 박지원(朴趾源) 등을 깊이 연구한 바탕이 되었다.

외재 정태진의 생애와 학문

허권수

1. 서론

우리나라는 1910년 일본에게 나라를 빼앗겼다. 대부분의 사람들이 주권을 잃고 영토를 유린당한 것에 대해서 통탄해 마지않는다. 그러나 이에 못지않은 큰 불행은 우리의 역사가 왜곡 조작되었고, 문화와 학문이 왜곡 축소된 점이다.

우리나라 고유의 학문과 사상은 정립되지 못한 채, 일본식 미국식 연구방법에 의해서 재단되어 소개되었을 뿐이다. 그래서 우리의 학문과 사상의 진면목을 아직도 밝히지 못하고 있다.

1910년 나라가 망한 이후로 조선의 역사는 정리되지도 못하고 편찬되지도 못했다. 해방 이후도 마찬가지다. 『조선왕조실록(朝鮮王朝實錄)』은 역사 자료이지 역사서 체재로 편찬된 책은 아니다. 1910년 이후의 역사는 더 말할 것도 없이 정리되지 않았다. 필요한 학자가 필요한 부분만

뽑아서 자신의 논문에 활용하기 때문에, 중요한 것은 버려두고, 이상한 것 희귀한 것만 연구하는 경향이 있다.

1945년 이후에도 우리나라의 학문전통은 살아나지 못했다. 대학의 강단에서 자리 잡아 연구하고 후진을 가르치는 사람들이 거의 대부분 일본이나 서양 등에서 공부한 사람이다. 그들이 정리한 역사서나 문학사 등은 모두 일본인이나 서양인들의 시각에서 저술한 것들이라 우리의 진실된 모습을 바르게 정리한 것이 아니다.

그 결과 1910년 이후 대단한 정통 한학자가 시골의 이름 없는 노인으로 간주되다가 사라졌고, 그들이 남긴 문학작품이나 저서는 지금까지 정당하게 그 가치를 평가받지 못하고 있고, 문학사나 학술사에 등에 등장해 보지를 못했다.

조선말기 태어나 일제강점기를 거쳐 해방 이후까지 생존한 외재(畏齋) 정태진(丁泰鎭, 1876-1959)은, 대단한 학문과 덕행을 가졌으면서도, 해방 이후에 거의 알려지지 않은 인물이 되고 말았다. 지금까지도 그의 학문을 연구한 논문은 필자의 글 한 편 말고는 전혀 없는 실정이다.[1]

본고에서는 외재 정태진의 생애 학문과 사상, 독립운동에 대하여 전반적으로 밝히고자 한다.

---

1 畏齋의 제자 淵民 李家源이 1974년에 『丁氏彙報』 제2집에, 「畏齋 丁泰鎭小傳」이라는 글을 실어 최초로 소개했다. 이 글은 그 뒤 1975년 연민의 『韓國名人小傳』(일지사)이란 책자에 수록됐다. 李家源全集』(정음사, 1986) 제9책에 『韓國名人小傳』이 들어 있다. 『한국명인소전』 맨 뒤에 붙어 있는 「收錄作品年譜」에 1954년으로 되어 있는 것은 1974년의 오류이다. 필자가 2018년 「畏齋 丁泰鎭과 그 제자 淵民 李家源」이라는 글을 『月軒宗報』에 발표한 적이 있다.

2. 외재의 생애

1) 가계(家系)

본관은 나주(羅州)로, 고려 검교대장군(檢校大將軍) 정윤종(丁允宗)을 시조로 삼는다. 조선왕조에 들어와 홍문관(弘文館) 교리(校理) 정자급(丁子伋), 홍문관 부제학(副提學) 정수강(丁壽崗), 병조판서 정옥형(丁玉亨), 좌찬성(左贊成) 정응두(丁應斗), 대사헌(大司憲) 정윤복(丁胤福)이 배출되어 전국적인 명문가가 되었다. 5대 연속으로 옥당(玉堂: 弘文館)에 들어갔으므로 전국적으로도 아주 큰 영예로 여기고 있다.

외재의 가문은 조선 일대에 걸쳐 큰 학자와 저명한 인물이 많이 나왔다. 대표적인 인물을 들면, 우담(愚潭) 정시한(丁時翰, 1625-1707)은 퇴계(退溪)의 학통(學統)을 이어 도학(道學)이 우뚝하였다. 해좌(海左) 정범조(丁範祖, 1723-1801)는 문장과 경학(經學)으로 이름 높았다. 다산(茶山) 정약용(丁若鏞, 1762-1836)은 실학을 집대성한 대학자이다.

외재는 집안의 이런 대학자들의 영향을 크게 받아 학문할 수 있는 기반을 어릴 때부터 갖추어졌다.

정윤복의 손자인 현령 검암(儉巖) 정언숙(丁彦璛)이 강원도(江原道) 원주(原州)에서 줄포로 옮겨와 자리잡았다. 검암은 외재에게 11대조가 되는데, 문집을 남길 정도로 학문이 있었다.

정윤복 대까지는 우담, 해좌, 다산과 같은 집안이다. 정언숙은 정윤복의 맏아들 참봉 정호약(丁好約)의 아들이다. 우담은 정윤복의 셋째 아들 사성(司成) 정호관(丁好寬)의 손자이다. 해좌는 우담의 현손이다. 다산은 정윤복의 넷째 아들 이조참판 정호선(丁好善)의 7대손이다.

증조는 송포(松圃) 정대익(丁大翊), 조부는 정인섭(丁寅燮), 부친은 춘포(春圃) 정규덕(丁奎悳)이다. 모친은 영양남씨(英陽南氏)로 남기홍(南基弘)의 따님이다.

줄포에도 우담의 후손들도 살고 있다. 안협현감(安峽縣監) 송대(松臺) 정대직(丁大稷)의 가문은 우담의 아들 대에서 해좌 집안과 갈라졌다.

2) 생애

외재 정태진은, 1876(고종 13)년 경북 영주(榮州) 줄포(茁浦)에서 태어났다. 외재의 자는 노수(魯叟)요, 외재는 그의 호였다. 서포(西浦)라는 호도 썼다. 태어나던 해가 바로 일본이 조선과 병자조약(丙子條約)을 맺은 해로, 조선의 운명은 일본의 통제를 받기 시작해 점차 망국의 길로 들어서고 내외의 각종 환난이 연속되었다.

외재가 살았던 시대는, 전통적인 가치관이나 관습이 흔들리기 시작하여 선비의 존재가 무시당하는 등 극도로 혼란한 시기였다. 나라가 망하여 36년 이민족의 압제에 시달려야 했고, 해방 이후에도 서양의 물질문명이 세차게 밀고 들어와 전통학문을 한 학자는 현실적으로 발붙일 곳이 없었다. 그런 속에서도 외재는 바른 선비로서의 자세를 흐트러진 적이 없었다. 산속에 정자를 짓고 장서 1천 권을 비치하고서 사우(士友)나 제자들과 학문을 강론하며 지냈다.

서주(西洲) 김사진(金思鎭), 소선(小仙) 황병흠(黃炳欽), 성암(誠庵) 김세영(金世榮), 의암(毅庵) 박제도(朴齊濤), 석산(石山) 권종원(權鍾遠) 등과 함께 앞장서서 지역의 학풍을 인도하였다. 또 선비들을 모아 강학회를 열어 좋은 점을 서로 배우고 서로 도움을 받도록 했다. 영주는 우리나라 최초로 서원이 건립된 곳이고, 퇴계선생의 제자가 많아 학문적 수준이 조선시대 내내 대단히 높던 것이었다.

파리장서에 서명하는 등 독립운동에 관여한 일 때문에 왜경의 감시가 심하여, 1940년경부터 문경군(聞慶郡) 마성면(麻城面) 모곡리(茅谷里)로 옮겨 살면서, 서낭을 얼어 계속 강학을 하였다.

1959년 84세를 일기로 모곡리 집에서 별세했다. 원근의 선비들이 모두 "훌륭한 선비가 떨어졌네!"라고 했다.

집 뒤 옥녀봉(玉女峯) 계좌(癸坐)의 언덕에 안장하였다.

남긴 시문 원고를 후배 번와(樊窩) 김용규(金龍圭)와 제자 수촌(水村) 김승학(金承學)이 편집하여 교정을 보고, 제자 연민(淵民) 이가원(李家源)이 교감하여 『외재문집(畏齋文集)』으로 간행해 냈다. 그러나 평소에 예를 논한 글이나 이기(理氣)를 논한 글을 제외하고는 본인이 원고를 잘 모으지 않았고, 또 병란에 흩어져 버린 원고도 적지 않아, 저작한 시문이 문집에서 많이 빠졌다.

3. 자질과 생활

외재는 인품이 우뚝하고 뜻이 컸다. 용모는 뛰어나고 말은 정성스러웠다. 이마가 넓고 코가 우뚝했으며 수염이 신선 같았다. 평생 조심하고 조용히 혼자 함양하는 공부를 계속하여 굳세고 곧은 것이 많았다.

평소에 양생(養生)을 잘 하여 기뻐할 수 있는 일을 다 누렸다.

상례(喪禮)는 한결같이 예법에 따라 하였다.

제사가 되면 연세가 많은 뒤에도 부축을 받아 앉아 있다가 제사가 끝나기를 기다렸다가, "불초한 저가 정성을 바치는 것은 이날뿐입니다." 라고 하고는 울어 눈물을 금하지 못하였다.

1895년 단발령(斷髮令)이 엄혹(嚴酷)하여 많은 선비들이 저항하지 못하고 따랐다. 외재는, "차라리 내 몸이 옥처럼 부서질지라도 기왓장처럼 해서 온전히 남지는 않겠다."라며 굳세게 자신의 지조를 지켰다.

산수를 좋아하여 때때로 지팡이를 짚고 안개 낀 산수 속을 거닐며 혼자 즐겼다.

누이 한 분이 일찍 홀로 되고 자식도 없었는데, 세상을 마칠 때까지 부지런히 진지한 정성으로 생각하여 어루만져 주고, 맛난 음식을 나누어 먹고, 옷도 나누어 입었다.

아들 두 명과 손자 한 명을 먼저 보냈는데, 사람의 심정으로 참기 어려운 슬픔인데도, 이치로써 극복하였다. 늘 이른 새벽에 일어나 갓을 쓰고 띠를 매고 손에 책을 들고 있었고, 마음이 꺾이지 않았다. 이는 타고난 성품이 독실한 것도 있지만, 공부의 공력이 경지에 이르렀음을 알 수 있다.

사람을 가르칠 때는 자상하고 간절하여 마치 두 손에 물건을 움큼으로 담아 주듯이 했다.

4. 학통(學統)과 성학(成學)

외재는 어려서 가정에서 배우다가, 처음에는 김정현(金錠鉉)에게 배웠다.

21세 되던 1895년 해 동정(東亭) 이병호(李炳鎬)의 문하에 들어갔다. 동정은 퇴계의 13대손인데, 퇴계의 후손인 용산(龍山) 이만인(李晚寅)의 제자다. 이만인은 퇴계의 10대 종손인 고계(古溪) 이휘녕(李彙寧)의 제자로 철저하게 퇴계 가문의 가학(家學)을 전수받았다.

외재는 처음부터 명예나 이익을 추구하는 과거공부는 익히지 않았고, 사람 되는 공부인 성리학 공부에 힘을 쏟았다.

동정은 한주(寒洲) 이진상(李震相)을 만나 이기설(理氣說)에 대해서 토론했는데, 한주의 심즉리설(心卽理說)에 대해서도 인정하였다. 이런 관점은 대부분의 퇴계 후손 학자들과는 다른 점이다.

동정은, 1880년 과거 보러 서울에 갔다가 황준헌(黃遵憲)의『조선책략(朝鮮策略)』을 고종(高宗) 임금이 물리치지 않는다는 사실을 듣고서 과거 시험장에 들어가지 않고 돌아왔다. 돌아와서 유림의 상소를 주도하여 대궐 문 앞에 엎드려 항의하는 상소를 올렸다. 당시의 논의에 거슬려 화(禍)가 미치게 되자, 드디어 경북 봉화군(奉化郡) 춘양(春陽) 학산촌(鶴山村: 일명 篠山)에 가서 자리 잡고 시사에 대한 관심을 끊고 학문에 진념했다.

20세 때 외재는 동정의 문하에 처음으로 들어갔는데, 동정은 외재를 처음 보자 이미 보물 같은 인물로 칭찬하였다. 동정은, 외재가 지은『논어발문답안(論語發問答案)』이라는 글을 보고는 외재의 경학(經學)적인 조예를 칭찬하였다. 그러나 이『논어발문답안』은 1950년 한국전쟁 때 없어지고 말았고, 단지 앞부분인「학이편(學而篇)」과「위정편(爲政篇)」몇 조목만 남아있어 문집에 실렸으니, 그 조예의 일부나마 알아볼 수 있다.

1908년 동정이 세상을 떠났다. 외재는 어진 스승을 잃어 학업을 마칠 수 없는 것을 한으로 여겼다. 동문들과 함께 동정의 유고를 편찬하여 간행하였고, 동정의 행장(行狀)을 지어 스승의 일생을 정리하고 학문적 위상을 높였다. 이때 외재의 나이 겨우 33세였다.

외재는 성리설에 있어서 주리설(主理說)을 주장하였는데, 이는 퇴계의 학설이고, 퇴계가(退溪家)의 가학으로 동정(東亭)을 거쳐 외재에까지 영향을 미쳤던 것이다.

스승 동정을 잃고 난 뒤 외재는 다시 당대의 대유 면우(俛宇) 곽종석(郭鍾錫)의 문하로 찾아가 제자가 되었다. 면우는 본래 경남 산청군(山淸郡) 남사(南沙) 출신으로 한주(寒洲) 이진상(李震相)의 제자였다. 심즉리설(心卽理說)로 퇴계학파로부터 심한 핍박을 받은 한주를 끝까지 변호하였다. 한주의 문인 가운데 당시 성재(性齋) 허전(許傳) 등의 문하에도 출입한 사람이 있었지만, 면우는 오로지 한주 한 분만을 스승으로 삼았다.

면우는 1883년부터 경북 봉화군(奉化郡) 춘양(春陽) 학산촌(鶴山村)와서 살았다. 학산촌은 당시에는 안동(安東)에 속했는데, 이로 인해서 면우는 경상우도(慶尙右道) 인물이면서 안동 영주 봉화 등 경상좌도(慶尙左道) 출신의 인물들과 넓은 교유관계를 맺고, 이 지역에 많은 제자를 기를 수 있었다. 안동 영주 봉화 예천(醴泉) 등 경북 북부지역에 거주하는 면우 제자가 70여 명에 이르고, 줄포 정씨 집안에서만 제자가 5명이었다.

1897년에 이르러 면우는 거창군(居昌郡) 가북면(加北面) 다전(茶田)으로 이사하였다. 외재는 때로는 찾아가서 의문나는 것이나 어려운 것을 질문하고, 때로는 편지를 주고받으며 학문을 토론하였다.

1919년 면우가 세상을 떠났을 때는, 외재는 만주에 있어서 장례에 참석하지 못했고, 1921년 면우 대상(大祥) 때 제문을 지어 스승의 서거를 애도하고, 자신과의 관계를 밝혔다.

그 제문에서 외재는 면우를, '하늘이 낸 참된 선비, 유림의 스승'으로 추앙하였다. '앞 시대의 학문을 계승하여 다음 세대를 열어 준 공은[繼開

之功], 백세를 지나도 할 말이 있을 것이다', '경륜은 쓰이지 못하고, 세상을 떠나 사라지니, 백성들이 복이 없는 것이다.' 등의 표현으로 면우의 학문을 평가하였다. 제문의 마지막 부분에서, '누가 자신의 혼미함을 깨우쳐 주며, 자신의 헤매는 것을 누가 인도해 주겠는가?'라는 말로 스승을 잃은 자신의 상실감을 표현하였다. 외재가 스승 면우를 존경하고 크게 의지하였음을 알 수 있다.[2]

1926년부터 3년에 걸친 편집 끝에 62책에 이르는 면우의 방대한 문집을 간행할 때, 영주 봉화 지역의 제자들의 집안에서 출판 경비의 많은 부분을 담당했다. 특히 줄포 정씨(丁氏), 닭실 권씨(權氏) 집안에서 주로 담당했다.[3]

학산에 와 있음으로 해서 안동 출신이면서 봉화에 살던 동정(東亭) 이병호(李炳鎬)와 자주 만나 학문을 토론하면서 퇴계학파(退溪學派)와 긴밀하게 접맥되었다. 특히 동정은 한주의 학설을 인정하였으므로 면우와 더욱 가까워질 수 있었다.

스승 동정(東亭)의 문집 편찬할 때, 외재가 주도하여 면우에게 부탁하여 교정하고 시문을 선발하여 『동정집』을 편집 간행했다. 또 면우에게 요청하여 동정의 「묘지명(墓誌銘)」을 받았다.

1910년 나라가 망한 뒤 면우는 요동(遼東)으로 옮겨가 살려고 했는데, 이 때 옮기는 일을 외재가 다 주선하였다. 그러나 일이 뜻과 같지 않아 결국 가지 않고 말았다.

1908년 이후로 외재는 면우에게 10년 동안 직접 찾아가서 토론하고

---

2 「祭俛宇郭先生文」, 『외재문집』 권12.
3 필자가 은사 淵民 李家源 선생으로부터 직접 들었다.

편지로 묻고 하였다. 그런 뒤에 심오한 학문의 참된 경지에서 터득한 바가 있었다.

면우 사후 1926년 전후하여 서울에서 면우의 문집을 편찬할 때 외재는 가서 몇 달 동안 종사하여 스승의 교은(敎恩)에 보답하였다.

외재는 향촌의 고루한 선비와는 달리 과거공부 이외에 실학(實學)이 있는 줄 알았다. 외재의 친구이자 동문인 서주(西洲) 김사진(金思鎭)과 함께 과거공부에만 매달리던 영주(榮州)의 학풍을 실학으로 돌려놓았다.

요즘 학자들이 유학과 실학을 대립적 개념으로 보지만, 원래 의미의 실학은 불교 도교 등에 대해서 유학을 두고 한 말이었다. 외재와 서주는 성리학(性理學)에 조예가 깊은 것은 물론이고, 반계(磻溪) 유형원(柳馨遠)의 『반계수록(磻溪隨錄)』, 『성호사설(星湖僿說)』 등도 이미 알고 읽고 있었다. 그래서 당시 영남의 선비들이, "영주에 참된 학자가 있나니, 정노수(丁魯叟: 丁泰鎭)와 김근부(謹夫: 金思鎭) 두 사람뿐이다."라고 칭송했다.

외재는 안목이 정확하고, 간직한 바가 평이하면서도 실질적이었다.

5. 외재의 독립운동

1910년 스승 면우를 모시고 하나의 단체를 이루어 요동으로 망명하려던 계획은 뜻대로 되지 않았다.

1916년에 대계(大溪) 이승희(李承熙), 서천(西川) 조정규(趙貞奎), 계암(鷄巖) 정돈섭(丁敦燮), 서주(西洲) 김사진(金思鎭) 등이 만주(滿洲) 덕흥보(德興堡)에 땅을 개간했을 때, 외재도 함께 하려고 요동에서 토지를 분배

받기까지 했다.

1919년 스승 면우를 한국 유림대표로 삼아 유림들이 파리 평화회의에 한국의 독립을 보장해 달라는 청원서를 보냈다. 1919년 양력 3월 1일의 기미독립운동의 민족대표 33인 가운데 유림대표는 한 사람도 들지 않았다. 몇 가지 이유가 있지만, 조선왕조 5백 년의 유교국가에서 국가를 되찾겠다는 독립운동에 유림이 한 명도 참여하지 않은 것은 유림의 수치였다.

고종(高宗) 황제 인산(因山)에 참여했던 면우의 제자로 외재와 동문인 심산(心山) 김창숙(金昌淑)은 부끄러워하며 통곡을 했다. 그 모습을 보고 해사(海史) 김정호(金丁鎬)가 "울고만 있을 것이 아니라, 새로운 길을 찾아보자."라고 했다. 그때 마침 제1차 세계대전 직후에 프랑스 파리에서 전승국들의 세계평화회의가 열리고 있고, 약소국들의 독립을 도와준다는 정보를 입수하고 유림대표들의 명의로 「독립청원서」를 보내기로 결정했다.

이에 스승 면우 곽종석이 전국유림대표로 추대되었다. 전국적으로 이 운동에 동참하는 유림의 서명을 받았는데, 최종적으로 유림대표 137명이 서명했는데, 외재도 참여하였다. 여기에는 각지의 면우 제자들이 많이 참석하였다. 일제의 감시가 심하고 앞날에 어떤 처벌이 가해질지 모르는 상황에서도 외재는 선비정신에 따라 서명을 하였다.

면우 문하의 동문인 심산 김창숙이 파리장서(巴里長書)를 가지고 중국 상해(上海)로 가서 영어 등으로 번역을 해서 파리에 보내고, 국내외에 발송하였다.

국내로 전송된 파리장서가 전포되자, 국내에서 일본 경찰들이 서명한 인물들을 체포하기 시작했다. 외재는 대구 감옥에 구속되어 수개월

간 옥고를 치뤘다.

석방된 직후에 동향의 동문인 서주 김사진과 함께 요동으로 갔다가 뜻과 같지 않아 얼마 뒤 돌아왔다. 다시 돌아오자 일본 경찰의 감시가 더욱 심해졌다. 이 때 이후로 고향에서 더욱 학문에 정진하였다.

독립운동의 공훈이 인정되어 1990년 국가로부터 건국훈장 애족장(愛族章)을 받았다.

6. 학설

1) 예설(禮說)

외재의 학문은 성리설(性理說)과 예설(禮說)이 주조였다. 외재는 예법을 정의하여, '상하를 분변하고 백성의 뜻을 정해 주며 사람을 서게 하는 것'이라고 하였다. 예설에 있어서 이전의 학설이나 시속의 관습에 구애되지 않고, 상당히 자주적인 해석을 하였다.

예설에 있어서는 우복(愚伏) 정경세(鄭經世)의 후손인 임거(林居) 정창묵(鄭昌默)이 가학을 전승하여 가장 조예가 깊었지만, 임거도 외재의 논의를 따르는 경우가 많았으니, 외재의 예학에 관한 조예를 알 수 있다.

계당(溪堂) 유주목(柳疇睦)이 예설을 집대성한 『전례유집(全禮類輯)』을 정리 편집할 때, 그 당시 학문이 엄박(淹博)한 학자들을 다 모았는데, 모두가 외재의 견해에 승복하였다.

외재 스스로도, "내가 평생 한 것 가운데 볼 만한 것이 없지만, 예설 몇 조항만은 다른 사람들보다 낫다."라고 말할 정도로 예설에 자신을 가졌다.

2) 성리학(性理學)

외재는 우리나라 성리학의 흐름을 이렇게 정리했다.

> 포은(圃隱)이 처음으로 성리학을 주창하였고, 그 뒤 한훤당(寒暄堂)
> 김굉필(金宏弼)과 일두(一蠹) 정여창(鄭汝昌)이 계승했다. 정암(靜庵)
> 조광조(趙光祖)와 회재(晦齋) 이언적(李彦迪)이 더 발전시켰다.
> 퇴계(退溪)에 이르러서 여러 학설을 모아 절충하였는데, 상산(象山)
> 육구연(陸九淵), 정암(整菴) 나흠순(羅欽順) 등을 배척하고, 주자(朱子)
> 를 스승으로 삼았다. 동파(東坡) 소식(蘇軾), 반산(半山) 왕안석(王安石)
> 을 내쫓고 정자(程子)를 높였다. 유학을 일으켜 빛나고 새롭게 만들었다.
> 사람마다 정자 주자를 본받아, 능히 삼대(三代)를 회복할 수 있었다.[4]

외재는 '자성(自省)하는 데 있어서는 『논어(論語)』만큼 친절한 책이
없다.'라고 생각했다.

이기(理氣)를 논하는 데 있어 앞 시대 학자들의 설에 구애되지 않았
고, 그렇다고 지나치게 정도에 넘치는 주장을 하지 않았다.

이기에 대해서 이렇게 자신의 주장을 펼쳤다. "마음은 이기를 합한
것이다.[心合理氣]"라는 말은 본래 북계(北溪: 陳淳)가 한 말인데, 퇴계
가 이를 가져다 보편적인 학설이자 마음의 정설로 삼았다. 대개 보편
적으로 이야기하면 '합리기(合理氣)'라고 할 수 있다. 퇴계는 '합리기'라
는 말을 많이 썼는데, '합리기' 가운데도 이(理)와 기(氣) 사이에 또 주빈
(主賓), 경중(輕重)의 구분이 있어, 단지 '이기(理氣)' 두 글자를 가지고
대대적(對待的)인 관계로 말할 수는 없다. 그래서 "마음이 발하기 전에

---

4 「도책(道策)」, 『외재문집』 권10.

는 기(氣)가 작동하지 않으므로 오직 이(理)일 따름이니, 이 것이 '발하지 않았을 때는 이(理)를 주로 할 따름인 것이다."라고 한 것이다. 이미 '사단(四端)은 이(理)가 발한 것이고, 칠정(七情)은 기(氣)가 발한 것이다.'라고 하고는 그 아래 이어서 '비록 기에서 발했지만 이(理)가 그 것을 타서 주재자가 된다.'라고 했으니, 이미 발했을 때는 이(理)를 위주로 말한 것이다.

당시 외재가 한주(寒洲)의 '심즉리설(心卽理說)'을 지지했는데, "이는 퇴계의 원래 가르침과 합치되지 않는다."라고 말하는 사람이 있었으므로 외재가 성리설에 대해서 자신이 견해를 밝힌 것이다. 스승 동정(東亭)과 면우(俛宇)가, '한주(寒洲)의 심즉리설은 퇴계의 학설 위에서 이(理)를 강조해서 말한 것이지, 퇴계의 학설과 배치되는 것이 아니다.'라는 주장을 했는데, 외재도 두 스승의 설을 그대로 따라서 밝혔다.

또 외재의 방조(傍祖)인 우담(愚潭) 정시한(丁時翰)도 주리설(主理說)을 주창했으므로, 주리설은 외재 가문의 가학(家學)이라고 할 수 있다.

3) 실학(實學)

외재는 평생 벼슬하지 않고 초야에서 지내며 학문연구와 제자양성을 했지만, 국가민족을 잊지 않았다. 자기 한 몸만 깨끗이 유지하며 세상일에 관심이 없는 은자형(隱者型形) 학자와는 달랐다.

외재의 문집에는 책(策), 논(論), 설(說) 등이 많은데, 모두가 자신의 독특한 견해를 밝히는 중요한 글로서 일반 향촌(鄕村)의 선비들이 내놓을 수 없는 경세치용적(經世致用的)인 현실적 학설이다. 외재는 성리학 예학에도 뛰어났지만, 경세치용적인 학문에도 특출한 생각을 가졌다.

그의 「학교책(學校策)」, 「전제책(田制策)」, 「과거론(科擧論)」, 「서원론(書

院論)」, 「전부론(田賦論)」, 「용인론(用人論)」, 「치생학자지선무론(治生學者之先務論)」, 「두설(蠹說)」 등은 아주 독창적인 논설이다.

외재는 직접 농사일을 할 줄 알았고, 또 나무를 잘 심는 특기가 있었다. 비록 초야에서 지냈지만, 가정 경제가 어느 정도 윤택했으므로 독서에 전념할 수가 있었다.

7. 외재의 문학론

외재는 사장(詞章)에 전념하지 않았고, 자신의 문장이 수준 높다고 자부하지도 않았다. 내용을 잘 전달할 수 있고 순리적인 소박한 글을 지었다. 평생 고전을 읽고 사색하였고, 예법에 바탕을 두고 처신했으므로, 그의 시문 속에는 시대에 영합하거나 살벌한 기운이 없었다.

외재의 문장론은 이러하다. "문장은 내용이 있으면 내적인 아름다움이 있게 된다. 내적인 아름다움이 있게 되면, 반드시 볼 만한 찬란한 문채(文彩)가 있게 된다. 옥이 온화하면서도 윤택한 가운데 엄숙한 점은 내적인 아름다움이고, 정밀한 빛이 굳세고 광채가 사방으로 퍼지는 것은 문채가 밖으로 나타난 것이다. 옥이 만약 온화하면서도 윤택한 덕이나 엄숙한 바탕이 없다면, 그 정밀한 빛이나 광채가 나타나려고 해도 되겠는가?"

외재의 문장은, 내용과 논리를 위주로 하였고, 부화(浮華)한 상투적인 문자는 추구하지 않았다. 시대상황이 암울하고 개인적인 참척(慘慽)을 여러 번 겪었지만, 그렇다고 세상에 대해서 원망하는 그런 내용은 없고, 슬픔과 탄식을 감개(感慨)로 표현하였다.

외재의 시에는 퇴계(退溪) 시의 여운(餘韻)이 남아 있다.

8. 외재의 사상

선비이면서 세상의 도덕에 대해서 걱정하지 않는 것은 선비의 수치다. 외재가 생각하는 선비는 바로 이런 것이었다.

선비는 학문에 뜻을 두어 도(道)에 이르는 사람이다. 도에 이르지 못하면 '못난 사람[庸人]'이다. '못난 사람'은 천하에서 모두 그를 천하게 여긴다. 선비가 배우는 것은 성인(聖人)에 이르기 위해서다. 성인이 되는 길은 고원(高遠)한 데 있는 것이 아니고, 일상생활 속에 있다. 자신이 구하면 바로 자기 옆에 있다. 오래도록 구하면 성인이 하는 바를 자신도 할 수 있다. 성학(聖學)의 요점은 '경(敬)'자 하나에 다 들어 있다.

지금의 선비들은 선비라고 할 수도 없다. 배우는 것이, 글귀나 외우거나 좋은 구절을 따다 써서 공리(功利)나 취하고 작록(爵祿)이나 부러워하니, 이런 사람은 이름은 선비라 할지라도 옳은 선비가 될 수가 없다.[5]

그는 과거제도의 문제를 이렇게 지적하였다.

위에서 선비를 시험하는 도는, 덕행이나 재예(才藝)로써 하지 않고 시(詩), 부(賦), 표(表), 논(論) 등으로 한다. 또 문장의 구상이나 지향(志向)이 어떠한지는 보지 않고, 오직 그 문장만 취한다. 그래서 사장(詞章)이나 외운 무리들이 청현(淸顯)한 자리를 차지한다. 사람을 쓰는 법

---

5 「사책(士策)」, 『외재집』 권9.

이, 어진지의 여부나 충성스러우냐 간사하냐로 승진시키거나 축출하지 않아, 권모술수(權謀術數)에 능한 무리들이 지름길로 가게 인도하니, 과거로 사람을 쓰는 방법이 최신을 나했다고는 할 수 없다.[6]

외재는 「두설(蠹說)」을 지어 인간세상의 좀 같은 존재의 위선적이고 간교한 작태를 폭로하였다.

물건에 깃든 좀은 그 해(害)를 말로 표현할 수는 있지만, 사람 가운데 있는 좀은 그 피해가 이보다 더 큼애랴? 헛된 것을 지어내는 것은 도의(道義)의 좀이다. 문장 등 여러 가지 기예는 학술의 좀이다. 아첨하여 녹을 탐내는 자는 나라를 고질병 들게 하는 좀이다. 허탄하고 방종한 것은 풍속을 망치는 좀이다. 헛된 것을 꾸며서 공명(功名)을 가까이하려는 것은 명예의 좀이다. 이익이 정의를 좀 먹고, 사악함이 바른 것을 좀먹고, 사사로움이 공정함을 좀먹는다.

천하를 망쳐 어지럽히는 것을 어찌 물건에 깃던 조그만 좀에 견주겠는가? 이 때문에 세상 도리가 날로 형편없게 되고 사람들의 마음도 날로 타락하여 천하에 다스려지는 날은 항상 적고, 어지러운 날은 항상 많게 만든다.

이런 현상을 만회하기를 도모하려면, 어찌 조각하는 듯한 자질구레한 문장 솜씨로 되겠는가?

소리와 여색 재물과 이익 등의 욕심은 앞에서 좀이 되고, 부귀 영욕(榮辱)의 사사로움은 뒤에서 좀이 된다. 몸을 점검해 보면, 친하게 여기고 사랑하고 오만하고 게으른 것에 치우치는 것은, 좋아하고 싫어하는 심정을 좀먹는다. 독서할 때 보면, 싫증내고 게으르고 번거롭게 여기고 조급하게 여기는 병통은 생각하고 묻는 공력(功力)을 좀먹는다. 대충대

---

6 『도책(道策)』, 『외재문집』 권10.

충 세월을 보내는 것은 세월을 좀 먹는다. 이렇게 살면, 정말 천지 사이의 한 마리 좀일 따름이다. 천하에 가득한 것은 모두 좀의 해다. 내 마음을 해치는 것도 모두 좀의 해다.

천하를 위해서 좀의 해를 제거하려고 하면, 반드시 내 몸에서부터 먼저 해야 한다. 경(敬)은 마음의 주재(主宰)하는 것이고, 만사의 근본이다. 성인(聖人)을 배우는 천고의 법이 어찌 이것에서 벗어나겠는가?[7]

사람을 망치고 세상을 망치는 것이 지식인들의 가식적인 마음가짐이다. 외재는 이런 사례들을 좀의 해(害)에 견주어 재미있게 표현하면서도 준엄한 풍자와 비판을 퍼붓는다. 사람을 좀에 비유한 것은, 곧 "공로나 혜택이 다른 사람에게 미치지 못하면서 세월을 헛되이 보내면, 천지 사이의 한 마리 좀일 따름이다."라는 송(宋)나라 학자 이천(伊川) 정이(程頤)의 말에서 비롯되었다. 조선의 실학자 성호(星湖) 이익(李瀷)도 「육두설(六蠹說)」을 내놓았는데, 국가에 문제가 되는 것 여섯 가지를 지적했는데, 외재의 「두설」만큼 신랄하면서도 해학적이지 못하다.

9. 제자들의 학문 전승

외재는 거의 평생 강학(講學)하여 제자를 길렀으므로 각지에 많은 제자가 있었을 것이다. 그러나 안타깝게도 문인록(門人錄)을 편찬하지 않아, 대부분 제자들의 행적, 학문적 위상, 소재 등을 알 수가 없다. 상례(喪禮) 때의 만사(挽詞)와 제문(祭文)도 외재의 생애와 학문, 제자들과의 관

---

7 「두설(蠹說)」, 『외재문집』 권11,

계, 제자들 생각을 알 수 있는 중요한 기록인데도 『외재문집』에 수록되지 않아 제자들을 알 수 없다. 이에 단지 알 수 있는 제자만 밝히면 아래와 같다.

수촌(水村) 김승학(金承學)은, 영주(榮州) 수도(水島: 무섬) 사람이므로 수촌이라고 호를 지었다. 자(字)는 자경(子敬)이고, 본관은 선성(宣城)이다. 문집 『수촌유고(水村遺稿)』를 남겼다.

스승 외재가 세상을 떠났을 때, 그 묘지명(墓誌銘)을 지었고, 외재의 문집을 편찬할 때 번와(樊窩) 김용규(金龍圭)와 함께 전적으로 책임을 맡아 간행하였다.

석전(石田) 이영호(李齡鎬)는, 안동(安東) 도산(陶山)에 살았는데, 본관은 진성(眞城)으로 퇴계선생의 13대손이다. 퇴계 종손 하정(霞汀) 이충호(李忠鎬)의 종제다. 석전은 그의 호이고, 자는 강수(康叟)이다. 부친 노산(老山) 이중인(李中寅)의 명으로 외재의 문하에서 공부하였다. 줄포(茁浦)의 송대(松臺) 정대직(丁大稙)의 사위다. 문집 『석전유고(石田遺稿)』가 있다. 독립유공자이다.

연민(淵民) 이가원(李家源)은 퇴계선생의 14대손으로 석전(石田) 이령호(李齡鎬)의 장남이다. 연민은 그 호이고, 자는 철연(悊淵)이다. 조부 이중인(李中寅)과 외조부 송대 정대직의 명으로 외재의 문하에서 20년 동안 배웠다. 특히 유교경전과 한시문 창작을 위주로 배웠다.

춘초(春初) 이국원(李國源)은 연민 이가원의 아우다. 춘초는 그의 호이고, 자는 완민(浣民)이다. 그 뒤 정치대학(政治大學: 建國大學校 전신)을 마치고, 대구사범학교 교사, 국사편찬위원회 교정위원 등을 지내다가, 안동과 대구 등지에서 후학을 가르쳤다. 문집 『완민지문(浣民之文)』을 남겼다.

10. 외재와 연민의 학문적 전승

외재의 제자 가운데서도 특별히 언급할 필요가 있는 제자가 연민 이가
원이다. 연민은 외재의 많은 제자 가운데서도 외재의 학문적 정신과
특징을 잘 계승하였고, 학계의 영향력이 크기 때문이다.

외조부의 소개로 외재의 문하에 나간 연민은, 외재의 가르침을 오랫
동안 받았다. 그에게서 『논어(論語)』와 『서경(書經)』을 배웠다.

12세 되던 정묘(1927)년 봄에는 영주(榮州)의 검암정사(儉巖精舍)에서
외재 정태진 선생을 좇아 『논어』를 읽었다.[8]

　을해(1935)년에 외재옹을 좇아 다시 『서경(書經)』을 2백 번 읽었다.[9]

연민은 또 외재를 따라 시문 창작법을 다음과 같이 익혔다.

　계유(1933)년 여름에 외재 정태진 옹을 따라서 시가 및 전(傳), 행장
　(行狀) 짓는 법을 배웠다. 갑술(1934)년 여름에 다시 외재옹을 따라 사
　(辭), 부(賦) 및 시가(詩歌) 짓는 것을 배웠다.[10]

연민은 외재에게서 6세 때부터 공부를 시작하여 가장 많은 사랑을
받았다. 외재가 세상을 떠났을 때 연민은 제문을 지어 사제의 정을 이
렇게 회상했다.

---

8 「淵翁幼時讀書年月及遍數記」, 『萬花齊笑集』, 153-154면.
9 같은 곳.
10 「淵翁幼時課作年代記」, 『萬花齊笑集』, 154면.

어린양부리고 울고 밤을 주웠으니 그때 나이 6세도 되지 않았습니다.

막 어머니 품을 떠나 선생에게 나가 글을 읽었습니다.

선생께서 "아름답도다!"하시며 송아지처럼 어루만졌습니다.

겨울에는 경서를 읽고 여름에는 글을 지어 저의 주린 배를 불려주었습니다.

저가 태어난 이후로 가장 많은 사랑을 받았습니다.[11]

연민은, 외재의 문하에서 20년 동안 공부하였다. 나중에 외재가 세상을 떠나고 나서 여러 동문들의 요청으로 외재의 일생을 총정리한 행장(行狀)을 지었고, 1961년에는 그의 시문 원고를 정리하여 『외재문집(畏齋文集)』 이름을 붙여 편찬하여 출간하였다.

연민 자신이 외재에게 유교경전을 배운 사실을 기록한 것을 모아 보면, 다음과 같다.

12세 되던 정묘(1927)년 봄에 영주(榮州)의 검암정사(儉巖精舍)에서 외재(畏齋) 정태진(丁泰鎭) 선생을 쫓아 『논어(論語)』를 읽었다.

을해(1935)년에 외재(畏齋) 옹을 쫓아 다시 『서경』을 2백 번 읽었다. 9월 26일부터 시작해서 10월 10일에 『서경』 우서(虞書)의 「요전(堯典)」, 「순전(舜典)」을 다 마쳤다. 20일에는 「대우모(大禹謨)」, 「고요(皐陶)」, 「익직(益稷)」을 다 마쳤다. 11월 5일에 이르러서 『서경』 하서(夏書)의 「우공(禹貢)」, 「감서(甘誓)」, 「오자지가(五子之歌)」, 「윤정(胤征)」을 마쳤다. 18일에는 『서경』 상서(商書)의 「탕서(湯誓)」, 「중훼지고(仲虺之誥)」, 「탕고(湯誥)」, 「이윤(伊訓)」, 「태갑(太甲)」, 「함유일덕(咸有一德)」을 마쳤다. 섣달 20일에는 「반경(盤庚)」, 「열명(說命)」, 「고종융일(高宗

11 「祭畏齋丁翁文」, 『淵淵夜思齋文藁』, 293면.

肜日)」,「서백(西伯)」,「감려(戡黎)」,「미자(微子)」 및 『서경』 주서(周書)의 「태서(泰誓)」,「목서(牧誓)」,「무성(武成)」,「홍범(洪範)」,「여오(旅獒)」를 마쳤다. 그 이하는 기록이 빠져 있다.

정축(1937)년에 다시 『맹자』를 읽었는데,「양혜왕편(梁惠王篇)」,「공손추편(公孫丑篇)」,「등문공편(滕文公篇)」,「이루편(離婁篇)」을 연달아서 2백 번 외웠다. 「만장편(萬章篇)」은 1백 번 읽었고,「고자편(告子篇)」과 「진심편(盡心篇)」은 50번 읽었는데, 섣달 그믐날에 이르러 마쳤다.[12]

외재에게서 시문(詩文) 창작을 배운 기록은 다음과 같다.

계유(1933)년 여름에 외재(畏齋) 정태진(丁泰鎭) 옹을 따라서 시가(詩歌) 및 전(傳), 행장(行狀) 짓는 법을 배웠다. 갑술(1934)년 여름에 다시 외재옹을 따라 사(辭), 부(賦) 및 시가 짓는 법을 배웠다.[13]

외재의 문집을 편찬에 관여한 기록은 다음과 같다.

내가 선생을 따라 공부한 것이 전후 20여 년으로 가장 오래다. 내가 이에 감히 망령되이 내 뜻대로 외재선생의 글 가운데서 10분의 8을 남겨서, 그 것을 문체별로 나누고 종류별로 계통을 잡아서 모두 14권 7책으로 만들고 행장(行狀), 묘갈명(墓碣銘), 묘지명(墓志銘) 발문(跋文) 등 약간 편을 붙여 삼가 『외재전서(畏齋全書)』라 이름하였다.[14]

외재의 문집의 체재를 잡아 편찬하는 일을 연민이 주도했음을 알 수

---

12 「淵翁幼時讀書年月及遍數記」,『萬花齊笑集』, 153-154면.
13 「淵翁幼時課作年代記」,『萬花齊笑集』, 154면.
14 「畏齋全書跋」,『淵淵夜思齋文藁』, 328면.

있다. 문집 이름을『외재전서』로 했다고, 연민이 발문(跋文)에서 밝혔지만, 최종적으로는 보편적인 명칭인『외재문집(畏齋文集)』으로 간행되었나. 연민의 주장이 받아들어지지 않은 것 같다.

외재는 1919년 면우(俛宇) 곽종석(郭鍾錫)이 주도한 파리평화회의에 우리 나라의 독립을 청원하는 글인「파리장서(巴里長書)」에 한국유림 대표로 서명하는 애국정신이 투철한 학자였다. 이런 국가민족을 생각하는 사상이 연민에게도 그대로 전수된 것이다.

연민은 1939년입니다. 서울로 올라가 명륜전문학교(明倫專門學校), 성균관대학교(成均館大學校)를 졸업하여 문학박사 학위를 받았다. 그 이후 성균관대학교 중문학과 교수, 연세대학교 국문학과 교수 등을 역임했다. 성균관유도회(成均館儒道會) 총본부장, 도산서원(陶山書院) 원장, 퇴계학연구원(退溪學研究院) 원장, 한국한문학회 회장 등을 지낸 우리나라 한문학계의 태두(泰斗)다.『한국한문학사(韓國漢文學史)』등 1백여 종의 저서가 있는데, 대부분『이가원전집(李家源全集)』에 수록되었다.

외재가 세상을 떠났을 때, 제문(祭文)을 지어 스승 외재의 서거를 애도하였고, 행장(行狀)을 지어 외재의 일생을 정리하고 위상을 설정하였다. 문집 편찬의 최종 책임을 맡아 문집체재를 확정하여 간행하였다. 1974년에『정씨휘보(丁氏彙報)』제2집에「외재 정태진 소전(小傳)」이란 글을 실어 외재를 처음으로 세상에 소개하였다. 이 글은 그 뒤 연민의 『한국명인소전(韓國名人小傳)』에 수록되었고, 또 1986년에 간행한『연민이가원전집(淵民李家源全集)』제9책에『한국명인소전』이 다시 수록되어 있다.

연민의 대표적 저서『한국한문학사』제12장「사실주의(寫實主義: 英正 이후), 제4절 사(詞)의 노경미(老境美)」에서 외재의 유일한 사(詞) 작품인 「회인(懷人)」 3결(闋) 가운데서 제1결을 수록하였다. 그 앞에 연민의 소개하는 글에, "그는 성리학 연구가였으나, 사(詞)에 관심이 적지 않았던 것이다."라고 하였다. 연민이 1997년에 완성한 『조선문학사(朝鮮文學史)』에도 이 사(詞)를 그대로 소개하고, "정태진의 자는 노수(魯叟)요, 호는 외재(畏齋)이다."라는 간단한 인적사항이 첨부되어 있다.

외재의 제자 가운데 우리나라를 대표할 수 있는 대학자가 배출된 것은 외재의 학문이 후세에 전승될 수 있는 계기가 된다.

11. 결론

외재 정태진은, 집안의 방조인 우담(愚潭) 정시한(丁時翰), 해좌(海左) 정범조(丁範祖), 다산(茶山) 정약용(丁若鏞) 등의 뛰어난 학자들이 남긴 가학(家學)의 바탕 위에서, 동정(東亭) 이병호(李炳鎬), 면우 곽종석 같은 큰 스승에게 배워 충실한 학문을 이루었다. 특히 경학(經學)에 조예가 깊었다. 문학도 스스로 표방하지는 않았지만, 시문의 수준이 높았다.

외재는 아는 것을 실천에 옮기는 지행합일(知行合一)에 이른 학자였다. 우리나라의 독립을 국제적으로 청원한 파리장서에 서명하고 만주로 가서 조국의 독립을 위해 활동하는 등 적극적으로 독립운동에 참여하였고, 늘 국가·민족을 생각하는 사명감을 가진 학자였다. 단지 학문을 위한 학문을 하면서 자기 자신만 깨끗이 간직하는 은둔형 선비는 아니었다.

가르친 은혜에 보답하기 위해서 동정·면우 두 스승의 문집 간행에 주도적으로 참여하여 제자의 의리를 보여준 선비였다.

외재의 문집에는 가치 있는 글들이 많이 있다. 각종 체(體)의 시가 239수가 실려 있는데, 영주(榮州)나 문경(聞慶)의 산수 자연을 알 수 있는 경물시(景物詩)가 많이 있다. 문경 선유동(仙遊洞)을 읊은 시는 문학성이 대단히 뛰어나다. 그 가운데 「선유구곡(仙遊九曲)」시는 주자(朱子) 퇴계(退溪)의 구곡시(九曲詩) 전통을 계승한 우수한 작품이다.

또 시 가운데는 일제 이후 해방 후까지 활동했던 유학자들의 만사(挽詞)가 많은데, 이는 우리나라 유학사(儒學史)나 사상사(思想史)를 연구할 수 있는 전기적(傳記的) 자료로서 가치가 크다.

동정·면우 등 당대의 대표적 학자를 포함한 회당(晦堂) 장석영(張錫英), 중재(重齋) 김황(金榥) 등과 학문을 토론한 서신은, 유학 연구에 도움이 되는 자료들이다. 특히 정창묵(鄭昌默)과 주고받은 많은 서신은, 예학(禮學) 연구에 좋은 자료가 된다.

문집에 실린 책(策), 논(論), 설(說) 등은 독창적인 사고와 안목을 담은 중요한 글이다. 이런 면이 외재를 여타의 시골 선비와 위상을 달리하게 한다.

뛰어난 학문과 국가·민족을 생각하는 실천이 받침이 된 학자지만, 외재가 살았던 시대가 일제강점기 해방 이후 혼란기인지라, 평생 쌓은 경륜(經綸)을 펼치지 못한 점이 아쉽다. 그러나 외재의 학문이나 사상은 그의 문집을 잘 읽으면 알 수 있기 때문에, 앞으로 젊은 학자들의 외재에 대한 본격적인 연구가 있어야 할 것으로 생각된다.

외재의 학문을 계승한 대표적인 학자로는, 전 연세대학교(延世大學校) 교수 연민 이가원이 있다.

본고는 외재의 일생과 학문 사상을 개괄적으로 다룬 글로서, 앞으로 이 글을 계기로 외재에 대한 활발한 연구가 일어나기를 기대한다.

제2부

외재 정태진의 시문학

외재 정태진의 시문에 대한 규견

심경호

1. 머리말

외재(畏齋) 정태진(丁泰鎭)은 이병호(李炳鎬)와 곽종석(郭鍾錫)의 문하에서 공부하여 이황(李滉)—이진상(李震相) 학맥을 이은 근현대 영남의 대표적인 학자이다.

자(字)는 노수(魯叟), 호는 외재(畏齋)·서포(西浦)로, 본관은 나주(羅州)이다. 정언숙(丁彦璹[儉巖, 蔭, 현령, 동지중추부사])의 11세손이다. 정언숙은 정호공(丁好恭)의 아들인데, 백부 정호약(丁好約)에게 입양되었으며, 강원도 원주 법천에서 경상도 영주(榮州) 줄포(茁浦)로 이주했다. 외재의 고조는 정서교(丁序敎), 증조는 정대익(丁大翊, 호 松圃), 조부는 정인섭(丁寅燮)이다.[1] 1876년(고종 13) 8월 11일 정규덕(丁奎悳, 호 春圃)과 어머니

영양남씨(英陽南氏, 基弘의 딸) 사이에서, 영주 줄포[영주시 줄포리, 현 가흥 2동]에서 태어났다. 1907년 풍기(豐基) 녹문동(鹿門洞)으로 이사하고, 1942년 문경시 마성면 모곡리로 이주하여 1959년 5월 21일 84세로 직고했다. 1961년 『외재문집(畏齋文集)』이 발간되었는데, 발문은 외재의 제자 연민 이가원이 작성했다.

외재는 1895년 이병호(李炳鎬, 1851-1908)의 문하에 나아가 공부하고[2] 1908년 이병호가 작고하자 다시 곽종석의 문하에 나아갔다.[3] 종래 조선 이학(理學)은 심(心)의 이해에서 이황의 합이기(合理氣)를 정안(定案)으로 간주해 왔으나, 이병호와 곽종석은 합이기(合理氣)가 보설(普說)이기는 해도 본체(本體)와 주재(主宰)는 이(理)라고 주장했다. 1905년 경 곽종석은 제자들에게 시무(時務)를 힘쓰게 하고, 외서(外書)와 외국어를 익히고 개화문자(開化文字)를 공부하도록 권했다. 유자(儒者)의 학(學)과 시무의 학(學)을 종합할 것을 권장한 곽종석의 가르침[4]은 외재의 학문에 지침이 되었을 것이다.

1910년 일제 강제합병 이후 외재는 권종원(權鍾遠)과 함께 곽종석을 따라 요동으로 건너가려 했으나 뜻을 이루지 못했다.[5] 1916년 이승희(李承熙)·조정규(趙貞奎)·정돈섭(丁敦燮)·김사진(金思鎭)과 함께 동삼성(東三省)으로 가서 덕흥보(德興堡)에서 농장을 경영했다고도 한다.[6] 1919년 4월 경상도에서 곽종석·김창숙(金昌淑)·장석영(張錫英)·송준필(宋浚弼)

2 「崔仁卿墓碣銘 并序」, 『畏齋文集』 권14 墓碣銘.
3 「答丁魯叟(泰鎭)」(戊申), 『俛宇文集』 권95 書.
4 「答丁魯叟(己酉), 『俛宇文集』 권95 書.
5 「輓權聲之」, 『畏齋文集』 권1 詩.
6 「答金謹夫思鎭」(丙辰), 『畏齋文集』 권5 書.

등이 파리강화회의에 제출할 독립청원서 서명운동을 펼치자 137명 중 한 사람으로서 청원서에 서명했다. 이 일로 외재는 대구 감옥에 수개월 동안 수감되었다. 이후 다시 요동으로 갔으나 독립운동의 계획이 뜻대로 이루어지지 않자 귀국했다고 한다. 1945년 광복 후 공위(共位)·공직(共職)·분전(分田)·제산(制産)의 도리를 강구해야 한다고 보았으며, 1948년 대한민국 정부 수립 이후에는 남북의 분열 상황을 깊이 우려했다.[7] 1990년 대한민국 정부로부터 건국훈장 애족장을 추서(追敍)받았다.[8]

외재의 삶과 학문에 대해서는 이가원이 행장(行狀)과 소전(小傳)을 작성한 이후,[9] 권오영이 학맥과 사상에 대해 서술한 바 있다.[10] 이황 이후 곽종석-정태진-이가원으로 이어지는 학통은 다음과 같다.

李滉-金誠一-張興孝-李玄逸-李栽-李象靖-南漢朝-柳致明-李震相 -郭鍾錫-丁泰鎭-李家源[11]

외재가 학맥 내에서 차지하는 위상은 「검암정사중건상량문(儉巖精舍重建上樑文)」을 통해서 확인할 수 있다. 이 상량문은 검암정사를 중축하게 되었을 때 외재가 가문을 대표하여 지은 것이다. 상량문에서 외

---

7 「答鄭文顯」, 『畏齋文集』 권5 書.

8 國家報勳處사이트, 功勳電子史料館, 獨立有功者功勳錄, 丁泰鎭項.

9 李家源, 「淵淵夜思齋文藁蘭思書屋藁」, 傳狀, 「畏齋丁翁行狀」, 『李家源全集』 11, 正音社, 1986, 347-351면; 『畏齋文集』 附錄, 行狀.

10 권오영, 「외재(畏齋) 정태진(丁泰鎭)의 삶과 사상」, 『淵民學志』 31, 연민학회, 2019, 49-70면.

11 李家源, 「退溪學의 系譜的 研究」, 『退溪學及其系譜學的研究』, 退溪學研究院, 1989, 391면. 柳致明-李震相의 師承 관계에 대해서는 定說이 있는 것은 아니다. 권오영은 이가원의 퇴계학과 학통도에 의거하여 외재의 학통을 제시했다.

재는 선조의 유업과 퇴계 학맥의 특성을 '도문학(道問學)'으로 규정하고, 스스로 도문학의 공부를 결코 중단하지 않겠다고 다짐했다. 본래 김암정사는 정언숙이 원주 사악(沙岳) 이래 영랑촌(永浪村)[원주 봉신동] 검암리(儉巖里)에 건립했다. 1925년에 후손들이 경상북도 영주시 가흥 2동 줄포로 이건했다. 정면 4칸, 측면 칸 반의 납도리 소로수장집이다. 왼쪽 가까이에는 1856년에 건립한 봉강서당(鳳崗書堂), 주사와 호암사(屑菴祠)가 있다.

선조의 풍모가 점점 멀어져, 지난 자취가 침륜하지 않을까 번번이 두려웠네.
당우(堂宇)의 흥폐는 일정하지 않거늘, 옛 유지(遺趾)를 옮기는 것을 무어 혐의하랴?
이는 지극한 앙모의 뜻을 우탁하는 것이니, 어찌 유관(遊觀)을 도모함이랴?
삼가 생각건대 우리 선조 검암 부근은 품부받은 자질이 금의 정수이고, 맑은 문채는 구슬의 울림가 같으셨지.
효제(孝悌)를 근본으로 삼아, 효과는 수신과 제가에서 더욱 드러났고, 경제에 마음을 두어, 정치를 지방 고을에서 잠시 시험하셨다.
우리나라가 병자·정축의 변고를 겪자, 동곳 꽂고 관모 끈 매는 고관 벼슬에 대해 뜻을 끊고, 자신의 산림에서 소요하려는 마음을 부쳐, 영구히 정매(征邁. 매진)하겠노라 맹세했다네.
아아, 검암정사가, 바로 학성(鶴城)의 별장에 있어
몽음사(夢吟寺)의 선유(仙遊)는, 김학사(金鶴沙, 金應祖)의 제록(題錄)에서 고찰할 수 있고, 수고헌(壽考軒)의 편액(扁額)은, 허문정(許文正, 許穆)의 전예(篆隷)가 남아 있도다.
봄 가을로 사모의 뜻이 더욱 길어졌으니, 송추의 선영이 우러러보이는 곳에 있기 때문이요, 아침저녁 기거동작이 유유자적하니, 거문고와

서적으로 즐기셨도다.

이미 연대가 바뀌고, 비바람에 무너져 쓰러졌으니 어찌하랴?

사슴 길에는 풀이 무성하여, 거듭 후손들이 탄식하고, 첩첩 산령은 깊이 닫혀, 막막하게 백 나라 멀리 떨어져 있다네.

사물은 늘 폐기된 채 있는 것만이 아니어서, 이 정자로 하여금 끝내 폐허가 되도록 차마 둘 수 없고, 이치에는 그렇지 않은 것이 있어, 끼치신 풍모를 어찌 영구히 민몰되도록 만들 수 있겠는가?

돌아보건대 상줄의 골짝으로, 일찍이 중간에 이주하여

앞 시내와 뒷 산이, 모두 지팡이 짚고 올라 조망하시던 곳이요, 동서 이웃의 집은 후손들이 모여사는 고장이 아닌 곳이 없네.

오르내리시는 조상 신령을 앙모하여, 저곳을 버리고 이곳을 취하여도 혐의롭지 않아라. 장수(藏修)하려고 만년을 도모한 참이라, 아침저녁 왕래하기에 편하도다.

서까래 서넛을 얹을 계획을 하여, 친족들에게 두루 자문하자

누가 불가하다 하겠는가, 도리어 선조의 끼친 은택이 여전히 남아 있도다. 사람들 가운데는 아직 때가 아니라 말하는 이도 있었지만, 일문의 사람들이 정성을 다하려는 마음이 갈수록 간절한 것을 어찌하랴?

기틀의 땅을 뒷 산록에 점치니, 옛 거처에 아주 가깝도다. 정면은 산을 마주하는 형세이고, 곁으로는 넓은 들이 곁해 있도다.

이에 틈나는 대로 역사를 감독하여, 마침내 돈을 내고 재물을 모았으니

날은 따스하고 바람은 부드러워, 길일을 점 친 것을 기뻐하고, 도끼를 든 이는 오른쪽, 톱을 지닌 이는 오른쪽, 각각 장인들이 제 능력을 다하도록 맡겨두었네.

제도는 예전에 비해 어떠한가? 새 집의 우뚝한 모습이 보이네. 산천은 지난 날과 달라진 것이 없어, 남은 자취의 향훈을 띠고 있도다.

감히 자손이 가업을 이어 건물을 이루었다고는 말하지 못하겠으니,

실로 하늘의 신이 음으로 보우하신 결과인 듯하다.

구름과 아지랑이는 새 빛이 번들거려, 시골 마을의 지난날 쓸쓸한 모습이 더 이상 아니며, 시내와 달은 빛을 더하여, 이에 숲과 골짝의 정채를 볼 수 있도다.

마침내 종족이 모여 세시에 친목을 펴며, 누헌의 문미(門楣)를 바라보니, 선조를 황홀하게 좌우에서 모시고 있는 듯하다.

이에 들보를 올리는 날에, 송축의 의식을 진설하던 옛 고사를 감히 본뜨노라.

아랑위, 들보 동쪽으로 던지노라. 송령(松嶺)이 아스라하여 허공에 아지랑이와 안개가 끼었는데, 아침 해가 종이 창에 드는 것을 보면, 속진의 티끌은 다시는 마음에 이르지 않누나.

아랑위, 들보 서쪽으로 던지노라. 서울의 이름 난 정원들에 노닐던 옛 꿈이 희미하다만, 세상을 피해 유락한 것을 무어 한탄하랴. 동로(東魯)의 유풍을 완상하며 손에 손잡고 노닐기 좋아라.

[아랑위, 들보 남쪽으로 던지노라 ……결락]

아랑위, 들보 북쪽으로 던지노라, 멀리 일말의 구름이 치악산에 비껴 있고, 산 아래 높은 벌에는 말갈기같은 분묘가 있어, 해마다 성묘하며 무궁하게 제향한다네.

아랑위, 들보 위쪽으로 던져라. 음울한 기운이 해소되고 하늘이 명랑하구나. 이뤄졌다가는 훼멸하고 또다시 흥기하는 이치는 틀림이 없어, 번번이 한밤 별의 모습을 관찰한다오.

아랑위, 들보 아래로 던져라, 가을 들어 익은 벼들이 교외 들판에 죽 이어졌네. 넉넉하게 한 해를 마쳐 근심이 없나니, 도문학(道問學)의 공부를 포기하지 않겠다고 기약하네.

삼가 바라건대, 상량한 이후로, 문운이 크게 열리고, 가집의 복조가 더욱 번창하기 바라오.

도를 강론하고 서적을 읽어, 선조의 뜻을 계승하여 실추시키지 않으려 하니, 음풍하고 농월하면서, 어찌 소년의 행태를 배워 건들거릴 수 있겠는가?

여기에서 느끼나지, 뒷날에 변함이 없기 바라노라.

祖先之風流寢遠, 每懼前蹟之沉淪.: 遠(상阮) 淪(평眞)

堂宇之廢興不常, 何嫌舊址之移易?: 常(평陽) 易(입陌)

寔寓羹墻之慕, 豈爲遊觀之圖?: 慕(거遇) 圖(평虞)

恭惟我先祖儉巖府君, 稟質金精, 淸文球夏.: 精(평庚) 夏(입黠)

孝悌爲本, 效益著於修齊, 經濟存心, 政蹔試於郡縣.: 本(상阮) 齊(평齊) 心(평侵) 縣(거霰)

經宗國丙丁之變, 絶意簪縷. 付自家山林之懷, 永矢邁軔.:變(거霰) 縷(평庚) 懷(평佳) 軔(거震)

粤惟儉巖精舍, 乃在鶴城寓庄.: 舍(상馬) 庄(평陽)

夢吟寺仙遊, 金鶴沙題錄可考. 壽考軒扁額, 許文正篆隷猶存.: 遊(평尤) 考(상皓) 額(입陌) 存(평元)

春秋之思慕愈長, 松楸在仰. 朝晡之起止自適, 琴書爲娛.: 長(평陽) 仰(상養) 適(입陌) 娛(평虞)

旣年代之變更, 奈風雨之傾圮?: 更(평庚) 圮(상紙)

町鹿茂草, 累爲後承之歎. 複嶺重關, 漠然百里之遠.: 草(상皓) 歎(평寒) 關(평刪) 遠(상阮)

物無常廢, 未忍使斯亭而終墟. 理有不然, 豈容令遺風而永泯?: 廢(거隊) 墟(평魚) 然(평先) 泯(상軫)

睠言上茁洞壑, 曾經中歲僑移.: 壑(입藥) 移(평支)

前溪後山, 亦皆杖屨登臨之地, 東隣西舍, 莫非雲仍居聚之鄕.: 山(평刪) 地(거寘) 舍(상馬) 鄕(평陽)

仰陟降之先靈, 無斁乎捨彼取此. 在藏修之後計, 亦便於朝往夕來.: 靈(평靑) 此(상紙) 計(거霽) 來(평灰)

爰謀數椽, 博詢諸族.: 椽(평先) 族(입屋)

夫誰日不可? 顧先祖餘澤之尙存. 人或言非時, 奈闔門輸誠之愈切?: 可

(상哿) 存(평元) 時(평支) 切(입屑)

占基地於後麓, 密邇舊居. 正面勢於對山, 傍臨平野.: 麓(입屋) 居(평魚) 山(평刪) 野(상馬)

肆趁暇而董役, 遂出錢而鳩財.: 役(입陌) 財(평灰)

日之煦, 風之和, 喜良辰之從簒. 斧者左, 鉅者右, 任衆匠之殫能.: 和(평歌) 簒(거霽) 右(상有) 能(평蒸)

制度比舊貫如何? 見新屋之突兀, 山川示昔時無改. 帶餘躅之芬芳.: 何(평歌) 兀(입月) 改(상賄) 芳(평陽)

匪敢曰子孫之肯構堂, 實若由天神之陰助佑.: 堂(평陽) 佑(거宥)

雲烟動色, 非復村巷之蕭條, 水月增光, 聿覩林壑之精彩.: 色(입職) 條(평蕭) 光(평陽) 彩(상賄)

乃聚宗族, 怡叙敦睦於歲時. 載瞻軒楣, 悅如承陪於左右.: 族(입屋) 時(평支) 楣(평支) 右(상有)

玆因擧樑之日, 敢效陳頌之儀.: 日(입質) 儀(평支)

兒郞偉抛樑東, 松嶺峩峩烟霧空. 看取紙窓朝日曒, 更無塵累到心中.: 東, 空. 中(평東)

兒郞偉抛樑西, 京洛名園舊夢迷. 遯世何須流落恨? 遺風東魯好携提.: 西, 迷, 提(평齊)

[兒郞偉抛樑南 결락]

兒郞偉抛樑北. 一抹遙雲橫雄嶽. 山下崇原馬鬣封, 省楸歲歲享無極.: 北. 嶽. 極(입職/입覺)

兒郞偉抛樑上. 陰翳從消天宇朗. 成毁廢興理不差, 每從中夜瞻星象.: 上. 朗, 象(상養)

兒郞偉抛樑下. 秋來禾稼連郊野. 優遊卒歲庶無憂, 問學工程期不捨.: 下. 野. 捨(상馬)

伏願上樑之後, 文運大啓, 門祚益昌.: 啓(상薺) 昌(평陽)

講道讀書, 庶幾承先志而不墜. 嘲風弄月, 肯爲學少年而偸閒?: 書(평魚) 墜(거寘) 月(입月) 閒(평刪)

有感於斯, 無替於後.: 斯(평支) 後(상有)

『외재문집』 수록의 시문은 구한말에 제술된 것이 중심을 이루고 있다. 외재의 연보가 없는 현재로서는, 외재 시문의 미학과 사상에 대해 시기별로 그 변화의 양상을 분석하기는 어렵다. 필자는 외재의 시문 가운데 일부를 대상으로, 외재의 문장론, 조도 중시 관념, 참 유학의 중시 관점, 현실정치론, 민족주의적 역사관에 대한 규견을 피력하기로 한다.

2. 내미 존중의 문장론

외재는 광의의 문학 활동과 관련하여 '내미(內美)'를 중시하는 「문장론」을 남겼다. 인간 덕성의 외현인 품격은 사장(詞章)의 미적 성취와는 범주가 다르다고 볼 수 있겠지만, 외재는 그 둘의 완전한 일치를 이상(理想)으로 보았다. '내미'라는 말은『맹자』「진심(盡心) 하」의 "사람들이 좋아할 만한 사람을 선인이라 하고, 자기 몸에 선을 소유한 사람을 신인이라 하며, 선을 충실히 보유한 사람을 미인이라 하고, 충실하여 빛남이 있는 사람을 대인이라 하며, 대인이면서 저절로 화한 사람을 성인이라 하고, 성인이어서 측량할 수 없는 사람을 신인이라 한다.[可欲之謂善, 有諸己之謂信, 充實之謂美, 充實而有光輝之謂大, 大而化之之謂聖, 聖而不可知之之謂神.]"라고 한데서 나왔다. 그런데『맹자』에 근거하는 '내미'란 말은 인간 내면의 충실함을 가리켰다. 하지만 외재는 '품물마다 본디 내미가 있다'고 말했다. 곧, '내미'를 인간내면의 덕성만이 아니라 품물마다 내적으로 고유한 미가 존재한다고 본 것이다. 그렇다면 외재는 '내미'의 개념을 인간의 윤리적 본성을 가리키는 것이 아니라 판단력비판과 같은 미적 활동에 의해 파악되거나 감지되는 미적 본성을 가리키는 것으로 상정했으리라 추정할 수 있다. 불행히도 외재는 이와 관련하여 논의를 진전시키지는 않았다. 인간의 본성이나 활동에서 덕과 미의 영역이 구분된다는 사실을 인식했지만, 그 분리의 사실이나 미적 활동의 속성에 대한 논의를 발전시키지 못하고 재도론(載道論)을 재확인하는 것으로 귀결했다고 생각된다.

　　① 품물마다 본디 내미(內美)가 있으니, 필시 찬란하고 무성하게 빛을 내는 것을 볼 수가 있으니, 이것이 이른바 문장이다. '어찌 옥의 온윤하고 단단한 것을 관찰하지 않는가'[12]라고 하는 것은 내미를 가리켜 말한 것이다. 정휘(精輝)가 청월(淸越)하여 광채가 두루 비추는 것은 그 문장이 바깥으로 드러난 것을 말한 것이다. 지금 옥에 만약 온윤의 덕이 없고 단단한 자질이 없다면, 정휘과 광채가 드러나려고 해도 그럴 수 있겠는가? 안에서 아름다움이 이와 같기에 바깥으로 드러나는 것이 또한 이러한 것이다. 어찌 다른 멋진 휘황한 물건이 있어서 그것이 와서 가해진 연후에 그 문장이 될 수 있겠는가? 그러므로 "군자는 본말내외를 일치시킨다."라는 것이 정말로 나를 속이지 않는 말이다.
　　② 대개 인간에게서 도덕은 그 내미이고 문장은 바깥으로 드러난 것이다. 그렇다면 도덕이 바깥으로 드러난 것이 바로 문장이지, 도덕의 바깥

12　『예기』「빙의(聘義)」에 "옛날에 군자는 덕을 옥에 비유했다. 온윤하면서 광택이 있음은 인이요, 진밀하면서 굳센 것은 지요, 모나면서 다치지 않는 것은 의이다.[夫昔者君子比德於玉焉. 溫潤而澤, 仁也. 縝密以栗, 知也. 廉而不劌, 義也.]"라는 말이 나온다.

에 별도로 문장이 있는 것이 아니다. 지난날 요와 순은 도덕으로 천하를 다스리고 예악을 만들고 제도를 정하여, 인륜이 바로잡아지고 만물이 번창하며 서민이 균평하게 되고 팔방이 안정되어, 그 광휘와 두터운 은택이 사방에 뒤덮혀, 천하를 중화(中和)의 무성한 경지에서 다스렸으니, 이것이 바로 요의 문장이 천하에 드러난 것이었다. 순, 우, 탕, 문왕, 무왕은 그 제도를 이어받아 시대에 걸맞게 손익하지 않은 것이 없다. 공자에 이르러서는 도를 실행할 지위를 얻지 못했으므로, 그 문장이 용모와 언어의 사이에서 드러날 수밖에 없었으니, 위의(威儀)·문장(文章)·사령(辭令)이 곧 이것이다. 당시의 문인들은 모두 문장을 얻어들을 수 있어 경전에 기록하여 후세에 전했으므로 뚜렷하게 볼 수가 있다.

③ 아아 크도다, 옛 성인의 문장이여! 확연(廓然)하게 천지가 명랑한 것과 같고, 찬란하게 일월이 빛을 투과하는 것과 같으며, 무성하게 초목이 번창하는 것과 같았다. 찬연하고 울연하게 만세에 영화를 흘려보내니, 이것은 바로 도덕이 안에서 아름다운 것이 깊고도 두터우므로 문장이 바깥으로 드러난 것이 이토록 넓고도 먼 것이다. 무릇 나무의 뿌리가 깊으면 그 가지와 잎이 무성하고 물의 수원이 깊으면 흘러 쏟아짐이 멀리 도달하니, 이것은 당연한 이치이다.

④ 성인의 문장이 만세토록 그 광휘를 무궁하게 흘려보내는 것이 마땅하도다. 그저 사구(詞句)나 지어내고 문자나 따서 모으는 자들은 정말 비루하기만 하다. 어찌 문장이라고 할 수 있겠는가?[13]

---

13 ① 物固有內美, 則其必有燦燦乎郁郁乎輝光之可見矣. 是所謂文章也. 盍觀夫玉宇溫潤而栗如者, 其內美也. 精輝淸越, 光彩遍照者, 其文章之著於外者也. 今玉若無溫潤之德, 栗如之質, 其精輝光彩, 雖欲著見可得乎? 美於內者, 旣如此, 故其著於外者, 亦如此. 豈有他樣輝煌底物事, 更來加然後爲厥文章也耶? 是以君子以本末內外爲一致者, 信不我欺也. ② 蓋人之道德, 其內美也. 文章著乎外者也. 然則道德之著見乎外者, 乃是文章, 非道德之外, 別有文章者也. 昔者唐堯以道德治天下, 作禮樂, 定制度, 人倫以正, 萬物以暢, 庶民以均, 八方以平. 其光輝厚澤, 被于四表, 治天下於中和郁郁之界, 此堯之文章著於天下者也. 舜禹湯文武, 莫不因其制而稱時而損益之. 至于孔子, 則不得行道之位, 其文章不過著見乎容貌言語之間, 威儀文章辭令是也. 當時門人, 皆得聞其文章, 而記之於經籍, 傳諸後世, 昭昭然若可見矣. ③ 於戲

외재가 말한 '내미'를 인간에 한정하여 본다고 하더라도, 그것은 인간이 태어나면서부터 지니는 순선의 덕성이 아니다. 학문을 통해 숙성된 시견(志見)과 불가분의 관계에 있다. 『외재문집』권10 책(策)의 부분에 「학(學)」이 있다. 외재는 이 「학」에서 『서경』「다방(多方)」의 "성인이라도 제대로 생각을 하지 않으면 광인이 되고, 광인이라도 제대로 생각만 하면 성인이 될 수 있다.[惟聖罔念作狂 惟狂克念作聖]"라는 말을 논거로, "성인도 역시 성인의 일이 있어서, 비록 곧건하게 지키고 견고하게 확정하는 노고를 기다리지는 않지만, 절로 이것에 대해 염념(念念)하여 그것을 염증내지 않습니다."라고 단언했다. 성인도 '염념재차'의 일이 필요하거늘, 생지안행(生知安行)과 거리가 먼 보통 인간의 경우야 학지곤지(學知困知)가 필요하다는 것은 더 말할 것이 없다는 것이다. 외재는 "성문(聖門)에서는 교육에 엽등(不躐等)을 하지 않았으며, 도라고 일컫는 바의 곳에는 반드시 변별이 있었습니다."라고 말하고, 인간이라면 누구나 자신의 처지에 맞는 학문을 해나가야 한다고 보았으며, 학문하는 주체의 결단을 대단히 중시했다.

묻는다: 세상에서 말하길, 성인은 태어나면서 알아 편안히 행하므로 공부하여 알고서 능하게 될 일을 기다릴 것이 없다고 한다. 그런데 공자는 대성인이라고 할 수 있거늘, '나는 배우되 싫증내지 않는다'라 하고, '학문에 뜻을 두었다'라 하며, '나처럼 배우기를 좋아하지는 못할 것이다'라고 했으니, 학문을 기다린 것이 아닌가? 그게 아니라, 학문을

大哉, 古聖人之文章也! 廓乎若天地開朗, 煥乎若日月透光, 燁乎若草木宣暢. 粲然蔚然, 流華於萬世, 此乃道德之美於內者深且厚, 故文章之著於外者, 如此其廣且遠也. 夫木之根厚者, 其枝葉繁, 水之源深者, 其流駛遠, 此當然之理也. ④宜乎聖人之文章, 流萬世不窮其光輝也. 彼徒爲著作詞句綴拾文字者, 誠陋矣. 豈足謂文章也哉?

한 이유가 사람들이 말하는 이른바 학문이라는 것과는 달랐다고 하면, 공부자가 학문을 한 이유는 과연 무엇 때문인가? 안자를 두고 호학을 일컬을 경우에는 '노여움을 남에게 옮기지 않으며 잘못을 두 번 다시 저지르지 않았다'라고 했지만, 학자를 두고 호학을 말할 때는 '먹을 적에 배부름을 구하지 않으며, 거처할 적에 편안함을 구하지 않으며, 일에는 민첩하고 말에는 신중하며, 도 있는 사람에게 나아가 옳고 그름에 대해 질정을 받는다'라고 했다. 그밖에 학문을 말한 경우는 두루다 아울러 성글게 거론하기조차 어려울 정도로 많다. 그것들은 공부자가 스스로를 두고 말한 것과 변별되는 점이 있는가, 변별되는 점이 없는가 모르겠다. 부디 상세히 진술하라.[14]

　대답합니다 : ① 무릇 도는 하나일 따름입니다. 그 소이연의 것은 하늘이 아닌 것이 없습니다. 당초 이 하늘이 아니었다고 한다면, 어떻게 생지(生知)·학지(學知)·곤지(困知)의 구분이 있겠습니까? 리(理)를 두고 말하면 요와 순은 길 가는 사람과 한가지입니다. 하지만 하늘이 품물을 낳을 때에 조화를 이루는 것은 음양과 오행인데, 음양과 오행의 기는 어지러이 섞이고 버무려져 오르내리고 오고가서 그 단서가 만가지이므로, 품물이 품부받은 바도 역시 만가지로 다릅니다. 사람은 그 사이에서 유독 그 정수를 얻어 가장 신령한 존재이고, 성인은 또 그 가운데서도 정수이면서 더욱 정수인 존재입니다. 그러므로 그 기는 극히 맑고 그 질은 극히 순수하여 한 점 하자도 남겨두지 않으며 어떤 작은 흠결도 없으므로, 사물이 이르러 오면 자연스레 관통하니, 이것이 이른바 생지입니다.

14　問 : 世言聖人生知安行, 不待學而知且能也. 若孔子可謂大聖人矣, 日 : '我不厭', 日 : '志于學', 日 : '不如某之好學,' 非有待於學耶? 抑所以學者, 異乎人之所謂學者, 然則夫子之所以學者, 果何以也? 至如稱顏子以好學則不遷怒不貳過, 語學者以好學則曰 : 食無求飽, 居無求安, 敏於事而愼於言, 就有道而正焉. 至其他言學者, 難徧以疏擧. 不識其與夫子之所以自謂者, 其有辨耶? 其無辨耶? 幸詳陳之.

비록 청수(淸粹)의 속에도 조그만치의 찌끼가 없을 수 없으니, 학지(學知)의 바탕이 그러합니다. 혹은 맑거나 혹은 탁하기도 하고 혹은 순수하기도 하고 혹은 잡박하기도 하여, 편중되거나 엄폐됨이 없을 수 없으니, 곤지(困知)의 바탕이 그러합니다. 이것이 기질이 청탁과 고하가 가지런하지 못할 수밖에 없는 이유입니다. 이른바 학문이란 것은 내 마음의 하늘을 다하는데 불과하여, 성인은 이 도를 말미암고 학자도 이 도를 말미암습니다. 하지만 성은 생지이므로 억지로 힘쓰는 일을 기다리지 않고도 중(中)의 상태일 수 있습니다. 이에 미치지 못하는 사람들은 역시 그 재주에 따라서 각각 그 용력(用力)에 인하여 발명해나가면 그 궁극에 이르름은 한결같습니다. 옛말『논어집주』에 "아름다운 자질은 얻기 쉬워도 지극한 도는 듣기 어렵다."라고 했는데, 군자로서 학문을 하지 않는다면 어떻게 그 궁극의 오묘한 경지에 이를 수 있겠습니까?

② 하문하시길, "세상에서 말하길 성인은 태어나면서 알아 편안히 행하므로 공부하여 알고서 능하게 되는 일을 기다릴 것이 없다고 한다. 그런데 공자는 대성인이라고 할 수 있거늘, '나는 배우되 싫증내지 않는다'라 하고, '학문에 뜻을 두었다'라 하며, '나처럼 배우기를 좋아하지는 못할 것이다'라고 했다." 운운해셨습니다. 제가 가만히 생각하건대, 성인의 경우 태어나면서 알아 편안히 행한다고 하는 것은 기가 극도로 맑고 질이 극도로 순수하여 제반 일과 여러 리에 대해 생각하지 않고도 터득하고 힘쓰지 않고도 중(中)을 유지하기 때문입니다. 하지만 성인도 역시 성인의 일이 있어서, 비록 곤건하게 지키고 견고하게 확정하는 노고를 기다리지 않지만, 절로 이것에 대해 염념(念念)하여 학문을 염증내지 않습니다. 그래서 고인은 말하길, "성인이라도 제대로 생각을 하지 않으면 광인이 되고 광인이라도 제대로 생각만 하면 성인이 될 수 있다."라고 했으니, 그렇다면 성인과 광인은 제대로 생각을 하지 못하느냐 제대로 생각을 하느냐의 사이에 달려 있습니다. 성인은 비록 힘을 쓴다고 해도 보통의 학자와는 같지 않습니다. 어디 일찍이 공공적적(空空寂寂)하여 마음이 정주하는 곳 없어서 능이 변화에 응하기를

불자가 말하듯 하겠습니까? 공자의 경우는 대성인입니다. 정말로 강습하거나 적루하는 점진적인 공부가 없는데도 번번히 배워서 이르렀다고 말한 것은, 스스로 겸손해 하고 후인을 진학에 힘쓰도록 권면한 말입니다. 하지만 그 마음에 실지로 결코 스스로 내가 이미 성의 경지에 이르렀다고 여긴 적이 없었으며, 일용의 사이에 필시 이러저러한 일이 있었으니, 어찌 아무 일도 없이 제멋대로 빈 이야기를 이렇게 정성스레 했겠습니까? 대개 성인은 그 일용의 사이에서 천리의 유행을 진실로 볼 수가 있어서, 오늘 하나의 일을 행하여 천리와 함께 흐르고 내일 하나의 일을 행하여 천리와 함께 흘러, 일을 해나갈 때마다 외물과 접할 때마다 지극한 리가 아닌 것이 없습니다. 그러므로 성(聖)은 곧 천(天)입니다. 『시』[주송 「유천지명(維天之命)」]에 '하늘의 명이 아! 심원하여 그치지 않도다.'라고 했습니다. 무릇 하늘이 하늘인 이유는 그 명이 유행하여 그치지 않기 때문입니다. 만약에 잠깐의 사이[介然之頃] 홀연한 순간[一忽之間]만이라도 버려두게 되면, 하늘은 하늘일 수가 없거늘, 하물며 사람이 하늘일 수 있겠습니까? 성인의 진정한 앎은 이와 같고 진정한 능력은 이와 같습니다. 그 앎이 이미 그 정묘함을 극도로 다했어도 혹여 이르지 못하지 않을까 두려워하고, 행하여 규구를 넘기지 않아도 혹여 종일 부지런부지런하고도 저녁이 되어 두려워하는 듯이 하여 지성으로 그치지 않아 하늘과 공덕을 함께 하지 못하지 않을까 두려워하는 것이니, 이것이 성인의 학문입니다. 저절로 학문을 기대하지 않아도 학문이 아닌 것이 없으며 호학을 기대하지 않아도 호학하지 않음이 없습니다. 또한 공부자가 종일 먹지 않고 밤새 자지 않고서 생각했고, 『주역』을 좋아하여 묶은 끈이 세 번이나 끊어졌던 것은, 그 호학의 독실함에 어찌 다른 사람이 미칠 수 있는 바이겠습니까? 요와 순은 처음으로 나온 대성인입니다만, 요는 천하를 순에게 주며 집중(執中)의 교훈으로 고명(誥命)을 내렸는데, 순이 중(中)에 대해 애당초 집중해야 함을 몰랐겠습니까? 요는 순을 잘 알고 있었거늘, 어찌 순이 이르지 못한 면이 있었겠습니까? 그런데도 이것을 신신당부하여 경계한 이유는 필경 역시 요가 평소 스스로 이것을 흠준(欽遵)했으므로 그것을 순에게 주었던 것이며, 순이 요의 덕을 신실하게 계승한 것도 역시 이것을 가지고 그런 것입니다.

③ 가만히 생각하건대, 학문은 두 갈래가 있지 않습니다. 이른바 학문이라는 것은 모두 성인의 학문입니다. 학문을 좋아함에 깊고 옅은 차이와 크고 작은 차이가 있습니다. 대개 성인의 좋아함은 천리와 아무 사이가 없습니다. 안자(안연)가 좋아한 학문은 천리가 있는 곳을 잘 알아서 그것을 지키는 일이었습니다. 학자가 좋아하는 학문은 천리가 있는 곳을 구하는 일입니다. 그러므로 성문(聖門)에서는 교육에 엽등(躐等)을 하지 않았으며, 도라고 일컫는 것에는 반드시 변별이 있었습니다. 안자의 '노여움을 남에게 옮기지 않으며 잘못을 두 번 다시 저지르지 않았다'는 경우는 호학이 독실하고 학문이 그 도를 얻었다고 할 수 있으며, 그 마음이 인에서 떠나지 않았음을 볼 수 있습니다. 하지만 성인의 경우에는 노여움을 옮기지 않음을 기다리지 않아도 이미 그런 일에 간여하지 않았으며, 잘못을 두 번 다시 저지르지 않음을 기다리지 않고도 조금도 과실이 없었습니다. 그러므로 공부자는 모두 자연에서 나왔으나 안자는 여전이 뜻을 둠이 있음을 면치 못했습니다. 학자의 경우에는 여전히 외물의 속에서 파탈할 수가 없어서, 먼저 편안함과 배부름을 제거하는 일에서 힘을 써서, 그 사사로움을 이겨내어, 한마디 말이나 하나의 행동에 대해 모두 신중함과 민첩함을 다하고자 합니다. 그렇지만 앎에 도달하지 못한 면이 있어서 오히려 감히 자신이 옳다고 여길 수 없기에, 도 있는 사람에게 나아가 시비를 바로잡아야, 역시 호학이 지극하다고 할 만합니다. 그렇지만 그 학문은 안자에 비하여, 또한 조잡하고 바닥으로 가는 것입니다. 또달리 학문을 말하는 것은 역시 각자 조예의 옅고 깊음에 따라 말하므로 서로 다른 점이 있습니다. 통괄하여 그 요점을 논하자면, 공부자의 학문은 하늘을 두고 말하고, 안자의 학문은 마음을 두고 말하며, 학자의 학문은 일상사를 두고 말합니다. 그러므로 안자의 학문은 편안함과 배부름의 관점에서 말할 수 없으

며, 공부자의 학문은 노여움을 옮기고 과실을 다시 저지르지 않음을
두고 논할 수 없습니다. 이로써 보면 모두 변별할 수 있습니다. 하지만
안자는 만약 수명이 더 주어졌더라면 얼마 되지 않아 저절로 화(化)했
을 것입니다. 학자는 순서를 밟아나가 더욱 진보하면 점차 노여움을
옮기지 않고 과실을 다시 저지르지 않음의 경지에 이르러, 화할 수 있
는 성인에 미치게 될 것이니, 역시 나의 학문이 이르느냐 그렇지 못하
느냐에 달려 있을 따름입니다. 아, 성인은 생지(生知)인데도 역시 학
문으로 말미암아 이르러간다고 말했습니다. 안자는 아성의 모습인데도
그 호학의 독실함이 이와 같았습니다. 제자(諸子)들도 또한 중인 이상
의 재능이었지만 호학하길 이와 같이 했습니다. 지금 사람들은 재능과
지혜가 번번이 아래이거늘 도리어 혹 과거 공부를 하거나 사장 짓는
일을 하니, 도에 대해서 아무런 것도 듣는 바가 없다고 해도 괴이할
것이 없습니다. 대개 나의 호학이 성인과 같다면 성인의 학문을 나도
역시 배울 수가 있습니다. 나의 호학이 안자와 같다면 안자의 학문을
나도 역시 배울 수가 있습니다. 진실로 이렇게 좋아할 수 있다면 모두
바깥에서 구하길 기다릴 것 없이 나에게서 얻을 수가 있습니다.[15]

15 對 : [1] 夫道一而已. 其所以然者, 莫非天也. 未始不爲此天也. 何以有生知學知困知之分耶?
以其理而言之, 則堯舜之於路人, 一也. 然天之生物, 所以爲造化者, 陰陽五行也. 陰陽五行之
氣, 紛綸雜糅, 升降往來, 有萬其端, 故物之所稟, 亦有萬不同. 而人於其間, 獨得其秀, 而最靈
者也, 聖人又其中之秀且秀者也. 故其氣極淸, 其質極粹, 點疵不留, 無小欠闕, 故事物之來,
自然貫通, 此所謂生知也. 雖有淸粹之中, 而不能小無渣滓者, 學知之資也. 或淸或濁, 或粹或
駁, 而不能無偏蔽者, 困知之資也. 此其氣質不能無淸濁高下之不齊. 其所謂學者, 皆不過盡吾
心之天, 而聖人由此道, 學者亦由此道. 然聖人生知也, 故不待勉强而中矣. 其不及乎此者, 亦
隨其才而各因用力而後明之, 及其至則一也. 古語曰 : '美質易得, 至道難聞.' 君子非學, 何以造
夫極致之妙乎? [2] 下問曰 : "世言聖人生之安行不待學而知且能也. 若孔子可謂大聖人矣, 曰
學不厭, 曰志于學, 曰不如某之好學"云云. 愚竊以爲聖人之謂生知安行者, 以氣極淸質極粹,
庶事衆理, 有不思而得不免[*勉]而中者. 然聖人亦自有聖人之事, 雖不待持守堅定之勞, 而自
有念念在此, 爲之不厭者矣. 是以古人有言曰 : '惟聖罔念作狂, 惟狂克念作聖.' 然則聖與狂,
惟在罔念克念之間也. 聖人雖有用力, 不與凡學者同. 何嘗空空寂寂心無所住而能應變, 如佛
者之所謂耶? 若孔子大聖人矣. 固無講習積累之漸, 每言學而至, 所以自謙而勉進後人之辭. 然

외재는 「맥한유(麥韓愈)」에서, 한유가 「원도(原道)」와 「불골표(佛骨表)」 등을 저술하여 인의의 근본을 배양하고 도덕의 뿌리를 심으며, 이단의 해악을 물리친 것은 극도로 궁곤한 상태의 오도(吾道)를 조금 부식(扶植)한 공이 있다고 부분 인정했다. 하지만 한유는 격치(格致)의 공부를 궐락하여 알묘(揠苗)의 병이 있으며, 박애(博愛)를 인(仁)이라 본 것은 자신의 밭을 버려두고 다른 사람의 밭을 경작한 혐의가 있다고 비판했다. 따라서 한유의 공적은 도량(稻粱)이 끊어진 시기에 허기를 일시 채워주는 '계시지맥(繼時之麥)'같은 역할을 했다고 엄정하게 논했다. "곡물

其心實有未嘗自謂已至於聖, 而是其日用之間, 必有怵地底事, 豈全無事而謾作空說話如此叮寧耶? 蓋聖人於其日用之間, 眞見得天理之流行, 今日行一事而與天理同流, 明日行一事而與天理同流, 隨事隨接, 莫非至理. 故聖卽天也. 詩曰: '維天之命, 於穆不已.' 夫天之所以爲天者, 以其命之流行而不已也. 若有介然之頃, 一忽之間, 則天不可以爲天, 況乎人之所以爲天乎? 聖人眞知其如此, 眞能其如此. 故知之已極其精, 而惟恐其或未到, 行之自不踰矩, 而惟恐其或未盡日夕乾惕至誠無息與天同功者, 此聖人之學也. 自然不期學而莫非學, 不期好而自無不好也. 且夫子之終日不食終夜不侵以思, 與夫喜易而韋編三絶者, 其好學之篤, 又豈他人所可及者耶? 堯舜初出大聖也, 堯之以天下授舜也, 以執中之訓命之, 皆舜之於中也, 初豈不知所執哉? 堯之知舜, 亦豈有所未至也? 猶以此申以爲戒者, 其必亦堯之所以平日自欽者以此, 故授之以舜, 而舜之所以允纘堯之德者, 亦以此也. ③ 愚竊以爲學非有二致也. 所謂學者, 皆聖人之學也. 其好之有淺深大小之不同. 蓋聖人之所好, 與天理無間也. 顏子之所好, 知得夫天理之所在而守之也. 學者之所好, 求夫天理之所在也. 故聖門敎不躐等, 而所以稱道之者, 其必有辨矣. 顏子之不遷怒不貳過者, 可謂好之篤而學之得其道矣, 亦可見其心之不違仁. 然若聖人則不待不遷而已不與焉, 不待不貳而小無差失. 故夫子皆出於自然而顏子猶未免有意也. 若學者猶未能擺脫於外物之中, 故先主安飽上用力, 克去其私, 而一言一行, 皆欲必其敏愼. 然知有所未至, 而猶不敢自是, 必就有道之人, 以正是非, 亦可謂好之至矣. 然其學比諸顏子, 又粗底也. 其他言學者, 亦各以有所造之淺深而言, 故互有不同也. 統而論其要, 則夫子之學可以天言, 顏子之學以心言, 學者之學以事言. 然則顏子之學, 不可就安飽上論. 夫子之學, 不可就不遷不貳上論. 以此觀之, 皆可以辨矣. 然顏子若假以年, 則不日而化矣. 學者循序, 益進則漸至不遷不貳, 而及乎化之之聖, 亦在吾學之至不至耳. 於乎聖人生知, 言亦由學而至. 顏子亞聖之姿, 其好之篤如此. 諸子亦皆以中人以上之才, 其好之又如此. 今人才智每下, 而反爲或作或綴之工, 其於道無所聞也, 無足怪矣. 蓋我之所好如聖人, 則聖人之學, 我亦可學矣, 我之所好如顏子, 則顏子之學, 我亦可學矣. 苟能好之, 則皆不待求之外, 而得之在我矣.

가운데 올바른 것은 도량이다. 지금 우리 마음의 양전(良田)에 씨를 뿌리려고 한다면 우리 도의 도량을 강론해서 구해야 하지 보리를 취할 필요가 없다.[蓋穀之正者稻粱, 則今欲下種於吾心之良田, 當講求吾道之稻粱, 不必取其麥矣.]"라고 경계했다. 격물치지의 주자학만이 도량일 수 있음을 재확인한 것이다.

3. 조도의 의지를 드러낸 시 세계

『외재문집』의 권1과 권2 대부분은 181제의 시이다. 만시(挽詩)와 차운(次韻)이 비중이 높다. 만시와 차운은 외재의 교유권을 알 수 있는 중요한 자료들이면서, 외재의 인간 평가 태도를 드러내는 자료들이기도 하다. 본고에서는 이 자료들을 분석하지 않고, 외재의 시정신을 대표할 만한 시로 「원유(遠遊)」를 들기로 한다.

일찍이 굴원(屈原)은 「원유」 시에서 "신선을 따라 단구에서 노닒이여, 불사의 고향에 머물렀도다.[仍羽人於丹丘兮, 留不死之舊鄕.]"라고, 초극일탈의 정신 체험을 노래했다. 이후 '원유'라는 제목으로 현실초극의 지향을 노래하는 시들이 중국문학과 한국문학에서 하나의 계보를 이루어, '원유'는 하나의 시양식이 되었다고도 할 수 있다. 정도전(鄭道傳)의 「원유가(遠遊歌)」는 그 대표적인 작품이다.[16] 그런데 외재는 「원유」 시에

---

16 1365년에 노국 공주가 죽자 공민왕은 공주를 위해 영전을 지었는데, 당시 통례문 지후로 있던 정도전이 36구나 되는 긴 시를 지었다. 당나라 이백(李白)의 「원별리(遠別離)」를 본떠서 충직한 인물을 알아보지 못하는 심경을 빗대어 노래한 것이다. 이백은 먼 곳을 여행하는 처량함을 강조했으나, 정도전은 폭군이 백성을 부려 누대나 궁전을 건축했던 일을

서 '원유' 양식의 현실초극의 일탈을 꿈꾸지 않고 도학의 수행에서 '기축(忌縮)' 없이 수행의 길을 나아가겠다는 뜻을 밝혔다. 이것은 외재의 시 세계가 노학에 깊이 뿌리를 두었다는 사실을 가장 특징적으로 드러내준다. 시는 다음과 같다.

문을 나서서 「원유」를 노래하니, 사방 팔방이 모두 망망하다.
망망하거늘 어디로 가랴? 장대한 뜻은 한계를 모르누나.
서풍에 신마를 내달리고, 북명에서 대붕이 일어나는 듯.
대도는 드넓은 하늘과 같아, 만리가 하나의 궤철 같아라.
아침에 황하를 건너고, 저녁에 곤륜산에 오르나니
곤륜산은 어이 이렇게 아스라하고, 황하는 어이 이렇게 드넓은가?
천년 전 마음을 멀리 상상하니, 황홀하게 한 바탕의 일인 듯하네.
공부자의 일을 회상하니, 우주 안에 바퀴자국을 두루 내었지.
단단(斷斷)하게 정성을 다하라는 설로, 내게 붉은 마음을 보여주었네.
세간 길은 기구한 곳이 많고, 겹겹 파랑은 엎어지고 또 자빠지네.
양장구절(羊腸九折) 태항로와 양자강 구당협(瞿唐峽)과 같아, 의심스럽고 위태로와 나의 눈을 어지럽게 하네.
너의 수레 모는 법도를 지켜 굳건한 수레를 몰아, 올곧은 길로 나아가야지 피하지도 말고 웅크리지도 말라.
기수 가에서 바람 쐬고 시 읊으면, 봄날 행단에는 시우(時雨)가 내리네.
이 뜻 또한 유유하여라, 나아가고 나아가 나날이 새로울 것을 생각하라.

出門歌遠遊, 八域徒茫茫. 茫茫何所之? 壯志懷無疆. : 茫. 疆(平陽)
西風神馬展, 北溟大鵬起. 大道如天濶, 萬里擬一軌. : 起. 軌(上祇)
朝濟黃河水, 暮陟崐崙岡. 崑崙何崔嵬? 黃河何浩洋?

─────────

회상하였다. 심경호 역주, 『삼봉집』(한국고전선집1), 한국고전번역원, 2013, 28-30면.

遙想千載心, 怳然若一場　　　　　　　　　　　　　：岡. 洋, 場(平陽)
緬懷孔夫子, 宇宙徧轍跡. 斷斷至誠說, 爲我示心赤.
世路多崎嶇, 層浪翻又覆. 羊腸與瞿塘, 疑危迷我目.
範爾驅堅車, 直道無忌縮.　　　　　　　　　：跡. 赤(入陌). 覆. 目. 縮(入屋)
風詠沂水涘, 時雨杏壇春. 此意亦悠哉, 進進思日新.： 春. 新(平眞).

　굴원은 「원유부(遠遊賦)」에서 "도는 받을 수는 있으나 전할 수가 없으니, 작은 것은 안이 없고 큰 것은 끝이 없네. 너의 혼을 어지럽히지 않으면 저 심신이 자연스럽게 될 것이니, 한 기운이 매우 신묘하여 한밤중에 보존되리라. 마음을 비우고 기다리니 무위(無爲)를 제일 먼저하면, 여러 일이 이로써 이루어지리니, 이것이 덕에 들어가는 문이로다[道可受兮而不可傳, 其小無內兮其大無垠. 毋滑而魂兮彼將自然, 壹氣孔神兮於中夜存, 虛以待之兮無爲之先. 庶類以成兮此德之門]"라고 했다. 주희는 도의 묘함이 이와 같음을 말한 것이라고 긍정했지만, 굴원은 실은 신선이 되는 요결(要訣)을 말했다. 그렇지만 외재는 주희의 해설을 토대로 '원유'를 조도(造道)의 과정과 방법을 비유하는 것으로 활용했다. 그런데 굴원이 '한 기운이 매우 신묘하여 한밤중에 보존된다.'라고 말한 구절은 맹자의 야기설(夜氣說)과 통한다고 간주할 수 있다. 하지만 외재는 「원유」에서 단단(斷斷, 전일한 모습)하여, 범아치구(範我馳驅)할 것을 다짐했다. 단단의 태도는 『서경(書經)』 「진서(秦書)」의 "만일 어떤 한 신하가 단단(斷斷)하고 다른 기예(技藝)가 없으나, 그 마음이 곱고 고와 용납함이 있는 듯하여, 남이 가지고 있는 기예를 자기가 소유한 것처럼 여기며, 남의 훌륭하고 성(聖)스러움을 그 마음에 좋아함이 자기 입에서 나온 것보다도 더한다면, 이는 남을 포용할 수 있는 것이어서, 나의 자손과 여민(黎民)을 보전할 수 있으리니, 아무래도 또한 이로움이 있을 것이다![若有一

个臣, 斷斷兮無他技, 其心, 休休焉其如有容焉, 人之有技, 若己有之, 人之彦聖, 其心好之, 不啻若自其口出, 寔能容之, 以能保我子孫黎民, 尙亦有利哉!]"라는 구절에 근거를 두었다. 주희는『대학장구』전10장 제14절에 '단단혜무타기(斷斷兮無他技)'의 구절을 인용한 바 있다. 외재는 주희의 관점을 계승하여, 장차 단단일개신(斷斷一介臣)이고자 스스로 기대한 것이다.

외재는 만년에 문경(聞慶)의 모곡(茅谷)에 우거(寓居)했다. 1947년에는 문경의 선유구곡(仙遊九曲)을 연작시로 읊었다.[17] 문경에는 구곡이 8개나 있다. 즉, 화지구곡(花枝九曲), 선유구곡, 선유칠곡(仙遊七曲), 쌍용구곡(雙龍九曲), 석문구곡(石門九曲), 산양구곡(山陽九曲), 청대구곡(清臺九曲) 등 7개가 전해왔고, 최근 영강구곡(潁江九曲)이 추가로 설정되었다.[18] 그 가운데 가장 잘 보존되어 있는 것이 가은읍 완장리의 '선유구곡'이다. 외재는 1947년 5월 3일 선유구곡을 유관(遊觀)하고 연작시를 남겼다.[19] 외재는 대야산에서 문경 방향으로 흐르는 계곡을 내선유동, 괴산 방향으로 흐르는 계곡을 외선유동이라고 지칭했다. 대야동 선유동은 퇴계 이황이 6개월간 머물렀고, 우복(愚伏) 정경세(鄭經世), 도암(陶巖) 이재(李縡), 손재(損齋) 남한조(南漢朝), 병옹(病翁) 신필정(申弼貞)이 각별한 의미를 부여한 곳이며, 완장리 선비들의 보인계(輔仁禊)가 완상한 곳이다.

---

17 「遊仙遊洞詩」, 『畏齋文集』 권2 시.

18 김문기·강정서, 『경북의 구곡문화』, 경북대학교 퇴계연구소, 2008; 고성환, 「발견 외재(畏齋) 정태진(丁泰鎭)」, 『경북일보』 2018년 07월 23일 월요일 18면 「경북포럼」. 소백산맥에 위치한 둔덕산(屯德山)과 대야산(大耶山)의 계곡에서 흘러 내려오는 물이 합쳐져 용추계곡을 이루며 몇 굽이를 흐르다 하류로 가면서 선유동을 이루고 있다. 선유동 계곡을 흘러나온 물은 동남쪽으로 흘러 양산천과 합쳐지고 후에 낙동강 본류로 유입된다. 둔덕산에서 흘러 내려오는 맑은 시냇물을 따라 약 1.8km에 걸쳐 선유구곡이 점재한다.

19 이정화, 「외재(畏齋)의 선유구곡시(仙遊九曲詩)에 나타난 산수 인식」, 『연민학지』 36, 연민학회, 2021, 35-58면.

외재는 선유동의 승경처는 모두 퇴계 선생이 명명했다고 추억했다.

외재의 「선유구곡」 9수는 칠언절구로, 주희의 「무이도가(武夷櫂歌)」에 차운하지 않고, 각 지소의 명칭에서 한 글자를 택하여 운자로 사용했다. 서시는 칠언율시이다. 각 시는 수행과 관련된 내용을 담고 있으나, 9편의 시가 조도(造道)의 과정을 체계적인 틀에 맞추지는 않았다.

內仙遊洞 序詩	칠언율시 押遊	
仙遊九曲--玉霞臺	칠언절구 押霞	
仙遊九曲--靈槎石	칠언절구 押靈	
仙遊九曲--活淸潭	칠언절구 押淸	
仙遊九曲--洗心臺	칠언절구 押心	
仙遊九曲--觀瀾臺	칠언절구 押瀾	
仙遊九曲--濯淸臺	칠언절구. 淸자를 고르되 淸자는 사용하지 않음. 淸자가 속한 평庚운 橫, 輕, 明자를 운자로 사용.	
仙遊九曲--詠歸巖	칠언절구 押歸	
仙遊九曲--鷺笙瀨	칠언절구 押笙	
仙遊九曲--玉寫臺	칠언절구 押臺	

「선유구곡」 다음에는 「봉암용추(蜂巖龍湫)」 칠언절구 1수가 있고, 이후 외선유동의 9경을 노래했다.

外仙遊洞 序詩	칠언절구. 제목에서 운자를 선택하지 않음. 押吟. 평侵운 今, 尋, 心, 深, 吟을 운자로 사용.
外仙遊九景--石門	칠언절구 押門
外仙遊九景--擎天壁	칠언절구 押天
外仙遊九景--鶴巢臺	칠언절구 押巢

外仙遊九景--煉丹爐　　칠언절구　押爐

外仙遊九景--臥龍瀑　　칠언절구　押龍

外仙遊九景--龜巖　　　칠언절구　押龜

外仙遊九景--碁局巖　　칠언절구　押碁

外仙遊九景--爛柯臺　　칠언절구　押柯

外仙遊九景--隱仙臺　　칠언절구. 지소에서 운자를 고르지 않음.
　　　　　　　　　　　　押巖, 平咸운의 巖, 凡, 緘.

외암의 「외선유동」 서시만 보면 다음과 같다.

　　옛 사람은 가고 내가 지금 와서
　　안개 노을의 계곡을 차례로 심방하며.
　　선생의 당일 자취를 경앙하자니
　　나의 늘그막 마음이 한결 서글프다.
　　이 산수가 먼지 세상 바깥에 있는 것을 생각하면
　　신선의 깊은 굴택인 듯도 하다만,
　　참 경계로 이르는 외길이 점점 궁벽하기에
　　높은 대로 옮겨가 한바탕 길게 읊조리노라.
　　昔人已去我來今　洞裡烟霞取次尋
　　景仰先生當日蹟　偏傷小子暮年心
　　懷玆山水塵囂外　疑有神仙窟宅深
　　一路漸窮眞境界　高臺徙倚一長吟

　　외재는 선경의 청한한 곳에 거처하며 안도하지만, 퇴계 선생의 옛
자취를 따라 참 경계로 나아가는 길은 궁벽하기만 하다고 토로했다.
그리하여 높은 누에 올라 긴 노래를 부르며 한번 마음을 다잡아 본다고
밝혔다.

4. 참 학문 경시에 대한 대증(對症) 논리 구축

외재는 동도지인(同道之人)과 친족을 위해 서찰(書札), 제문(祭文)과 비지문(碑誌文)을 많이 작성했다. 뿐만 아니라 서(序)[서발과 증서], 기(記), 발(跋), 잠(箴), 명(銘), 찬(贊), 사(詞)[歌詞], 의서(擬書), 의조(擬詔), 의(議), 해(解), 대(對), 표(表), 책(策), 논(論), 설(說), 의제문(擬祭文), 기문(祈文), 상량문(上樑文), 고유문(告由文) 등 다양한 문체(운문산문 병합문체 포함)의 산문들을 남겼다. 본고에서는 서찰, 제문, 비지문을 제외하고[20] 『외재문집』에 수록된 각종 문체들을 일별했다. 외재는 여러 산문에서, 당시 풍조가 '참 학문'을 경시한다고 진단하고 대증(對症) 논리를 구축하는데 주력했다. 특히 논변체 산문인 「치생학자지선무론(治生學者之先務論)」과 「빈천자교인론(貧賤者驕人論)」은 외재의 사유양식을 이해하는데 매우 중요한 단서를 제공한다.

「치생학자지선무론(治生學者之先務論)」은 원나라 노재(魯齋) 허형(許衡, 1209-1281)이 "학문을 하는 사람으로서는 치생을 가장 선무로 삼는다[爲學者治生最爲先務]"라고 주장했던 설을 비판했다.[21] 외재는 학자라

---

20 서찰, 제문, 비지문은 외재의 교유와 학문 형성 및 변화를 이해하는데 매우 중요한 자료들이다. 이 가운데 서찰에 대한 고찰은 최근 함영대에 의해 이루어진 바 있다. 함영대, 「연민 이가원의 학문연원과 외재 정태진 – 교류서신을 중심으로」, 『연민학지』 36, 연민학회, 2021, 13-34면.

21 허형(許衡)의 자(字)는 중평(仲平), 호는 노재(魯齋), 시호는 문정(文正)이다. 요추(姚樞)의 문도가 되어 정주학을 공부하고, 요추의 소개로 원나라 세조를 알현하여 관제(官制)와 조의(朝儀)를 제정하고 교육을 일으켰으며, 태자태보국자좨주(太子太保國子祭酒)에 제수되었다. 남송 말 지식분자들이 노동을 천시하고 생산을 하지 않은 것을 비판하여, "학문을 하는 사람은 치생을 가장 선무로 삼아야 한다. 만일 생리(生理)가 부족하면, 학문하는 도에 있어서 방해하는 바가 있게 된다.[爲學者治生最爲先務, 苟生理不足, 則於爲學之道有所妨.]"라고 주장했다. 이에 대해 왕양명(王陽明)은 『전습록(傳習錄)』 제56조 「허노재가

면 경세의 뜻을 지녀야 한다고 보아, 갑병(甲兵)과 전곡(錢穀)의 일은 학자가 당연히 힘써야 한다고 여겼다. 주희는 『대학혹문(大學或問)』에서 "대저 학자로서 천하의 일을 보기를 위기(爲己)의 마땅히 그러하여야 할 일이라고 여겨서 행한다면 비록 갑병과 전곡과 변두 등 유사자가 맡은 일이라도 모두 위기이며, 세상에 알려지기를 구하여 행한다면 비록 넓적다리 살을 베어 올리고 여묘살이를 하며 효도하고 부서진 수레와 병든 말의 문제를 다룬다고 해도 모두 위인(爲人)인 것이다."[22]라고 했다. 외재는 이 가르침을 중시했다. 그렇지만 외재는 당시의 사람들이 학도(學道)가 생계와 무관할 뿐 아니라 더 나아가 생계를 어렵게 하는 상황에 함몰되어 올바른 가치나 이념을 추구하지 않고 참된 공부를 포기하는 이들이 적지 않다는 것도 잘 알았다. 학업보다 생계를 중시하는 선비들은 허형의 생계론을 끌어오되, 그 역사적 맥락의 의미를 벗겨내어 자신이 학도를 소홀히 하는 사실을 합리화하고자 했다. 외재는 그 허위의식을 격하게 비판했다.

　　① 지날날 삼대(三代)의 번성하던 때에는 유학하는 선비를 존중하여, 선비 가운데 학문이 넉넉한 사람은 반드시 올려서 등용하고 총애하여 발탁해서 경대부의 직위에 두고 녹봉으로 살림이 넉넉하게 해서 그 상황을 무궁하게 해 주었다. 후세 이후로는 이 도가 마침내 폐기되어, 정학을 버리고 권모를 숭상하며 유학자를 멀리하고 술수를 가까이 하여,

---

말한 '유학자는 치생을 우선해야 한다는 설은 사람을 그르친다[許魯齋謂儒者以治生爲先之說亦誤人]'를 작성했다. 이에 대해서는 왕양명이 단장취의(斷章取義)했다고 비판하기도 하는 등, 여러 논란이 있다.

22 『대학혹문』. "大抵以學者而視天下之事以爲己事之所當然而爲之, 則雖甲兵錢穀籩豆有司之事, 皆爲己也. 以其可以求知於世而爲之, 則雖割股廬墓敝車羸馬亦爲人耳."

유학하는 선비 가운데는 경전을 끌어안고 황량한 계곡으로 은둔하는 자가 종종 있었다. 심지어 혹자는 곤궁하고 굶주려 곤혹하고 핍박을 당하여 스스로 생계를 꾸릴 수 없는 자도 있었다. 근고의 유학자가 마침내 치생(治生)이 학자의 급선무라는 설을 내어 보충을 했다.

② 아! 슬프도다! 이는 비록 윗사람이 학문을 숭상할 수 없었던데서 말미암았지만, 그러한 설을 주장한 사람이 학문에 대해 과연 그 임무를 제대로 파악했던 것인가? 무릇 천하에 생명을 지닌 품물치고 물자를 바탕삼아 양성되지 않는 것이 없어서, 무지한 초목의 경우에도 역시 비와 이슬이 윤택하게 하고 기름지게 하는 덕을 머금어 성장하거늘, 하물며 인간은 동물과 식물의 주인으로서 어찌 입을 닫고 배를 굶주려가 면서 살아갈 수 있겠는가? 사람이 하늘과 땅 사이에서 살아가면서 하늘과 땅의 공덕에 참여하는 것은 형체에 달려 있지 않고 마음에 달려 있으니, 하늘이 하나의 마음을 내어서 천하의 일을 관령(管領)하게 하여, 가까이는 명선(明善)과 성신(誠信)을 실행하고 멀리는 가국(家國)과 천하를 경영하는데 이르기까지 어디 내 마음의 일이 아닌 것이 있는가? 이는 그 노가 크고 그 시행이 멀며 그 학문이 요체가 있고 그 책무가 근본이 있는 것이다. 효제는 집에 거처하며 먼저 행해야 할 임무이고, 충신은 몸을 세우는데 먼저 행해야 할 임무이다. 몸은 집의 근본이고 집은 나라와 천하의 근본이니, 총괄하여 말하면 마음 하나일 따름이다. 그러므로 학문의 요무(要務)는 마음 닦는 일보다 우선하는 것이 없고, 마음 닦는 요무는 거경(居敬)하여 함양(涵養)하는 일보다 우선하는 것이 없다. 대개 마음이란 것은 일신의 주인이자 만사의 본근이다. 경(敬)이란 것은 일심의 주인이자 성학의 종시(終始)이다. 그러므로 경으로 마음을 닦으면 천하 만사는 대개 제대로 이루어지고, 방자하여 닦지 않으면 천하만사는 대개 망가진다. 그러므로 우리 인간의 생리는 다만 일심에 달려 있어, 인의를 저작(咀嚼)하고 신례(信禮)를 편안히 행하며, 고궁(固窮)하고 수명(守命)하며 분수에 따라 음탁(飮啄)하면 생리(生理)가 끊어지지 않을 수 있다. 그러므로 옛날의 군자는 반드시 마음 닦는 일에 급급했지,

다른 것에 겨를이 없었다. 그러므로 공자가 "군자는 도를 행하려고 꾀할 뿐 먹을 것을 꾀하지는 않는다."라고 말한 것은 이것을 가리킨다.

③ 지금은 이와 다르다. 내 마음의 생리를 다스리지 않고 구구하게 구복(口腹)의 계책을 우선 힘쓰는 것은 너무 잘못이 아니겠는가? 아아, 패술(伯術)이 유행하자 왕도가 종식하고 공리의 설이 일어나자 우리 도의 말폐가 극에 이르렀다. 관중(管仲)이 "의식이 풍족해야 예절을 안다."라고 한 것은 이 설이 일어난 연유이다. 만약 학자가 치생에 먼저 힘쓴다면, 반드시 화재(貨財)를 증식하고 산업을 짓기를 마치 도주공(陶朱公, 范蠡)이나 백규(白圭)와 같이 하여, 그런 연후에 학문을 한다고 할 수 있을 것이다. 그렇다면 내 몸의 경우에는 구복을 중하게 여기고 마음은 가볍게 여기며, 국가의 경우에는 재용을 우선하고 신서(信恕)를 뒤로 하여, 천하를 다스리는 일은 농사를 지으면서도 할 수 있다고 여길 것이다. 우리 유가의 학문이 어찌 이러하겠는가? 가난은 정말로 학자로서는 늘 있는 일이다. 지난날 안자는 누항에 거처하며 표주박과 도시락이 자주 비었거늘, 그가 힘쓴 것은 극기복례요, 노여움을 옮기지 않고 과실을 재차 저지르지 않는 일이었을 따름이지, 치생을 임무로 삼았다는 말은 듣지 못했다. 순(舜)이 역산(歷山)에 있으면서 부득이하여 몸소 경작을 했지만, 힘쓴 바는 공손하게 자식으로서의 직분을 다하고 남에게서 취하여 선을 행함이었을 따름이지, 역시 치생을 임무로 삼았다는 말은 듣지 못했다. 그러므로 성인은 자신의 마음을 다했을 따름이었지, 그밖의 것은 힘쓰지 않았다. 무릇 두 성인은 천고토록 학자들의 표준이어 왔다. 사람으로서 학문을 하는 것은 장차 성인을 배우고자 해서이건만, 작은 이익이라고 해서 먼저 힘쓴다면, 능히 크게 확충하고 멀리까지 미칠 수 있었던 일을 나는 보지 못했다. 자공(子貢)이 식화(殖貨)를 하자 성인 공자는 비루하게 여기고, 번지(樊遲)가 가포(稼圃)의 일을 배우고자 하자 성인 공자가 배척했거늘, 하물며 중인의 재주로 성현이 힘쓰지 않은 일을 힘쓴다면, 힘쓰는 것이 넓으면 넓을수록 그 뜻이 더욱 나뉘어져서, 기가 주리고 뜻이 바깥으로 치달려 마음

을 더욱 다스리지 못하게 될 사태를 보게 될 것이다.

4 지금 여기에 이런 설이 있다. 밭을 다스리는 것은 농사하는 사람의 임무이다. 밭 갈고 씨 뿌리는 일은 천하가 모두 노련한 농사꾼에게 기대하고 있다. 옥을 다스리는 것은 옥 가공 기술자의 임무이다. 절차하고 탁마하는 일은 천하가 모두 성인에게 기대하고 있다. 성인은 우리 학문의 노련한 농사꾼이요 노련한 옥 가공 기술자이다. 내 마음은 농사 짓는 이의 양곡(良穀)이요, 장인(匠人)의 미옥(美玉)이다. 미옥을 다스리지 않고 추솔한 무부(珷玞)를 다스린다면 장인으로서 훌륭하지 못하다고 여기고, 양곡을 심지 않고 곡물 비슷한 제패(稊稗)를 심는다면 농사꾼으로서 훌륭하지 못하다고 할 것이다. 이것은 다른 이유가 아니다. 노련한 농사꾼이요 노련한 옥 가공 스승이 듣지 않을 것이기 때문이다. 천고의 성인이 어찌 일찍이 마음 다스림을 버려두고 치생을 우선한 적이 있었던가? 하물며 의(義)와 이(利)는 향풀과 누린내풀처럼 서로 얽어 들어갈 수 없어서, 이익을 재화로 여기는 구멍이나 사람을 함몰시키는 구덩이는 유혹이 쉬울수록 빠져드는 것이 깊어서, 이로 인해 그 본심의 의리를 상실하고 마는 것이 필연적이다. 역시 그것이 함정임을 알고 나는 빠지지 않으리라 여기고, 잠시 치생의 당면한 임무를 먼저하더라도 학문하는데 해가 되지 않는다고 여기면, 필시 늘상 하던 일에 익숙하게 되어 함몰되는 줄도 모르고 함몰하게 되거늘, 그런데도 여기서 빠져나오려고 생각하지 않고서, 공리의 견해로 스스로를 망가뜨리고 남도 망가뜨리게 된다. 그러므로 『左傳』 襄公 31년 자피(子皮)의 말』 "군자는 먼 것과 큰 것을 힘쓰고, 소인은 작은 것과 가까운 것을 힘쓴다."라고 했다. 무릇 은미한 이 마음을 가지고 원대한 사업을 달성하려면 오로지 나날이 긍긍(兢兢)하고 계구(戒懼)하여, 사사로운 사악함이 혹시라도 본심을 뒤덮지 않을까 두려워해야 하거늘 어느 겨를에 박광(博廣)을 힘쓸 겨를이 있겠는가? 아! 삼대는 이미 먼 옛날이지만, 패술(伯術)의 부류가 근년에 학자들 사이에서 나와, 그 말의 폐해가 장차 후세에 조금이나마 뜻을 가진 자들로 하여금 비루하고 설만한 과목

으로 내몰고 공리를 추구하는 구멍에 들이밀어, 구복(口腹)의 생계에 더욱 힘쓰게 만들어서 본심의 생리는 나날이 더욱 황폐하게 만들 것이고, 생사의 업에 더욱 힘쓰면 힘쓸수록 우리 유가의 도는 나날이 더욱 폐기될 것이니, 한마디 말의 해악을 어찌 이루다 말할 수 있겠는가? 그렇기는 하지만 주자[『대학혹문』]는 말하길, "우리 일의 마땅히 해야할 것을 행해 나간다면, 갑병(甲兵)이나 전곡(錢穀)의 일도 역시 위기(爲己)의 일이다."라고 했다. 학자가 진실로 그 근본을 다할 수 있고 그 지말을 잃어버리지 않으며, 큰 것을 세워 작은 것에 미칠 수 있다면, 치생도 나의 몸의 한가지 일이므로, 혹 이치를 점검하여 마음 다스림의 단서를 징험할 수 있지만, 이 마음 다스림을 버려두고 치생을 우선 임무로 삼는다면 어찌 이른바 우리 유가의 도일 수 있겠는가?[23]

23　[1] 古昔三代盛時, 重儒學之士, 士之優於學者, 必進而用之, 寵而擢之, 置之卿士大夫之職. 祿俸足以資其家, 使之無窮. 若後世以降, 此道遂廢, 尙權謀而捨正學, 親術數而遠儒者, 抱經而遯于荒谷者種種焉. 或不免有窮餓困迫, 不得自資者矣. 近古儒者, 乃爲治生學者先務之說而充之. [2] 噫! 其傷哉! 此雖由於上之不能崇學, 然爲其說者之於學, 果得其務哉? 夫天下有生之物, 莫不有資而養, 至於草木之無知, 亦含雨露之膏澤而長, 況人爲動息之主, 而豈有閉口枵腹而生者也? 人之所以爲生於天地之間, 而參乎天地者, 不在於形體, 而在乎心, 天之生一箇心, 便管得天下之事, 近而明善誠信, 遠而家國天下, 何莫非吾心之事也? 此其道也大, 而其施也遠. 其學也有要, 而其務也有本. 孝弟, 居家之先務也. 忠信, 立身之先務也. 身爲家之本, 而家爲國天下之本, 總而言之, 心一而已. 故學之要務, 莫先於治心, 而治心之要, 莫先於居敬以涵養也. 蓋心者, 一身之主, 而萬事之本根也. 敬者, 一心之主, 而聖學之終始也. 故敬以治心, 則天下萬事, 槩可擧矣, 肆而不治, 則天下萬事, 槩可廢矣. 然則吾人之生理, 祇在於一心, 咀嚼仁義, 安於信禮, 固窮守命, 隨分飮啄, 而生理可以不絶矣. 是以古之君子, 必汲汲乎治心, 而不暇乎及他也. 故孔子曰: '君子謀道不謀食, 憂道不憂貧,' 此之謂也. [3] 今則反是. 不治吾心之生理, 而區區先務於口腹之計者, 豈不大謬哉? 嗚乎, 伯術行而王道熄, 功利之說作, 而吾道之弊極矣. 管仲曰: '衣食足而知禮節,' 此其說之所由起也. 若使學者先務治生, 則必殖貨財, 作産業, 如陶朱白圭, 然後可以爲學也. 然則吾身而口腹爲重而心爲輕, 國家而財用爲先而信恕後矣. 治天下, 亦可耕而爲矣. 吾家之學, 豈有是哉? 貧固學者之常也. 昔者, 顏子居於陋巷簞瓢屢空, 而其所務者, 克己復禮, 不遷怒貳過而已, 未聞以治生爲務者也. 舜之在歷山, 不得已而躬耕, 然所務者, 恭爲子職, 取人爲善而已, 亦未聞以治生爲務也. 故聖人盡其心而已. 外他則不務. 夫二聖者, 千古學者之標準也. 人之爲學, 將學聖人, 而以小利先之, 則吾未見其能充乎大而及乎遠也. 子貢殖貨, 而孔聖鄙之, 樊遲學稼圃, 而孔聖斥之, 況乎以中人之才, 務

한편 외재는 「빈천자교인론(貧賤者驕人論)」에서 『중용』의 '소부귀(素富貴)'론을 부연하여, 겸손은 부자와 귀인만의 미덕이 아니라 미천한 사람도 겸손의 덕을 지켜야 한다고 역설했다. 곧, 상하와 빈천에 관계없이 교만을 경계해야 한다고 주장한 것이다.

　『중용』(『중용장구』 제14장)에 "군자는 현재의 위치에 따라 행하고, 그 밖의 것을 원하지 않는다. 부귀에 처해서는 부귀대로 행하며, 빈천에 처해서는 빈천대로 행하고, 이적에 처해서는 이적대로 행하며, 환난에 처해서는 환난대로 행하니, 군자는 들어가는 곳마다 스스로 만족하지 않음이 없다.〔君子素其位而行, 不願乎其外. 素富貴. 行乎富貴, 素貧賤, 行乎貧賤, 素夷狄, 行乎夷狄, 素患難, 行乎患難, 君子無入而不自得焉.〕"라고 했다. 『소학(小學)』의 「선행(先行)」 제87칙에서는 이와 관련하여 북송 때 재상을 지낸 장지백(張知白)의 일을 제시했다.[24] 장지백은 인종(仁宗) 천성(天聖) 3년(1025)에 공부상서 동중서문하평장사(工部尙書同中書門下平章事)

其聖賢之所不務者, 則將見其所務愈博而志益分, 氣餒意馳, 其心之愈不可治矣. ④ 今有說焉. 治田, 農者之務也. 其耕耘播種, 天下皆期於老農. 治玉, 匠師之務也. 其切磋琢磨, 天下皆期於聖人. 聖人, 吾學之老農老師也. 吾心卽農者之良穀, 匠人之美玉也. 不治美玉而治斌珧之龜, 則以爲不善於匠, 不植良穀, 而植稊稗之似者, 則以爲不善於農. 是無他. 惟老農老師之不聽也. 千古聖人, 何嘗捨治心而先治生哉? 況義利如薰蕕之不可相入, 而貨利之竇, 陷人之穽, 其誘易而其入深, 因此而喪其本心之義理者, 必矣. 亦知其陷穽, 而以爲吾不陷也, 姑先之以治生之當務, 則不害爲學也, 其必有習於常, 而不知陷而自陷也, 顧乃慮不出此, 而以功利之見自誤而誤人也. 故曰君子務其遠者大者, 小人務其小者近者. 夫以一心之微, 致其遠大之業, 惟日兢懼, 猶恐私邪之或蔽, 何暇務之博乎? 而況先之以他務乎? 噫! 三代已遠, 而伯術之流, 近出於學者, 其言之弊, 將使後之稍稍有志者, 驅之於鄙屑之科, 納之于功利之竇, 益務其口腹之生計, 而本心之生理, 日益荒矣, 益務其生産之業, 而吾家之道, 日益廢矣, 一言之害, 可勝道哉? 雖然, 朱子曰: 爲吾事之所當爲而爲之, 則雖甲兵錢穀之事, 亦爲己也. 學者拘能致其本, 而不遺其末, 立乎大而及乎其小, 則治生亦吾身之一事, 或可檢理而驗治心之端, 外此而先務, 則豈所謂吾家之道也哉?

24　장지백은 시호가 문절(文節)이어서 장문절의 고사로 잘 알려져 있다.

가 되고서도 전에 하양(河陽)에서 장서기(掌書記)를 지낼 때처럼 검소하게 지내자, 사람들은 그가 한(漢)나라 승상 공손홍(公孫弘)이 삼베 이불을 덮고 잤던 일처럼 기만이 아니냐고 의심했다. 장지백은 탄식하며 "인지상정은 검소한 데서 사치한 데로 들어가기는 쉽고 사치한 데서 검소한 데로 들어가기는 어렵다. 오늘날의 녹봉이 어찌 항상 있을 것이며, 몸이 어찌 항상 생존할 수 있겠는가? 하루아침에 처지가 오늘과 달라진다면 집안사람들은 사치스러운 생활에 젖은 지 오래되어 갑자기 검소하게 살 수 없어 반드시 실소(失所)에 이를 것이다. 어찌 내가 벼슬을 하거나 벼슬을 떠나거나 살아 있거나 죽거나 하루같이 하는 것만 같겠는가?[人之常情, 由儉入奢易, 由奢入儉難. 吾今日之俸, 豈能常有, 身豈能常存? 一旦異於今日, 家人習奢已久, 不能頓儉, 必至失所, 豈若吾居位去位、身存身亡如一日乎?]"라고 했다고 한다.

외재는 '소부귀(素富貴), 소빈천(素貧賤)'과 관련하여 장자백의 일을 사례로 들지 않고, 춘추시대 위(魏)나라 문후(文侯) 때 전자방(田子方)과 자격(子擊)의 일을 사례로 들었다. 그 이야기는 『사기』 권44 「위세가(魏世家)」에 나온다. 위나라 문후는 주나라 위열왕(威烈王)으로부터 후(侯)에 봉해진 후 복자하(卜子夏)와 전자방(田子方)을 사부로 삼고 단간목(段干木) 집을 지나며 공경을 표하자 천하의 인재들이 많이 모여들었다. 그런데 문후의 아들 격(擊)이 길에서 전자방을 보자 수레에서 내려 엎드렸는데도 전자방은 예를 표하지 않았다. 격이 노하여 "부귀한 자가 교만합니까. 가난한 자가 교만합니까?"라고 따지자, 전자방은 "빈천한 자가 교만하지, 부귀한 자가 어찌 교만하겠소? 임금이 교만하면 나라를 잃고, 대부가 교만하면 가문을 잃게 되오. 선비처럼 빈천한 자는 말이 쓰여지지 않고 행실이 맞지 않으면 신발을 신고 떠날 뿐이니, 어디에 간들

빈천하지 않겠소?"라고 대답했다. 이에 격이 사과했다고 한다. 이보다 앞서 위 문후가 태자였을 적에 다른 사람에게 교만하게 구는 버릇이 있었는데, 스승이던 전자방이 경계하기를 "임금이 다른 사람에게 교만하게 굴면 나라를 잃고 대부가 다른 사람에게 교만하게 굴면 그 가문을 잃습니다.[人主驕人而亡其國, 大夫驕人而亡其家]"라고 한 일도 있다.[25] 또 전자방의 '행호빈천(行乎貧賤)'에 대해서는 『설원(說苑)』「입절(立節)」에 고사가 있다. 자사(子思)가 위(衛) 나라에 있을 때 옷은 헤졌고 두 달 동안 밥을 아홉 끼 밖에 먹지 못했다. 이 소문을 들은 전자방이 사람을 시켜 호백구(狐白裘)를 자사에게 보내되, 자사가 받지 않을까 염려하여 "내가 이 옷을 남에게서 빌렸는데, 누구에게 빌렸는지 잊었다. 그러므로 내가 남에게 주는 것은 버리는 것과 같다."라고 했다. 그러자 자사는 "내가 아무리 가난하지만 내 몸을 차마 구학이 되게 할 수는 없다."라고 하면서 받지 않았다고 한다. 외재는 이러한 고사들에서 전자방이 자격과 자사를 훈육한 일에서 그의 훈육은 일면적인 가치밖에 없다고 보았다. 즉, 전자방은 그 스스로 교만하게 굴었으니, 겸손의 덕을 잃었다고 비판한 것이다.

외재가 「빈천자교인론」에서 주장한 내용은 상하 계급을 고착적인 것으로 여기는 관점을 기저에 지니고 있다. 그러나 이 글에서 주장하려는 것은 상하 계급의 차별을 철저히 관철하자는 것이 아니다. 오히려, "부귀와 빈천의 경우에도, 본디 분수를 지키며 분수에 맞게 행동하여, 자신을 하기를 자신을 낮추고 남을 대하기를 겸손하게 하여 각각 그 예에 따라 대하여, 상하가 서로 보살필 수 있는 것이 정말로 그러하다."라는

---

25 『설원(說苑)』 권8 「존현(尊賢)」에 나온다.

말에 나타나듯이, 당시 사회에 필연적으로 존재하는 상하의 관계를 직시하고, '상하가 서로 보살핌(上下能相)'의 관계로 나아가야 한다고 주장한 것이다.

1 무릇 부귀에 처하는 것과 빈천에 거하는 것은 각각 그 적절한 도가 있다. 본디 빈천에 처해 있다면 빈천에 맞게 행하며 본디 부귀에 처해 있다면 부귀에 맞게 행한다. 군자의 도는 이와같을 따름이다. 다만 그 본분상의 마땅히 해야할 바를 행하면, 위로는 고항(高亢)하려는 우려가 없고 아래로는 범례(犯禮)하려는 환란이 없으며, 그 지위를 벗어나지 않아서 품물마다 각기 질서를 얻게 된다. 교만이란 것은 악덕이다. 교만은 만족에서 나오니, 만족하면 이치의 상도에서 넘쳐나고 만다. 춘추시대 위(魏)나라 문후의 아들 자격(子擊)이 천승 제후의 부귀를 끼고서 남에게 교만하게 굴려는 마음이 생겨나자 전자방(田子方)이 배척했으니,[26] 아주 옳다. 무후(武侯)가 능히 그 나라를 보전할 수 있었던 것은 반드시 전자방의 힘이 아니었다고 할 수가 없다. 하지만 전자방은 군도(君道)에서 아랫사람을 다스리는 것이 있음을 알았을 따름이지, 신도(臣道)에 윗사람을 받드는 것이 있음을 알지는 못했다. 부귀의 교만함이 국가를 잃게 하는 것만을 알았을 따름이지, 선비의 교만함이 제 몸을 잃게 하는 것은 알지 못했도다! 대개 교만한 마음이 한번 생겨나오면, 제 몸의 처신이 기율이 없어져서 자긍하고 방사하는 일을 스스로 달게 여겨 남을 대할 때 무례할 뿐 아니라 업수히 여기고 모욕을 더하게 되니, 이와 같이 하면 몸이 어떠하겠는가?

2 교만이란 것은 빈 것에 채워지는 것이다. 실질에 채워진다면 교만이 없다. 요·순처럼 현명하면서 존귀하여 천자인 존재는 그 도가 오직 흠숭하고 오직 공경해야 할 따름이다. 중니처럼 성인이면서 곤궁하

---

26 『사기』 권44 「위세가(魏世家)」에 자격(子擊)과 전자방(田子方)의 문답이 있다.

게 아랫자리에 있는 경우에는 그 도가 온량(溫良)하고 공검(恭儉)해야 할 따름이다. 그렇다면 교(驕)라는 글자는 악덕의 하나이거늘, 전자방은 되려 무슨 견해로 스스로 교만하게 구는 계책을 썼단 말인가? 전자방은 위나라의 현인이다. 국인이 모두 현명하다고 여겼고, 국인만 현명하다고 여긴 것이 아니라 문후도 예로써 존중했다. 그러자 그는 마침내 자신의 현명함을 자부하여 그 마음에 필시 "부귀한 천승 제후라 하여도 나에게 무슨 권세를 더할 수 있겠는가?"라고 여겨, 길에서 자격을 만났을 때 자격이 엎드려 배알하거늘 도리어 우뚝하게 예를 차리지 않았으니 그 교만이 이미 심했다. 무릇 부귀도 그 지조를 옮길 수 없고 위무도 그 절개를 빼앗을 수 없었으니, 선비로서의 뜻이 견고했다. 하지만 귀천에 분수가 있고 빈부의 면에서 서로 대적할 수 없다면 그 예는 분한을 지켜야 한다. 지금 전자방은 미천한 필부로서 천승 제후의 귀한 신분에 대해 오만하게 굴었고, 빈한한 일개 선비로서 공후(公侯)의 부유한 신분에 대해 교만하게 굴었다. 그렇다면 존귀한 이를 존대하고 귀한 이를 귀하게 대하는 도는 과연 폐기할 수 있는가? 이로부터서 추리하여 나가면, 상하에 분수가 없으면 건(乾)은 위에 자리를 차지할 수 없고 곤(坤)은 아래에서 순종할 수가 없으며, 군주는 위에서 군림할 수 없고 백성은 아래에서 추종할 수 없으며, 젊은이는 어른을 능멸할 수 있고 부인은 지아비에게 대항할 수 있게 되어, 절조를 넘어서고 법제를 범하여, 이르지 않는 곳이 없게 된다. 이로써 군자의 제도는 분수가 없는 법이 없다. 부귀와 빈천의 사이에도, 본디부터의 분수를 지키고 본디부터의 분수에 맞게 행동하여, 처신할 때 자신을 낮추고 남을 대할 때 겸손하게 하여, 각각 그 예에 따라 대하기 때문에 상하가 서로 보살필 수 있는 것이 정말로 그러한 법이다.

③ 공자[『논어』「태백」]는 "만일 주공같은 아름다운 재예를 가지고 있더라도 만일 교만하고 인색하다면 나머지는 볼 것이 없다."라고 했다. 교만이란 것은 주공같은 아름다운 재예가 있더라도 감당되지 않는 것이어서, 성인 공자께서 깊이 경계하신 것이다. 그렇거늘 전자방은 방

사(放肆)하여 스스로 교만하게 굴었으니, 자기 자신을 그르쳤을 뿐 아니라 남을 그르쳤도다! 그 후 장주(莊周)의 무리는 모두 오세(傲世)하며 스스로 뻐기는 일을 학문으로 여기면서 성인을 모욕하고 제도를 훼기하며 명검(名檢)을 천하게 여기고 허탄(虛誕)을 즐겼으니, 그 폐단은 이루 말할 수가 없으니, 실로 전자방이 열어놓은 것이다. 세상 사람들 가운데 빈천에 처해 있으면서 아첨에 이르지 않은 이는 아주 드물다. 남에게 알랑거리고 남의 뜻에 순종하면서 구차하게 부귀를 흠모하여 남의 등창을 빨고 남의 치질을 핥는 무리가 천하에 가득하니, 전자방의 말은 역시 그 잘못을 구제할 수는 있다. 하지만 잘못을 바로잡으려다가 너무 지나쳐 오히려 나쁘게 만드는 것은 군자가 미워하는 바이다. 그렇다면 어떻게 하면 좋겠는가? 반드시 '가난하여도 즐거워하고 부유하여도 예를 좋아하며'[『논어』 「학이」] '미천하면 윗사람을 공경하고 귀하면 아랫사람에게 겸손한 일'이리라.[27]

---

27 [1] 夫處富貴, 居貧賤, 各有其道. 素貧賤, 行乎貧賤, 素富貴, 行乎富貴. 君子之道, 如斯而已矣. 但爲其分之所當爲, 則上無高亢之憂, 下無犯禮之患, 不出其位, 而物得其序矣. 驕者, 惡德也. 驕生於滿, 滿則溢理之常也. 子擊挾其千乘之富貴, 欲生驕人之心, 子方斥之. 甚可. 武侯之能保其國, 未必非子方之力也. 然子方徒知君道之有以濟乎下, 而不知臣道之有以承乎上. 徒知富貴之驕, 失其國家, 而不知士之驕, 失其身乎! 蓋驕心一生, 則處己無律, 自甘矜肆, 接人無禮, 加之慢侮, 夫如此則於其身, 何哉? [2] 驕者, 盈於虛也. 盈於實則無驕. 明如堯舜而貴爲天子, 其爲道則惟欽明恭而已. 聖如仲尼而窮而在下, 其爲道則溫良恭儉也. 然則驕之一字, 爲惡德一也. 而子方抑以何見爲自驕計耶? 子方, 魏之賢人也. 國人皆賢之, 非徒國人賢之, 文侯亦禮重之. 彼乃自恃其賢, 而其心必曰: '千乘之富貴, 何可加乎我哉?' 是以遇子擊於道也, 擊伏謁而猶乃倨然不爲禮, 其驕已甚矣. 夫富貴不能移其操, 威武不能奪其節, 士之志則固. 然貴賤有分, 貧富不敵, 其禮則有限. 今子方乃以匹夫之賤, 而傲千乘之貴, 以一士之貧而驕公侯之富. 然則尊尊貴貴之道, 果可以廢乎? 推此以往, 則上下無分, 乾不可以位乎上, 而坤不順乎下, 君不可以御乎上, 而民不從乎下, 少可以凌長, 婦可以抗夫, 踰節犯制, 無所不至矣. 是以君子之制, 莫不有分. 其於富貴貧賤之間, 素乎行乎, 處己以卑, 待人以遜, 各以其禮, 故上下能相, 固也. [3] 子曰: '如有周公之才之美, 使驕且吝, 其餘無足觀也已.' 夫驕者周公才美之所不敢, 而聖人之所深戒也. 子方乃肆然自驕, 誤己而誤人耶! 其後莊周之徒, 皆以傲世自誇爲學, 侮聖毁制, 賤名檢, 樂虛誕, 其弊不可勝道, 實子方之啓之也. 世之人處貧賤, 而不至於諂者, 幾希矣. 阿諛順旨, 苟慕富貴, 吮癰舐痔之徒, 滿於天下, 則子方之言, 亦足以救其失矣. 然矯枉過

외재는 경륜(經綸)의 뜻을 시문으로 표현했다. 「전제(田制)」·「정전론 (井田論)」·「전부론(田賦論)」에서는 정전제와 양전분등법(量田分等法)의 실행을 주장했다. 그리고 학교·과거·서원·용인(用人)·치생(治生)·종 수(種樹)·치포(治圃) 등에 대해서도 논변문은 물론 여러 다른 문체의 시 문에서 자신의 의견을 개진했다. 그러한 글들에서 외재는 경전의 어절 을 환기하기도 하지만 그보다는 종래의 논쟁을 재검토하여 당대 현실에 적용해서 구폐(救弊)의 방도를 모색했다. 현실의 해악을 적시하지는 않 았지만, 저술의 시기를 고려하면 글의 행간에서 그 해악이 무엇인지 독자가 유추할 수 있다. 그런데 외재는 구제의 방책과 관련하여 단계적 실천 조항을 제시하지는 않았다. 구폐의 방도로 각 개인이 지경(持敬)을 통해 내미(內美)를 갖출 것을 주장했다. 그 주장은 나름대로 현실비판의 힘이 강하고, 또 근본적이다.

이를테면 「두설」에서는 천지에 가득 한 것이 좀의 해악이고, 내 마 음을 해치는 것도 좀의 해악이라고 했다. 외재는 도의(道義)의 좀, 학술(學 術)의 좀, 국가(國家)의 좀, 패악(敗俗)의 좀, 명예(名譽)의 좀 등 오두(五 蠹)를 거론했다.[28] 공(空)과 허(虛)를 담론하는 것이 도의의 좀, 문사(文 辭)의 기예(技藝)를 힘쓰는 것이 학술의 좀, 아첨하고 봉록을 탐하는 것 이 나라를 병들게 하는 좀, 부탄(浮誕)하고 방종(放縱)하는 것이 패속(敗 俗)의 좀, 허(虛)를 꾸미고 공을 가까이하는 것이 명예(名譽)의 좀이다. 외재는 이 오두를 제거하려면 반드시 내 몸을 먼저 살펴야 한다고 보 아, 경(敬)이야말로 만사의 본근(本根)이라고 주장했다.

直, 君子所惡. 然則如之何其可也? 必也'貧以樂, 富而好禮,' '賤而敬上, 貴而遜下'者歟!
28 『畏齋文集』 권11 雜著, 「蠹說」.

외재의 「두설」은 정이(程頤)가 '천지간일두(天地間一蠹)' 설에서 개인의 수양 문제를 자조적으로 논한 계보를 잇지 않았다. 오히려 이익(李瀷)의 「육두(六蠹)」 설을 계승하여[29] 사회적 병폐를 지적했다. 정이는 말하기를 "농부가 추위와 더위를 무릅쓰고 오곡을 농사지으니 내가 그것을 먹고, 백공(百工)이 기물(器物)을 만드니 내가 그것을 사용하며, 군사들이 갑옷에 무기를 들고 나라를 지키니 내가 편하게 지낸다. 나는 남에게 혜택도 주지 못하고 세월만 보내어 천지간 한 마리 좀과 같다. 다만 성인이 남기신 글을 모아 엮어서 보충이 되기를 바랄 뿐이다."라고 자조한 바 있다. 이에 비해 이익은 『한비자(韓非子)』 「오두(五蠹)」편을 당대 현실에 맞게 재편했다고 볼 수 있다. 한비자는 고대 국가의 체제를 위협하는 존재로 학자·언고자(言古者)·대검자(帶劍者)·환어자(患御者)·상공지민(商工之民) 등 다섯 부류를 꼽았다. 학자들이 국정을 농단하고 자신의 이익을 취한다고 매도한 것이 주목된다. 이익은 『성호사설』 제12권 인사문(人事門) '육두(六蠹)'에서, 조선의 당시 상황을 위태롭게 하는 해악으로 여섯가지를 손꼽았다.

사람 중에 간사하거나 범람한 자가 없다면 천하가 왜 다스려지지 않겠는가? 간사하고 범란한 짓을 하는 것은 재물이 모자라는 데에서 생기고 재물이 모자라는 것은 농사를 힘쓰지 않는 데에서 생긴다. 농사를 힘쓰지 않는 자 중에 좀[蠹]이 여섯 종류가 있는데, 장사꾼은 그 중에 들어 있지 않다. 첫째가 노비(奴婢), 둘째가 과업(科業), 셋째가 벌열(閥閱), 넷째가 기교(技巧), 다섯째가 승니(僧尼), 여섯째가 게으름뱅이[遊惰]들이다.

29 李家源, 「畏齋丁泰鎭小傳」, 『李家源全集』 9, 韓國名人小傳, 正音社, 1986, 246–247면.

외재도 과거 제도가 학자로 하여금 '덕행지실(德行之實)'을 버리고 '조문지말(彫文之末)'에 골몰하게 만든다고 보고, 옛 공거(貢舉)의 법을 회복시켜야 한다고 주장했다.[30] 『주자어류』 권13 「역행(力行)」의 "과거가 사람을 구속함이 아니라 사람이 스스로 과거에 구속된다.[非是科舉累人, 自是人累科舉.]"라고 한 지적이나, 주희가 첨의지(詹儀之)에게 서찰을 보내 "그들이 익히는 것이 과거 공부에 지나지 않아 기량이 더욱 정밀해질수록 마음씨는 더욱 나빠지니, 이는 가르치지 않아서 오히려 그 순수함과 어리석음을 보전할 수 있는 것보다 못합니다."[31]라고 말한 것에서 통감한 바가 있었던 듯하다. 또한 외재의 글은 구한 말 혼란 속에서 인재선발 방식의 폐단을 침대(針對)했다는 점에 의의가 있다고 생각된다.

주지하다시피 조선 말의 과거는 파방이 일쑤였다. 1880년(고종 17) 세자의 천연두가 치유된 것을 경하하여 증광시를 설치했을 때는 한성시의 경시관마저 공정성을 잃은 것이 발각되어 파방을 했다. 당시 시

---

30 論曰: 夫科擧之法, 其來尙矣. 自隋唐以來, 皆以科擧取人, 而代各異制. 然皆工於文詞, 尙其怪誕, 驅馳當世之人材, 局束於時文之末, 所以養之者, 旣如此, 所以取之者, 又如此. 爲士者, 從以趨下, 不能辨一理達一事, 而但操一管之毫, 書盈尺之紙, 苟偸爵祿之爲計. 夫如是, 故世道一衰, 風俗日薄, 朝廷之士, 遇一事之難, 則惘然不知所措, 在上者不知病根之所在, 惟患程試之不工, 其謬已甚矣. 於扶衰廻薄之道, 果何哉? 蓋士者, 國家之基本, 其培植敎養之者, 已失其道, 而顧與此輩固欲爲治之計, 誠難矣哉! 其何能望古昔隆盛之時乎? 夫三代之際, 其貢擧之制, 自黨庠遂序, 至于國學, 皆以德行道藝取人, 而每歲考試, 興其賢者能者於朝, 授之以官職, 任之以爵祿. 其敎之者, 無他術. 用之者無異路. 爲學者皆有一定之志, 而無外慕之心, 惟務德業之是修, 而不憂爵祿之未至, 此夫子所謂言寡尤行寡悔, 祿在其中. 孟子所謂修其天爵人爵從之, 正謂此也. 後世不然. 不務德行之實, 而所謂藝者, 徒事彫文之末, 其流之弊, 不可勝道. 何能有以成就人材培其國本乎?

31 朱熹, 「答詹帥書」, 『晦菴集』 권27. "其所習不過科擧之業, 伎倆愈精, 心衍愈壞, 蓋不如不敎猶足以全其純愚之爲愈也."

골 선비들 가운데 낙방한 사람들은 오히려 파방을 기다리기까지 하여, '파방 또 파방, 오직 파방하지 않을까 두렵도다.' 하고 노래했나.[32] 고종 내는 급제를 돈 주고 사기까지 했다. 황현의 『매천야록』에 따르면, 초시를 매매하던 당초에는 가격이 200냥 혹은 300냥이었다가, 갑오년 직전 서너 차례의 식년시에서는 초시가 1,000여 냥, 회시가 1만여 냥씩 했다고 한다. 1885년의 을유 식년시의 생원·진사 회시에서 고종은 100인을 추가로 합격시키되 1인당 2만 냥에 팔았다. 원방(原榜)은 공정하게 선발하도록 명했으나, 고관이 이익을 챙겨서 단 한 명도 공정하게 선발하지 않았다. 진사과에서는 정원을 추가로 뽑아 방매(放賣)하는 일이 벌어졌다.

한편, 이익(李瀷)은 현상 분석 때 계고(稽考)를 중시했는데, 외재도 그리했다. 즉, 이익은 『성호사설』에서 다음과 같이 말했다.

> 『시경』에 "그릇 하지 않고 잊지 않아서 옛 헌장을 따르리라."고 했고, 이를 이어 맹자는 "선왕의 법을 따르고서도 잘못된 자는 있지 않았다."라고 했다. 그런데 후세 사람은 드디어 이것을 고집하여 전장(典章)을 한번 정하면 비록 폐단이 있어도 변동하면 반드시 망할 것으로 생각하니, 그 시를 해석함이 또한 고루하다. 이른바 따르지 않는다는 것은 정전(井田)을 폐지하고 천맥(阡陌)을 개방하는 따위가 그것이다. 만약 성왕의 남긴 뜻을 따르되 줄일 것은 줄이고 더할 것은 더하여 그 시대에 적합하게 하여, 퇴폐한 것을 변혁하고 도탄(塗炭)에 빠진 것을 건져내는 것은 어찌 군자가 하고자 할 것이 아니겠는가? 만약에 팔짱을 끼고 편안히 앉아서 백성들의 그 질병과 고통을 보고도 구제하려 하지

---

32 심경호, 『참요』, 한얼미디어, 2012, 528-530면.

않는다면, 어찌 이런 것을 차마 할 수 있겠는가? 이것은 마치 산길에 풀이 얽히고 들판에 물이 터져도 역시 옛 길을 고수해 가다가 넘어지거나 빠지는 것을 면하지 못하는 것과 같다.[33]

외재는 과거제를 논할 때 주희가 말한 식년 학습·고시 제도를 계고하여 당시의 제도를 바꾸어야 한다고 주장했다.[34] 주희는 「학교공거사의(學敎貢擧私義)」에서, "경서와 사서(四書)는 해를 나누어 뜻을 시험 보이고, 사서(史書)와 시무(時務) 또한 그 다음 해에 책(策)을 시험 보이되, 경서를 공부하는 자는 가법(家法)을 지키게 하고 뜻을 답하는 자는 경사(經史)를 관통하게 하면, 선비들이 경서에 통하지 않음이 없을 것이고 사서에 통하지 않음이 없어서 세상에 쓰일 수 있을 것이다."라고 했다.[35] 당시 사람들은 주희의 방안이 이미 낡은 것이라고 여겼지만,

---

33 李瀷, 『星湖僿說』 권12 人事門 '遵先王'.

33　李瀷, 『星湖僿說』 권12 人事門 '遵先王'.
34　議者以爲科擧之法不罷, 則風俗無以正, 賢材無以育焉. 誠是矣. 然今世雖無科擧之法, 猶未有聞其故, 何哉? 蓋主其邪說, 尙其虛妄, 抑又甚焉. 使夷狄之道亂其天下, 其晦盲極矣. 故曰: 惟在所養之如何, 非必罷科擧之名而後, 可以正風俗育賢材也. 但不可不罷者, 詩賦之科耳. 今之詩賦, 不足爲文詞之美, 而怪妄虛誕, 反有過焉. 尤非所以取人之道也. 夫大學格物致知, 學者之先務, 不可不講明. 其他聖法之在於經傳者, 皆切於日用, 不可不學習. 史氏之書皆記古今治亂興亡得失之道, 不可不知, 此時務之大者也. 今學校之設, 雖不加廣, 而擇山林尙德之士, 置太學之長, 又各以州縣擇其重望之人, 置鄕學之長, 皆修學宮之職, 聚諸生而掌其敎, 敎之以實學, 則通明經禮之士, 識達古今之人. 稍稍出其中矣. 其貢擧之制, 朱子嘗有論曰: 以詩書易爲一科, 而子年午年試之, 儀禮周禮及二戴之禮爲一科, 而卯年試之. 春秋三傳爲一科, 而酉年試之, 皆兼大學論語孟子中庸. 論則分諸子爲四科, 而以附焉. 策則諸史時務亦然, 則士無不通之, 經無不習之. 史皆可謂當世之用矣. 三代之後, 規模成說, 無踰於此者也. 其考試之年, 卽今之式也. 每式以此法取科, 赴擧之時, 鄕學之長, 各擇其中之尤者而許赴. 縣升之州, 州升之太學, 則太學聚四方之士, 而又選其賢能, 用之於朝, 則三代之治, 其庶幾矣, 豈可與今之時文取科者比擬哉? 雖然, 玆法之不行久矣. 一以此語告人, 則曰: 古矣. 不能察時勢. 其亦關於世運之幸不幸歟!
35　朱熹, 「學敎貢擧私義」, 『晦菴集』 卷69.

과거제도를 개혁하여 초학자들을 실학(實學)으로 이끌기 위해서는 주희의 주장을 따라야 한다고 주장했다.

5. 신직(臣職)의 강조

외재는 일생 조신(朝臣)이 되지 못했다. 하지만 조선 말의 혼란한 정치 상황을 우려하고, 조신이라면 신직(臣職)에 충실해야 한다는 생각을 가지고 있었다. 그러한 관념을 잘 드러낸 것이 변문 「의주군신하곤직유궐유중산보지표(擬周群臣賀袞職有闕維仲山甫補之表)」이다. 표제(表題)는 『시경』 「대아(大雅) 증민(烝民)」의 "사람들이 또 '덕이 털처럼 가벼우나 사람들이 덕을 행할 수 있는 이가 적다'라고 말하지만 내 헤아려 보고 도모해 보건대 오직 중산보만이 덕을 거행하건만 사랑하되 도와줄 수가 없도다. 곤직에 잘못이 있거든 중산보가 보좌하도다.[人亦有言, 德輶如毛. 民鮮克擧之, 我儀圖之. 維仲山甫擧之, 愛莫助之. 袞職有闕, 維仲山甫補之]"에서 취한 것이다. 「증민」은 주나라 선왕(宣王)이 중산보에게 명하여 제(齊)나라에 성을 쌓게 하자 윤길보(尹吉甫)가 시를 지어 전송하며, 왕의 직책에 잘못이 있을 때 이를 보좌할 수 있는 사람은 오직 중산보뿐이라고 한 내용이다. '곤직유궐(袞職有闕), 유중산보보지(維仲山甫補之)'의 제목은 신하의 직분을 강조하기 위해 조선후기의 과제(科題)나 제술(製述)에서 거듭 제시되었다.[36] 외재는 해당 제목을 과표(科表)로 작성해서 명량제우

---

36 1798년(정조 22) 3월 10일(갑술), 정조는 2월에 치렀어야 할 일차전강(日次殿講)으로 상재생의 응제를 시험 보이라고 분부하면서, "주나라 선왕(宣王)이 중산보에게 명하여 임금의 직책을 보좌하게 한 내용으로 상정하여 지으라[擬周命仲山甫補袞職]"로 조제(詔

(明亮際遇)를 희원하고 조신(朝臣)의 올바른 보익(補益)을 권계했다. 이 글은 변문의 형식요건인 염률(簾律)을 충실하게 지켰다.

治仰垂裳之化, 方欽聖后之克勤.
仄仄平平平仄 平平仄仄平仄平

職闕華袞之衣, 聿覩賢臣之維補
仄仄平仄平平 仄仄平平平平仄

施于繪繡, 吁哉臣隣!
仄平仄仄 平平平平

欽惟我后, 德紹先王, 業纘前列.
平平仄仄 仄仄平平 仄仄平仄

納姜后脫簪之諫. 王政益勤, 錫韓侯淑旂之章, 帝德咸被.
仄平仄仄平平仄 平仄仄平 仄平平仄平平平 仄仄平仄

竊惟袞衣之闕失, 必待良弼之補治.
仄平仄平平仄仄 仄仄平仄平仄平

聖明垂充耳之紘紞, 易有前後綻漏之事. 忠良整立朝之紳笏, 多賴左右繩糾之功.
仄平平平仄平平仄 仄仄平仄仄平仄 平平仄仄平平平仄 平仄仄仄平仄平平

肆虞帝被袗之治, 猶待伯禹繪山龍之輔, 亦殷宗從繩之美 惟服傅說笥衣裳之言
仄平仄中仄平平 平仄仄仄仄平平仄 仄平平平平平仄 平仄仄仄仄平平平平

方仰冕服之休治, 庶有賢輔之補闕.
平仄仄仄平平平 仄仄平仄平仄仄

題)를 삼도록 명했다. 『정조실록』 정조 22년 무오(1798) 3월 10일(갑술).

今王任萬幾之總會, 事易失於絲繁. 若臣有一介而靡他, 才夙抱於經濟.

平平仄仄中平中仄　仄仄仄仄平平　平平仄仄平平仄　平仄仄仄平仄仄

任惟喉古, 王績爰發於四方. 事涉愆違, 皇猷庶禆於九陛.

仄平平仄　平仄仄平平仄平　仄仄平平　平平仄平平仄仄

是以補益之術, 聿在闕漏之端. 御卉服之無外, 蓋難獨治其事.

仄仄仄仄平仄　仄仄仄仄平平　仄仄仄平仄仄仄　仄仄仄平平仄

獻斧扆之良規, 可見夾輔之功. 宸心匪懈於舊章, 寧有愆尤之大?

仄仄仄仄平平　仄仄仄仄平平　平平仄仄平平仄　平仄平平平仄

臣職彌勤於庶績, 獨能補綴之多. 猗歟聖上稱服之休, 盛矣王士補效
之責.

平仄平平平仄仄　仄平仄仄平平　平中仄仄平仄平平　平仄平仄仄仄平仄

予又改造, 粲兮緇衣之宜. 我之儀圖, 施彼紸纊之美.

平仄仄仄　仄平平平平仄　仄平平平　平仄仄仄平仄

丹衷炳若, 益彰三光之文. 朱衣燦然, 賁餙五色之線.

平平仄仄　仄平平平平仄　平仄仄平　仄仄仄仄平仄

伏念, 臣等, 才短經國, 跡厠華班.

仄仄　平仄　平仄仄仄　仄仄平平

素乏煥戴之姿, 而無絲毫之輔, 乃因會弁之日, 粗伸忭賀之忱.

仄仄仄仄平平　平平平平仄仄　仄平仄仄平仄　平平仄仄平平

정치는 의상을 드리우고 있어도 교화가 이루어졌던 풍모를 우러르
고, 바야흐로 성상께서 나랏일에 부지런하심을 흠모하오나

다만 제왕의 곤룡포에 틀어진 곳이 있기에, 이에 어진 신하가 그걸
기움을 보나이다.

비단 자수를 시설하니, 아아, 측근의 신하여!

삼가 생각건대 우리 군주께서는, 덕은 선왕을 계승하고, 사업은 선현
을 이으시어

주나라 강후(姜后)가 비녀와 귀걸이를 벗어 대죄하면서 간했듯이 근

정(勤政)을 간하는 말을 받아들여, 왕정을 더욱 근실히 하고, 옛 군왕이 한후(韓侯)에게 쌍룡 깃발을 내리듯이 신하에게 물품을 하사하여, 황제의 덕이 두루 덮었도다.

가만히 생각하건대, 곤룡포에 헤진 곳 있으면, 반드시 선량한 보필의 보좌를 기다리니

성명께서는 귀 덮는 굉담(紘紞)의 수술을 드리우시나, 전후의 파탄과 누락의 일이 있기 쉬워

충량한 신하가 입조하여 관띠와 홀을 바로 하고, 좌우에서 승묵(법도)을 근거로 규탄하는 공에 힘입는 바가 많아라.

이에 유우씨의 순임금이 진의(袗衣)를 입고 다스리는 정치를 행하면서도, 숭백(崇伯) 우(禹)가 산용을 복색에 그려 넣는 보조를 기다렸고

은나라가 먹줄에 맞는 규간을 따르는 아름다움이 있었지만, 부열(傅說)이 어진 이에게 내릴 의상을 반드시 상자에 잘 보관하라고 했던 말을 따르셨으니

바야흐로 면복(冕服)을 걸치고 행하시는 아름다운 정치를 우러르며, 어진 보필이 보궐해주기를 기대합니다.

지금 왕께서는 만기(萬幾)를 모아 총괄하는 직임을 맡으시어, 일이 실오라기처럼 가닥가닥 나고 번잡함에 빠질 우려가 있으며

만약 신하 가운데 한결같은 경개(耿介)가 있어 다른 마음을 지니지 않고, 재주가 일찌감치 경제에 뜻을 둔 이가 있다면

후설(喉舌)의 직임을 맡기시면, 왕의 업적이 이에 사방으로 퍼져나가고,

일에 혹 위배되는 경우가 있어도, 임금의 모책은 구폐의 궁궐에서 거의 비보되는 바가 있을 것입니다.

이로써 보익하는 기술은, 결국 궐루(闕漏)의 단서에 달려 있으며

풀옷 입는 오랑캐를 제어하는 것도 다른 것이 아니라, 대개 홀로 그 일을 해내시기 어렵사오니

도끼모양 수 놓은 병풍을 친 어좌에 훌륭한 규약을 헌정하여, 좌우에

서 보좌하는 공을 보실 수 있을 것입니다.

성상의 마음이 옛 헌장을 지켜 게으르지 않는다면, 어찌 큰 과실을 저지르는 일이 있겠습니까?

신의 직분은 여러 정무의 업적을 내도록 더욱 근실히 하여, 유독 보궐하고 철습(掇拾)하는 것이 많아질 것입니다.

아아, 성상께서 의복에 적합한 아름다움을 지니심이여! 성대하여라 왕의 선비들이 보필하는 책무를 극력 행함이여!

내가 또 다시 지어올려, 찬란하여라 '치의(緇衣, 검은 옷)에 꼭 맞는다' 했듯이 꼭 맞누나.

내가 헤아려보고 도모하여, 저 누른빛 귀막이솜의 아름다움을 시설하라.

붉은 정성히 환하게 빛나듯 하여, 삼광(三光)보다 더한 문체를 더욱 빛나게 하고,

주의(朱衣)가 찬란하나니, 오색의 선으로 장식했도다.

엎디어 생각하건대 신등은, 재주가 경국을 하기에는 짧거늘, 화려한 벼슬아치들의 반열에 외람되이 끼었습니다만,

본디 보불의 무늬를 환하게 만들 자태도 부족한데다가, 실오라기만큼의 보조도 없거늘

백관이 모여 모자들이 우뚝한 날에 인하여, 기뻐하며 하례하는 정성을 얼추 펴보나이다.

외재의 이 표는 당대를 성군의 치세로 규정했다. 즉, "정치는 의상을 드리우고 있기만 해도 교화가 이루어졌던 고대의 풍모를 우러르고, 바야흐로 성상께서 나랏일에 부지런하심을 흠모하며,"라 하고, "우리 군주는, 덕은 선왕을 계승하고, 사업은 선현을 이으시어, 주나라 강후(姜后)가 비녀와 귀걸이를 벗어 대죄하면서 간했듯이 근정(勤政)을 간하는 말을 받아들여, 왕정을 더욱 근실히 하고, 옛 군왕이 한후(韓侯)에게 쌍룡

깃발을 내리듯이 신하에게 물품을 하사하여, 황제의 덕이 두루 덮었도다."라고 했다. 이러한 칭양(稱揚)은 과표의 양식에 충실한 결과라고 할 수 있다. 그런데 외재는 당시가 성군의 치세인데도 불구하고 "제왕의 옷에 틀어진 곳이 있어, 이에 어진 신하가 기우는 것을 보나이다."라고 했다. 그렇다면 '제왕의 옷에 틀어진 곳'은 무엇인가? 외재의 이 표는 그 점에 대해서는 심층적인 시각을 갖추지 않았다. 오히려 고전의 어구를 인용하여, 유우씨 순임금도 숭백(崇伯) 우(禹)의 보조를 필요로 했고, 은나라 탕왕도 부열(傅說)의 보필을 요구했다는 사실을 환기했다. 그리고 보필의 실질과 관련하여 경개(耿介)의 신하에게 후설(喉舌)의 직을 맡기라고 주장했다. 외재는 『춘추좌씨전』 양공(襄公) 11년 조의 "편안하게 거할 때에 위태로운 상황을 미리 생각해야 한다는 말이 있다. 미리 생각하면 대비하게 되고, 대비하면 환란을 당하지 않게 된다.[書曰: 居安思危, 思則有備, 有備無患.]"라는 강령에 충실했다.

외재는 보익(補益)의 기술이 결국 궐루(闕漏)의 단서에 달려 있다고 하여, 내정(內政) 문제를 주로 언급했다. 하지만 이에 이어 외재는 '풀 옷 입는 오랑캐를 제어하는 것'을 거론했다. 당시 외이(外夷)의 출몰에 대해 우려하는 심리를 드러낸 듯하다. 『서경』 「우공(禹貢) 양주(楊州)조」에 "해도의 오랑캐는 훼복을 입으니, 광주리에 담아서 바치는 폐백은 직패이며, 싸 가지고 오는 귤과 유자는 바치라는 명령을 내리면 바친다.[島夷卉服, 厥篚織貝, 厥包橘柚, 錫貢.]"라고 하였으니, '풀옷 입는 오랑캐'란 도왜(島倭) 곧 일본을 가리킨다. 외재는 일본의 침략에 대처하는 특별한 방안을 제시하지는 않았다. 성스러운 군주가 옛 헌장을 지켜 게으르지 않으면 신하들이 정무에서 업적을 내어 좌우에서 보좌하는 효과가 있으리라고 보았다. 군주제도의 개선이나 행정의 변혁에 관한 견해는 개진하지 않았다. 외재는 경국(經國)의 방도와 관련해서는 관례를 고수하는 보수적인 태도를 지녔다고 할 수 있다.

6. 의리 중시의 역사해석과 기자론에 담긴 근세 민족주의 정신

외재는 초학자들이 경학 연찬을 통해 우선 공명한 의리를 닦아야 하며, 지견(志見)이 확고하지 않은 상태에서 사학에 빠져서는 안 된다고 주의를 주었다. 「사학론(史學論)」이 바로 그 주장을 담고 있다.

　　① 역사는 없을 수 있는가? 불가하다. 역사는 배울 수 있는가? 가하다. 이전(二典)[「요전」과 「순전」]이 지어지자 제왕의 치도가 밝혀지고, 『춘추』가 저술되자 천하의 의리가 공평해졌다. 우리의 학문이 어찌 이것들을 도외할 수 있겠는가? 무릇 학문은 장차 실행이 있고자 해서이다. 삼황오제가 정치를 제대로 하고 하나라 걸과 상신(商辛, 紂)이 나라를 잃은 일, 오패가 누구는 성공하고 누구는 실패한 일, 진·한 이래 한 시대는 흥하고 한 시대는 패한 일에서부터, 풍속의 미악, 인심의 선악에 이르기까지 모두 또렷하게 역사책에 실려 있어, 그 사실들을 열람하여 마음에 새겨두지 않고서는 나의 지식을 다하고 나의 학업을 충실하게 할 수가 없다. 하지만 좌씨는 부과(浮誇)하고 사마천·반고는 부연(敷衍)하며 증선지는 소략하고 강소미(江少微, 江贄)는 간요하다. 그 나머지 문인기사(文人技士)의 저술로서 지만(枝蔓)하고 총잡(叢雜, 자잘하고 잡박함)한 것은 이루 다 거론할 수도 없다. 그 기사(記事)의 때에 과대(誇大)도 있고 탈략(脫略)도 있으며, 언사(言辭)의 사이에는 혹 한판(汗漫)하기도 하고 혹 조천(躁淺)하기도 하며, 선과 악이 서로 섞여

있고, 득과 실이 서로 얽혀 있다. 만약 나의 지견(志見)을 확고하게 하고 안목을 높여 단점을 제거하고 장점을 취하며 사악한 외도를 축출하고 올바른 도리를 부지하여 성인의 필삭(筆削)의 권형(權衡)을 우탁하고 요순의 도로 회극(會極)한다면, 역사서를 읽는 법이 이에서 극진한 경지에 이르게 된다. 속수옹(涑水翁, 司馬光)이 『자치통감(資治通鑑)』을 저술하고 회암자(晦庵子, 朱熹)가 『강목(綱目)』을 저작한 것도 이 뜻일 따름이다. 하지만 역사서를 배우고자 한다면, 먼저 사자육경(四子六經)에서 대본(大本)을 세워, 의리(義理)를 나의 뇌 속에 쏟아부어, 사(事)와 물(物)이 전후에 교차되어도 좌절하지 않아, 지식이 시비에 통달하여 잡스럽지 않게 되어, 그런 연후에 저것을 고증하여 그 속에서 변별하여 내 마음의 수용(受用)의 본지(本地)로 삼아 천하고금의 공론을 정할 수가 있다. 윤화정(尹和靖, 尹焞)은 정문(程門)의 고제(高弟)인데, 그가 역사서를 아주 완숙하게 외우자 정자는 그것을 완물상지(玩物喪志)로 여겼거늘, 하물며 오늘날 그보다 훨씬 떨어지는 지금 사람들의 경우에야 어떠하겠는가?

② 아아, 지금의 교육이란 것은 아동이 문리(文理)가 통하지 않았을 때 성인의 글이 말은 간결하고 뜻은 깊어 쉽게 이해하기 어려우므로 차라리 역사서 가운데 쉽게 알 수 있는 것이 나으며, 그런 역사서를 조금 이해하게 되면 그런 후 경서를 읽는 것만 못하다고 여긴다. 무릇 역사서는 그 말이 혹은 조리(條理)에 위배되어 몸과 마음에서 징험할 수가 없고, 그 글이 호한하거나 기각(奇刻)함이 또한 책마다 달라서 쉽게 파악할 수가 없다. 성인의 글은 그 말이 학자의 일용에 절실하지 않은 것이 없어서, 한 가지 일을 배우고서 한 가지 일을 행하고 하나의 이치를 알고서 하나의 이치를 징험하여, 이와같이 하기를 오래 누적해 나가면 점점 성취할 수가 있어서 커다란 의리를 터득할 수 있다. 이로써 일이 비록 일상적이지만 취지는 실로 멀며, 습속은 비록 가깝지만 업적은 위대한 것이 이 때문이다. 어찌 하루 낮 하루 저녁에 많은 일들을 곧바로 해득하라고 책망할 수 있겠는가?

③ 설자는 또 말하길, 성인을 어찌 사람마다 배울 수 있겠는가, 증선지나 강지의 역사서를 가지고 문자를 조금 해득하는 것만 못하다고 한다. 무릇 지금이야 어리숙한 자라도 어찌 장래의 성취가 크지 않을지 알겠는가마는, 교육을 담당하는 자는 반드시 비천하다고 먼저 금을 그으니, 이미 양몽(養蒙, 어리숙한 아동을 교양해 나감)의 아름다운 뜻이 아니다. 또, 공자·맹자·정자·주자를 배울 필요 없이 증선지·강지·사마천·반고까지는 반드시 가르칠만하다고 알 수 있겠는가? 맹자는 말하길, "사람은 모두 요(堯) 임금이나 순(舜) 임금이 될 수 있다."라고 했으니, 만일 맹자가 성인이 아니라고 하면 그만이지만, 성인이라고 한다면 과연 무리한 이야기로 천하 만고의 사람들을 기만하겠는가? 더구나 재주, 지식, 기운, 능력이 아주 떨어지는 사람이라서 이룰 바가 없으리라 헤아려도, 그래도 그에게 성현의 글을 읽게 하고 성현의 뜻을 구명하게 하면, 보는 바는 가언선행(嘉言善行)이고 듣는 바는 양법미규(良法美規)이기에 우리 유학자의 모범을 잃지 않을 수가 있다.

④ 지금 발인(發軔)하는 처음에 갑자기 역사서를 보면, 아는 것은 진시황이 만리장성을 쌓은 위세가 아니면 초패왕이 거록에서 전투한 일이요, 듣는 것은 황로(黃老)와 형명(刑名)의 술법이 아니면 권모술수와 지력의 우열이니, 비록 조금 장성하여 경전의 세계에 들어간다고 해도, 저 미리 본 것과 미리 들은 것이 이미 본심의 지두(智竇)를 해치고 망치고 만다. 그래서 막아서 받아들이지 못하게 함[扞格]이 더욱 심해져서, 몸에 친근하고 마음에 절실한 말을 두고 성현이 늘 하는 말이라고 치부하고, 또한 혹은 사장(詞章)의 어휘를 따는 것을 취할 따름이니, 이로써 학문이 나날이 오하(汚下)로 달려가고 우리 도가 부진하게 되어, 천하 후세로 하여금 왕도를 알지 못하게 하여 패술을 숭상하게 만드는 것이 바로 이 때문이다. 사학이 흘러가면 그 유폐를 어찌 이루다 말할 수 있겠는가? 그러므로 학자의 처음에는 먼저 그 기본을 세워야 하고, 기본을 세우고자 한다면 성현이 제시한 훈계가 아니면 어느 곳으로 따라 들어갈 수 있겠는가? 아이가 태어나 조금 지해(知解)가 있으면, 즉시

『계몽』·『동몽수지(童蒙須知)』·『효경』 등의 책을 가르치고 다음으로 『소학』과 사자육경(四子六經)을 가르치기를, 한결같이 자양(紫陽, 주희)의 법례(法例)를 따라 실행하고, 『심경』·『근사록』·주자서·퇴계서 등을 참작하여 진학의 노정으로 삼고, 만ㅑ 여력이 있다면 그때 가서 역사를 볼 수가 있다. 이와같이 하면 내 ㅐ 친근하고 마음에 절실한 본지에서 터득하여 고금 치란선악의 귀감   서 이미 징험하는 것이 이미 더욱 분명하게 된다. 학문하는 도는 거으 ㅏ까워질 것이! 나는 그래서 역사는 논하는 것은 반드시 경에 근본을 두어야 한다고 말한다.[37]

---

37 ① 史可無乎? 曰: '不可.' 史可學乎? 曰: '可.' 二典作而帝王之   열明, 『春秋』著而天下之義理公. 吾人之學, 豈有外是哉? 夫學將以有爲也. 凡五帝三王之所   ㅕ, 夏桀商辛之所以喪, 五伯之有得有失, 秦漢以來, 歷代之一興一敗, 以至風俗之美惡, 人心   淑慝, 皆昭然載在史册, 苟不閱其事而經於心, 則無以致吾之知而充吾之業矣. 然浮誇於左氏,   衍於班馬, 曾先之畧, 江少微之要. 其餘文人技士之著述枝蔓而叢雜者, 指不勝屈. 其記事之   有誇大有脫略, 言辭之間, 或汗漫, 或躁淺, 善惡互雜, 得失相交. 若能確吾志見, 而高其眼ㅌ 短取長, 黜邪扶正, 以寓聖人之筆削權衡, 而會其極於堯舜之道, 則讀史之法, 於是乎盡矣. ㅅ 翁之述『資治』, 晦庵子之著『綱目』, 亦此意耳. 然欲學史, 必先立箇大本於四子六經, 義理涵   胸中, 事物交於前後而不挫, 知識達乎是非而不雜, 然後可以考諸彼, 而辨之於中, 以爲吾心 ᄉ 之地, 而定天下古今之公論也. 尹和靖, 程門高弟也. 其講史書甚熟, 程子猶以爲玩物喪志, 況今   每下者乎? ② 噫! 今之敎者, 以爲兒蒙文理未通, 聖人之書, 言簡而旨奧, 未易通曉, 莫若就 書之易知者之爲愈, 稍有曉解, 然後可讀經書. 夫史書, 其言或悖於條理, 而無可驗於身心, 其文浩洋奇刻, 又有不同, 未易領略, 聖人之書, 其言無不切於學者日用, 學一事而行一事, 知一理而驗一理, 如是積久, 漸可以成就, 得許大義理. 是以事雖常而指實遠, 言ㅗ近而業則大者, 此也. 豈責之以一旦一夕, 便解得多少事乎! ③ 設者又以爲, 聖人豈敢人人學ㅌ   若姑就曾江之史, 粗解得文字. 夫今而蒙者, 安知將來之所就, 而主敎者, 必先畫之以卑賤, 已ㅠ 美意也. 又焉知孔孟程朱之必不可學, 而曾江班馬之必可及而敎之乎? 孟子曰: '人皆可以爲堯舜.' 使孟子而非聖人也則已, 聖賢, 豈果以無理之談欺天下萬古乎? 且其才知氣力之甚下者, 度未有所成, 猶使之讀聖賢之書, 究聖賢之意, 所見者嘉言善行也, 所聞者良法美規也, 則猶不失吾儒模範. ④ 今發軔之初, 遽看史書, 所知者非秦始皇築長城之勢, 則必楚伯王戰鉅鹿之事, 所聞者非黃老刑名之術法, 則必權謀智力之優劣, 雖稍長而入乎經, 彼先見先聞, 已戕賊其本心之智竇矣. 所以扞格愈甚, 視身心親切之語, 委以聖賢例談, 且或只取詞章之摘, 是以學問日趨汚下, 吾道不振, 使天下後世, 不知王道, 而崇伯術者, 亦以此故也. 史學之流, 其弊曷勝道哉? 故學者之始, 必先立基本, 欲立基本, 不以聖賢所示之訓, 而何所從入乎? 兒生稍有知解, 便敎以啓蒙須知孝經等書, 次小學四子六經, 一從紫陽法例, 參以心近朱退等書, 以爲進學程

외재는 조선이 기자 당시의 문물과 예악을 지켜온 구방(舊邦)이라는 사실을 강조했다. 「의미자송기자지조선서(擬微子送箕子之朝鮮序)」와 「기자수봉조선론(箕子受封朝鮮論)」의 두 글을 살펴보겠다.

1568년(선조 원년)에 퇴계 이황은 왕명에 부응하여 「성왕황화집(成王皇華集序)」를 작성하여 "우리 나라는 하늘이 구획한 영토가 멀리 바다 바깥에 있으나 기자가 책봉된 곳이요 공자가 살고자 했던 고장이라 예의와 문헌으로 일컬어진 유래가 오래되었습니다"라고 선언했다.[38] 이해 3월 명나라 사신 성헌(成憲)과 왕새(王璽)가 황태자 책립조서(皇太子冊立詔書)를 지참하고 왔을 때 그들의 시문과 조선 원접사(遠接使)·접반사(接伴使)·반송사(伴送使)의 창화시를 모아 교서관에서 『황화집(皇華集)』을 간행할 때 서문으로 쓴 것이다. 이 『황화집』을 흔히 『무진황화집(戊辰皇華集)』이라고 부른다. 퇴계는 조선이 유가 문화와 윤리도덕을 엄격하게 지켜 중화문명의 정통성을 보존하고 있다고 자부했다. 중국이 경전을 만들고 성현이 출현했던 지역이었다고 해서 문명의 정통성을 주장할 수는 없다고 보았으니, 매우 도발적인 주장을 담고 있었다.

외재의 「의미자송기자지조선서(擬微子送箕子之朝鮮序」는 기자가 분봉지 조선으로 떠날 때 미자가 전송하는 상황을 상정하여 의작한 글인데, 역시 조선이 구방이라는 사실을 선언했다.

歷, 若有餘力, 可就以看史. 如此則得之於吾身心親切之地者, 已固驗之於古今治亂淑慝之鑑者, 愈明矣. 爲學之道, 其庶幾乎! 余故曰: 論史必本於經.

38 李滉, 「成王皇華集序」(成憲·王璽), 『退溪先生文集』 卷42 序. "臣竊惟我東國, 天畫壤地, 邈在海表, 然而箕子之所受封, 孔聖之所欲居, 禮義文獻之稱, 其來尙矣." 한국고전번역원 제공의 1968년 번역문에는 번역문이 없다.

기자가 장차 조선으로 가려 할 때에 미자(微子)가 그 행차에 함께 손을 잡고 귀거래할 수가 없었으므로 서문을 지어 전송했다.

어! 아! 천명이 도와주지 않아 은나라 덕이 나날이 쇠하여 갔다. 기자는 바로 왕실의 사람이지만 종국이 위험에 직면했어도 부지해나갈 도모를 할 수 없자 거짓으로 미친 체 하고 거문고를 켜면서 슬퍼하고 비통해하여, 감정을 극도로 드러내었다. 지금 천하는 은나라가 아니므로, 그대가 멀리 떠나 먼 곳을 가는 것은 마땅하도다. 무릇 조선은 동해의 땅이다. 경계가 장강·회수·한수·낙수와는 아주 멀리 떨어져 있고 중국보다 넓지 않으며, 바다는 온갖 강물이 조종(朝宗)하지는 않지만 부상의 해가 돋는 곳으로서 늘 은나라 하늘의 대명(大明)을 이고 있다. 하지만 구물구물한 어리석은 인민들의 풍속은 높이질 만하다. 해외의 황복(荒服)으로 그대가 한 번 떠나가서 그 풍요(風謠)를 바꾸고 그들에게 예의를 가리킨다면, 구 왕실의 제도를 아마도 다시 볼 수 있을 것이다. 한 조각 상(은)의 문화를 동방 땅에서 장차 점쳐 볼 수 있을 것이다. 나는 구구한 송(宋) 땅에서 선조에게 제사지내려는 계책을 전담하여 지키니, 너무도 통탄스럽다. 장차 어찌할 것인가? 아아 슬프다! 이제 부터는 다시 만나 볼 수 길이 없으리라. 산은 길고 물은 드넓어, 동쪽으로 바라보자면 암담하다. 이 이별의 때에 증언(贈言)이 없을 수 없다. 그대는 옛 거문고가 있으니, 나를 위해 한번 연주해 주구려. 내가 장자 거문고에 올려 화답하리라.

저 창창한 하늘아 왜 날 조문하지 않는가? 망망한 천지여 그대와 함께 미쳐 외쳐 보노라.

그대 거문고는 울먹거리고, 나의 노래는 아득하기만 하다.

노래는 아득하고 거문고는 울먹이누나, 해산 만리에 수심 가득한 구름만 수심을 더하누나.[39]

---

39 箕子將之朝鮮, 微子不能携手同歸於其行也, 爲序而送之曰: 嘻! 噫! 天命不佑, 殷德日衰, 箕子乃王室之人也. 宗國阽危, 旣不能圖扶. 佯狂鼓琴, 悲傷惻怛, 已極其情. 今天下不爲殷矣. 宜子之遐擧而遠蹈也. 夫鮮, 東海之地也. 界限殊絕江淮漢洛, 不廣於中國. 海不之朝宗, 扶桑

외재는 기자가 조선으로 온 것은 은나라가 이미 멸망한 뒤였으므로, 그 행위가 의리상 적절하다고 보았다. 『서경』「상서(商書) 미자(微子)」에 보면 은나라 태사(太師) 기자(箕子)가 주(紂)의 서모형(庶母兄) 미사에게, "스스로 분의에 편안하여 각자 스스로 그 뜻이 선왕에게 전달되면 됩니다. 저는 떠나가 은둔하는 것을 고려하고 있지 않습니다.[自靖, 人自獻于先王, 我不顧行遯.]"라고 했다. 은나라가 망하려 할 때 미자가 기자와 비간(比干)에게 거취를 상의하자, 기자는 "상나라가 지금 재난이 있을 것이니, 나는 일어나 그 낭패를 감수하겠노라. 상나라가 망하더라도 나는 남의 신하나 종이 되지 않을 것이다.[商今其有災, 我興受其敗. 商其淪喪, 我罔爲臣僕.]"라고 했다. 외재는 이러한 고사들을 근거로, 기자의 조선 입국을 올바른 행위로 옹호했다. 미자는 주(紂)의 폭정을 참지 못하고 떠났지만 주나라 무왕에 의해 송나라에 분봉되어 은나라 제사를 받들여야 했으므로, 기자의 결단에 미치지 못한다. 외재는 미자가 기자의 행동을 보면서 자신의 처세에 대해 통한을 품었으리라고 추론했다.

조선의 학자–문인들은 기자동래설(箕子東來說)과 팔조금법설(八條禁法說)을 근거로 삼아 기자를 조선의 문화적 조상으로 간주했다. 조선전기의 명나라 사절들은 조선 관료의 안내로 평양의 기자묘에 참배했는데, 이때 그들은 시문을 지어 기자의 조선 책봉 사실을 거론했다. 대개 조선과 중국의 책봉–조공 관계를 고착시키려는 뜻을 드러냈다. 하지만 기자

出日, 尙戴殷天之大明. 然蠢蠢愚俗尙爾. 海外荒服, 子一去而變其風謠, 敎之禮義, 則舊室之制, 庶復可見. 一片之商, 其將卜之於東土也. 余以區區之宋, 典守先祀之計, 其亦痛矣. 將奈何乎哉? 嗚乎悲夫! 自今以往, 無由更得相見也. 山長水濶, 東望黯然, 離別之際, 不可無言, 子有舊琴, 爲我試一鼓. 吾將倚琴操而和之. 乃作之歌曰: 詰彼蒼蒼兮胡不我弔? 茫茫天地兮與子狂叫.子有琴兮嗚嗚, 我有歌兮悠悠. 悠悠兮嗚嗚兮, 海山萬里兮愁雲愁.

의 조선분봉설에 대해서는 의문이 있었다. 중국 사신들은 공자의 기자 칭송, 가의(賈誼)의 「조굴원부(弔屈原賦)」, 유종원(柳宗元) 「기자비(箕子 碑)」 등을 의식하면서, 기자가 동쪽으로 오려고 결심했을 때 지녔을 복잡한 심리를 추론했다. 가의(賈誼)는 「조굴원부(弔屈原賦)」에서 "봉황이 훨훨 높이 날아감에, 스스로 몸을 이끌어 멀리 떠나가네. 구연에 깊이 숨어 있는 신룡은, 깊은 못에 숨어서 스스로 진중히 하네.[鳳縹縹其高逝兮, 夫固自引而遠去. 襲九淵之神龍兮, 沕淵潛以自珍.]"라고 하여, 굴원 등 역대 인물이 은둔을 결단한 의미를 자진(自珍)에 두었다. 하지만 기자의 조선 이주는 일반적인 은둔과는 행동 양식이 달랐다고 간주되었다. 유종원(柳宗元)은 「기자비(箕子碑)」에서 기자가 조선으로 떠난 행동은 대인의 도를 실현했다고 예찬했다. 즉, 유종원은 "무릇 대인의 도에는 세 가지가 있으니, 첫 번째는 바름으로써 어려운 경우를 견뎌 내는 것[正蒙難]이고, 두 번째는 법도를 성인으로부터 전수받는 것[法授聖]이며, 세 번째는 교화가 백성들에게 미치는 것[化及民]이다. 은나라에 어진 사람이 있었으니, 그의 이름은 기자인데, 실로 이 세 가지 도를 모두 갖추어서 이 세상에서 행한 사람이다. 그러므로 공자가 육경(六經)의 요지를 찬술하면서 더욱더 정성을 들여 서술했던 것이다."[40]라고 논평했다. 그런데 은나라가 망한 후 주나라가 기자를 처음 봉한 곳은 중국의 하남 서화(西華)라는 설이 있다. 서화는 개봉부(開封府) 서쪽 90리에 있던 곳이다. 『대명일통지(大明一統志)』와 『대청일통지(大淸一統志)』에서는 주나라가 기자를 처음 봉했던 '기지(箕地)'를 하남성 서화라고 보았으며, 그

---

40 유종원의 「기자비」는 "凡大人之道, 有三. 一曰正蒙難, 二曰法授聖, 三曰化及民. 殷有仁人曰箕子, 實具茲道, 以立于世. 故孔子述六經之旨, 尤慇懃焉."이라고 시작한다.

읍에는 기자대(箕子臺)가 있고 기자대 끝에는 홍범당(洪範堂)이 있어 목주(木主)를 모셔 두고 춘추 제향을 올려 왔다고 한다.

기자(箕子)는 사씨(子氏)로, 이름은 서여(胥餘)이다. 기자는 기(箕)라는 땅에 봉해진 자작(子爵)을 가리킨다. 그런데 중국 인사들은 기자가 주나라 무왕의 요청으로 홍범구주(洪範九疇)를 가르쳐 준 후, 끝내 주나라 신하가 되기를 거절하고 패잔병 5,000명을 이끌고서 태항산맥(太行山脈) 서북의 땅으로 피하여 서화(西華)에 정착했다고 보았다. 1582년(선조 15) 명나라 사신 왕경민(王敬民)은 「알기자묘부(謁箕子廟賦)」를 지어, 저 기자대를 언급하여 조선 관료-문인들의 기자 조선분봉설을 은근히 비판했다.[41] 기자대는 조선의 학자들이 언급하기 꺼려한 사항이다. 1582년 10월 안주에 이르러 왕경민이 「알기자묘부」를 내어 보이자, 반송사 이이(李珥)는 그 부에 차운해서 「기자묘부(箕子廟賦)」를 지었을 뿐 아니라, 자신이 1580년(선조 13) 집필한 「기자실기(箕子實記)」를 내어보였다.[42] 이이는 「기자실기」에서, "기자가 죽은 뒤 기씨가 대대로 동녘 땅의 임금이

---

41 1582년(선조 15) 『임오황화집』은 반황태자탄생조사(頒皇太子誕生詔使) 한림원편수(翰林院編修) 황홍헌(黃洪憲)과 공과우급사중(工科右給事中) 왕경민(王敬民)이 왔을 때 수창집이다. 서문은 '崇政大夫 判敦寧府事 兼 判義禁府事 五衛都摠府都摠管' 정유길(鄭惟吉)이 작성했다. 물론 왕경민은 조선이 기자의 덕에 교화되어 예의의 구역이 된 사실을 확인하고, 평양의 기자 사당이 웅장하고 추모의 제전이 법식에 맞아 신령이 강림하리라고 칭하하고, 기성(箕城)의 후인으로서 흡족해 한다는 뜻을 밝혔다. 趙季 輯校, 『足本 皇華集』 上中下, 江蘇省: 鳳凰出版社, 2013.3.

42 李珥, 『栗谷先生全書』 卷34 附錄2 年譜下 '壬午十年先生四十七歲'. "十一月, 伴送詔使于境上. 副使回至安州, 出示所述「謁箕子廟賦」曰: '俺居在箕子古邑, 嘗得紬繹範旨於洪範堂中, 極以未悉東人事迹爲恨, 今幸至此, 願賜開示.' 先生旣步韻以酬, 且贈『箕子實記』. 兩使見之, 敬歎不已, [副使見『箕子實記』, 驚喜曰: '中國本無如此之文. 今遠接使所記, 若是炳炳, 謹當齎歸, 繡梓而傳後也.'] 至龍灣話別, 遽出「葱秀山觀射獵」長篇, 「玉溜泉」短律, 蓋來時宿構, 而欲於倉卒試先生也. 先生就席上, 呼紙筆寫贈, 詔使大驚服稱賞, 謝曰: '蒙手寫爲賜, 不勝摧謝, 謹當襲藏, 永以爲寶也.'

182 제2부 _ 외재 정태진의 시문학

되었다. 주나라 말에 연백(燕伯)이 왕이라 일컫고 동쪽으로 국토를 침략하려 하자 조선의 제후가 군사를 일으켜 연 나라를 정벌하여 주나라를 높이려 했다. 그러나 대부 예(禮)가 이를 간하여 중지했으며, 예를 서쪽으로 보내어 연 나라를 달래니 연 나라도 역시 중지하고서 침범하지 않았다."라고 주장했다.[43]

외재는 「기자수봉조선론(箕子受封朝鮮論)」을 작성했는데, 이 글에서도 기자의 조선 입국과 홍범구주 진헌의 선후 행적에 대해서는 사실관계를 치밀하게 따지지는 않았다. 사실을 참고로 하고 의리로 판단하는[參之以事, 斷之以義]' 방법을 채택하여, 『사기』의 기자 기록에 대해 '기사지오(記史之誤)'라고 배척했다. 의리의 관점에서 사실을 판정하는 역사해석 방법을 잘 보여준다.

　　① 전(傳)[『맹자』]에 "『상서』를 전부 믿는다면 『상서』가 없는 것만 못하다."라고 했다. 이 말은 해괴하다고 여길 하여, 후세 사람들로 하여금 자기 견해를 스스로 세워 고인을 걸터넘어 보려는 뜻을 갖게 만든다. 하지만 의리는 인심이 공통으로 그러한 바로, 만고 천하의 사람들이 함께 상도로 삼는 것이다. 만일 사실을 참고로 하면서 이치로 단정한다면, 믿을만한지 그렇지 못한지가 정말로 여기에 달려 있게 된다. 내가 『사기』를 보니. '기자가 「홍범」을 진술한 이후에 무왕이 조선에 봉하되 신하로 삼지 않았다.'라는가 '기자가 백마를 타고 주나라에 조회하러 가다가 맥수가를 지었다.'라고 했다. 무왕이 봉하고 기자가 조

43　李珥, 「箕子實記」, 『栗谷先生全書』 卷14 雜著 1. 윤두수(尹斗壽)가 1580년 『기자지(箕子志)』를 편찬한 이후, 이이(李珥)의 「기자실기(箕子實記)」와 한백겸(韓百謙), 유근(柳根), 허성(許筬) 등의 관련 글을 함께 엮어 재편되었다. 『기자지』는 조선후기 기자론에 지대한 영향을 끼쳤다. 『기자지』의 현존본으로는 현재 규장각 한국학연구원 소장 윤두수 편 『기자지(箕子志)』(奎4929)가 가장 오랜 판본으로 추정되는데, 광해군 연간의 판본인 듯하다.

회를 갔다면 어찌 그것을 '신하로 삼지 않았다.'라고 할 수 있겠는가? 무왕과 기자는 성인이다. 지극히 작고 지극히 가는 일에 대해서도 호리의 차이도 없거늘, 하물며 군신의 사이, 윤리의 정도(正道), 판탕(板蕩, 왕조 교체의 혼란)의 때에 의(義)와 이(利)의 변별에 관해서는 성인이 큰 일에 임하고 큰 변고에 처하여 필시 아주 분명하여서 속일 수 없을 것이다, 무왕이 봉했다는 것은 과연 어떤 뜻인가? 기자가 조회했다는 것은 과연 어떤 의리인가? 하늘에는 두 태양이 없고 신하에게는 두 군주가 없다는 것이 고금의 상경(常經)이다. 지난날 이윤은 다섯 번 걸(桀)에게 나아갔으나 쓰이지 않자, 마침내 은을 보좌하여 천하를 차지하게 했다. 이것은 군주와 신하의 의리가 당초 정해지지 않았기 때문이었다. 그러므로 이윤의 말에 '누구를 섬긴들 군주가 아니며 누구를 부린들 백성이 아니겠는가?'라고 했다. 만약 이윤이 이미 하나라에 폐백을 바쳐 신하가 되었으면서 다시 은나라에 나아갔다면 어찌 후세의 공리를 우선시하는 자같지 않겠는가? 바야흐로 은나라 망할 때에 백이와 숙제는 단지 한 구역의 신하이면서도 새 왕조의 곡식을 먹는 것을 부끄럽게 여겨 수양산에서 아사하면서도 후회하지 않았거늘, 기자는 은나라 왕실의 지친이기에 범상한 신하에게 비할 바가 아니거늘 차마 신하도 하지 않을 짓을 했단 말인가? 무릇 기자같은 성인은 상(은)나라의 멸망을 진작에 알고 있었을 것이요, 처신의 도도 이미 흉중에 결정되어 있었을 것이다. 그러므로 일찍이 '상나라가 망하더라도 나는 남의 신복(臣僕)이 되지 않을 것이다.'라고 했다. 이는 평일 마음 속에 익숙하게 강구한 바로서 단단(斷斷)하여 다른 마음이 없어, 언사의 사이에 발하면서 의심하지 않았던 바였다. 신복이 되지 않겠다는 뜻을 평소 지녔으면서 은나라가 멸망하는 날에 그 지키던 바를 바꾸어 주나라 무왕의 봉작을 받는다면, 이는 염치를 숭상하는 자가 하지 않을 바이거늘 기자가 그런 짓을 했겠는가? 만일 기자가 그런 짓을 했다면 주(紂)에게 간언하여 받아들이지 않자 머리를 풀어헤치고 거짓 미친 짓을 하여 감심하여 상나라 옥에 갇힌 것은 단지 구차하게 목숨을 도모한 계책에 불과했을 따름이니, 어찌 기자라는 성인일 수 있겠는가? 반복하여 추리하여도 나는 믿을 수가 없다.

② 혹자는 말한다. "기자는 무왕을 위해 「홍범」을 진술했으므로 무왕이 봉하고, 일찍이 스승의 예로 대우했지, 결코 신하로 대하지 않았으므로, 기자가 그 봉함을 받아들이고 굴하지 않았다." 아! 이것은 후세의 공리설로, 구차하게 미봉하여, 두 현자의 마음의 자취를 어둡게 만들어 밝게 드러내지 못한다. 만약 무왕이 기자가 「홍범」을 진술하여 왕도를 보좌했다고 하여 봉했다면, 어찌 중원의 강역 안에 봉하지 않고 반드시 바다 한 구석의 황복(荒服)의 땅, 만리 먼 곳에 봉했단 말인가? 더구나 태공도 역시 무왕의 스승인데, 그가 제나라에 봉해졌으되, 신하로 삼지 않았다고는 결코 일컬어지지 않았다. 심하도다, 이 설이 옹색한 것이! 대개 하늘이 구주(九疇)를 기자 성인에게 주었으므로, 기자 나로부터 전하지 않는다면 구주의 범주는 세상에서 인몰될 것이다. 그러므로 무왕이 방문하자 난색을 표하지 않고, 기자가 부득이 말하자 굴한 것이라 여기지 않았으니, 도가 공변되기 때문이었다. 천지의 상경(常經)과 의리의 자절(自截)은 아무리 뒤흔들어도 뺏을 수가 없고 물들여도 검어질 수가 없으니, 이것이 무왕이 기자를 봉할 수 없었던 이유이고 기자가 필경 무왕에게 나아가지 않았던 이유이다. 그러므로 주나라 사관이 그 언사를 기록하여 년(年)이라 하지 않고 사(祀)라고 한 것은 기자를 위해서 은나라를 종주로 삼은 언사이다. 또한 그 말에 '여왈(汝曰)'이라 하고 자칭은 '아(我)'라고 한 것은 군주와 신하가 만나는 사이의 말이 아니다. 이것은 천고의 신필(信筆)일 수 있거늘, 후대의 역사가는 전문(傳聞)에 착오가 있거나 억견으로 부연했으니, 모두 알 수가 없다.

③ 혹자는 말한다. "그렇다면 무왕이 봉하지 않았거늘 기자가 어떻게 조선에서 왕이 될 수 있었는가?" 답한다. "무왕이 상(은)을 이긴 것이 어찌 다른 뜻이 있었겠는가? 다만 천명에 응하고 인심을 따랐을 따름이니, 기자도 역시 그것을 알았기에, 어쩔 수 없었으므로, 차라리 몸을 피하여 자취를 숨겨 주나라 땅을 밟지 않고 머리에 주나라 하늘을

이지 않고자 하여, 이에 바다에 떠서 동토에 정박했다. 나라를 세우고 군주가 된 것으로 말하면, 기자가 도모한 바가 아니었으며, 우리 동방 사람들이 그의 어질고 성스러움을 보고서 왕으로 삼은 것이다. 만약 기자가 주나라 작위를 받았다면 반드시 봉건의 호가 있었을 터이거늘 어찌 끝내 은나라 옛 작위를 일컬었던 말인가?"

④ 혹자는 말한다. "그렇다면 「맥수가」는 과연 기자가 주나라에 조회가서 지은 것이 아닌가?" 답한다. "아마도 이는 미자를 잘못하여 기자라고 한 듯하다. 태사공의 「회남왕전(淮南王傳)」에서는 미자가 지었다고 했다. 대개 태사공은 떨어진 세대가 멀지 않았으니, 어찌 근거한 바가 없었겠는가? 무릇 미자와 기자는 은나라에 대해 친족이란 점은 한가지이되, 미자는 종사(宗祀)를 의리로 여겨 송나라에의 분봉을 받아들였으니, 의리에 따른 것이다. 이미 분봉을 받았으므로 주나라에 조회 갔으니, 역시 의리에 맞다. 기자로 말하면 애당초 분봉을 받은 의리가 없었거늘, 또 무슨 조회하는 일이 있었겠는가? 공자는 말하길, '은나라에 세 사람의 인자가 있다.'라고 했다. 대개 미자·기자·비간은 동일하게 지성측달의 마음을 지녔는데, 미자는 이미 떠났으니, 기자가 어찌 비간과 함께 간언을 하다가 죽으려 하지 않았겠는가? 주(紂)가 마침 불곡(不穀, 不善)하므로 망복(罔僕, 새 왕조의 신하가 되지 않음)의 의리가 있을 따름이었다."

⑤ 이로 보면, 기자가 주나라의 분봉을 받지 않은 것이 또한 분명하다. 나는 그러므로 『상서』를 모두 믿을 수는 없다."라고 말한다. 오로지 사실을 참조하고 의리로 판단한 연후에 믿을 수 있다. 기자의 일에 대해서는 단연코 역사기록의 오류라고 여긴다.[44]

----

44 ① 傳曰: '盡信書, 不如無書.' 斯言也, 殊若可駭, 使後之人, 有自立己見, 跨視古人之意. 然義理, 人心之所同然, 天下萬古之所共常也. 苟能參之以事, 斷之以理, 信不信, 固在是矣. 余觀『史記』, '箕子陳「洪範」之後, 武王封于朝鮮而不臣也.' 又有曰: '箕子以白馬朝周, 作麥秀之歌.' 夫武王封之, 而箕子朝之, 則安得謂之不臣乎? 武王箕子, 聖人也. 其於至微至細, 不毫

7. 맺음말: 「동해송(東海頌)」을 읽으며

　젊은 시절 외재는 퇴계의 학문 전통을 계승하는 일에 매진하는 한편으로, 논변문으로 현실의 모순을 지적하고 구폐(抹弊)의 방안을 제시했다. 구폐의 방안은 반드시 구체적인 내용을 담지는 않았다. 오히려 사

鼇以差. 況君臣之間, 倫綱之正, 板蕩之際, 義利之辨, 聖人之臨大事處大變, 其必有章章然不可誣者矣. 武王之封之, 果何意也? 箕子之朝之, 果何義也? 天無二日, 臣無二君, 古今之常經也. 昔者伊尹五就桀而不用, 卒佐殷而有天下, 此君臣之義, 初未有定故也. 故其言曰: '何事非君? 何使非民?' 若使伊尹已委質於夏, 以更就於殷, 則烏得非後世功利之尤者也? 方殷之喪也, 伯夷叔弟, 只一疆域之臣, 猶恥其粟, 餓於首陽而不悔, 箕子以殷室至親, 有非凡常臣隣之比, 而忍爲臣隣所不爲者乎? 夫以箕子之聖, 商之淪喪, 固已先知之矣. 處置之道, 亦已決於胸中矣. 故常曰: '商其淪喪, 我罔爲臣僕.' 此平日所以講熟於心, 而斷斷無他, 發之於言辭之間而無疑也. 豈以平日嘗有罔僕之義, 而及其淪喪之日, 變其所守, 受周武之封爵, 則是尙廉恥者之所不爲, 而箕子爲之乎? 若使箕子爲之, 則以紂諫不聽, 而被髮佯狂, 甘心伏於商獄者, 只是苟且圖生之計而已. 豈所以爲箕子之聖乎? 反復推之, 吾未知信也. ② 或曰: "箕子爲武王陳「洪範」, 故武王封之, 而嘗以師禮待之, 未嘗臣之也. 故箕子受其封而不爲屈也." 嗚乎! 此乃後世功利之說, 苟且彌縫, 使二賢之心跡, 晦而不明也. 若使武王以箕子之陳「洪範」佐王道而封之, 則胡不於中州壃域之內, 而必於海隅荒服之地, 萬里之外乎? 且太公亦武王師也. 其封於齊而未嘗稱其不臣也. 甚矣其說之鑿也! 蓋天畀九疇於箕聖, 而自我而不傳, 則九疇之範, 遂沒於世矣. 是以武王訪之而不爲難, 箕子不得已言之, 而不爲屈者, 以道公也. 若夫天地之常經, 義理之自截, 雖擾之而不可奪, 涅之而不能緇, 此武王之所不能封, 而箕子之所必不就也. 故周之史官, 記其辭, 不日年而日祀者, 爲箕子宗殷之辭也. 且其言曰汝曰而自稱以我者, 皆非君臣相與之際. 此可爲千古之信筆, 後史之或傳聞差謬, 或臆見敷衍, 皆未可知也. ③ 曰: "然則武王不封而箕子何以王於朝鮮歟?" 曰: "武王之克商, 豈有他哉? 但應天命順人心而已, 則箕子亦知之, 而無可奈何, 寧避身遁迹, 不踐周土, 頭不戴周天, 於是浮于海, 泊于東土. 若其建國爲君, 非箕子之所圖也, 東人見其仁聖而王之也. 若使箕子受周之爵, 則必有封建之號, 豈終稱彼之舊爵耶?" ④ 曰: "然則「麥秀之歌」, 果非箕子朝周時作耶?" 曰: "意者此乃微子之誤而爲箕也. 太史公「淮南王傳」以爲微子所作. 蓋太史公距世尙未遠, 豈無所據耶? 夫微箕之於殷, 其親一也. 而微子以宗祀爲義, 則受封於宋, 亦義也. 旣亡其封, 則朝於周, 亦義也. 若箕子, 則初無受封之義, 又何朝之有哉? 孔子曰: '殷有三仁焉.' 蓋微箕比干, 同一至誠惻怛之心也, 微子旣去, 則箕子豈不欲與比干同諫死? 紂適不穀, 則只有罔僕之義而已." ⑤ 以此觀之, 其不受周封也亦明矣. 余故曰: '書不可書(*盡)信.' 惟參之以事, 斷之以義, 然後可信也. 於箕子事, 斷然以爲記史之誤也.

람마다 양전(良田)에 좋은 곡식을 뿌려 좋을 결실을 맺어야 한다는 '심
학적' 해결 방안을 거듭하여 주장했다. 글들은 잔 수식이 없고 간결명
료하며, 스스로를 변명하지 않았나.

외재는 거처하는 곳의 산하가 지닌 정결한 아름다움을 사랑했다. 유
기(遊記)인 「소백산수기(小白山水記)」, 기우문인 「소백산기우문(小白山
祈雨文)」·「비로봉기우문(毗盧峯祈雨文)」 등은 자연에 순응하며 생활하
는 경건한 삶의 모습을 상상할 수 있게 해준다.

젊은 시절 외재는 동해의 바다를 보고 「동해송(東海頌)」을 작성하여,
그 광대무변의 덕이 우리 동방을 영원히 보우하기를 축원했다. 미수
허목(許穆, 1595-1682)의 「동해송」에 견줄 수 있다. 허목은 조수(潮水)의
해악을 막고자 글의 주술성을 극대화한 데 비하여, 외재는 동해의 '혼함
(混涵)하고 태허(太虛)한 모습'을 찬미했다. 병서(并叙)가 있다.

무릇 천지의 사이에 바다가 가장 거대한데, 동해는 그 조종(朝宗)이
다. 내가 지난날 관동을 유람하다가 그 혼함(混涵)하고 태허(太虛)한 모
습을 보니, 하늘과 닿아 끝이 없고, 팔황을 포괄하여, 땅의 끝까지 닿아
있다. 그 처음을 볼 수도 없거늘 어찌 그 끝을 헤아릴 수 있겠는가? 그
광대한 덕과 홍균(洪均, 만물 생성의 큰 물레)의 은택은 이루 형언할
수가 없을 정도였다. 마침내 동해를 위해 송가를 짓는다.

夫天地之間, 海之爲物最鉅, 而東海爲祖焉. 余往遊關東, 嘗目見其混
涵太虛, 與天無際, 包括八荒, 盡地而極矣. 旣無其始可見, 則又何有其終
之可量也? 其廣大之德, 洪均之澤, 不可以名焉. 遂爲之頌曰:

百川朝宗, 左海爲祖. 瀁瀁不窮, 爲物之鉅. ：祖(상麌)/鉅(상語)
包含廣大, 乾端坤倪.   　　　：大(거泰)/倪(평齊)

涵泓渟潴, 百靈攸澤. 無蟊無鰐, 無潮無汐.　：潴(입屋)/澤(입陌)
　　　　　　　　　　　　　　　　　　/鰐(입藥)/汐(입陌)

施及兆民, 滋潤八域. 蕩蕩無際, 與天同德.　：域, 德(입職)

扶桑擎旭, 光被萬國.　　　　　　　　　　：旭(입沃)/國(입職)

蜃樓吐月, 照破暝曚. 矧維東土, 維海之中?

轉幹神化, 降澤彌隆. 人厭魚蟹, 歲荐登豐.

屛息怪氣, 噓起祥風. 厥施其大, 終祐我邦.

爰作我頌, 以歌詠于無窮.　　　　　　　：曚. 中. 隆. 豐. 風.
　　　　　　　　　　　　　　　　　　窮(평東)/邦(평江)

백천(百川)이 조종(朝宗)하여, 좌해(해동)에서 강물의 조상이 되어
드넓어 끝이 없어, 거대한 존재로서
광대게 포함하여, 하늘 끝 땅 끝까지 아우르네.
넓고 깊으며 웅숭깊게 고여, 온갖 신령이 은택을 입기에
물여우도 없고 악어도 없으며, 밀물도 썰물도 없다네.
은택이 억조 백성에게 미쳐, 팔도의 구역을 촉촉이 적혀주며
탕탕하게 가이 없어, 하늘과 덕을 같이 하여
부상에서 해를 잡아 끌어 올려, 만국에 빛을 덮어주도다.
신기루에서 달이 토해져 나와, 짙은 어둠을 비추어 깨어내니
하물며 우리 동토는, 바로 바다의 한 가운데 있지 않은가?
신묘한 조화의 기틀을 빙빙 돌려, 은택 강림이 갈수록 융성하여
사람들은 물고기와 게를 물리듯 잡고, 해마다 풍년이 거듭 드누나.
괴상한 기운은 숨죽이게 만들고, 상서로운 바람을 후후 불어 일으켜
그 베풂이 너무도 커서, 영원토록 우리나라를 보우하리라.
이에 나의 송가를 지어, 무궁한 미래에까지 노래하노라.

근대 이전 시기의 학자들은 동도지인(同道之人)과 친족과 교유하는

장에서 서찰, 제문과 비지·행장 등의 문학을 활용했다. 또한 시문은 협의의 문학이 아니라 사유의 결정(結晶)을 드러내었다. 시문은 역사나 사상과 분리된 것이 아니었다. 지적 탐구, 윤리적 실천, 미학적 판단을 종합해서 드러내는 도구였다. 외재는 특히 서찰, 제문, 비지를 통해 학술상의 사색, 역사현실에 대한 대응 자세, 인간과 역사에 대한 판단을 제시했다. 불행하게도 연찬의 한계 때문에 이번 글에서는 이러한 양식의 글들을 다룰 수 없었다. 차후의 과제로 남겨둔다.

부록: 『외재문집』 목록(서찰, 제문, 비지문 제외)

卷一 詩 121제

01 效陶靖節集四言體懷金振維貞欽金謹夫思鎮金士顯世榮(四首) 02 鳳凰山 03龍巖 04春意

05餞春詞 06夏日幽居 07苦旱行 08聽泉 09郡齋無行歎 10竹嶺行 11 停雲(六首) 12聖泉 13蒔竹 14遠遊 15贈別(四首) 16鏡 17錦仙亭敬次錦溪先生韻 18十三日夕後送鄭致一之溪南中邨病未相隨悵然獨述 19錦榭贈別 20鹿里罷寂(七首) 21東亭李先生輓(十三首) 22黃晦老來訪阻雨 23 浦上雅會 24會校溪堂柳公全禮類輯有賦 25光化門感懷 26輓剛齋李丈(五首) 27輓孫叔靜 28輓金永日 29輓權洛汝 30輓李舜佐 31輓金丈敬淵(二首) 32輓李丈 33俛宇郭先生輓

34輓金丈 35輓朴參奉(二首) 36與古巖金丈及諸長老登駕鶴樓 37輓柳參奉丈(三首) 38輓石矼金丈 39輓姜丞旨丈(三首) 40次悠然堂重修韻 41 儉巖寺與權致三姜舜五姜應載權聲峙謹次儉巖集中 42與權致三姜舜五姜應載權聲之巖亭夜坐 43駕鶴樓晩酌 44自駕樓移坐新市店 45次全丈東泙幽居韻 46輓黃丈(二首) 47輓晦堂張丈(五首) 48輓族祖參奉德哉(四首) 49謙庵先生輓 50江右紀行 51十八日謹夫約行來到 52十九日與謹夫李述祖發行到鹿峴黃元吉家午憩 53宿星山書贈崔仁卿 54二十日到高坪訪鄭聖之 55仙夢臺次板上韻 56二十一日過麻田津共飮 57訪鄭石門舊宅 58宿愚川聘舘 59二十二日自愚川發行舟渡退津 60洛東 61輓崔仁卿(三首)

62儉巖亭雨中與姜舜五黃晦老朴學明有吟 63賀呈張泰大生朝 64輓朴進士丈 65輓權孟存 66輓金道源 67輓晴山權丈(二首) 68輓東田李進士丈(二首) 69輓朴致芳 70輓黃聲遠 71乙亥臘月盆梅盛開忽憶前冬石山老人權聲之嘗用東坡韻賦梅花一疊求和於予因循未副對景起懷追步以寄 72復用其韻賦一篇呈石山兼簡淡山姜應載求和 73石山老人寄詩一首題以石山梅贈西浦遂用其韻以答之 74浦梅再答石梅 75淡石兩兄和余梅花詩既感其賜又步其韻以謝之 76輓李敬執

次憫雨韻 29輓李養賢 30輓河叔亨 31三月二日與李雲卿會于金德裕南湖庄 32輓黃晦老(二首) 33金景章昆季自京城來到會諸友共登鳳笙亭 34臘月十日赴鳳笙亭會 35步李士能見贈韻却寄 36輓權惠夫 37輓金德裕(二首) 38輓金士執(三首) 39輓權進士聖吉 40輓李參奉恕卿 41八月小晦李仁叟高在卿高文一訪余於茅谷寓舍適怔隣此三兄徑歸翌日余追躡於華山金雲瑞廬次因相携到新基李雲卿莊留宿

苦雨 42聞時報有歎 43輓全舜韶(四首) 44次李雲卿新基十詠韻--姑母城 45次李雲卿新基十詠韻--吹笛臺 46次李雲卿新基十詠韻--鳳鳴山 47次李雲卿新基十詠韻--玉女峯 48次李雲卿新基十詠韻--主屹山 49次李雲卿新基十詠韻--雙川 50次李雲卿新基十詠韻--潮泉 51次李雲卿新基十詠韻--琴臺 52次李雲卿新基十詠韻--聖土峯 53次李雲卿新基十詠韻--白華山

54輓李主事 55次李應文 56輓金謹夫 57輓李仁叟(三首) 58涔寂中走筆謾題呈李雲卿 59次題龍岡精舍 60輓鄭文顯

卷8:

・序(*서발류와 증서류) 01「古鏡重磨方序」02「先禮類輯序」03「花譜序」04「夢吟寺仙遊續契帖序」05「伴鷗亭朴公實紀序」06「烈女丹陽禹氏實紀序」07「羅州丁氏族譜序」08「贈金君(鳳圼)序」09「送人遊松嶽序」10「送人遊中國序」 11「擬微子送箕子之朝鮮序」 12「擬漢帝送嚴子陵還山序」

・記 01「小白山水記」02「節友社重修記」03「松梧臺記」04「兼山齋記」05「希賢堂記」06「可隱齋記」07「泉庵食記」08「松皐亭記」09「龜潭精舍重修記」(大族曾大父佐郎公大稙作) 10「烈婦朴氏旌閭閣重建記」(代族曾大夫佐郎公作)

卷9:

・跋 01「雲陶雅選跋」02「龍峯文集跋」03「四無翁遺稿跋」04「岌山遺集跋」05「訥淵集跋」(代族曾大夫佐郎公作) 06「書道南書院事蹟後」07

「書柳葉杯序後」

· 箴 01「靜思齋箴(并叙)」

· 銘 01「鏡銘」 02「刀銘」 03「欹器銘(并叙)」 04「金剛硯銘(并叙)」

· 贊 01「聖學十圖贊」 02「草廬三顧圖贊(并叙)」 03「渭水漁獵圖贊(并叙)」 04「牧童吹笛圖贊(并叙)」 05「山水屏贊」 06「菁贊(并叙)」

· 詞 01「懷友(昭君怨)」(仄平進退格)

· 頌 01「東海頌(并叙)」「時雨頌(并叙)」

· 雜著(擬書, 擬招, 議, 解, 對, 表) 01「擬孟子與莊周」 02「擬張良招四皓」 03「開化議」 04「氷鯉幕雀解」 05「鷄對」 06「擬周群臣賀袞職有闕維仲山甫補之表」

· 策 01「士」 02「仁」 03「敎」 04「學校」

卷10 :

· 策 01「學」 02「麥韓愈」 03「田制」 04「海」 05「理學」 06「道」

· 論 01「箕子受封朝鮮論」 02「科擧論」 03「書院論」 04「井田論」 05「田賦論」 06「用人論」 07「名實論」 08「史學論」 09「文章論」 10「神仙論」 11「妻請去論」 12「急擊勿失論」 13「讓天下於許由論」

卷11 :

· 雜著(論) 01「治生學者之先務論」 02「叔孫通制禮論」 03「衣食足而知禮節論」 03「貧賤者驕人論」 04「田橫論」 05「項籍論」 06「項伯論」 07「四豪論」 08「子陵論」

· 說 01「庭草說」 02「耘草說」 03「玩花說」 04「種樹說」 05「治圃說」 06「櫟說」 07「四維說」 09「朋友說」 10「四友說」 11「六藝說」 12「天君說」 13「立敎說」 14「安宅說」 15「鏡說」 16「舟說」 17「蠱說」 18「鷄覆狗說」 19「山泉說」 20「奢儉說」 21「禮樂不可斯須去身說」 22「言說」 23「聲說」 24「名說」 25「敬說」

卷12 :

· 雜著(擬祭文) 01「弔杜門洞七十二賢文」 02「弔梁山童文」 03「擬漢帝弔鳴乎島文」 04「黃花祭伯夷文」 05「擬冶隱祭伯夷文」 06「擬晦翁祭蔡西

山文」

　・祈文　01「小白山祈雨文」　02「毗盧峯祈雨文」

　・上樑文　01「儉巖精舍重建上樑文」

　・告由文　01「通政大夫弘文館副提學丁公墓道樹碣時告由文」(代本孫作)
02「都正公墓道樹碣時告由文」

외재의 선유구곡시에 나타난 산수 인식

이정화

1. 들어가는 말

외재(畏齋) 정태진(丁泰鎭)은 나주정문(羅州丁門) 대사헌공파(大司憲公派) 참봉공(參奉公)의 사손(嗣孫)으로 생장(生長)함으로써 오랜 전통을 지닌 가학(家學)을 전수할 수 있었다. 외재는 생래적(生來的)으로 현철(賢哲)한 학자의 기국(器局)을 지녔는데, 그의 학문은 탁상공론(卓上空論)에 머물지 않고 현실 타개의 능력을 발휘하는 토대가 되었다. 이는 일제강점기를 겪으면서 국권회복(國權回復)을 도모하는 일에 앞장섰던 그의 삶을 통해 확인할 수 있다.

그 당시에 파리장서(巴里長書) 서명운동(署名運動)이 일어났을 때 외재는 137명으로 구성된 유림(儒林)의 일원(一員)으로 서명(署名)에 동참하였을 뿐만 아니라, 동지(同志)의 규합과 군자금(軍資金) 모금 활동으로 피체(被逮)되어 옥고(獄苦)를 치렀다. 이처럼 외재의 삶은 탁상공론이 아닌 실천의 학문에 전력을 경주(傾注)한 노정(路程)이었으니, 이는 실학적(實學的) 사유를 기반으로 한 것이다.

〈답리연민(答李淵民)〉에서는 연민에게 전수한 실학의 요체(要諦)를 발견할 수 있다. 학자란 반드시 실심(實心)을 세우고 실리(實理)를 궁구하고 실행(實行)을 실천하여 오래 되면 도(道)에 거의 가까워질 것[1]이라고 한 대목이 그것이다. 그의 실학적 사유가 연민(淵民) 이가원(李家源)[2]을 위시한 후학(後學)들에게 계승되었음은 물론이다. 외재의 산수(山水) 인식은 이러한 사유의 연장선상에 있다고 사료된다. 그는 산수를 음풍농월(吟風弄月)의 대상으로 인식하지 않았을 뿐만 아니라, 마음을 다스리는 청정(淸淨)한 공간으로 인식하였다.

외재의 산수(山水) 취향(趣向)은 문집의 도처에서 발견할 수 있으니, 그 일례(一例)가 〈소백산수기(小白山水記)〉이다. 이 글은 일찍이 퇴계(退溪)의 13대손(代孫)인 동정(東亭) 이병호(李炳鎬)의 가르침을 받으러 소백산(小白山)에 머물렀을 때[3]의 감회를 서술한 것이다. 〈소백산수기〉에는 산수에 대한 진심(眞心)이 담겨 있다. 여름인데도 맑고 찬 샘이 흐르며 경계(境界) 또한 그윽하고도 깊은 까닭에 그 산수를 좋아하게 되었다[4]는 고백을 통해 이러한 그의 마음을 유추할 수 있다.

우리나라의 선현(先賢)들이 남긴 유적지를 보면, 아홉 물굽이로 이루어진 절경 속에 분포한 곳이 적지 않다. 오늘날 구곡(九曲) 문화의 자취로

---

1 『畏齋先生文集』 卷之七, 「書」, 〈答李淵民〉. "蓋學者必能立實心究實理踐實行 眞積力久 則於道可庶幾焉"

2 권오영, 「畏齋 丁泰鎭의 삶과 사상」, 『淵民學志』 제31집, 연민학회, 2019, 65면.

3 『畏齋先生文集』 卷之八, 「記」, 〈小白山水記〉. "己亥夏 余嘗陪東亭 函丈經一兩月於此"

4 『畏齋先生文集』 卷之八, 「記」, 〈小白山水記〉. "其泉水之淸冽 境界之幽邃 眞可愛也"

외재의 선유구곡시에 나타난 산수 인식 197

남은 공간은 150여 곳에 달한다. 현재 구곡 문화는 한국 최고의 문화산수[5]로 그 가치를 인정받고 있다. 우리나라에서 구곡 경영의 사례가 적지 않았던 것은 천혜(天惠)의 산수가 있다는 점과 구곡시(九曲詩)를 제작할 수 있는 학문적 기량(器量)을 갖춘 인재(人才)가 많기 때문이었다.[6] 한국과 중국의 구곡문화를 비교한 이로편[7]에 의하면, 한국의 구곡문학은 시각적 느낌이 적은 편이며 무이구곡과 관련된 제화시(題畵詩)는 화(和)·차운시(次韻詩)에 비해 그 작품 수가 많지 않다. 외재는 문경 가은읍 대야산의 빼어난 산수에 감화(感化)되어 구곡을 경영하였는데, 그의 학문적 기량은 연민에 의해 세상 사람들에게 널리 알려졌다.

연민은 저서인 『한국한문학사(韓國漢文學史)』를 통해 외재사(畏齋詞)로 문명(文名)을 날렸던 그가 성리학(性理學)의 연구가(研究家)[8]임을 천명(闡明)한 바 있다. 이에 착안하여 본고는 인간과 자연의 조화로운 공존을 실현하고 학문으로 일가(一家)를 이룬 외재의 시 정신에 주목하게 되었다. 근·현대 시기를 살다간 선비들 가운데 외재처럼 '경사(經師)'로 손꼽히는 학자들은 매우 희소하였다. 본고에서는 외재의 삶과 사유가 용융된 선유구곡시(仙遊九曲詩)를 텍스트로 하여 산수 인식에 초점을 두고 시 정신을 탐색하고자 한다.

5 이상주, 「구곡문화관광특구와 그 유교문화관광자원적 가치」, 『淵民學志』 제33집, 연민학회, 2020, 278면.
6 李貞和, 「武夷櫂歌의 사상적 지향점과 선비 형상 연구」, 『孔子學』 제24호, 한국공자학회, 2013, 120-121면.
7 이로편(衣若芬), 「中韓 九曲山水 문화 연구」, 『淵民學志』 제33집, 연민학회, 2020, 234면.
8 李家源, 『韓國漢文學史』, 민중서관, 1961, 324면.

2. 외재와 문경의 선유구곡

선유구곡의 전통은 주자(朱子)의 무이구곡(武夷九曲) 경영에 연원을 두고 있다. 54세 때 주자는 무이산(武夷山)에 무이정사(武夷精舍)를 세우고 이곳에 은거하였다. 그는 55세 때 무이산을 휘감아 흐르는 아홉 물굽이를 시제로 하여 「무이도가(武夷櫂歌)」를 읊었다. 이 작품이 우리나라에서는 「무이구곡가(武夷九曲歌)」로 알려졌다.

퇴계를 비롯한 조선의 선비들은 이 작품에 화(和)·차운(次韻)한 시를 제작하였다. 이를 통해 주자의 시 정신을 계승한 그들의 사유를 확인할 수 있다. 정거(靜居)·수신(修身)을 중요시한 유자(儒者)들의 산수(山水) 문화 체험으로 인하여 구곡문화(九曲文化)가 발달하게 되었다.

구곡(九曲)은 하천변에 조성된 누정을 중심으로 하천을 따라 굽이굽이 마다 경(景)을 설정하고 이에 이름을 붙이고 의미를 붙여 이동하면서 연속적으로 경(景)을 즐기는 방식이다. 구곡은 이름붙인 경물(景物)만 지칭하는 것이 아니라 그 일대의 경관(景觀)을 종합해서 부르는 개념이다. 우리나라에서 구곡이라고 이름붙인 사례는 적지 않으며, 청주의 옥화구곡(玉華九曲), 괴산의 갈은구곡(葛隱九曲)·화양구곡(華陽九曲), 서울의 우이구곡(牛耳九曲), 화천의 곡운구곡(谷雲九曲), 영주의 죽계구곡(竹溪九曲), 성주의 무흘구곡(武屹九曲) 등이 널리 알려져 있다.

문경시 가은읍 완장리에 형성되어 있는 선유구곡은 내선유동(內仙遊洞)[9]이라고도 불리었다. 소백산맥에 위치한 둔덕산(屯德山)과 대야산(大耶山)의 계곡에서 흘러 내려오는 물이 합쳐져 용추계곡을 이루며 몇 굽

---

9 괴산군 삼송리의 선유동을 外仙遊洞이라 부르기도 한다.

이를 흐르다 하류로 가면서 선유동(仙遊洞)을 이루고 있다. 선유동 계곡을 흘러나온 물은 동남쪽으로 흘러 양산천과 합쳐지고 후에 낙동강 본류로 유입된다.

둔덕산에서 흘러 내려오는 맑은 시냇물을 따라 약 1.8km에 걸쳐 이어져 있는 선유구곡은 그 명칭에서도 나타나 있듯이 신선이 노닐만하다고 찬탄할 만큼 경관이 빼어난 곳이다. 선유구곡이 속한 선유동은 대야산에 있는 계곡이다. 외재는 대야산에서 문경 방향으로 흐르는 계곡을 내선유동, 괴산 방향으로 흐르는 계곡을 외선유동(外仙遊洞)이라고 지칭하였다. 외재의 선유구곡 경영은 1947년에 이루어지는데, 이때는 그가 독립운동에 참여하여 옥고를 치른 이후의 시기이다.

주지하다시피 우리나라는 광복 이후에 국론이 분열되는 양상을 띠었다. 외재는 강대국들의 이해 다툼 때문에 남북으로 국토가 분열되는 시국을 목도하게 되었다. 그는 우리나라가 위태로운 지경의 연속임에도 지식인들이 예법을 쓸어버린 채 질서를 문란하게 하고 인심을 동요시키고 있음을 비판하였다.

그 당시의 지식인 사회에서는 시세에 영합해 단체에 가입하거나 서신을 보내 대중의 명성을 구하는 작태가 비일비재하게 벌어졌다. 외재는 인의예지(仁義禮智)가 문란해진 시대상에 회의(懷疑)하기 시작하였으니, 두문불출하고 자신의 어리석음을 지키는 삶이 이러한 현실에서의 처신 방도라고 여겼다. 그러므로 그는 마음의 안정을 되찾고 강학(講學)에 전념하기 위해 초야(草野)의 산수생활을 선택하였던 것이다.

명산(名山)의 수려한 산세 속에 자리한 문경은 오랜 세월토록 유학자들의 삶과 자취가 살아 숨 쉬는 고장이라는 점에서 주목하게 된다. 이 지역에서 유교를 신봉하였던 선비들의 특징은 예부터 근현대에 이르기까지 퇴계학맥(退溪學脈)과 깊은 관련이 있다.[10] 영남 퇴계학맥의 정신이 살아있는 문경에서 외재는 스스로 유학자(儒學者)의 길을 가기 위한 선택을 하였으며, 이로 인해 그는 유학자의 삶으로 고종(考終)하였다.

> 내가 聞喜(문경의 옛 지명)에 머무를 때 일찍이 仙遊의 빼어난 경치를 듣고 매번 마음이 쏠리고 정신이 치달린 것이 오래되었다. 그러나 근심과 걱정에 매이고 시절의 어려움에 구속되어 여러 차례 미루다가 그만두었다.
> 丁亥年(1947년) 4월 30일에 李聖來·李翊元이 榮州로부터 돌아와 金謹夫와 함께 나란히 나를 방문하였으므로 또 李養賢을 불러 마침내 선유로의 행차를 도모하였다. 이성래가 마침 머무는 곳에 일이 생겨 다시 5월 4일에 중간 길에서 만나기로 약속하고 마침내 떠나갔다. 5월 3일에 이르러 나·김근부·이양현이 함께 출발하여 旺陵을 향하였다.[11]

위의 글을 통해 외재의 선유구곡 탐방은 오랜 기다림 끝에 이루어진 것임을 알 수 있다. 이 탐방은 자신과 심정적으로 합치하는 도우(道友)와의 우의(友誼)를 돈독히 할 수 있는 의미 있는 시간이었던 것이다. 그에게 문경의 산수생활이 절실하였던 것은 단순한 은둔을 도모하기 위한 것이 아니었다.

이곳에서 이루어진 강학 활동은 연민 이가원을 위시하여 수많은 후

---

10 이정화, 「문경지역 퇴계학맥의 주요 인물과 그 특징」, 『영남지역 퇴계학맥의 전개』, 경북대 퇴계연구소, 2020, 157면.

11 『畏齋先生文集』卷之二, 「詩」, 〈遊仙遊洞詩〉. "余之寓聞喜 夙聞仙遊之勝 每心往神馳者久矣 纏於憂憾拘於時艱 屢擬而屢止 丁亥四月晦 李聖來翊元自榮州歸 與金謹夫聯袂來訪 且速李養賢遂相與謀仙遊之行 聖來適有當幹於寓所 更以五月四日 約會於中路 遂謝去 至初三日 余與謹夫養賢同發向旺陵"

학(後學)에게 끼친 유도(儒道)의 전수가 핵심이었다. 특히 퇴계학맥의 학문정신을 이어받은 외재의 교학은 스승의 사표(師表)로 널리 존숭되었다. 외재는 급문제현(及門諸賢)들이 내왕하며 수학하던 도산서원(陶山書院)이야말로 최적의 독서처(讀書處)임을 강조하였을 뿐만 아니라, 이러한 장소에서 책을 읽어도 감발되지 않는 사람은 학문에 진전이 없다고 하였다.[12]

외재가 선유구곡을 경영하게 되고 이곳을 이상향으로 여기며 여생을 마친 것도 퇴계학맥의 학문정신과 무관하지 않다. 퇴계는 대야산의 선유동을 매우 좋아하여 6개월간 머무르기도 하였으며 선유동 계곡을 따라 흐르는 물굽이의 특징에 맞추어 직접 명명(命名)하였다. 외선유동에는 현재까지 퇴계가 명명한 곳의 자취가 남아있다.

퇴계 몰후(歿後)에는 우복(愚伏) 정경세(鄭經世)[13]를 비롯한 수많은 학자들이 선유동에 남다른 의미를 부여하게 된다. 퇴계학맥의 학자들이 이처럼 선유동의 아홉 물굽이를 찬탄한 것은 천리(天理)를 체득할 수 있는 학문의 공간에 의미를 두었기 때문이다. 외재가 선유구곡을 경영함으로써 이러한 전현(前賢)들과 심정적으로 합치하였으리라 여겨진다.

외재가 선유구곡을 경영하기 전부터 일찍이 문경의 선비들은 선유칠곡(仙遊七曲)을 경영한 바 있다. 이는 완장리 지역에 머물렀던 선비들에 의해 결성된 보인계(輔仁稧)가 주도한 것이다. 보인계는 완장천의

---

12 함영대, 「외재 정태진과 연민 이가원의 학술문답 – 왕복서신을 중심으로」, 『제24회 연민학 학술대회 발표자료집』, 연민학회, 2021, 22면.

13 우복은 〈題東仙遊洞盤石〉을 지어 "兩仙遊洞好相隣 只隔中間一嶺雲 莫把名區評甲乙 天將水石與平分"라고 읊은 바 있다. 충청도와 경상도에 나뉘어져 있는 선유동의 우열을 논하지 말라고 하였으니, 그 이유는 두 곳 모두 하늘이 내려준 명승지이기 때문이라고 하였다.

일곱 물굽이를 애호하여 모인 일곱 명의 선비들이 주축이었다.

그들이 명명한 일곱 물굽이는 각기 특징이 있었으니, 마음을 씻는다는 완심대(浣心坮), 꽃잎 같이 아름답다는 망화담(網花潭), 흰 돌이 자아내는 절경이 깃든 백석탄(白石灘), 용이 누워 쉴 정도로 수려하다는 와룡담(臥龍潭), 붉은 꽃잎이 흘러간다는 홍류천(紅流川), 달빛이 비추는 물결이 장관(壯觀)인 월파대(月波坮), 아름다운 풍광이 7리에 걸쳐 이어지는 칠리계(七里溪)가 그것이다.

외재가 경영한 선유구곡 또한 문경에 삶의 근거지를 두었기에 가능한 것이었다. 이를 통해 자신의 삶에서 우러난 시 정신을 구곡시에 표출하였던 것이다. 구곡시를 남긴 외재의 자취를 엿볼 수 있는 선유구곡은 전언한 선유칠곡이 끝나는 지점에서부터 시작된다.

고운(孤雲) 최치원(崔致遠)을 위시한 전현(前賢)들은 시를 남겨 선유동의 절경에 찬탄하였다. 외재에 이르러 본격적으로 선유구곡의 명칭이 정립되었다. 외재의 선유구곡시는 주자·퇴계 구곡시의 전통을 계승한 우수한 작품[14]이라 할 수 있다.

선유구곡의 명칭은 개결(介潔)한 선비의 기상을 지닌 외재의 귀거래(歸去來)를 살펴볼 수 있다. 문경에의 귀거래를 선택한 외재의 시 정신은 선유구곡의 명칭에 담겨 있다. 이는 또한 산수(山水)에 둔 자신의 뜻을 반영한 것이다.

피어오르는 물안개에 시심(詩心)을 담은 옥하대(玉霞臺)(제1곡)부터 신령한 뗏목 모양의 바위를 읊은 영사석(靈槎石)(제2곡), 맑은 계곡물에서

---

14 허권수, 「畏齋 丁泰鎭과 그 제자 淵民 李家源」, 『제24회 연민학 학술대회 발표자료집』, 연민학회, 2021, 17면.

흥기된 시 정신을 담은 활청담(活淸潭)(제3곡), 세속의 때 묻은 마음을 씻어내는 장소임을 읊은 세심대(洗心臺)(제4곡), 여울목의 풍광(風光)을 담은 관란담(觀瀾潭)(제5곡), 갓끈을 씻는 선비의 마음을 읊은 탁청대(濯淸臺)(제6곡), 기수(沂水)에서의 목욕을 희구한 영귀암(詠歸巖)(제7곡), 흐르는 물소리를 생황 소리에 비유한 난생뢰(鸞笙瀨)(제8곡), 선가(仙家)의 신발을 떠올린 옥석대(玉舃臺)(제9곡)로 이어지는 선유구곡의 비경(秘境)은 역대(歷代) 시인묵객(詩人墨客)의 시선을 압도하였다.

현전하는 작품으로는 손재(損齋) 남한조(南漢朝)의「선유동잡영(仙遊洞雜詠)」이 대표적인데, 옥하대와 활청담을 제외한 7곡시가 남아 있다. 손재는 문경의 선유동에 옥하정을 세웠으며 이곳에서 강학(講學)에 힘썼다. 또한 도암(陶菴) 이재(李縡)는 선유동의 상류에 해당하는 용추동(龍湫洞)에 둔산정사(屯山精舍)를 짓고 이곳에서 강학에 전념하였다. 1906년에는 이곳에 도암의 삶과 학문을 기리기 위한 공간으로 학천정(鶴泉亭)이 건립되었다.

내선유동
內仙遊洞

10년을 꿈꾸다 이렇게 한 번 노니니
선유동문 깊은 곳에 흥취 가득하네.
맑은 시내 굽이굽이 원두에서 흘러오고
늙은 돌은 울툭불툭 푸른빛이 떠도네.
아득히 오랜 뒤에 은자 자취 찾아보는데
몇 번이나 자리 잡고 좋은 계책 얻었는가.
금단은 한 해가 다하도록 소식 없으니

부끄러이 세상을 향해 백발을 탄식하네.
十載經營此一遊 洞門深處興悠悠
淸溪曲曲靈源瀉 老石磷磷積翠浮
曠世蒼茫追隱跡 幾時粧點獲勝籌
金丹歲暮無消息 羞向人間歎白頭[15]

위의 작품은 선유구곡의 서막(序幕)을 여는 시인데 원제(原題)는 〈내선
유동(內仙遊洞)〉으로 되어 있다. 외재는 일제 강점기라는 격변(激變)의
세상을 살았던 학자이므로, 여러 곳을 두루 거친 후에 산수의 풍광이
빼어난 문경에 정착하였다. 수련(首聯)은 격변의 세상에 몸담고 있는
그가 항상 산수에 대한 그리움이 있었음을 형상화한 것이다. 속인(俗人)
들은 깨닫기가 어려운 산수 체험의 묘미를 만끽할 수 공간이 바로 이곳
이기 때문이다.

함련(頷聯)을 보면 노석(老石)이 등장하는데, 만년이 된 자신의 마음이
투영된 시어이다. 이는 선유구곡에 자리한 바위를 보며 스스로 위무한
것이기도 하다. 그에게 있어 산수란 이처럼 스스로 위무함으로써 마음
의 안정을 유지하도록 돕는 대상이었으리라 사료된다.

경련(頸聯)에 나타난 은자(隱者)는 예로부터 선유구곡을 애호하던 시
인묵객들과 무관하지 않다. 특히 이곳은 고운(孤雲) 최지원(崔致遠)·우
복(愚伏) 정경세(鄭經世)·도암(陶菴) 이재(李縡)·손재(損齋) 남한조(南漢
朝)·병옹(病翁) 신필정(申弼貞) 등이 즐겨 찾아 자취를 남겼다. 외재 또한
이러한 선현들의 삶과 학문정신을 계승하려는 의지를 표출하였다. 이
지역은 각 굽이마다 노송과 바위가 어우러져 있기 때문에 경관이 매우

---

15 『畏齋先生文集』卷之二,「詩」,〈內仙遊洞〉.

수려하다. 또한 이곳은 산수(山水)의 비경(祕境)을 연출하는 장소마다 신선의 이미지를 떠올리며 이를 흠모해 선유동(仙遊洞)이라고 명명한 곳이기노 하다.

외재가 미련(尾聯)에서 장탄식(長歎息)을 하는 까닭은 선유동이란 곳이 신선의 영역과 인간의 영역이 공존하는 사유의 공간이기 때문이다. 외재는 명승지(名勝地)에 머무는 자신 또한 속인(俗人)들처럼 세속에의 물욕에서 벗어나지 못하는 인간에 불과함을 토로하고 있다. 이를 통해 겸손한 선비의 마음으로 살아가며 내면을 반추하고 성찰하였던 외재의 참모습을 읽을 수 있다.

3. 외재의 산수 인식

1) 청정심의 체현

외재시에는 선유구곡(仙遊九曲)의 산수 체험에서 함양할 수 있는 청정심(淸淨心)이 담겨 있다. 외재시에 나타나 있는 청정심은 산수자연에 머물러 살며 수기(修己)를 완성하여야 체현(體現)이 가능한 것이라 하겠다. 청정심은 산수가 그에게 제공하는 시 정신의 핵심임을 알 수 있다. 그의 산수생활은 이러한 시 정신을 형상화하는 가운데에서 더욱 공고해진 것이다.

활청담
活淸潭

고요한 곳에서 움직이는 곳을 마음으로 바라보니
못 속이 살아있어 못 물이 바야흐로 맑구나.
본래의 맑은 마음 흐리게 하지 말라
한 이치 밝은 곳에 도는 절로 생기리라
靜處從看動處情 潭心活活水方淸
本來淸活休相溷 一理虛明道自生[16]

기구(起句)에서 외재는 마음의 수양이 중요함을 보여주고 있다. 대체로 자신의 마음이 고요하면 외물의 움직임으로 인해 마음의 동요가 일어나지 않는다. 그는 외물을 통해 마음의 동요를 느끼기보다는 자신의 내면에 자리한 시 정신을 각인하게 된다.

승구(承句)에 묘사된 '활활(活活)'은 거센 물살로 인해 움푹 파인 계곡과 그곳에 고여 있기도 하고 흘러가기도 하는 시냇물을 형상화한 시어이다. 외재는 계곡물의 거센 움직임 속에서 뿜어 나오는 청정한 기상을 시화하고 있다. 전구(轉句)에서 보여준 청정심은 인간이 본래 지니고 있는 성품이므로 스스로 마음을 갈고 닦으면 체현이 가능한 것이다.

외재가 사숙(私淑)한 퇴계(退溪)는 마음에 외물이 달라붙는다면 허명(虛明)하고 정일(靜一)한 기상을 가질 수가 없다고 하였는데, 마음에 달라붙은 사물이란 물욕을 비유한 것이라 할 수 있다. 결구(結句)에서 외재는 이러한 퇴계의 가르침을 전고로 하여 자신의 산수 인식이 도(道)

---

16 『畏齋先生文集』卷之二,「詩」,〈活淸潭〉.

와 관련된 것임을 보여주었다. 외재는 허명정일(虛明靜一)의 기상에서
공맹(孔孟)의 도(道)가 생김을 일깨우고 있다.

탁청대
濯清臺

탁청대 앞 흐르는 물에 일어나는 잔물결
한 번 긴 갓끈 씻으니 온갖 근심 가벼워지네.
손옹이 사시던 그때의 흥취를 상상해보니
푸른 물결 한 구비에 오롯한 마음 밝아지네.
臺前流水絲漪橫 一濯長纓萬累輕
想像損翁當日趣 滄浪一曲玩心明[17]

시제(詩題)인 '탁청(濯清)'은 굴원(屈原)의 〈어부사(漁父辭)〉에서 유래
한 말이다. 〈어부사〉에는 "창랑의 물이 맑으면 내 갓끈을 씻고, 창랑의
물이 흐리면 내 발을 씻겠다."고 한 노래가 들어 있다. 이 작품에서 굴원
은 이것을 강남으로 유배 와 있던 자신을 향한 어부의 노래라고 설정하
였다.[18]

기구와 승구에서는 이러한 굴원의 고사를 전고로 하여 시상이 전개되
고 있다. 외재가 〈어부사〉의 '탁청'을 전고(典故)로 한 것은 수만 가지의
근심을 털어낼 수 있기 위함이었다. 수만 가지의 근심을 털어낼 수 있는
비결이 산수 속에 들어있음을 보여주고 있다. 청정심에 의해 심안이

---

17 『畏齋先生文集』卷之二, 「詩」, 〈濯淸臺〉.
18 『詳說 古文眞寶大全』「後集」卷之一, 〈漁父辭〉. "滄浪之水淸兮 可以濯吾纓 滄浪之水濁
  兮 可以濯吾足"

열리는 곳이 선유동이기 때문이다.

전구(轉句)와 결구(結句)에 등장하는 '손옹(損翁)'은 일찍이 이곳에서 선유구곡을 경영한 바 있는 손재(損齋) 남한조(南漢朝)를 지칭한 것이다. 손재는 탁청대(濯淸臺) 서쪽 부근에 세심정(洗心亭)을 짓고 은거하기도 하였다. 이러한 삶 속에서 그는 수기(修己)와 강학을 통해 위기지학(爲己之學)을 실천할 수 있었다.

외재는 이러한 손재의 삶과 학문을 '창랑(滄浪)'과 '완심(玩心)'에 투영하였으니, '창랑일곡(滄浪一曲)'은 선유동 물굽이가 선사하는 청정심을 표출한 것이다. 또한 도의(道義)의 구현에 마음을 쓰는 학자의 시 정신은 '완심(玩心)'에 담겨 있다. 이를 통해 손재의 구도적(求道的) 시 정신이 외재에게 계승되었음을 알 수 있다.

세심대
洗心臺

허명한 이치가 본디 내 마음이거늘
부질없이 세상사에 깊이 물들었네.
이 세심대에 이르러 한번 씻을 생각을 하니
어찌 묵은 찌꺼기를 추호라도 남기겠는가.
虛明一理本吾心 枉被紛囂容染深
到得玆臺思一洗 肯留滓穢分毫侵[19]

시제(詩題)에 담긴 의미를 헤아리며 자신의 삶을 성찰하는 외재의 모

---

19 『畏齋先生文集』卷之二, 「詩」, 〈洗心臺〉.

습이 나타나 있다. 학문에 뜻을 둔 유자(儒者)는 성학(聖學)의 도(道)를 추구함으로써 세속의 때 묻은 마음을 제거할 수 있다. 이로써 자신의 본래면목(本來面目)을 회복할 수 있는 것이다.

기구와 승구에서는 머릿속으로만 이해하는 것으로 그치는 공부는 지양한다는 점을 보여주었다. 즉, 깨달음이 없는 공부는 실천으로 이어지지 않는다는 가르침이 내재되어 있다. 세상살이에서 마음의 때가 묻는 것은 자성(自省)과 실천이 없는 학문을 하였기 때문이다.

전구와 결구에서는 본성을 회복할 수 있는 수양의 공간이 바로 세심대임을 보여주고 있다. 세심대가 선사하는 청정한 산수의 본질은 스스로 본성을 회복할 수 있도록 돕는 역할을 하고 있다. 이 시에서는 세심대 주변의 경관 묘사는 전혀 나타나지 않으며 수기에 전념하는 것이 학자의 산수생활임을 보여주고 있을 따름이다.

2) 관조와 자족의 미감

선유동에 형성된 아홉 물굽이와 그 주변의 풍광을 제재(題材)로 한 시작(詩作)에서는 사물을 관조하는 외재의 모습을 발견할 수 있다. 외재 시에는 실경(實景) 묘사보다는 학자의 내면에서 우러난 진정성을 시화하는 경우가 적지 않다. 특히 그는 선유동의 아홉 물굽이를 유람한 후 이를 근거로 한 자신의 산수 체험을 시화하였는데, 이는 자족(自足)의 마음으로 나타나기도 한다.

옥하대

玉霞臺

흰 바위에 아침 햇살 비춰 밝게 빛나고
맑은 시내 찬 물결에 물안개 붉게 피어나네.
한가로이 바위에 새긴 글씨 찾지만 알아내기 어렵고
다만 옥하대 위 저 멀리 흰 구름만 떠있네.
白石朝暾相暎華 晶流寒玉紫騰霞
閒尋題字迷難辨 只有白雲臺上遲[20]

옥하대(玉霞臺)라는 각자(刻字)가 유실되어 정확한 면적은 알 수 없으나, 완만한 경사의 넓고 평평한 너럭바위가 자리해 있으며 그 주변에는 얕은 연못이 있다. 외재가 형상화하는 선유동의 제1곡은 '자하(紫霞)', 즉 붉은 안개가 피어오르는 신비한 곳으로 묘사되어 있다. 안개가 붉게 보이는 것은 햇볕이 내리쬐기 때문인데 이는 자연적인 현상을 형상화한 것이다. 승구(承句)에서 이러한 안개 현상은 선계(仙界)의 입구(入口)가 안개로 가려져 들어가기가 쉽지 않은 곳으로 그려져 있는데, 이는 전구(轉句)의 시상과도 맞물려 있다.

제1곡이 석각(石刻)에 있었으나 큰물 때문에 갈라져서 외재의 시대에는 이미 그 장소를 알 수 없게 되었던 것이다. 이러한 정황을 토대로 전구의 시상이 전개된 것이다. 따라서 그는 백운(白雲)이 모였다 흩어지는 하늘을 바라보며 자신의 내면을 관조하는 것으로 시상을 끝맺고 있다.

---

20 『畏齋先生文集』卷之二, 「詩」, 〈玉霞臺〉.

관란담
觀瀾潭

못 위의 급한 물살 쏟아져 이룬 물결
관란담에 이르러선 그 기세 잔잔하네.
물결 보면 원래 이처럼 근본 있으니
차가운 수면 위로 내 마음 비춰보네.
潭上湍流瀉作瀾　到來潭處勢全寬
觀他有本元如是　照得吾心一鑑寒[21]

　시제(詩題)에 등장하는 '관란(觀瀾)'은 기구와 승구의 시상과 연결되어 있다. 다시 말하면 물을 바라볼 때는 단급처(湍急處) 즉, 물결이 급히 흐르는 곳을 보라는 뜻이다. 이 시의 전고(典故)는 『맹자(孟子)』의 「진심장구상(盡心章句上)」 편(篇)[22]에서 유래하고 있다. 이는 도(道)에 근본이 있음을 말한 것이라 사료된다. 즉 물의 여울을 보면서 그 물의 근원이 있음을 알아야 한다는 것이다.

　현상의 근원에서 도의 이치를 떠올리며 성찰하는 것이 학자의 마음공부이다. 전구에서는 이러한 이치를 깨닫는 것이 중요함을 보여주고 있다. 또한 결구에서는 깨달음을 위해서 사물을 관조하는 자세가 필요함을 나타내고 있다. 특히 '일감(一鑑)'은 깨달은 사람의 마음 상태를 형상화한 것이라 할 수 있다. 이는 사물을 관조하는 삶이 이루어낸 결

21　『畏齋先生文集』卷之二, 「詩」, 〈觀瀾潭〉.
22　『孟子』卷之十三, 「盡心章句上」. "觀水有術　必觀其瀾　日月有明　容光必照焉　此言道之有本也　瀾水之湍急處也　明者光之體　光者明之用也　觀水之瀾則知其源之有本矣　觀日月於容光之隙無不照則知其明之有本矣"

실(結實)인 것이다.

영귀암
詠歸巖

물가에서 온종일 맑은 풍광 즐기다가
수시로 바람 쐬고 시 읊으며 돌아오네.
반드시 기수무우 아니어도 뜻을 펼 수 있으니
영귀암 누대에서 자족하며 봄옷 펄럭이네.
臨流盡日弄晴暉 風浴隨時可詠歸
不必沂雩能撰志 巖臺自足振春衣[23]

　　시제(詩題)인 '영귀(詠歸)'는 『논어(論語)』 「선진(先進)」편의 '영이귀
(詠而歸)'를 전고로 한 것이다. 『논어』에 의하면, 공자가 제자들에게 어
떻게 하면 참된 인생을 살 수 있을지에 대해 물었을 당시에 부귀영화를
바라는 제자들이 많았다. 이때 공자는 증점(曾點)의 생각과 같음을 언
급하였다. 늦은 봄에 봄옷을 지어 입고 어른 대여섯 명·아이 예닐곱
명과 함께 기수(沂水)에서 목욕하고 무(舞雩)에서 바람을 쐬이다가 노래
하며 돌아오는 삶을 살고 싶은 것[24]이 증점의 생각이었다.
　　여기에서 비롯된 '영귀(詠歸)'는 유가(儒家)에서 추구하는 이상적 삶의
상징이 되었다. 외재는 선유동의 7곡이야말로 유자(儒者)의 소망을 실현
할 수 있는 장소임을 보여주었다. 그는 이러한 장소에 머물며 부귀영화

23　『畏齋先生文集』 卷之二, 「詩」, 〈詠歸巖〉.
24　『論語』 卷之十一, 「先進」. "莫春者 春服旣成 冠者五六人 童子六七人 浴乎沂 風乎舞雩
　　詠而歸"

보다는 '자족(自足)'의 마음으로 살아가기를 희구하고 있다. 이러한 그의 생각이 바로 전구(轉句)의 '찬지(撰志)'에 투영되어 있으며, 이는 결구(結句)에 이르러 구체화된다. 외재는 '자족(自足)'이란 시어를 통해 이러한 자신의 생각을 명백히 밝히고 있다.

3) 선취의 지향

외재의 시에서는 선풍도골(仙風道骨)의 풍채를 지닌 화자(話者)의 모습이 나타나 있다. 이를 통해 속기(俗氣)가 없이 고상한 학자로 살았던 외재의 내면을 살펴볼 수 있다. 아울러 선필(仙筆)의 시경(詩境)에는 범속(凡俗)하지 않은 기상을 담을 수 있으니, 이를 통해 세속(世俗)을 초탈(超脫)한 그의 인격을 확인할 수 있다.

> 영사석
> 靈槎石
>
> 영사석을 뗏목 삼아 신령을 찾아가다
> 시내 속에 정박한 세월이 아득하여라.
> 벼랑 곁엔 또한 선인의 자취 있으니
> 한 길로 원두를 찾아가면 신선을 만날 수 있으리.
> 以石爲槎喚作靈　中流停著歲冥冥
> 傍崖又有仙人掌　一路窮源指可聽[25]

시제(詩題)인 '영사석(靈槎石)'은 신령한 뗏목 바위란 뜻으로, 선유동

---

25 『畏齋先生文集』卷之二,「詩」,〈靈槎石〉.

두 번째 물굽이에 자리해 있다. 영사석은 뗏목 모양을 한 너럭바위인데, 구비 도는 물의 고저(高低)에 따라 부침(浮沈)을 지속하는 바위이기도 하다. 전구(轉句)의 '선인(仙人)'은 주자(朱子)와 같이 알인욕(遏人慾) 존천리(存天理)를 몸소 실천함으로써 속기(俗氣) 없는 삶을 지향한 선철(先哲)을 대유(代喻)한 것이다.

결구(結句)의 '궁원(窮源)' 즉, 원두는 계곡물의 발원 지점을 뜻하는 것이다. 이는 또한 도(道)의 근원을 의미하고 있다. 주자는 무이구곡(武夷九曲)을 경영할 당시에 직접 뗏목을 타고 아홉 물굽이를 완상(玩賞)하며 구곡시(九曲詩)를 읊었다.

외재는 뗏목 같은 너럭바위에서 이러한 주자의 자취를 떠올리며 원두 즉, 도의 근원을 찾는 자신의 심정을 시화한 것이다. 이로써 외재가 흠모하는 선인은 선풍도골(仙風道骨)의 고결한 풍모를 지닌 선철(先哲)임을 알 수 있다. 선철을 본받은 그의 내면 역시 선풍도골의 기품이 없지 않았다. 이는 번잡한 세상사(世上事)에서 흔들리지 않는 마음을 표출하게 되는데, 이러한 심경(心境)은 초탈(超脫)의 시경(詩境)을 구현하기도 한다.

난생뢰
鸞笙瀨

반석 여울 물소리는 난새의 노랫소리
여울 바닥에는 어렴풋 신선 발자국 보이는 듯하네.
예로부터 신선 사는 곳엔 신비롭고 기이하니
구름 사이에는 유안의 닭과 개이겠지.
琮琤石瀨奏笙鸞　縹渺仙踪底處看
從古闖林多怪秘　雲間鷄犬是劉安[26]

외재가 애호한 산수는 선유동의 물굽이에 자리해 있었다. 이시는 선유구곡(仙遊九曲)의 산수를 선필(仙筆)의 경계(境界)로 형상화하였다는 점이 특성적이다. 특히 이 장소를 속계(俗界)로부터 멀리 떨어진 선향(仙鄕)으로 설정하고 있다.

시제인 '난생뢰(鸞笙瀨)'는 계곡을 구비 도는 물소리가 마치 난새를 탄 신선이 생황을 연주하는 것과 같음을 의미하고 있다. 이는 기구(起句)의 시상 속에 더 구체화되어 있다. 승구에서는 여울 속에 펼쳐진 산수의 풍광이 마치 '선종(仙踪)' 즉, 신선이 거닐던 장소처럼 별천지(別天地)임을 보여주었다.

결구에 등장하는 '류안(劉安)'은 한나라 때 신선이 된 인물로 알려져 있다. 그는 선약(仙藥)을 마시고 대낮에 승천하였다고 한다. 그 당시에 혈족(血族)도 삼백여명이 승천하였으며, 그릇에 묻어 있던 선약을 핥아 먹은 개와 닭도 날아올랐다는 고사가 전해진다.

유안의 고사를 전고로 하여 외재는 결구의 시상을 전개하고 있다. 이시는 선유구곡의 감흥(感興)을 형상화한 외재의 시 정신에 주목할 필요가 있다. 외재는 산수 그 자체를 실경(實景)으로 표출하는 일에는 별반 의미를 두지 않고 있는데, 이러한 표현 기법은 퇴계로부터 계승된 시 정신의 전통과 무관하지 않은 것이다.

선유구곡의 탐방은 그에게 산수의 심경(深境)을 인식할 수 있는 통찰의 시간을 제공하였다. 뿐만 아니라, 이를 통해 내면세계를 보다 확장시킬 수 있었으니, 초탈(超脫)의 여유(餘裕)를 견지한 것이 그것이다. 세속의 자질구레한 일에 연연해하지 않는 대인의 마음 씀씀이는 선취(仙趣)

---

26 『畏齋先生文集』卷之二,「詩」,〈鸞笙瀨〉.

를 지향케 한 동인(動因)이라고 사료된다.

옥석대
玉鳥臺

암석 전체를 타넘어 흐르는 시냇물은 거울을 연 듯 맑으니
물 떨어져 파인 곳은 샘을 이루었고 언덕은 옥석대 되었네.
선인이 남긴 신발 지금은 어디에 있는가
섭현에서 날아온 두 마리 오리가 있으리.
全石跨溪鏡面開 凹爲泉瀑峙爲臺
仙人遺鳥今何在 應有雙鳧葉縣來[27]

시제에 나와 있는 '옥석(玉鳥)'은 옥으로 만든 신발을 뜻한다. 이 시
어는 붉은 옥으로 만든 신발 한 켤레를 남기고 사라진 '류향(劉向)'의
고사를 전고로 한 것이다. 이와 관련지어 선가(仙家)의 인물들이 남긴
유물을 '옥석'이라 일컫기도 한다.

옥석대의 너럭바위 건너편에는 선유동(仙遊洞)이란 석각(石刻)을 새
겨놓은 솟은 바위가 있다. 이 각자(刻字)는 고운(孤雲) 최치원(崔致遠)의
필치(筆致)이다. 옥석대의 반대편 계곡에는 도암(陶菴) 이재(李縡)의 장
구지소(杖屨之所)가 있으니, 이곳에는 학천정(鶴泉亭)이 세워져 도암의
학문을 숭모(崇慕)하고 있다.

전구(轉句)와 결구(結句)의 시상은 '선인유석(仙人遺鳥)'과 '쌍부엽현
(雙鳧葉縣)'을 중심으로 전개된다. 이는 후한(後漢) 때 선술(仙術)을 익힌

---

27 『畏齋先生文集』 卷之二, 「詩」, 〈玉鳥臺〉.

'왕교(王喬)'의 고사를 전고로 한 것이다. 왕교가 오리 한 쌍을 타고 황제의 조회에 나갔는데 어느 날 날아온 그 오리들을 그물로 잡았더니, 신발 한 켤레만 남아 있었다고 한다.

이 시에서 발견할 수 있는 선취의 지향은 유향과 왕교의 고사에 유래를 둔 것이다. 이를 통해 외재는 세상사에서 비롯된 집착과 번민을 떨쳐낼 수 있었으리라 사료된다. 이럴 때 외재의 시경(詩境)은 탈속(脫俗)의 풍모를 지니고 있다.

외재의 선유구곡시(仙遊九曲詩)에서는 산수자연을 묘사하기 위한 화려한 수식(修飾)이 나타나 있지 않다. 오히려 산수자연에 둔 뜻을 밝히거나 인덕(仁德)의 함양에 치중하는 경향이 있다. 이러한 점은 퇴계와 그의 제자들에 의해 형성된 학맥에서 면면히 계승된 시 정신이라 할 수 있다.

4. 맺음말

선유구곡의 전통은 주자의 무이구곡(武夷九曲) 경영에 연원을 두고 있다. 퇴계를 비롯한 조선의 선비들은 주자의 「무이구곡가」에 화(和)·차운(次韻)한 시를 제작하였다. 그들이 주축이 되어 자연경관과 시문학이 조화를 이룬 구곡문화(九曲文化)를 발달시켰다.

외재는 대야산에서 문경 방향으로 흐르는 계곡을 내선유동, 괴산 방향으로 흐르는 계곡을 외선유동이라고 지칭하였다. 외재는 인의예지(仁義禮智)가 문란해진 시대상에 회의(懷疑)하였으므로 두문불출하고 자신의 어리석음을 지키는 삶이 이러한 현실에서의 처신 방도라고 여겨 초야(草野)의 산수생활을 선택하였다. 영남의 퇴계학맥의 정신이 살아있는 문경에서 외재는 유학자의 삶으로 고종(考終)하였다.

문경에서 이루어진 강학 활동은 연민을 위시하여 후학(後學)들에게 유도를 전수한 것이 핵심이다. 퇴계와 퇴계학맥의 학자들이 선유동의 아홉 물굽이를 찬탄한 것은 천리(天理)를 체득할 수 있는 학문의 공간에 의미를 두었기 때문이다. 외재가 선유구곡을 경영함으로써 이러한 전현(前賢)들과 심정적으로 합치하였다.

외재가 경영한 선유구곡은 문경에 삶의 근거지를 두었기에 가능하였는데, 이를 통해 자신의 삶에서 우러난 시 정신을 구곡시에 표출할 수 있었다. 외재에 이르러 본격적으로 선유구곡의 명칭이 정립되었다. 선유구곡의 명칭은 개결(介潔)한 선비의 기상을 지닌 외재의 귀거래(歸去來)를 살펴볼 수 있다. 이는 또한 산수(山水)에 둔 자신의 뜻을 반영한 것이다.

외재시에는 선유구곡(仙遊九曲)에서 함양할 수 있는 청정심이 담겨 있다. 청정심이야말로 산수가 그에게 제공하는 시 정신의 핵심이다. 그의 산수생활은 이러한 시 정신을 형상화하는 가운데에서 더욱 공고해진 것이다.

〈탁청대(濯淸臺)〉는 도의(道義)의 구현에 마음을 쓰는 학자의 시 정신이 담겨 있는데, '완심(玩心)'이 그것이다. 이 시에서는 손재의 구도적(求道的) 시 정신이 외재에게 계승되었음을 알 수 있다. 〈세심대(洗心臺)〉에서는 본성을 회복할 수 있는 수양의 공간이 바로 이곳임을 보여주고 있다.

그는 선유동의 아홉 물굽이를 유람한 후 이를 근거로 한 자신의 산수체험을 시화하였다. 이는 자족(自足)의 마음으로 나타나기도 하는데, 〈영귀암(詠歸巖)〉을 통해 이를 확인할 수 있다. 깨달음에 이르기 위해서는 사물을 관조하는 자세가 필요함을 보인 작품이 〈관란담(觀瀾潭)〉이다. 또한 백운(白雲)이 모였다 흩어지는 하늘을 바라보며 내면을 관조히는 화자의 모습은 〈옥하대(玉霞臺)〉에 투영되어 있다.

선취(仙趣)를 지향(指向)함으로써 그는 선유구곡시에 범속(凡俗)하지 않은 기상을 담을 수 있었다. 이로써 세속(世俗)을 초탈(超脫)한 그의 인격을 확인할 수 있으니, 〈난생뢰(鸞笙瀨)〉가 그 일례(一例)이다. 세속적인 욕망에 마음을 쓰지 않는 대인의 마음이 바로 초탈의 시경(詩境)을 형성하는 동인(動因)이라 하겠다. 〈영사석(靈槎石)〉에서 외재가 흠모하는 선인은 선풍도골(仙風道骨)의 고결한 풍모를 지닌 선철(先哲)임을 알 수 있다. 〈옥석대(玉鳥臺)〉에 나타난 선취는 탈속(脫俗)의 마음에서 우러난 것이다.

본고에서는 퇴계학맥이 계승한 구곡시(九曲詩) 창작의 전통을 계승하고 이를 체화한 외재의 시 정신을 분석하였다. 특히 근·현대 시기의 유학자인 외재의 한시(漢詩)를 고찰함에 있어 첫째 청정심(淸淨心)의 체현(體現), 둘째 관조(觀照)와 자족(自足)의 미감(美感), 셋째 선취의 지향이란 측면에서 파악하였다. 외재 한시에 대한 연구를 통해 한국한시사(韓國漢詩史)의 시간적 외연을 확장하는데 기여할 수 있다고 사료된다.

외재 정태진의 한시 연구

만시를 중심으로

최영성

1. 머리말

정태진(丁泰鎭)은 경상북도 영주 줄포(茁浦) 태생의 유학자요 독립운동가다. 자는 노수(魯叟), 호는 외재(畏齋) 또는 서포(西浦)다. 본관은 나주(羅州)로 집안의 큰 학자인 우담(愚潭) 정시한(丁時翰), 해좌(海左) 정범조(丁範祖), 다산 정약용의 영향을 많이 받았다. 퇴계의 후손 동정(東亭) 이병호(李炳鎬)의 문하에 나아가 계암(鷄巖) 정돈섭(丁敦燮), 서주(西洲) 김사진(金思鎭) 등과 함께 수학하다가 스승이 세상을 떠난 뒤, 면우(俛宇) 곽종석(郭鍾錫)의 문하에 나아가 수업을 마쳤다.

문인 이가원(李家源, 1917-2000)이 찬한 「행장」에 의하면, 외재는 경술국치 이후 중국 요동(遼東) 지역으로 떠나가려는 스승 곽종석을 도와 행동을 함께 하려 하였으나 뜻대로 되지 않았다. 1916년에는 대계(大溪)

이승희(李承熙, 1847-1916), 서천(西川) 조정규(趙貞奎, 1853-1920), 정돈섭, 김사진이 만주 땅 봉천(奉天)에서 독립운동기지 덕흥보(德興堡)를 개척하면서 중국으로 와서 함께 해줄 것을 외재에게 요청하였지만 이 역시 뜻대로 되지 않았다.[1]

이후 1919년 스승 곽종석의 뜻을 좇아 유림단(儒林團) 파리장서(巴里長書)에 137명 가운데 한 사람으로 서명하였다. 서명자 가운데 영주 출신은 김동진(金東鎭, 1867-1952)과 김택진(金澤鎭, 1874-1961), 그리고 정태진 3인이었다. 외재는 이들과 함께 보안법 위반으로 구속되었으며, 1919년 12월 24일 불기소 처분을 받을 때까지 대구형무소에서 옥고를 치렀다. 출옥한 뒤 다시 김사진과 함께 요동 땅에 들어가 상당 기간 머물다가 귀국하였다.[2] 그 뒤로는 세상과의 인연을 끊고 조용히 은거하였다. 여러 곳에서 강학을 하면서 제자들을 양성하였다. 만년에 기거하다가 세상을 떠난 곳은 문경시 마성면 모곡리다. 1990년 건국훈장 애족장에 추서되었으며 문집으로 『외재집(畏齋集)』(14권 7책, 석인본)이 있다.

외재의 생애 가운데 의문점이 있다. 과연 외재가 중국에 들어갔느냐, 들어갔다면 몇 차례냐 하는 점이다. 이가원의 「행장」에서는 1919년 이후 한 차례 중국에 들어갔다고 하였고, 한국학중앙연구원에서 펴낸 『한국향토문화전자대전』에서는 1910년 이후 한 차례, 1919년 이후 한 차례 더 들어갔다고 하였다.[3] 외재 자신은 대계 이승희를 기리는 만시에서

---

1 『畏齋集』 부록, 2a, 「行狀」. "俛宇自社屋後, 欲避地遼東, 而先生實贊其獻, 然事竟不諧. 至丙辰, 李大溪承熙趙西川貞奎, 及鷄巖西洲, 營懇於德興堡, 要與之偕.

2 『외재집』 부록, 2a-2b, 「행장」. "己未, 俛宇以投書巴里, 拘於南固. 先生亦與金東黎澤鎭被逮, 蓋以署名故也. 數月乃釋, 遂與西洲作遼行, 久之而歸. 自是無復出境外."

3 『한국향토문화전자대전』(한국학중앙연구원, 2020)에서는 "정태진은 1910년 경술국치 이후 정돈섭과 함께 만주로 들어가 봉천(奉天)에서 활동하였다. 1914년 봉천에서 이승희를

"옷소매 떨치며 중국으로 가는 일은 인연이 박했네(緣薄遼河一振衣)"라고 하였다. 이렇듯 서로 말이 다르고 근거가 충분하지 못한 것이 사실이다.

외재의 학문 경향을 보면, 그는 이병호와 곽종석으로부터 성리학의 주리론(主理論)을 진전(眞詮)으로 전해 받았다. 퇴계 이황의 '심합리기(心合理氣)' 설과 한주 이진상의 '심즉리(心卽理)' 설을 절충한 것이었다. 심의 본체를 '심합리기'로 보는 가운데 '심'이 지닌 '리(理)'의 측면을 중시, 이를 시대정신으로 삼아야 한다는 것이 핵심이었다.[4] '심'에 대해 가치론적으로 접근한 것은 한주학파(寒洲學派)의 사상적 특성이다. 외재에게 '리'는 원리로의 회귀를 의미하는 것이었다. 한편으로 외재는 평생토록 예학에 치력하였다. 지구문인(知舊門人)들과 주고받은 문자 가운데는 예학에 관한 것들이 많았다. 스승 이병호의 영향이다. 한편 그는 정씨 집안에 내려오는 실학적 가풍(家風)과 곽종석 문하의 경세학적 학풍을 함께 계승하여, 성리학과 실학이 둘이 아님을 보여주었다.

정태진에 대한 연구는 현재 연민학회(淵民學會)를 중심으로 이루어지고 있다.[5] 아직까지는 '시작' 단계에 있다고 본다. 본고에서는 그동안

만나 독립운동 근거지 개척에 참여하였다. 당시 이승희는 밀산(密山)에서 독립운동기지 한흥동(韓興洞)을 개척했던 경험을 토대로 봉천부의 요중현(遼中縣)에서 독립운동기지 덕흥보를 개척하였다. 정태진은 한인 정착촌의 개척에 조정규·정돈섭·안창제(安昌濟, 1866-1931) 등과 함께 참여하여 농사를 지었다. 그뿐만 아니라 1914년 8월 조정규·이광룡(李光龍) 등과 함께 중국의 곡부(曲阜)에서 열린 공자의 성탄대회에 참가하는 등 이승희가 전개하고 있던 공교회운동(孔敎會運動)에 참여하기도 하였다. 1916년 3월 이승희가 죽은 뒤, 덕흥보에 정착하여 농장을 경영하다가 2년 뒤 농자금 조달을 위하여 귀국하였다. …… 1919년 12월 24일 (파리장서사건으로) 불기소 처분을 받고 대구형무소에서 옥고를 치렀다. 출감 후 다시 만주에 들어갔으나 여의치 않자 다시 귀국했다"라고 기술하였다.

4 『외재집』 부록, 3b-4a, 「행장」 참조.
5 권오영, 「외재 정태진의 삶과 사상」, 『연민학지』 31, 연민학회, 2019; 함영대, 「연민 이가원의 학문연원과 외재 정태진」, 『연민학지』 36, 연민학회, 2021; 이정화, 「외재의

학계에서 외재의 한시에 대한 연구가 거의 없었던 점에 착안, 한시를 고찰하려 한다. 한시 전반에 관한 선행 연구가 없다보니 경개(梗槪) 중심의 글이 될 한계성이 없지 않지만, 작품 분석에도 유념하고자 한다.

본고에서는 〈선유구곡시(仙遊九曲詩)〉와 함께 시문학의 양대 축을 이루는 만시(輓詩)에 대해 중점적으로 고찰하도록 하겠다.

2. 외재의 한시 개관

『외재집』권1~2에는 181편 267수의 시가 수록되어 있다.[6] 연작시(連作詩)가 대부분이다. 숫자상으로 만시(輓詩), 차운시(次韻詩)가 많다. 이밖에 기행시(紀行詩), 영물시(詠物詩), 증별시(贈別詩)가 있고 영사시(詠史詩)는 없다. 유람 및 기행시로는 〈선유구곡시〉와 〈강우기행(江右紀行)〉[7]을 꼽을 수 있다. 둘 다 연작시로 문학성이 높다. 〈선유구곡시〉의 서막을 여는 '내선유동(內仙遊洞)' 한 수를 보자.

> 십년을 계획하다가 한 번 이곳을 유람하니
> 선유동문 깊은 곳에 흥취가 유장도 하다
> 굽이굽이 맑은 계곡엔 영원(靈源)이 쏟아지고
> 늙은 바위는 반짝반짝 푸른 산에 떠 있는 듯

仙遊九曲詩에 나타난 山水 인식」, 『연민학지』 36, 연민학회, 2021.

6 賦는 한 편도 없다.

7 1915년 4월 18일부터 22일까지 道友 金思鎭 등과 함께 경상우도 지역을 돌면서 지은 10수의 시다. 서문이 있다. 본래 거창 茶田에서 스승 이병호의 『東亭遺集』을 교감한 뒤 歸路에 낙동강변 여러 지역을 돌면서 知人, 勝景을 만나 읊은 것들이다.

세상에 보기 드문 곳, 은자의 숨은 자취 뒤쫓는데
자리 잡고 좋은 계책 얻은 것이 몇 번이었을까
한 해가 다가도록 금단(金丹) 얻었단 소식은 없으니
사람들에게 백발을 탄식하기가 부끄럽네
十載經營此一遊 洞門深處興悠悠
淸溪曲曲靈源瀉 老石磷磷積翠浮
曠世蒼茫追隱跡 幾時粧點獲勝籌
金丹歲暮無消息 羞向人間歎白頭

'차일유(此一遊)'와 '흥유유(興悠悠)', '추은적(追隱跡)'과 '획승주(獲勝
籌)'의 대비가 흥미롭다. 세속적 흥취로 시작하더니, 어느새 은선(隱仙)
의 발자취를 좇아 선유동에 눌러 살려는 계획으로까지 발전하였다. 그
러나 신선의 삶을 완벽하게 살기란 쉬운 일이 아니다. 금단에 뜻을 두
었지만 여의치 않아 백발을 한탄해야 하는 자신의 처지를 자탄하였다.
미련(尾聯)이 압권이다. 일창삼탄(一唱三歎)의 느낌이 없지 않다.

외재는 연작시와 장편시를 선호하였다. 이 때문인지 전고(典故) 인용
이 드물다. 쉽게 읽고 감상할 수 있도록 평이한 시어(詩語)로 썼다. 장편
연작시 가운데 〈녹리파적(鹿里罷寂)〉(1907)은 문경 녹문리(鹿門里)에 우
거하면서 지은 것으로 칠언율시 7편, 392자다. 장편 고풍(古風) 역시
그 수가 상당하다.

외재의 한시를 보면 두드러진 특징이 포착된다. 하나의 제목 아래
여러 수, 즉 '일제다수(一題多首)'라는 점을 먼저 꼽을 수 있다. 단 한
수로 된 오언절구나 칠언절구는 없다. 시인들의 선호(選好)가 각각 다르
기는 하지만, 대개 절구가 한 시인의 시격(詩格)을 대표하는 경우가 적지
않다. 오언절구는 다소 짧은 듯하고 칠언절구는 율시의 중간에서 비교

적 적당하다는 말이 예부터 있어 왔다. 물론 그렇지 않은 경우도 있다. 시선(詩仙) 이백(李白)의 특장은 칠언고시요 시성(詩聖) 두보(杜甫)의 특장은 율시라 한다. 성격이 자유분방하고 활달한 이백은 구속 많은 근체시보다 자유로운 고시를 선호하였다. 두보는 율시의 제일인자로 정평이 있었다. 그의 절구나 고시는 율시에 미치지 못한다는 평가를 받는다.

일제다수, 그리고 장편 고시를 선호하는 외재의 시는 큰 틀에서 볼 때 서사(敍事)와 서정(敍情) 등에서 나타내고자 하는 바를 거의 유감없이 표현하였다. 다만 한시에서 중시하는 절제미(節制味)와 문학적 세련미가 다소 부족하다는 느낌은 있다. 현대의 산문시와 크게 다르지 않은 고시의 근본적 한계성이 아닐까 한다.

그러는 가운데서도 문학성과 절제미를 느낄 수 있는 것들이 눈에 띈다. 필자가 보건대 증별시 2편이 단연 으뜸인 것 같다. 〈증별(贈別)〉이란 제목의 칠언절구 4수 가운데 첫수는 당시풍의 수준 높은 시다.

> 정인들이 가장 헤어지기 아쉬운 때는
> 석양녘 노정에서 봄 이별주를 드는 것이려나
> 짧은 노를 저어 까마득히 연외로 떠나가는데
> 병든 늙은이 저녁 강가에 홀로 서 있네
> 最是情人惜別時 勞亭斜日把春卮
> 短棹迢迢煙外去 病翁孤立暮江湄[8]

젊은 연인 사이의 이별만 아쉬운 것이 아니다. 늘그막에 이별하는 것도 그에 못지않게 아쉽다. 다시 만남을 기약하기 어렵기 때문이다.

---

8 『畏齋集』 권1, 2a, 「贈別」 제1수.

이 시는 청춘들의 이별과 노경(老境)의 이별을 대비하면서 헤어짐의 정한(情恨)을 한껏 끌어올렸다. 여기서 '노정'[9]의 고사를 이끌어 시를 새길 맛나게 만들었다. 이 시에서 증별의 상대가 누구인지 알 수 없는 것이 아쉽다.

정감적 성격을 드러낸 것으로 매화시 4편[10]을 빼놓을 수 없다. 동문인 석산(石山) 권종원(權鍾遠: 1880-1937)과 창수한 〈납매시(臘梅詩)〉 같은 것은 퇴계 이황의 매화시를 잘 배우고자 한 것 같다.[11] 그 가운데

> 다시 뉘라서 고염(孤艶)의 안부를 물을까
> 내가 그대 위해 유진(幽眞)을 피우리라
> 更有何人問孤艶　我欲爲君發幽眞

두 구[12]가 되새겨봄직한 것들이다. '고염'은 외로운 매화의 자태를 말한다. '유진'은 자연 그대로의 때 묻지 않은 상태를 가리킨다. 매화의 '유진풍치(幽眞風致)'를 남들이 몰라주면 자신이라도 나서서 알리겠다는 선언이다. 매화와의 다짐이 아름답다. 다만 장편고시인 까닭에 시적 운율이 곧장 느껴지지 않고 산문에 가깝다는 느낌이 있다. 여러 수로 나누고, 각도를 달리하여 포인트를 잡아냈더라면 더 좋았을지도 모르겠다. 이밖에도 여러 수의 매화시가 있다.

---

9 '노정'은 勞勞亭의 줄임말이다. 이백의 〈노노정〉 시에 나온다. 옛날에 이별하던 장소라 한다. 지금의 중국 남경시 서남방에 있었다.

10 『외재집』 권1, 21b-23b 참조.

11 『외재집』 부록, 5a, 李家源 「行狀」. "其與權石山鍾遠, 臘梅唱酬之什, 自有陶山餘韻 ……"

12 『외재집』 권1, 22a, 「乙亥臘月, ……」.

문학적 정감성의 차원에서 논할 수 있는 것들로는 〈화단십이영(花壇十二詠)〉[13], 〈신기십영(新基十詠)〉[14] 등을 꼽을 수 있다. 전자는 영주 출신의 학사 김창기(金昶基)의 화단시에 창수한 것이다. 죽(竹)·송(松)·매(梅) 등 열 두 가지 화목(花木)을 읊었다.[15] 이 가운데 우리나라에서 잘 자라지 않은 종려나무를 읊은 것이 눈에 띈다. 쉽게 크지 않아 애를 태우면서도 조급하게 마음먹지 말라는 당부를 담았다.[16] '고부장(苦不長)'의 현실 속에서 '불수망(不須忙)'하라는 의미 있는 당부다. 잊지도 말고 억지로 자라게 도와주지도 말라는, 맹자의 이른바 '물망물조장(勿忘勿助長)'의 가르침을 담은 것이다.

후자는 양전(陽田) 이상호(李祥鎬, 1883-1963)가 안동에서 문경으로 옮겨와 새로 터를 잡은 마원리 주변의 경관 열 군데를 읊은 것이다. 고모성(姑母城)·봉명산(鳳鳴山)·백화산(白華山) 등 문경의 명소가 등장한다. 마성면 신현리 고모성, 오천리 취적대(吹笛臺), 외어리 봉명산, 남호리 옥녀봉(玉女峯), 문경읍 상리 주흘산(主屹山), 마원리 쌍천(雙川), 마원 3리 조천(潮泉), 마원 3리 금대(琴臺), 마성면 모곡리 성주봉(聖主峯), 상내리 백화산 등 열 곳이다. '마성면 십경(十景)'[17]이라 일컬을 만하다.

외재는 화초(花草), 수목(樹木)에 대해서도 관심이 많아, 그에 관한 시문을 적지 않게 남겼다. 완물(玩物) 차원의 관심은 아니다. 운초(耘草),

---

13 『외재집』 권1, 29b-30b, 「酬金君昶基花壇十二詠韻」.

14 『외재집』 권2, 9a-10a, 「次李雲傾新基十詠韻」.

15 김창기의 '십이영'은 李起淵의 『西汀集』 권1, 「次金昶基花壇十二盆韻」) 등, 여러 학자·문인들의 문집에도 보인다. 이기연(1875~1955)은 안동 출신의 학자다.

16 『외재집』 권1, 30a, 「酬金君昶基花壇十二詠韻」, 〈棕櫚〉. "始添華節僅齊床, 新展棕櫚苦不長. 披割舊龘能得養, 驗看物理不須忙."

17 황진호, 「문경시 1950년대 '마성면 10경' 발굴」, 『경북일보』, 2019.3.5.

종수(種樹), 치포(治圃) 등에 관한 글과 함께 보면 관물오리(觀物悟理), 심성수양, 인재양성, 자애보민(慈愛保民) 등의 사상이 그 밑바탕에 깔려 있음을 알 수 있다.[18]

외재의 문학관은 『맹자』에 나오는 '충실지위미(充實之謂美)'를 이끌어 설명할 수 있을 것 같다. 내면의 아름다움[內美]이 있으면 힘쓰지 않아도 찬찬욱욱(燦燦郁郁)함이 외면에 드러나게 마련이라고 그는 말하였다.[19] 이것은 『맹자』「진심장구(盡心章句) 하」에서 "내면이 충실함을 일러 미(美)라 하고, 충만하게 채워져서 외면으로 빛이 남을 일러 대(大)라 한다[充實之謂美, 充實而有光輝之謂大]"라고 한 말과 맥락이 같다. 이런 문학관은 도학적 시문학관으로 연결되기에 알맞다.

외재는 스승 동정 이병호가 주자와 퇴계의 시문을 모아 엮은 『운도아선(雲陶雅選)』의 발문을 썼다. 단순한 발문이 아니다. 외재의 문학이 어디서 비롯되었는지 짐작할 수 있게 한다. 그는 「운도아선발」에서 스승 이병호의 문학관, 시관(詩觀)을 소개한 뒤, 자신의 시문학관이 주자와 퇴계에 입각하였음을 밝혔다. 먼저 『시경』삼백 편에 담긴 정신을 중요하게 여겼으며, 다음으로 '성정의 바름[性情之正]을 얻는 것', '사물이나 감정에 구애 받거나 끌려 다니지 않는 것', '평담중화(平淡中和), 우유한가(優遊閑暇)의 경지에 이르는 것', '사물에 마음을 깃들이되 사물에 구애 받지 않는 군자의 마음을 강조하였다. 그가 생각하는 이상적인 시는 증점(曾點)이 기수(沂水)에 가서 목욕을 하고 돌아오겠다고

---

18 『외재집』권11에 실린 「庭草說」, 「耘草說」, 「玩花說」, 「種樹說」, 「治圃說」, 「櫟說」 등 참조.
19 『외재집』 부록, 4b-5a, 李家源撰 「行狀」 참조.

했던 '증점욕기기상(曾點浴沂氣像)'과 정명도가 앞내를 건너며 흥얼거렸다는 '명도과천기상(明道過川氣像)'처럼 탈속한 기상이 잘 드러나는 것이었다.[20] 이를 볼 때 외재의 문학관은 도학적 시문학관의 유형에 포함시킬 수 있을 것 같다.

『외재집』에 도학시가 적지 않은 이유는 이런 도학적 시문학관과 직결된다. 〈거울[鏡]〉이란 시를 보자.

> 옛 거울 닦으려면 옛 방책이 온전하지
> 원래의 밝음을 다시 얻어 자연스러움에 젖었네
> 찬 가을 물 맑고 맑은데 제월이 내림(來臨)한 듯
> 옅은 구름이 확 걷혀 청천이 제 모습 드러낸 듯
> 본체는 항상 텅 비고 고요한 상태로 있으니
> 사물이 다가오면 어찌 추하고 예쁜 데서 피할 수 있으랴
> 잠깐이라도 유진(游塵)이 다가오지 못하게 하라
> 우리 집안에선 이 속에 진결을 전하느니라
> 要磨古鏡古方全　還得原明涵自然
> 寒水澄清來霽月　微雲開廓見靑天
> 體常自在虛而靜　物至寧逃醜與姸
> 斯須莫令游塵到　眞訣吾家此裏傳[21]

사람의 마음을 거울에 비유한 것은 외재 뿐만이 아니다. 사람의 본

---

20 『외재집』 권9, 2a-2b, 「雲陶雅選跋」. "余曰: 古詩三百篇, 率多引物而興起之辭. 夫君子之於詩, 隨時而寄興, 隨處而寓懷. 近而日用彝倫, 遠而山川草木, 無非得其情性之情, 而物物自有得之妙矣. 苟能於此等處融會, 則其爲言尤易知而感人. 又易入見君子之心, 寓於物而不滯於物, 發於情而不牽於情, 平淡中和, 優游開暇, 直與曾點之浴沂, 明道之過川, 其氣像不遠矣."
21 『외재집』 권11, 「鏡說」 역시 같은 취지로 쓴 것이다.

래 마음은 거울처럼 깨끗하여 거짓이 없다. 온갖 사물을 그대로 비춘다. 이욕의 유혹에 가려지게 되면 거울 표면에 먼지가 낀 것처럼 본연의 깨끗함이 드러나지 않는다. 거울의 먼지를 닦아내듯이 마음 속 이욕의 사사로움을 제거하면 다시 본연의 천성을 회복할 수 있다.

이 시는 외양상으로 보면 관물시(觀物詩)로 분류하기에 알맞다. 사물을 통해 이치를 깨닫는, '관물오리'를 추구한 것으로 볼 수 있기 때문이다. 그러나 내용을 보면 심학(心學), 즉 마음 수양과 관련이 있음을 알 수 있다. 외재는 퇴계 이황이 엮은 『고경중마방(古鏡重磨方)』을 매우 중시하였다.[22] 외재는 이 책이 전하는 메시지를 염두에 두고 이 시를 지었음이 분명하다.

3. 외재의 만시와 그 특성

만시는 '애도의 문학'이다. '비애의 미학'을 엿볼 수 있는 장르다. 『외재집』에 실린 시 가운데 만시는 60편이다. 외재시의 여러 장르 가운데 가장 많은 분량을 차지한다. 그와 함께 공부했던 동문들, 영남 출신의 선배 명유(名儒)들, 영주·문경·안동 등지의 유지급 인사들에 대한 만시가 많다.[23] 가족이나 친지의 경우는 그 수가 드물다. 겸암(謙菴) 류운

---

22 『외재집』 권8, 10a, 「古鏡重磨方序」. "退溪李先生, 手取古人箴銘; 上自湯武, 下至唐宋 諸君子, 所箴之箴, 所銘之銘. 敍次成篇, 以發亘古今治心之方, 嘉惠學者; 取朱子詩古鏡重磨 要古方之語, 而名其篇. ……"
23 특히 문경시 마성면 출신의 또 다른 선비들의 만사를 남겨 이 지역 선비들의 모습을 보여주었다.

룡(柳雲龍, 1539-1601)의 만시가 있어 눈길을 끈다. 겸암은 340년 전의 인물이다. 면례(緬禮) 때 지은 만시라 한다.[24]

외재는 도우(道友), 지인들의 행장을 쓰는 것처럼 만시를 썼다. 망자에 대한 지극한 정의(情誼)를 표하기 위함이었을 것이다. 만사의 주인공 중에는 외재가 제문이나 행장까지 쓴 경우가 있다. 외재 만시의 특징 가운데 하나를 '전기적(傳記的) 만시' 또는 '행장식 만시'라고 말해도 과언은 아닐 성싶다.

외재의 만시는 긴 분량의 산문시 성격을 띤 고시가 2건[25]이고 나머지는 절구와 율시 형식을 취하였다. 절구의 경우 단 한 수로 된 경우는 없다. 오언이나 칠언의 절구 분량으로는 고인에 대한 정의를 곡진하게 펴기 어렵다고 생각했음직하다. 외재가 일제다수(一題多首)의 연작시(절구)와 율시를 선호한 가장 큰 이유는 여기서 찾아야 할 것이다.

상당수의 만시에서 자주(自註)를 단 것이 이채롭다.[26] 이것은 일차적으로 고인의 생애와 가문을 상세하게 밝히고 그에 대한 이해를 돕기 위한 것으로 본다. 그러나 다른 사람의 만시에서 보기 드문 '자주'를 단 이면에 다른 목적이 있었을 법하다. 필자는 이를 문학적 장르를 넘어 '전기자료(傳記資料)'로서의 기능까지 염두에 둔 것이라고 본다. 이것이 외재 만시의 가치를 높이는 데 기여하는 측면도 있을 듯하다.

외재의 만시 가운데 손꼽을 만한 것으로 「동정이선생만(東亭李先生輓)」이 있다. 오언절구 13수로 된 긴 만시다. 스승 이병호의 생애 및 학문과

---

24 『외재집』 권1, 17b, 「謙菴先生輓」.
25 『외재집』 권1, 13a, 「輓金丈龍圭」; 수 31a-32b, 「輓李賢職」.
26 自註는 同門의 輓詩에 주로 사용되었다. 『외재집』 권1, 9b-10a, 「東亭李先生輓」; 수 11b, 「輓剛齋李丈」; 수 25b, 「輓權聲之」 등 참조.

사상을 종합적으로 서술하였다. 사실상 「행장」을 요약한 것이나 다름없다. 그 가운데 몇 수를 소개한다.

> 가학이 〈심통성정도(心統性情圖)〉에 있거늘
> 세월이 오래 되니 진결(眞訣)이 바래졌네
> 분명하게 주리(主理)의 취지를 담았는데
> 천고의 성현과 진실로 서로 부합한다네
> 家學心圖在　眞詮久漸渝
> 章章主理旨　千古諒相符
> 〈其二〉[27]

20자 안에 스승 이병호의 가학 내력, 학문 연원을 담았다. 주리(主理)의 진전(眞詮)이 퇴계 이황의 「심통성정도」에 분명하게 들어 있고, 그것이 성현상전(聖賢相傳)의 요결(要訣)임을 밝혔다. '주리지(主理旨)', '심도재(心圖在)' 두 구절은 전하는 메시지가 강렬하다. 시각적 효과도 대단하다.

> 자기를 충적함에 항상 실제로 증험하였으며
> 일을 주선함에 예수(禮數)로 하는 때가 많으셨네
> 요점을 들어 번잡하고 혼란한 것을 깎아버렸으니
> 예가의 본으로는 단연코 다른 책이 필요 없으리
> 積己常行驗　周旋禮數多
> 提要刪繁亂　繩尺斷無他
> 〈其七〉[28]

---

27 『외재집』 권1, 9b, 「東亭李先生輓」.

이 시에서는 스승의 학문 특성과 업적을 요약하였다. 행험(行驗)과 예수(禮數)라는 표현을 통해 외재가 실천 중심의 학풍을 중시하였고, 예학에서 특장을 보였음을 시사하였다. 스승 이병호는 일찍이 『사례촬요분류(四禮撮要分類)』를 편찬한 바 있다. 종래 내려오던 사례에 관한 예설들을 종합하되 번거롭거나 혼란한 것을 깎아내고 요점이 될 만한 것을 뽑아낸 책이다. 간편하고 쉽게 접근할 수 있는 것[便易]이 그 특성이다. 외재는 이 책이야말로 집을 짓는 사람에게 먹줄과 자 구실을 하는 것처럼 예가(禮家)의 지남(指南)이 될 것이라고 높이 평가하였다.

> 경국제민은 평생의 뜻이었건만
> 소백산의 구름을 깊숙이 갈았네
> 나가고 물러남엔 각자 방법이 있을 터
> 일부러 산속에 숨을 것까지야 있으랴
> 經濟平生志 深耕小白雲
> 行藏自有道 何必故離群
> 〈其八〉[29]

스승의 용사행장(用舍行藏)에 대해 말하면서도, 나가고 물러남에 각자 방법이 있다는 말을 덧붙였다. 스승의 평생 발자취와 함께 선비에게 중요한 진퇴 문제를 화두로 던진 것이다. '행장자유도(行藏自有道)' 다섯 글자는 스승과 제자의 트이고 열린 자세를 엿볼 수 있게 한다.

---

28 『외재집』 권1, 10a, 「東亭李先生輓」.
29 『외재집』 권1, 10a, 「東亭李先生輓」.

나를 봄바람 부는 자리에 앉히셨으니
아아, 머리 땋은 어린 시절부터였네
주기만 하고 받은 건 없으신 분
풀죽은 나는 아직도 옛 어리석음 못 떨치다니
坐我春風席　粤由童丱時
有授還無受　頹然尙舊癡
〈其十二〉[30]

　　만사에서 빠뜨릴 수 없는 것이 주인공과 작자 자신의 관계다. 이 시에
서는 언제나 따뜻했던 스승과의 만남, 배움의 과정을 회억하면서 스승
에 대한 절절한 감사의 염을 '유수환무수(有授還無受)' 다섯 글자에 담았
다. 이어서 스승의 가르침을 제대로 받들지 못한 아쉬움, 안타까움을
'상구치(尙舊癡)'로 표현하였다. 스승과 제자 사이의 정의(情誼)를 간결하
면서도 정감 있게 그렸다.
　　위와 같이 절구 여러 수를 통해 고인을 기린 예로 강재(剛齋) 이승희(李
承熙, 1847-1916)의 경우도 있다. 외재는 평소 믿고 의지했던 이승희가
망명지 요하(遼河)에서 세상을 떠났다는 소식을 듣고 애끊는 만시 5수를
썼다. 1916년의 일이다. 먼저 제1수를 보자.

　　'심'을 리로 높이는 게 진리이니
　　유학은 한주와 한계가 큰 방향을 천명했네
　　사람들이 말하기를 채씨 집안에 중묵이 있으니
　　전해온 보결을 잃지 않을 것이라고

---

30 『외재집』 권1, 10a, 「東亭李先生輓」.

一心尊理是眞藏 儒學寒溪闡大方
人道蔡家存仲黙 相傳寶訣未應喪[31]

이 시에서는 한주 이진상, 대계 이승희 부자로 이어지는 주리(主理)
의 전통을 말하면서 '주리' 두 글자에 진리가 들어 있음[眞藏]을 강조하
였다. 그리고 이들 부자를 채원정(蔡元定)과 채침(蔡沈: 자는 중묵) 부자
에 비하면서 심즉리를 상전보결(相傳寶訣)이라 하였다. 심즉리설이 학
문상에서 그치지 않는 명제임을 시사하였다. 다음 제2수를 보자.

비린내 기운이 가득한 우리나라 어두워
배를 타고 아득히 정처없이 떠나셨네
어찌하다 뜻 꺾이고 경륜이 쓰러졌을까
한 밤중 심양에서 큰 별이 떨어졌구나
漲滿腥氛左海暝 一泛高棹渺無停
如何志屈經綸偃 中夜瀋陽落大星[32]

이승희가 중국 땅 요하(遼河)로 들어가 독립운동 기지를 마련하는 일
과 공자교운동에 매진하다가 홀연히 장서(長逝)한 것에 대해 몹시 슬프
고 안타까운 심정을 위 4구에 담았다. '좌해명(左海暝)'의 상태가 여전
한 가운데 '낙대성(落大星)' 또다른 슬픈 현실이 벌어졌다. 이것을 점층
기법으로 읊었다. 다음 마지막 제5수를 보자.

---

31 『외재집』 권1, 11a, 「輓剛齋李丈」 제1수.
32 『외재집』 권1, 11a, 「輓剛齋李丈」 제2수.

일찍이 귀염 받은 몸, 뜻 어김 없기를 맹세했건만
옷소매 떨치며 중국으로 가는 일은 인연이 박했네
만사가 뒤짚혀 호리의 한[33]을 남겼으니
이 몸은 어디에서 다시 누구를 의지해야 하리이까
曾蒙眷愛矢無違 緣薄遼河一振衣
萬事翻成蒿里恨 此生何處更依歸[34]

　앞의 시들이 고인의 일생 발자취에 초점을 두었다면, 이 시는 고인
과의 인연을 강조하면서 고인에 대한 추모의 정을 끌어올렸다. 승구
아래에 있는 자주(自註)를 보면, 요하에 있던 이승희가 사람들을 만날
때면 외재의 자를 부르면서 '아무개와 함께 일을 한다면 매우 좋겠다.
서둘러 (요하에) 들어왔으면 한다'고 하였다 한다.[35] 이승희의 소원을 끝
내 들어주지 못한 것을 외재는 안타까워하였다. 또 의지할 만한 대선
배 학자를 잃은 슬픔을 절제된 표현으로 극대화하였다.
　한편, 외재의 또 다른 스승 면우 곽종석에 대한 만사는 율시 한 수가
전부다. 절구 여러 수로 절절하게 고인을 기린 경우, 즉 동정 이병호,
강재 이승희, 회당(晦堂) 장석영(張錫英, 1851-1926)[36] 등에 대한 만사와
비교가 된다. 곽종석에 대한 만시 1수를 보자.

33　무덤을 바라보며 눈물 짓는 일. 또는 만장을 지으며 한숨짓는 일.
34　『외재집』 권1, 11b, 「輓剛齋李丈」 제5수.
35　『외재집』 권1, 11b, 「輓剛齋李丈」 제5수. 自註 "公在遼河時, 對人字余言, 與某共事甚
　　好, 亟圖入來云."
36　장석영에 대한 만시는 모두 5수다. 『외재집』 권1, 16a-16b, 「輓晦堂張丈」 참조.

하늘이 영웅호걸을 내신 게 어찌 우연이랴
우리나라 교탁(敎鐸)이 이 분에 힘입어 선양되었네
산천 년 내려온 예악에 두루 힘을 쓰신 분
칠십 년 동안 중화(中和)를 함양하시었네
주나라에서 대로(大老)에 귀의한 건 다투어 말들 하지만
연옥(燕獄)에서 죽어간 충현들이야 어찌 알겠는가
은미한 말씀 담긴 책상자, 신이 응당 지킬 것이니
백세 뒤에도 우리 도가 전하리라는 걸 알겠노라
天挺英豪豈偶然　大東敎鐸賴將宣
周旋禮樂三千際　涵養中和七十年
爭道周家歸大老　那知燕獄死忠賢
微言篋裏神應護　百世從看此道傳[37]

　스승의 일생, 아니 조선 성리학의 판 맺음[結局]을 한 거유(巨儒)의 삶을 한 수의 칠언율시에 담기란 쉬운 일이 아닐 것이다. 여러 수로 구상할 수 있었을 터인데 왜 한 수로 마무리하였는지는 알기 어렵다. 당대 최고의 거유를 기리는 글이니만큼 엄숙미와 정제미(整齊美)를 갖추어야 한다는 생각과 무관하지 않다고 본다. 또한 기릴 내용이 많을 경우 오히려 간결하게 핵심이나 요점 중심으로 기술하는 것이 더 효과적일 수 있다는 판단도 있었을 법하다. 다만, 스승과 제자 사이의 절절한 관계가 잘 드러나지 않은 것이 아쉽다.

　기구에서는 스승 곽종석이 하늘이 내신 분으로, 가르침의 목탁[敎鐸]이 스승에 힘입어 울리게 되었음을 읊었다. 승구에서는 스승의 일생이 중화(中和)를 함양하는 것, 예악을 실천하는 것으로 일관되었음을 말하

---

37 『외재집』 권1, 13a, 「俛宇郭先生輓」.

였다. 전구에서는 파리장서에 137명 유림의 대표자로 서명하였다가 체포, 투옥되어 끝내 세상을 떠났음을 강조하였다. 스승의 죽음을 중국 남송대의 충신 문천상(文天祥, 1236-1283)이 원나라 장수 장홍범(張弘範)에게 사로잡혀 3년 동안 연옥(燕獄)에 갇혔다가 굴복을 하지 않고 끝내 죽음을 당했던 고사에 비하였다. 세상 사람들이 스승의 죽음에 대해 잘 알지 못하는 것에 대해 안타까운 심정을 곁들였다. 결구에서는 스승이 교설(敎說)을 통해 남긴 진전(眞詮)은 백세 뒤에도 전해지리라는 굳건한 믿음을 드러냈다. 짜임새와 맺음새가 좋다. 다만 만사에서 흔히 볼 수 있는 상투성 차원의 표현에서 깔끔하게 벗어나지 못한 점, 그러다보니 문학성을 끌어올리지 못한 점이 아쉽다.

　외재의 만사는 천편일률적이지 않다. 만사의 주인공이 누구냐에 따라 최대한 감정을 절제하기도 하고, 때로는 상투적인 만사 형식에서 벗어나 높은 문학성을 추구한 것도 있다. 후자의 경우를 보자. 김익수(金益秀)에 대한 만사 5수다.[38] 김익수는 영주 사람으로 본관이 연안이다. 괴헌(槐軒) 김영(金瑩, 1765-1840)의 후손이다.

> 깨끗하여 먼지 하나 없는 수월헌의 영창
> 고가의 봄이 회화나무 그늘로 뒤덮였네
> 소백산 남쪽으로 거마가 가볍게 행차하는 건
> 매양 동진에 대해 주인에게 물으려 함이었지
> 水月軒窓淨不塵　槐陰羃羃古家春
> 山南車馬輕行者　每向東津問主人

38　『외재집』 권1, 32a-32b, 「輓金友三」.

수월헌은 김익수 사저의 '쪽마루[軒]' 있는 건물 이름으로 추정된다. '괴음'은 유래가 있다. 김익수의 선조 김영의 아호가 괴헌이고 실제로 그의 고택(古宅: 괴헌고택)[39]이 화화나무와 관련이 있다고 한다. '괴음'과 '고가'라는 표현을 통해 김익수가 영주의 유명한 집안의 자손임을 넌지시 드러냈다. '동진(東津)'은 당나라 때 시인 두보가 타어(打魚)를 하던 곳이다.[40] 소백산 남쪽에 있는 김익수의 집으로 많은 사람들이 찾아드는 것은, 풍류랑(風流郎) 기질이 대단한 김익수에게 승유(勝遊)와 승유의 흥취를 묻기 위함이라는 말이다. 김익수의 자는 우삼(友三)이다. 삼익우(三益友)[41]의 줄임말이니 교유와 풍류를 즐기는 면모를 그의 자에서도 엿볼 수 있겠다.

단정 근실 침착 순박함은 대를 이은 아름다움
강주(剛州)의 문헌에서도 그대 집안을 꼽았었지
어지러운 환란 속에서 지금이 어느 때라고
홀로 고색창연한 가문을 보전하였구려
端謹沈淳襲世華　剛州文獻數君家
紛紛喪亂今何日　獨保門闌古色多

기구에서는 가문의 기풍을, 승구에서는 영주 지역에서 김익수의 가문이 차지하는 위상을 말하고, 전구와 결구에서는 어려운 시국에서도

---

39 현재 국가지정문화재 국가민속문화재 제262호로 지정(2009.10.30)되어 있다.
40 『杜少陵詩集』 권11, 〈又觀打魚〉에 "고기잡이 구경하러 동진에 다시 왔네(東津觀魚已再來)"라는 구절이 있다.
41 松·竹·梅를 '歲寒三友'라 하고, 공자가 "유익한 벗에 세 가지가 있다(益者三友)"고 한 데서 나왔다.

집안의 전통을 잘 지켜왔음을 기렸다. '강주'[42]는 영주의 고호(古號)다.

맑은 서리 맞은 누런 국화 가을 집에 가득도 해라
구학에 살겠단 맹세, 처음 마음 저버리지 않으셨네
백발에 유의(儒衣) 입고 세상 변화 살피시는데
낭랑하게 아직도 예전에 본 책 외우고 계시었네
淸霜黃菊滿秋廬 丘壑幽盟不負初
素髮袞衣觀化日 朗然猶誦舊看書

주인공을 청상황국(淸霜黃菊)에 비한 뒤 세속잡사에 찌들지 않고 자연에 묻혀 살겠다는 마음을 지켜서 바꾸지 않은 점을 높이 평가하였다. 이어서 주인공의 생애를 도학군자의 일상을 통해 조명하였다. '소발관화(素髮觀化)' 넉 자에서 함의를 읽을 수 있다.

십대에 걸쳐 영주에서 깊은 계분(契分) 있었으며
다시 새로운 정분으로 사이 좋게 지냈었네
좋은 일 한 것이 원업이 될 줄 어찌 알았으리
흐르는 물 아득하여 보이지도 않는구나
十世梓鄕托契深 更將新誼結歡心
那知好事爲冤業 逝水茫茫不可尋

기구와 승구에서는 고인과 외재의 집안이 세교(世交)가 있었고, 또 이를 이어 두 사람이 원만한 관계를 유지하였음을 말하였다. 전구의

---

42 문집 원문에는 '刪州'로 잘못 기록되어 있다. '剛州'가 옳다.

내용이 안타깝다. 구체적으로 어떤 사연이 숨어 있는지 정확히 알기는 어렵지만, 김익수가 좋은 일을 하다가 남의 입방아에 올랐음을 안타까워하는 내용인 듯하다. 결구에서는 끝내 남의 의혹을 시원스럽게 풀어주지 못하고 세상을 떠났고, 또 무정한 세월이 빠르게 흐름을 슬퍼하였다. 전·결구는 여느 만시에서 보기 어려운 내용이다. 특히 '호사위원업(好事爲寃業)' 다섯 글자를 놓고 고심이 깊었을 법하다.

> 펄럭펄럭 한 장의 종이에서 북풍이 불어대더니
> 빈 들보에 가득한 새벽 달빛 그대 얼굴을 보는 듯
> 시골에 묻힌 병든 몸, 상여 줄도 못 잡았으니
> 뒤미처 만사를 쓰는데 눈물이 곱절로 흐른다
> 翩翩一紙北風吹　落月空樑忽見疑
> 纏疾羈鄕違執紼　追題輓語倍漣洏

　고인의 죽음에 대한 외재의 안타까운 심정을 실로 절절하게 그려냈다. 기구의 '일지(一紙)'는 부고장(訃告狀)을 가리킨다. 충격적인 소식임을 '북풍취(北風吹)' 석 자 속에 담았다. 승구에서는 새벽 달빛을 보며 고인을 생각했음을 밝혔다. '낙월공량홀견의(落月空樑忽見疑)'는 두보가 이백을 그리워하며 지은 〈몽이백(夢李白)〉 시에서 "달빛이 들보에 가득한데 그대의 얼굴을 보는 듯 하여라(落月滿屋梁, 猶疑見顏色)"고 한 구절을 인용하였다. 절절한 그리움을 담은 내용으로는 이 구절만한 것도 드물 성 싶다. 게다가 자신과 고인을 은근히 두보와 이백 두 사람 사이에 비하는 효과도 이끌어냈다. 승구와 전구에서는 북받치는 슬픔, 안타까움을 토로하였다. '눈물이 곱절로 흐른다'는 표현은 유학자의 만시에서 쉽게 보기 어렵다. 정감성, 문학성의 측면에서 다른 만시를 덮을 만한 구절이다. 이런 데서 만시의 매력을 찾을 수 있지 않을까 한다.

4. 맺음말

외재 정태진은 한문학·경학·성리학·예학 등 전통 학문에 일생을 바쳤다. 그의 학문은 수제자 연민 이가원에게 많은 영향을 끼쳤다. 이가원은 외재를 '경사(經師)'라 하였다. 이가원의 학문이 '연민학'이라고 일컬어질 정도로 보편성과 특수성을 아울러 갖추고 있음에 비추어볼 때, 연민학의 형성에 영향을 끼친 선배 학자들의 학문과 사상에 대해 고찰하는 것은 의미 있는 일이라 하겠다. 이제 앞에서 서술한 것을 요약, 정리하는 것으로 맺음말에 대신하려 한다.

1) 외재의 문학관은 '성리학적 문학관', 또는 '도학적 문학관'이라고 해도 좋을 듯하다. 당시풍의 시가 적지 않지만, 이취시(理趣詩)가 주류를 이루는 것은 이와 관련이 있다.

2) 외재시는 크게 보아 분량이 긴 고시, 절구, 율시가 삼분(三分)한다. 이밖의 다양한 시체(詩體)는 볼 수 없다. 내용상으로는 만시가 가장 많고, 서경(敍景), 서사(敍事), 서정(敍情) 등 여러 면으로 다양한 주제를 선보였다.

3) 외재는 연작시와 장편시를 선호하였다. 전고(典故) 인용이 드문 것은 이 때문이다. 쉽게 읽고 감상할 수 있도록 평이한 시어(詩語)를 사용한 점, 자주(自註)를 달아 전후 사실을 분명히 밝힌 점은 두드러진 특성이라 하겠다.

4) 외재시에서 약 33% 가량인 만시는 실용적 목적에서 지은 것이다.

이것은 평소 실용적인 학문에 힘썼던 그의 학문 태도를 반영한 것이라고 할 수 있다. 만시는 세상을 떠난 사람과의 관계를 드러내고 정의(情誼)를 기리는 데 목적이 있다. 비지류(碑誌類)나 전장류(傳狀類)의 글보다도 만시를 선호했던 점이 주목된다.

5) 60편에 달하는 만시의 주인공은 외재와 평소 교분을 나누었던 인사들로, 주로 영남권 출신들이다. 자신의 고향 영주, 만년에 우거하였던 문경의 인사들이 다수를 차지한다. 스승인 이병호·곽종석을 비롯하여 이승희·장석영 등 당대의 거유(巨儒)를 기리는 만시가 있어, 그의 활동 범위를 엿볼 수 있다. 이것은 영남학파의 학맥을 후세에 전하려는 노력의 소산이라고도 볼 수 있겠다.

6) 외재의 시는 분량이 긴 장편시가 많다. 장편시는 구수(句數)의 제한이 없다보니 산문시적 성격을 띨 수밖에 없다. 이는 문학성의 측면이라든지 절제미의 측면에서 하나의 한계로 작용하기도 한다. 외재의 만시는 절구 한 수로 끝난 경우는 없다. 절구 정도의 분량으로는 고인에 대한 정의를 곡진하게 펴기 어려운 것이 사실이다. 이런 까닭에서인지 외재의 만시는 일제다수(一題多首)의 연작시(절구)와 율시 일변도다. 긴 분량의 고시는 2수에 불과하다. 굳이 절구와 율시 형식을 선호한 것은 문학성, 절제미를 고려한 것은 물론지만, 고인의 인생 역정을 몇 수 또는 몇 연으로 단락을 지어, 삶의 이모저모가 독자에게 분명히 전해지도록 하기 위함이었을 것이다.

7) 외재시에서 만시는 '비애의 미학'을 엿볼 수 있는 문학 장르다. 기본적으로 정감미(情感美)가 깔려 있다. 상대에 따라서는 엄숙미는 물론 숭고미(崇高美)까지 엿볼 수 있는 것들도 있다. 큰 틀에서 볼 때 실용적 목적을 염두에 두고 문학성까지 갖추려 했다는 평가를 할 수 있겠다.

8) 외재의 만시는 단순히 죽은 사람을 애도하는 것으로 끝나지 않았다. 자신의 만시가 아니면 역사 속에 묻힐 수도 있는 인사들의 삶과 발자취를 간략하게나마 남겨 후세에 알리려는 데 궁극의 목적이 있었다. 이것은 외재의 만시를 관통하는 중요한 특징이기도 하다.

외재의 산수기와 선유구곡

허경진

1. 친가(親家)와 외가(外家)에서 배운 연민의 한학(漢學)

갑오개혁 때에 과거시험이 폐지되고 국문이 공용어로 선포되자, 한문에 대한 효용성이 떨어졌다. 유림에서는 여전히 한문을 숭상했지만, 많은 선각자들이 한문공부를 포기하고 한글로 신학문을 배우거나, 영어나 일본어 등의 외국어를 공부하기 시작했다. 1910년에 일본이 국권을 강탈하자, 한문의 효용성은 더욱 떨어져 쓸모없는 학문이 되었다.

경상북도 안동에서 독립운동가의 아들로 태어난 연민 이가원(李家源) 선생은 20대 청년이 될 때까지 신식교육을 받지 않고, 문중과 향리의 스승에게서 전통적인 교육을 받았다. 그래서 한문을 우리 글같이 사용하여 일상생활을 할 정도로 익숙해졌다. 당시로서는 전혀 쓸모없이 보였던 한문에 일생을 걸었던 것이다.

연민은 한문으로 자신의 사상과 학문을 저술한 이 시대 마지막 국학자이다. 현대의 국문학자들이 학문으로 국문학에 접근했지만, 연민은 문학으로 국문학에 접근했다. 흔히 '문학한다'고 하면 문학을 창작하는 것으로 이해하고, '국문학한다'고 하면 국문학을 연구하는 것으로 이해한다. 그런 면에서 본다면, 연민은 '문학하는' 의미에서 '국문학을 했던' 마지막 학자이다. 현대 학자들이 받아온 교육으로는 일상생활과 문학생활을 한문으로 할 수가 없기 때문이다.

연민은 퇴계(退溪)의 14대손인데, 증조부까지는 종손이었으며, 첫째와 둘째 아들이 일찍 세상을 떠나자 셋째였던 그의 할아버지 노산(老山) 이중인(李中寅)이 살림을 맡았다. 친가의 첫 번째 스승은 노산이었는데, 필자는 연민이 조부에게 한학을 배운 과정을 이렇게 정리하였다.

　노산은 손자 가원에게 가학을 전수하려고 5세부터 한 방에 데리고 살았다. 가원(家源)이라는 이름도 퇴계로부터 내려오는 가학의 연원을 이으라는 뜻으로 지어주었다. 항일의식이 강했던 노산은 손자를 왜놈의 학교에 보내지 않겠다고, 집안에서 직접 한문을 가르쳤다. 연민은 1921년부터 고계산방(古溪山房) 서당에서 『천자문』을 읽으며 글을 배우기 시작했다. 첫날에는 첫 구 "하늘 천(天), 따 지(地), 검을 현(玄), 누를 황(黃)" 넉 자를 배우고, 며칠 뒤부터는 두 구 여덟 자씩 배웠으며, 그 다음부터 진도가 더 나아가, 1년도 채 못되어 『천자문』을 다 떼었다. 그날 어머니가 떡을 차려와 책씻이를 하였다.

　그런 뒤에는 『논어』 『맹자』 『대학』 『중용』 순서로 사서를 읽었고, 『시경』 『서경』 『역경』 순서로 삼경을 읽었다. 서당에서는 글을 읽은 뒤에 반드시 외우게 하였다. 만약 외우지 못하면 하루 일과를 거듭하여 반드시 외운 뒤에야 다음 과제로 넘어갔다. 그러나 연민은 한번도 거듭한 적이 없이, 그날 그날 모두 외었다. 『사략』을 뗀 뒤에도 책씻이를 하였다.

노산은 외는 것만으로 끝내지 않고, 월강(月講)제도를 시행했다. 수강생들을 한 방에 모아 놓고 보름 동안에 읽은 내용을 고관(考官) 앞에서 외운 뒤에, 고관이 묻는 경의(經義)를 하나하나 대답하게 하였다. 성적은 순(純)·통(通)·불(不)의 3등으로 매겼는데, 다른 부모들은 아들이나 손자에게 순(純)을 매겨 달라고 부탁할 정도였지만, 노산은 가장 뛰어난 손자가 아무리 잘해도 통(通)을 매겨 자만하지 않도록 하였다.

한 글자도 막히지 않고 잘 외우며 잘 풀이하면, 음력 4월부터 7월까지는 한문으로 글짓기를 시켰다. 글짓기 공부는 다독(多讀)·다송(多誦)·다작(多作)의 삼다(三多)의 원칙을 세워 가르쳤다. 많이 읽고 많이 외우는 글공부는 박학(博學)과 강기(强記)를 위해서만이 아니라, 결국은 글짓기를 잘하는 것이 목표였다. 10년 넘도록 이렇게 글짓기 공부를 하면서 연민의 국학연구는 바탕이 다져졌다. 한문학 작품을 직접 지을 수 있었기에 우리 선조들의 작품도 깊이 이해할 수 있었으며, 자신이 지은 문장을 직접 썼기에 직업적인 서예가들의 글씨와도 다른 특징을 지니게 되었다.

이러한 과정을 거치면서 13세 이전에 『서경』까지 떼었는데, 서산(書算)을 꼽아가면서 100번을 넘기지 않고 다 외웠다. 처음에는 목청을 높여서 낭독했는데, 성조(聲調)를 청장(清壯)하기에 힘쓰고, 글뜻을 탐색하기에 힘썼으며, 책을 덮고 외우기에 힘썼다. 이러한 단계를 지나면서, 글의 참된 뜻을 생각하기에 힘썼다.

이때부터는 지난날 외우기에 힘썼던 독서법을 지양하고, 글뜻을 탐색하며 사서 삼경을 다시 읽기 시작했다. 이때부터 『대학』은 1,000번, 『시경』은 300번을 읽었고, 그 나머지도 대개 100번씩은 읽었다. 제자백가 가운데 『초사(楚辭)』의 「이소경(離騷經)」은 1,000번, 『사기(史記)』와 당송팔가문(唐宋八家文) 등은 골라서 100번을 읽었다.

이러한 글을 읽는 과정에서 연민은 목청이 트이고 졸음을 정복했다. 날마다 저녁식사 뒤에 할아버지 방에 들어가 소리내어 글을 읽어야 했는데, 할아버지는 주무시는 듯 가만히 계시다가도 졸음 때문에 글 읽는 소리가 끊어지면 불호령을 내렸다. 자정까지 글을 읽고 잠을 잔 뒤에 새벽 4시면 어김없이 일어나 글을 읽어야 했다. 노인들은 잠이 없는데다 평생 새벽부터 글을 읽어왔던 선비라서, 손자도 13세부터는 저절로 4시간 잠자는 게 습관이 되었다. 할아버지는 뒷날 손자에게 연민(淵民)이라는 호를 지어 주었다. 겸허하고 깊이있는 사람이 되라는 뜻인데, 백성을 사랑하라[憐民]는 뜻도 있었다.[1]

13세까지 학문의 바탕이 닦아지자, 노산이 연민을 줄포(茁浦)에 있는 외가에 보내어 공부하게 하였다. 외조부 송대(松臺) 정대직(丁大稙)은 우담(愚潭) 정시한(丁時翰)의 7대손인데, 안협현감을 지낸 사대부이자 면우(俛宇)나 동정(東亭)과 절친한 학자이기도 했다. 연민은 뒷날 외조부의 행장(行狀)을 지으면서, 외조부의 가르침을 한 줄로 간결하게 전달하였다.

　　내가 일찍이 외조부 송대공(松臺公)을 모시고 글을 읽을 때에 달이 밝고 눈이 희었다. 외조부께서 술을 청하여 가득 따라 마시다가 취하시자 퇴계(退溪)의 「성학십도차자(聖學十圖箚子)」를 낭랑하게 외우시고는, 나에게 이렇게 명하셨다. "네가 이 글을 읽어 가학(家學)을 분명하게 계승해야 퇴계선생 집안의 자식이라는 것을 저버리지 않게 될 것이다."[2]

줄포에 학자가 많았지만, 외조부는 경학(經學)을 가르칠 학자로 외재(畏齋) 정태진(丁泰鎭)을 정하여 연민을 그에게 보냈다. 연민이 어릴 적

1　허경진, 「연민 이가원 선생의 생애와 학문」, 『연민 이가원 선생의 생애와 학문』, 보고사, 2005, 20~22면.
2　「外王考通訓大夫行安峽縣監松臺丁府君行狀」, 『淵淵夜思齋文藁』, 通文館, 1967, 493면.

글을 읽던 과정을 회고하면서, 외재에게 『논어』와 『서경』을 배우던 내용을 이렇게 기록하였다.

> 11세 되던 정묘년(1927) 봄에는 영주(榮州)의 검암정사(儉巖精舍)에서 외재(畏齋) 정태진(丁泰鎭) 선생을 모시고 『논어(論語)』를 읽었다. … 을해년(1935)에는 외재옹을 모시고 다시 『서경(書經)』을 2백 번 읽었다.[3]

예전 서당에서는 여름에 글을 짓고 겨울에는 책을 외웠다. 연민은 외재에게 글짓는 법을 배우던 과정을 이렇게 회고하였다.

> 계유년(1933) 여름에 외재 정태진 옹을 모시고 시가(詩歌) 및 전(傳), 행장(行狀) 짓는 법을 배웠다. 갑술년(1934) 여름에 다시 외재옹을 모시고 사(辭), 부(賦)와 시가(詩歌) 짓는 법을 배웠다.[4]

학자에게 제자가 아무리 많더라도, 대개는 스승의 학문과 인품을 가장 잘 아는 수제자가 행장을 지었다. 연민은 17세 청년 시절에 외재에게 행장 짓는 법을 배워서, 43세 장년 시절에 외재가 세상을 떠나자 그의 행장을 지었다.

외재는 조선왕조에 태어나 대한제국, 일제강점기, 대한민국 시대를 두루 거치면서 84년 동안 다양한 형태의 수많은 글을 지었는데, 평소에 예(禮)나 이기(理氣)를 논한 글을 제외하고는 본인이 원고를 잘 모으지

---

3 「淵翁幼時讀書年月及遍數記」, 『萬花齊笑集』, 단국대학교출판부, 1998, 153-154면.
4 「淵翁幼時課作年代記」, 『萬花齊笑集』, 단국대학교출판부, 1998, 154면.

않아서 시문(詩文)이 많이 흩어졌다. 남은 시문을 후배 번와(樊窩) 김용규(金龍圭)와 제자 수촌(水村) 김승학(金承學)이 편집하여 교정하고, 연민(淵民)이 편차하여 14권 7책의 『외재문집(畏齋文集)』을 간행하였다.

『외재문집(畏齋文集)』 부록(附錄) 뒤에 실린 연민의 발문에는 "외재문집(畏齋文集)이라 명명했다[敬題之曰, 畏齋文集]"고 되어 있지만, 연민의 문집인 『연연야사재문고(淵淵夜思齋文藁)』에 실린 발문을 보면 연민은 원래 『외재전서(畏齋全書)』라고 명명했음을 알 수 있다.

> 내가 선생을 따라 공부한 지가 전후 20여 년으로 가장 오래다. 내가 감히 망령되게 내 뜻대로 10분의 8을 남겨 문체별로 나누고 종류별로 계통을 잡아서 모두 14권 7책으로 만들고, 행장(行狀), 묘갈명(墓碣銘), 묘지명(墓誌銘), 발문(跋文) 등 몇 편을 붙여, 삼가 『외재전서(畏齋全書)』라 이름하였다.[5]

우리나라의 문집 제목은 대체로 '문집(文集)' '집(集)' '유고(遺稿)' 등의 명칭으로 끝난다. 고전번역원DB에서 '전서(全書)'를 검색해보면 고봉(高峯), 백호(白湖), 사계(沙溪), 신독재(愼獨齋), 율곡(栗谷), 청장관(靑莊館), 홍재(弘齋), 이충무공(李忠武公), 은봉(隱峯), 돈암(遯菴), 여유당(與猶堂), 관암(冠巖)의 전서가 전부이다. 『송자대전(宋子大全)』도 전서의 범주라고 할 수 있는데, 우연이지만 율곡의 제자, 재전제자들이 이 이름을 즐겨 썼다.

전서라는 이름은 시문(詩文)의 분량이 많아서 모두 수집했다는 뜻인

---

5 「畏齋全書跋」, 『淵淵夜思齋文藁』, 通文館, 1967, 328면.

데, 분량이 많건 적건 제자의 입장에서 스승이 남기신 글을 하나도 빠뜨리지 않으려고 애써서 수집하고 편제를 갖추어서 편집하였다는 뜻이 더 크다. 연민이 외재의 문집에 전서(全書)라는 명칭을 붙였던 것은 시문과 경설(經說) 예설(禮說)의 분량이 많아서라기 보다는, 연민이 그만큼 스승 외재를 존경하고, 스승의 문집을 내기 위해 많은 정성을 기울였다는 뜻이 담겨 있다.

필자는 연민의 생애와 학문을 정리하는 글에서 명륜전문학교(明倫專門學校)에 입학하기 전의 스승을 '향리의 스승'이라 명명하고, 대부분 외재에 관해 소개하였다.

> 11세부터는 도산서원 강 건너 동전(東田) 이중균(李中筠)에게 나아가 한시를 배웠다. 그는 성균관 진사였는데, 성균관 학생들이 명성황후와 어울려 작란하자 시골로 내려와 글을 읽고 있었다. 연민은 13세부터 시를 즐겨 지었다.
>
> 경전은 외가쪽 어른인 외재(畏齋) 정태진(丁泰鎭, 1876-1959)에게 배웠다. 그는 경상북도 영천 줄포에 세거하던 학자였는데, 가학으로 우담(愚潭) 정시한(丁時翰)·해좌(海左) 정범조(丁範祖)·다산 정약용의 학문을 이어받고, 동정(東亭) 이병호(李炳鎬)·면우(俛宇) 곽종석(郭鍾錫)의 교훈을 받아 성리학의 대가가 되었다. 연민은 친가와 외가 쪽으로 전해오던 남인 학풍을 전수받으면서. 자연스럽게 실학에 눈을 떴다.[6]

연민이 전문학교에 입학하여 전통적인 한학자보다는 국문학을 연구하는 학자의 길로 들어서자, 외재가 편지를 보내어 사장(詞章)보다 경학

---

6 허경진, 앞의 글, 22-23면.

(經學)에 힘쓰라고 자주 권면하였다. 연민은 사장(詞章)에서 한걸음 더 나아가 연암소설(燕巖小說) 연구에서 시작하여 국문학(國文學)을 연구하는 학자가 되었지만, 그 밑바탕에는 외재의 가르침이 깔려 있었다.

> 『서경(書經)』에서 "정덕(正德) 이용(利用) 후생(厚生)"이라고 하였는데, 정덕(正德)이 본(本)이고, 이용후생(利用厚生)은 말(末)이다. 이 본말(本末)이 아울러 갖춰진 뒤에야 천하의 일을 통하고 여러 사업을 조처할 수 있다.[7]

외재가 젊은 시절의 연민에게 보낸 편지에서 강조한 "정덕(正德) 이용(利用) 후생(厚生)"은 이후 연민의 박사논문인 『연암소설연구』를 비롯한 실학 연구와 다양한 국문학 논저(論著)의 밑바탕이 되었으며, 문예미(文藝美)를 논하는 다른 교수들과 달리 문학강의에서도 늘 경학과 "정덕(正德) 이용(利用) 후생(厚生)"을 강조하였다.

2. 산수기에 나타난 외재의 명명법(命名法)

산수기(山水記)는 글자 그대로 산수(山水)에 관해 쓴 글인데, 구체적으로는 산수를 기행하면서 쓴 글이다. 필자는 2000년에 미국 하버드대학 옌칭도서관에서 한국고전 자료들을 발굴하다가 정원림(鄭元霖)이 편찬한 『동국산수기(東國山水記)』를 찾아냈는데, 3권 3책에 53편의 산

---

7 『畏齋文集』卷七, 三十三 後面-三十四 前面.

수유기(山水遊記)가 실려 있었다. 이 책을 기본자료로 삼고 몇 편을 추가하거나 삭제하고 번역하여 2016년에 『조선 선비의 산수기행』이라는 단행본을 출판하였는데, 그 서문에서 이 시기에 산수기를 번역하는 의의를 이렇게 설명하였다.

　　『조선 선비의 산수기행』을 지금 번역하여 출판하는 까닭은 조선 선비들이 현대인들의 등산과는 다른 목적으로 산과 물을 찾았고, 다른 기록을 남겼기 때문이며, 이러한 글들이 바쁘게 살아가는 현대인에게 색다른 읽을거리와 인생의 지침서가 될 수 있기 때문이다.
　　조선 선비들이 산수를 즐겨 찾은 이유는 무엇보다 성현 공자의 가르침을 따르기 위해서였다. 공자가 "지혜로운 자는 물을 좋아하고, 어진 자는 산을 좋아한다[知者樂水, 仁者樂山]"고 말한 이래로 "요산요수(樂山樂水)"라는 고사성어는 요즘의 중고등학생들까지 다 아는 유명한 말이 되었으며, "태산에 올라보니 천하가 작게 보인다[登泰山而小天下]"라는 말은 맹자의 호연지기(浩然之氣)와 더불어 군자의 덕목으로 강조되었다. 그러한 산수의 체험 기록의 1차 독자는 물론 자기 자신이지만, 2차적으로는 자기와 같은 생각을 지니면서도 여러 가지 이유로 산수를 찾아가지 못하는 선비들을 상정할 수 있으며, 적극적으로는 자신과 생각이 같지 않은 독자에게 산수 유람을 권하기 위해 기록한 것이기도 했다.
　　조선 선비들이 산수를 즐긴 태도는 크게 두 가지로 나뉘며, 이미 선학들이 그 특성을 자세히 설명했다. …
　　이 두 가지 견해는 결국 같은 의미이다. 인간이 자연에 들어가고 자연이 인간에 들어와서 하나가 되었다는 뜻이다. 글쓴이가 문인인가 학자인가에 따라서 앞과 뒤의 방식이 달라지긴 하지만 물아일체(物我一體)가 되는 것은 마찬가지였는데, 조윤제 선생은 선비가 자연과 자연스럽게 하나가 된다 하였고, 정병욱 선생은 선비가 자연에게 배워서 하나가 된다고 하였을 뿐이다. …

퇴계는 백운동서원을 창설한 주세붕의 유산록을 읽어보고 소백산에 끌려 찾아갔는데, 봉우리 하나 바위 하나를 보면서도 주세붕이 느꼈던 마음을 생각했다. 자신도 「유소백산록(遊小白山錄)」을 쓰면서 "내가 본 것을 차례대로 엮고 또 기록하는 것은 훗날에 이 산을 유람하는 자들이 나의 글을 읽고 느끼는 점이 있게 하기 위해서이니, 이 또한 내가 주세붕 선생의 글을 읽고 느낀 것과도 같은 것이 아니겠는가!" 하였다. 와유록 (臥遊錄)처럼 산을 찾을 시간이 없는 독자들은 방 안에 누워서 읽어 보시 겠지만, 이 책 덕분에 산을 찾아가는 분들이 있다면 더욱 다행이겠다.[8]

퇴계는 주세붕의 유산록을 읽어보고 소백산을 찾아가 봉우리 하나 바위 하나를 보면서도 주세붕이 느꼈던 마음을 생각했는데, 퇴계 자신도 「유소백산록(遊小白山錄)」을 쓰면서 "내가 본 것을 차례대로 엮고 또 기록하는 것은 훗날에 이 산을 유람하는 자들이 나의 글을 읽고 느끼는 점이 있게 하기 위해서이다."라고 창작 동기를 설명하였다.

모든 문학은 독자들이 그 글을 읽고 무엇인가 느끼게 하기 위해서 지은 것인데, 산수기의 창작 의도는 구체적으로 산봉우리의 모습을 보고 옛사람이 지은 이름의 의미를 되새겨보고, 자신의 느낌을 독자들에게도 전달하려는 것이다. 퇴계는 풍기군수로 부임한 이듬해인 1549년 4월 22일 백운동서원에서 유숙하고, 26일까지 나흘 동안 소백산을 거슬러 올라가며 주세붕이 이름지은 곳들을 둘러보았다.

퇴계가 이때 지은 「유소백산록」이 『퇴계집』 권41에 실려 있는데, 퇴계도 역시 산수에 적합하도록 명명(命名)하는 것에 관심을 가졌다.

---

8 허경진, 『조선 선비의 산수기행』, 돌베개, 2016, 5-8면.

（22일）경유(景遊) 주세붕(周世鵬)은 이곳을 백운대(白雲臺)라고 이름 붙였다. 하지만 내가 생각하기에는 이미 백운동과 백운암이 있으니 혼동이 될 것 같다. '백'자를 '청'자로 고치는 것이 더 좋을 성싶다. …

（25일）주세붕 선생이 이곳에 오지 못해서 그랬는지 (산대암이라는) 이름이 예전의 촌스러움 그대로여서 바꾸지 않으면 안될 것 같았다. 그래서 그 이름을 자하대(紫霞臺)로 고쳤다. … 자하대(紫霞臺) 북쪽에는 두 봉우리가 동·서로 마주 보고 있는데 그 색깔이 아주 희었다. 하지만 아무런 이름이 없어서 내가 감히 그 이름을 짓기를, 동쪽 봉우리는 백학, 서쪽 봉우리는 백련이라 했다. 이른바 백설봉과 함께 다 같이 '희다'[白]는 명칭을 이렇게 많이 붙이면서도 내가 이를 싫어하지 않는 이유는 소백산이라는 이름과도 걸맞게 하기 위함이었다.[9]

퇴계가 소백산 봉우리에 새 이름을 붙인 이유는 세 가지이다. 백운대 경우에는 백운동, 백운암과 혼동이 될까봐 청운대로 고치자는 것이고, 산대암 경우에는 주세붕이 와 보지 않고 승려들의 말만 듣고 지었기에 실상에 맞지 않아 고쳐야겠다는 것이며, 백학봉이나 백련봉 경우에는 아무런 이름도 없어서 지었다는 것이다. 이름을 지어도 후세인들이 그렇게 불러야 살아남는 법인데, 청운대를 비롯한 이 이름들은 후대에도 그렇게 불려졌다.

퇴계가 "나의 글을 읽고 느끼는 점이 있게 하기 위해서"라고 산수기 창작 동기를 설명했던 것처럼, 그의 산수기는 계속 읽혀지고, 재전제자들이 그 길을 따라 걸었으며, 그가 이름지은 봉우리들을 보며 스승의 가르침을 회상하였다.

---

9 허경진, 같은 책, 181-186면.

외재도 퇴계의「유소백산록」을 읽고 소백산을 유람하며 퇴계가 명명한 곳들을 둘러본 뒤에「소백산수기(小白山水記)」를 지었다.

소백산에 세 봉우리가 있으니 국망봉(國望峯), 비로봉(毘盧峯), 연화봉(蓮花峯)이다. 이 산은 남주(南州)의 진산이니, 가장 크고 웅장하다. …

봉두암(鳳頭巖) 서쪽에 광풍대(光風臺)가 있어 매우 높으며 제월대(霽月臺)와 짝을 이뤄 불리고 있으니, 이 두 대(臺)는 신재(愼齋) 주공(周公)께서 명명(命名)하신 곳이다. …

암자 터에서 위로 험준한 길을 올라가면 적성(赤城)이 있고, 자하대(紫霞臺), 백련봉(白蓮峯), 백학봉(白鶴峯) 등의 여러 봉우리들이 있는데, 그 바위와 구렁이 더욱 뛰어나 경계가 더욱 맑으니, 참으로 물외(物外)의 진구(眞區)이다. 암자 아래 쪽으로는 죽암폭포(竹巖瀑布)와 연좌봉(宴坐峰)이 있으니, 이는 모두 퇴도부자(退陶夫子)께서 명명하신 곳이다. …

신재 선생께서 명명한 이 대의 옛 이름은 백운(白雲)인데, 퇴도 선생께서 백자(白字)를 청자(靑字)로 고쳤으니, 백운동서원과 혼동되기 때문이었다. 여기부터 산세가 아름다움을 다투고 물빛이 더욱 곱게 흐르는데, 10여리를 지나면서 임야가 차츰 넓어지는 곳에 백운동서원이 있다. …

아래위 암벽이 그다지 험준하지 않으면서도 기이함을 드러내고, 물이 그다지 깊지 않으면서도 맑은 못을 이룬다. 암벽 위에는 경석(敬石)이 있으니, 퇴도 선생께서 손수 쓰신 것이다.

금선정(錦仙亭) 서쪽 산록은 가파르고 험준한데 양쪽 낭떠러지가 서로 안고 있으며, 소나무와 회나무가 뒤섞여 우거졌고, 그 가운데에 널찍하게 터를 닦아 지은 집이 바로 금양정사(錦陽精舍)이다.

이 모든 것이 금옹(錦翁)께서 은거하여 수양하던 곳인데, 그 후손들이 계승하여 지금까지 부지런히 보호하고 그 집을 넓혀서 원근의 선비들이 내왕하며 글을 읽도록 하고 있으니, 이 또한 금옹의 뜻을 계승하는 것이다.

기해년(1899) 여름에 내가 동정선생(東亭先生)을 모시고 이곳에서 한 두 달을 보냈는데, 샘물이 맑고도 차며 경계가 그윽하면서도 깊어서 참으로 사랑할 만하였다. 그리고 올해 봄에 내가 다시 와서 몇 달을 머물다 돌아왔는데, 맑고 그윽하면서도 조용한 정취가 예전과 같았다. …

법희사(法喜寺) 앞으로 몇 걸음 가면 백 길 높이의 날아갈 듯한 폭포가 큰 골짜기 아래로 내리쏟는데, 은하가 매달린 듯, 백설이 휘날리는 듯하고, 구슬이 빛나는 듯, 구슬이 흩어지는 듯하여 참으로 절경을 이루었다. 예전에는 이름이 없어서, 폭포가 절 앞에 있다고 하여 세상 사람들이 그냥 희방폭포(喜方瀑布)라고 불렀다. 내가 감히 이름을 고쳐서 백련폭포(白蓮瀑布)라고 하였으니, 실제 산이름에 근거를 둔 것이다. 비로폭포가 이러한 예이다. …

철교(鐵橋)가 죽령(竹嶺) 아래에 있어, 나는 철자(鐵字)를 죽자(竹字)로 고쳐 죽계와 나란히 부르고 싶다. 그러나 이름을 새로 짓는다[創新]는 것이 자칫하면 참람하고 경솔한 짓이라는 책망을 벗어날 길이 없다. 산령(山靈)과 수신(水神)이 노닐기에 욕됨이 없어야 하기 때문이다. …

아! 소백산은 남방(南邦)의 큰 산이요, 퇴계(退溪), 금옹(錦翁), 신재(愼齋) 등 여러 선생은 우리 동방의 대현군자이다. 국망봉 비로봉 등 여러 봉우리들이 모두 여러 선배들의 자취와 손길을 얻어 더욱 빛나고 있으나, 연화봉 한 봉우리만은 지금까지 그 반열에서 빠졌으니 어찌된 일인가? 산에서 취할 만한 점이 없어서 그런 것인가? 이내 어린 봉우리의 높고 웅장하면서도 상쾌하고 명랑한 기상, 바위와 골짜기의 그윽하고 깊으면서도 맑고 뛰어난 정취가 참으로 다른 여러 봉우리에 못지않을뿐더러, 백련폭포와 용추 같은 것 또한 다른 봉우리가 갖지 못한 것이다. …

무릇 산이란 큰 것에 의미가 있는 것이 아니라 사람을 얻을 수 있으면 명산이 되는 법이다.

258   제2부 _ 외재 정태진의 시문학

외재가 소백산에 올랐던 길은 퇴계와 순서가 달랐지만, 퇴계가 거쳤던 곳은 다 둘러보며 퇴계가 명명한 산수를 눈으로 확인하고, 그 이름이 적절함을 인식하였다. 「소백산수기」에서 외재와 퇴계를 이어주는 매개체는 서너 가지이다. 하나는 주세붕이고, 하나는 퇴계가 명명한 산수들이며, 하나는 퇴계의 제자 금계(錦溪) 황준량(黃俊良)이 은거하여 수양하던 금양정사이고, 하나는 24세 젊은 시절에 그곳에서 퇴계의 13대손 동정선생(東亭先生)에게 글을 배우던 기억이다.

외재는 이 글에서 산수의 명명(命名)에 큰 관심을 보이고 있다. 하나는 퇴계가 명명한 산수에 대한 관심이고, 다른 하나는 희방사 옆에 있다 하여 희방폭포(喜方瀑布)라고 불리던 폭포를 백련폭포(白蓮瀑布)라고 명명한 것이다. 백련봉에 근거한 것이다. 그러나 이름을 고치고 싶다고 하여 모두 고친 것은 아니다. 철교(鐵橋)를 죽령에 근거하여 죽교(竹橋)라고치고 싶었지만, "이름을 새로 짓는다(創新)는 것이 자칫하면 참람하고 경솔한 짓이라는 책망을 벗어날 길이 없다"는 자책감에서 그만두었다.

외재가 「소백산수기」에서 명명(命名) 다음으로 관심을 가진 것은 각석(刻石), 즉 명명이나 유가적 가치관을 나타내는 어휘를 바위에 새겨 여러 사람이 보게 하는 행위이다. "암벽 위에는 경석(敬石)이 있으니, 퇴도 선생께서 손수 쓰신 것이다."라는 구절이 각석에 대한 관심을 보여준다. 물론 '경석'을 주세붕 자신이 써서 새겼다는 사연이 『무릉잡고(武陵雜稿)』 별집 권6 「백운동석벽각경자(白雲洞石壁刻敬字)」에 실려 있으니 이는 잘못된 기억이지만, 선현이 바위에 새긴 글씨를 보고 그 가르침을 되새겨보는 행위 자체는 외재를 비롯한 후학들에게 스승을 직접 만나는 것만큼이나 큰 의미를 지녔다.

외재는 산이 크고 웅장하거나 아름다워서 의미가 있는 것이 아니라 사람을 얻어야 명산이 된다고 하였다. 훌륭한 학자가 머물러 글을 읽고, 제자들이 대를 이어 찾아오면 절로 명산이 된다는 뜻이다. 「소백산수기」를 "짐짓 이러한 사연을 기록하여 후인들이 이 산을 유람하는데 일조를 마련코자 할 뿐이다.[姑記此, 以備後人遊覽此山之一助爾.]"라는 문장으로 마무리한 것도 이 글을 읽고 더 많은 사람들이 소백산을 찾아와 명산이 되게 하려는 의도를 보여준다.

외재가 「소백산수기」에서 보여준 명명과 각석에 대한 관심이 「선유구곡(仙遊九曲)」 시에서 구체적으로 드러난다.

3. 외재가 경영한 선유구곡

문인의 산수시를 논할 때에 원림(園林)이나 정사(亭榭)는 '경영(經營)한다' 하고, 구곡(九曲)은 '설정(設定)한다'는 표현을 많이 쓴다. 설정은 명명(命名)에 가까운 개념이다. '경영'이라는 어휘 속에는 소유(所有)한다는 개념이 들어 있다고 생각하여, 대개 십리를 넘나드는 넓은 공간을 소유한 문인이 드물다 보니 '설정'이라는 어휘를 많이 쓰는 듯하다.

'경영'은 『시경』 「영대(靈臺)」에서 나온 표현이다.

> 영대를 처음 계획하여
> 땅을 재고 푯말을 세우니,
> 많은 백성들이 거들어
> 며칠도 되지 않아 다 이루었네.
> 經始靈臺, 經之營之,
> 庶民攻之, 不日成之.

"땅을 재고 푯말을 세우는" 설계과정부터 경영이 시작되는데, 집을 짓고 나면 재산이 늘어나기 마련이다. 그러나 문인들은 집을 소유하는 즐거움이 아니라, 자기의 철학에 맞는 집을 짓기 위해 준비하는 과정 자체를 즐거워했다. 송순(宋純)의 시조에 "십년을 경영하여 초가삼간 지어내니"라고 했는데, 송순 같은 대지주가 초가삼간을 짓기 위해 10년이나 준비할 필요는 없었지만, 그는 강산에 둘려서 달과 청풍과 함께 사는 집을 짓겠다는 꿈 자체를 즐거워했기에 10년이나 경영하면서 그 즐거움을 누렸다.

많은 문인들이 오두막에 살면서도 인생을 즐겼으며, 마음에 드는 경치를 보면 자기 땅으로 만들기 전에도 그곳에 자주 찾아가 몸과 마음을 쉬었고, 글을 지었다. 자신이 좋아하는 경관에 계속 새로운 의미를 부여하여, 남들이 느끼거나 찾아내지 못한 세계를 새롭게 만들어냈다. 팔경(八景)을 설정할 때에 단순하게 산수의 명칭을 나열하는 것이 아니라 소상팔경(瀟湘八景)의 '동정추월(洞庭秋月: 동정호의 가을 달)'이나 '소상야우(瀟湘夜雨: 소상강의 밤비)'처럼 일년 중 어느 순간에 그곳을 보아야 가장 아름다운지 설명할 수 있었던 것도 문인들이 끊임없이 성찰하고 경영한 결과이다.

영주(榮州) 줄포(茁浦)에 대대로 살던 외재는 파리장서에 서명하는 등 독립운동에 관여한 일 때문에 왜경의 감시가 심해지자, 1940년경에 문경군(聞慶郡) 마성면(麻城面) 모곡리(茅谷里)로 옮겨 살면서 서당을 열어 강학을 계속하였다. 문경 선유동 경치가 수려하다는 소문은 일찍부터 들었지만, 1947년에야 실제로 찾아가 보았다.

내가 문희(聞喜, 문경)에 머물며 일찍이 선유동(仙遊洞)의 승경(勝景)을 듣고 매번 마음이 쏠리고 정신이 치달린 지가 오래되었다. 그러나 근심과 걱정에 매이고 시설의 어려움에 구속되어 여러 차례 미루다가 그만두었다.

정해년(1947) 4월 그믐에 이성래(李聖來)와 이익원(李翊元)이 영주에서 와 김근부(金謹夫)와 함께 나를 방문하였으므로, 이양현(李養賢)을 불러 마침내 선유(仙遊)로의 나들이를 도모하였다. 성래가 마침 머무는 곳에 일이 생겨 다시 5월 4일에 중도에서 만나기로 약속하고 떠나갔다. (5월) 3일에 이르러 나와 근부, 양현이 함께 떠나 왕릉(旺陵)으로 향하였다.[10]

외재는 문경 선유동의 소문만 듣다가 이때 처음 찾아갔다고 했는데, 선유동이라는 이름 자체가 "신선이 노닐 만큼 아름다운 곳"이라는 뜻이어서 전국 여러 곳에 선유동이 있으며, 최치원이 썼다는 글씨와 전설도 남아 있다. 문경 선유동은 내(內)·외(外) 두 군데가 있었는데, 우복(愚伏) 정경세(鄭經世, 1563-1633)가 일찍이 방문하여 시를 지었다.

동쪽 선유동(仙遊洞)의 반석
題東仙遊洞盤石

두 선유동이 서로 이웃에 있어
중간에는 한 고개의 흰 구름만 놓여 있네.

---

10 『畏齋先生文集』卷二,「遊仙遊洞詩」. "余之寓聞喜 夙聞仙遊之勝 每心往神馳者 久矣 纏於憂慽拘於時艱 屢擬而屢止 丁亥四月晦 李聖來翊元自榮州歸 與金謹夫聯袂來訪 且速李養賢遂相與謀仙遊之行 聖來適有當幹於寓所 更以五月四日 約會於中路 遂謝去 至初三日 余與謹夫養賢同發向旺陵"

명승지를 가지고 좋고 나쁘다 논평하지 말라

하늘이 시냇물과 바위를 고르게 나눠 주었네.

兩仙遊洞好相隣。只隔中間一嶺雲。

莫把名區評甲乙、天將水石與平分。

불한령(不寒嶺) 동쪽은 문경(聞慶) 땅이고 서쪽은 청주(淸州) 땅인데, 두 곳에 모두 수석이 아름다운 곳이 있어서 모두 선유동(仙遊洞)이라고 부른다. 서로 간의 거리는 겨우 이십 리 남짓인데, 유람하는 자들이 서로 자신들이 있는 곳이 더 좋다고 하여 어느 곳이 더 좋다고 정할 수가 없다.

그 뒤에 손재(損齋) 남한조(南漢朝, 1744-1809)가 문경 희양산(曦陽山) 선유동 별서(別墅)에 머물면서 정경세의 6세손인 입재(立齋) 정종로(鄭宗魯, 1738-1816)를 초청하자, 정종로가 선유동에서 오언절구 17수를 지었다. 그 제목이 상당히 긴데, 선유동 산수의 이름들이 자세하게 소개되었다.

내가 문희(문경)의 산수에 명승이 많다는 말을 듣고 한번 노닐며 감상하고 싶은 지가 오래되었다. 갑인년(1794) 청화절에 벗 남종백이 나를 초청하여 함께 그의 별장이 있는 선유동에서 노닐었는데, 소매를 떨치고 두릉에 들어갔다. 나란히 말을 몰아 길을 갔고, 종백의 아우 조백과 나의 막내아들 상관도 함께하였다. 양산에서부터 내외(內外) 선유동(仙遊洞) 및 파곳과 용유동 등의 승경을 지나며 단지 약간 수의 시만 지었을 뿐이어서 그 경물을 추가하여 지으려 하였지만 나를 일으키는 자가 없어 한스러웠는데, 마침 문서가 와서 드디어 함께 시를 짓는다.

余聞聞喜山水多絶勝 欲一遊賞久矣 甲寅清和 友人南宗伯邀我 共遊其別庄仙遊洞 振袂入杜陵 聯鑣作行 宗伯之弟朝伯 余之季兒象觀偕焉

自陽山歷內外仙洞及巴串龍遊諸勝 只得若干首 方欲追賦其景物 而恨無
起余者 適會文瑞來到 遂與共賦

　서시(序詩) 성격의 제1수 「양산 동구에서 입으로 읊어 주자의 〈운곡잡
영〉 첫 번째 절구에 차운하다[陽山洞口 口占次朱子雲谷雜詠第一絶韻]」를
제외하면 야유암(夜遊巖), 희양봉(曦陽峯), 양산사(陽山寺), 백운대(白雲
臺), 선유동(仙遊洞), 영사석(靈槎石), 난생뢰(鸞笙瀨), 옥석대(玉鳥臺), 탁
영담(濯纓潭), 관란대(觀瀾臺), 세심대(洗心臺), 영귀암(詠歸巖), 내외선유
동(內外仙遊洞), 용유동(龍遊洞), 용추(龍湫) 등의 제목이 대부분 선유동
의 산수를 제목으로 삼은 것이다.

　선조 정경세가 "불한령(不寒嶺) 동쪽은 문경(聞慶) 땅이고 서쪽은 청
주(淸州) 땅인데, 두 곳에 모두 수석이 아름다운 곳이 있어서 모두 선유
동(仙遊洞)이라고 부른다."고 하면서 문경 쪽 선유동을 '동선유동(東仙
遊洞)'이라고 지칭한 것에 비하면, 정종로는 내외(內外) 선유동으로 구
분하였다. 산수의 명칭 상당수가 뒷날 외재가 지은 선유구곡(仙遊九曲)
의 명칭과 상당수 겹치지만, 외재처럼 구곡(九曲)을 설정하지는 않았
다. 물굽이[曲]와 직접 관련되지 않는 명칭도 있고, 이들을 물의 흐름과
자신의 탐방 순서에 따라 구곡으로 설정하려는 시도도 보이지 않는다.

　그런데 정종로가 방문하기 1년 전인 1793년에 남한조가 지은 「선유
동잡영(仙遊洞雜詠)」 소서(小序)를 보면 그는 이때 이미 구곡의 개념을
세웠던 것 같다.

　　또 동으로 1리를 가면 봉암촌(蜂巖村)인데, 고(故) 상서(尚書) 이재(李
縡)의 별장이다. 예전에는 정자가 있었는데, 지금은 무너졌다. 또 동으로
1리를 가면 옥석대(玉鳥臺)이니 선유동(仙遊洞)의 제1곡(第一曲)이다.

선유동은 모두 9곡(九曲)으로 곡마다 이취(異趣)가 있는데, 옥석대(玉鳥臺), 난생뢰(鸞笙瀨), 관란대(觀瀾臺), 탁영담(濯纓潭)이 더욱 기이하다. … 옥석대(玉鳥臺) 동쪽 바위에 선유동(仙遊洞)이라는 세 글자를 크게 썼는데, 누가 새겼는지는 알지 못한다. 구곡의 석각 표제(石刻標題)는 모두 고(故) 처사(處士) 홍정(鴻亭) 신필정(申弼貞) 공이 새긴 것이다.

又東行一里 爲蜂巖村 是故李尙書緈別庄 舊有亭 今廢 又東一里餘 爲玉鳥臺 是爲仙遊洞第一曲 洞凡九曲 而曲曲異趣 玉鳥臺 鸞笙瀨 觀瀾臺 濯纓潭 尤奇勝 玉鳥臺東巖 大書仙遊洞三字 不知誰氏所刻 而九曲石刻標題 皆故處士鴻亭申公 弼貞 所刻也

선유동이 모두 구곡이라고 했지만, 그 명칭을 다 소개하지 않고 "옥석대(玉鳥臺), 난생뢰(鸞笙瀨), 관란대(觀瀾臺), 탁영담(濯纓潭)이 더욱 기이하다."고만 기록하였다. 「선유동잡영(仙遊洞雜詠)」이라는 제목에서도 보이듯이 「선유구곡(仙遊九曲)」 시는 아니며, 영사석(靈槎石), 세심대(洗心臺), 관란대(觀瀾臺) 영귀암(詠歸巖), 난생뢰(鸞笙瀨), 옥석대(玉鳥臺) 7곡만 시가 실려 있다. 소서(小序)에 '제3곡 북부(第三曲北阜)'라고 썼지만 시는 없다. 선유동에 아홉 개의 굽이가 있다고는 했지만, '선유구곡'을 구체적으로 설정했던 것은 아니다.

지금의 선유구곡을 완성한 문인이 바로 외재이다. 소백산맥에 위치한 둔덕산(屯德山)과 대야산(大耶山)의 계곡에서 흘러 내려오는 물이 합쳐져 용추를 이루고, 몇 굽이를 흘러 내려가면서 선유동을 이룬다.

외재는 대야산에서 문경 쪽 골짜기를 내선유동(內仙遊洞), 괴산 쪽 골짜기를 외선유동(外仙遊洞)이라고 하였다. 선유구곡을 다른 구곡들과 비교해보면 외재의 명명법이 한눈에 들어온다. 선유동에 있던 여러 지명들 가운데 아홉 개를 골라 한데 묶는 것 자체가 또 하나의 명명이다.

	1곡	2곡	3곡	4곡	5곡	6곡	7곡	8곡	9곡
무이구곡	升眞洞	玉女峯	仙機巖	金鷄巖	鐵笛亭	仙掌峯	石唐寺	鼓樓巖	新村市
고산구곡	冠巖	花巖	翠屛	松厓	隱屛	釣峽	楓巖	琴灘	文山
화양구곡	擎天壁	雲影潭	泣弓巖	金沙潭	凌雲臺	瞻星臺	臥龍巖	鶴巢臺	巴串
내선유	玉霞臺	靈楂石	活淸潭	洗心臺	觀瀾潭	濯淸臺	詠歸巖	鷺笙瀨	玉鳥臺
외선유	石門	擎天壁	鶴巢臺	煉丹爐	臥龍瀑	龜巖	碁局巖	爛柯臺	隱仙臺

　무이구곡이나 고산구곡, 화양구곡의 명칭들이 구체적인데 비하여, 외재가 경영한 선유구곡(내선유)의 명칭들은 추상적이다. 유가(儒家)와 도가(道家)의 용어들을 가져왔기에, 명칭만 보아도 많은 이야기들이 담겨 있다. 그만큼 함축적이고, 문학적이라고 할 수 있다.

　남한조는 「선유동잡영」에서 제1곡을 옥석대(玉鳥臺)라 하고 제3곡을 북부(北阜)라고 하였는데, 시가 실린 순서는 "영사석, 세심대, 관란대 영귀암, 난생뢰, 옥석대" 순이다. 그의 명명에 따라 옥석대를 제1곡, 북부를 제3곡으로 먼저 설정하고 보면 외재의 선유구곡에서 제3곡 활청담과 제6곡 탁청대가 들어갈 자리가 없다.

　외재는 남한조가 기록한 선유구곡 가운데 제3곡 북부(北阜)를 제외하고, 활청담과 탁청대를 추가하였다. 제외한 북부는 고산구곡 식의 명명인데 비하여, 추가한 활청담과 탁청대는 둘 다 맑은 물을 이름에 담았다. 외재는 「내선유동」 제1곡 옥하대부터 제9곡 옥석대까지 차례로 칠언절구를 지어, 남한조의 소서(小序)처럼 애매하지 않고 순서가 분명하다. 9곡의 명칭과 원주(原註)는 아래와 같다.

　　옥하대(玉霞臺): 이곳은 선유 제1곡이다. 예전에 제각(題刻)이 있었는데, 홍수에 유실되어 지금은 그 장소를 변별할 수가 없다.

영사석(靈槎石)

활청담(活淸潭)

세심대(洗心臺)

관란대(觀瀾臺)

탁청대(濯淸臺): 손재(損齋) 남한조(南漢朝)가 탁청대의 서쪽에 세심
　　정(洗心亭)을 지었는데, 지금은 터만 남아 있다.

영귀암(詠歸巖)

난생뢰(鸞笙瀨)

옥석대(玉鳥臺)

이 명칭들이 유래된 출전은 다음과 같다.

　　영사(靈槎): 『천중기(天中記)』 권2 - 한무제(漢武帝)가 장건(張騫)에
　　　게 명하여 대하(大夏)에 가서 황하(黃河)의 근원을 찾게 하자, 뗏목
　　　[槎]을 타고 한 달 걸려 한 곳(은하)에 이르렀다.[漢武帝令張騫 使
　　　大夏 尋河源 乘槎 經月而至一處]

　　활청(活淸): 주희(朱熹)의 「관서유감(觀書有感)」 - 묻노니 어이하여 그
　　　처럼 해맑을까? 근원에서 활수가 들어오기 때문이지.[問渠那得淸如
　　　許? 爲有源頭活水來.]

　　세심(洗心): 『주역(周易) 계사전 상』 - 시초의 덕은 둥글어 신묘하고,
　　　괘의 덕은 네모나 지혜로우며, 육효의 뜻은 변역하여 길흉을 알려
　　　준다. 성인이 이로써 마음을 깨끗이 씻어 은밀함에 물러가 감추며,
　　　길흉 사이에 백성과 더불어 근심을 함께하여, 신령으로써 미래를
　　　알고 지혜로써 지나간 일을 간직한다.[著之德圓而神 卦之德方以知
　　　六爻之義易以貢 聖人以此洗心 退藏於密 吉凶與民同患 神以知來
　　　知以藏往]

　　관란(觀瀾): 『맹자(孟子) 진심 상(盡心上)』 - 물을 관찰하는 데 요령

이 있으니, 반드시 그 여울을 보아야 한다. … 군자가 도에 뜻을 두고 문장을 이루지 못하면 도달하지 못한다.[觀水有術 必觀其瀾 … 君子之志於道也, 不成章不達]

탁청(濯淸): 주돈이(周敦頤)의 「애련설(愛蓮說)」 - 나는 연꽃이 진흙 속에서 나왔지만 진흙에 물들지 않고, 맑은 잔물결에 씻기어도 요염하지 않음을 … 유독 사랑한다.[子獨愛蓮之出於淤泥而不染 濯淸漣而不夭]

영귀(詠歸): 『논어(論語) 선진(先進)』 - 기수에서 목욕하고 무우에서 바람을 쐰 뒤에 시를 읊으며 돌아오겠습니다.[浴乎沂 風乎舞雩 詠而歸.]

난생(鸞笙): 이백(李白)의 「고풍(古風)」 - 학의 등에 걸터탄 선객이, 날고 날아 하늘에 올라가서, 구름 속에서 소리 높이 외치기를, 내가 바로 안기생이라고 하네. 좌우에 백옥 동자가 있어, 나란히 자란생을 불어 대누나.[客有鶴上仙 飛飛凌太淸 揚言碧雲裏 自道安期名 兩兩白玉童 雙吹紫鸞笙]

옥석(玉舃): 『열선전(列仙傳) 안기선생(安期先生)』 - 안기 선생은 낭야 부향 사람이다. 동해가에서 약을 팔았는데, 당시 사람들이 천세옹이라 하였다. … 떠나면서 편지 한 통과 붉은 옥으로 만든 신발 한 쌍을 남겼는데, 그 편지에 '몇 해 뒤 봉래산에서 나를 찾으라.' 하였다.[安期先生者 瑯琊阜鄕人也 賣藥於東海邊 時人皆言千歲翁 … 去留書以赤玉舃一雙爲報曰 後數年 求我於蓬萊山]

이 가운데 활청(活淸), 세심(洗心), 관란(觀瀾), 탁청(濯淸), 영귀(詠歸)는 유가적인 발상이지만, 옥하(玉霞), 영사(靈槎), 난생(鸞笙), 옥석(玉舃)은 도가적인 발상이다. 율곡은 「고산구곡가」 제1곡에서 "武夷(무이)를 想像(상상)ᄒᆞ고 學朱子(학주자)를 ᄒᆞ리라."라고 노래하였다. 구곡을 설정하거나 경영하는 목적은 기본적으로 '학주자(學朱子)'이다. 그러나 고산구곡의 제1곡부터 제9곡까지의 명칭 자체에는 주자는 물론 유교의 덕목도 구체적으로 보이지는 않고 시조에서 보이며, 재전제자들의 한시에서 더 구체적으로 전개되었다.

이에 비하여 외재의 「선유구곡(仙遊九曲)」은 시 제목 자체가 신선이 놀던 곳이었기에 신선세계(玉霞)로 들어가서 신선이 타던 뗏목 영사(靈槎)를 타고 유교세계(活淸, 洗心, 觀瀾, 濯淸, 詠歸)에서 선유동의 맑은 물과 유학의 가르침으로 위안을 받은 뒤에 다시 신선세계(玉鳥)에 이르는 설정으로 완성했다.

조선후기에 구곡을 설정한 문인 학자들 가운데 상당수는 당쟁에 얽힌 경험이 있어서 주자를 배우며 주자에게 위안을 받기 위해 주자를 따라 구곡을 설정하였지만, 외재는 당쟁도 이미 끝나고 조선왕조도 끝났으며 주자학의 시효가 이미 끝난 시기에 선유구곡을 경영하여, 어지러운 시국에서 잠시 벗어나 안식을 얻었다. 그랬기에 주자학을 모르는 독자도 자기나름대로 선유동과 선유구곡을 읽어낼 수가 있다.

4. 맺음말

외재는 연민에게 사장(詞章)보다 경학(經學)에 힘쓰라고 권면하였지만, 외재 자신도 200여 수나 되는 한시를 지었다. 이 가운데 상당수가 선후배 유학자들의 죽음을 맞아 지은 만시(輓詩)이며, 일부는 「선유구곡」을 비롯한 산수시이다. 이러한 시는 단순한 사장(詞章)이 아니라고 생각했던 것이다.

스승 동정(東亭)이 주자와 퇴계의 시를 뽑아 편찬한 『운도아선(雲陶

雅選)』에 외재가 발문을 쓰면서 "군자는 시에 대해 때에 따라 흥을 부치고 곳에 따라 생각을 부친다.[君子之於詩 隨時而寄興 隨處而寓懷]"라고 하였는데, 외새 사신이 흥과 뜻을 부친 시 가운데 하나가 바로「선유구곡」이다.

구곡시(九曲詩)의 전범인「무이도가(武夷櫂歌) 10수」제목 밑에 주자가 "놀이 삼아 무이도가 10수를 지어서 같이 노는 사람들에게 주고 서로 더불어 한번 웃었다[戱作武夷櫂歌十首 呈諸同遊相與一笑]"라고 주석을 달았다. 외재의 평에 의하면 "흥을 부친" 것이지만, 산수에 "뜻을 부친" 것이기도 하다. 그랬기에 율곡이나 고봉이 모두「무이도가」를 우흥(寓興)이라고 하였다.

외재가 선유동에 구곡을 경영하기 전에도 여러 문인 학자들이 이곳에 터를 닦아 정사를 세우고 수양이나 강학의 공간으로 삼았다. 남한조가 1793년에「선유동잡영」을 지으면서 소서(小序)에서 봉암촌(蜂巖村)에 있는 이재(李縡)의 유적, 1707년에 신정필(申弼貞)이 세운 정사를 자신이 1786년에 구입한 일 등을 자세히 기록하였다. 남한조는 이곳에 옥하정을 세워 수양하였지만, 아마도 그가 설정하였을 구곡의 실체가 확실하지 않다.

외재가 1947년에 선유동에 와서「내선유동」시를 지었다.

십년을 경영하다 이렇게 한 번 노니니
선유동문 깊은 곳에 흥취 유유하구나.
맑은 시내 굽이굽이 영원(靈源)에서 흘러오고
늙은 돌은 울퉁불퉁 푸른빛이 떠도네.
아득히 오랜 뒤에 은자의 자취 돌아보니
몇 번이나 자리 잡고 좋은 계책 얻으셨던가.

금단(金丹)은 해가 다하도록 소식 없으니

부끄러이 인간세상을 향해 백발을 탄식하네.

十載經營此一遊。洞門深處興悠悠。

淸溪曲曲靈源瀉、老石磷磷積翠浮。

曠世蒼茫追隱跡、幾時粧點獲勝籌。

金丹歲暮無消息、羞向人間歎白頭。

　십년을 경영하다 이제야 찾아올 정도로 1940년대는 일제강점기 말의 태평양전쟁, 조국 광복과 분단, 미군정(美軍政)으로 얼룩진 시기였다. 문경에 살면서 늘 생각했지만 찾아올 수 없었던 것이다. 그런데 경영이라는 두 글자를 선유동에 한번 노닐러 올 계획을 십년 동안 세웠다고 보기에는 무리가 있다. 선현들이 선유동에서 지은 수많은 산수시를 읽어보면서, 선유구곡을 어떻게 설정할 것인가 십년 동안 경영했다는 뜻이다.

　외재는 이 시를 "선유동문 깊은 곳에 흥취 유유하구나.[洞門深處興悠悠]"라는 흥(興)으로 시작했지만, "몇 번이나 자리 잡고 좋은 계책 얻으셨던가.[幾時粧點獲勝籌]"라고 생각을 부쳤다.

　외재의 선유구곡이 주자의 무이구곡이나 우암의 화양구곡과 다른 점 가운데 하나가 산수의 명명법이 옥하(玉霞), 영사(靈揸)에서 시작하여 난생(鸞笙), 옥석(玉鳥)에서 끝나는 것만 보아도 알 수 있듯이 선계(仙界) 지향적이라는 점인데, 이 시에서는 "금단(金丹)은 해가 다하도록 소식이 없다[金丹歲暮無消息]"고 탄식하였다. 외재가 연단(鍊丹)을 하다가 실패했다는 뜻이 아니라, 신선들이 노닐던 선유동에서 선현들의 가르침을 이어받아 안식을 얻겠다는 다짐으로 보아도 좋을 것이다.

　외재는 「소백산수기」를 지으면서 "짐짓 이러한 사연을 기록하여 후인들이 이 산을 유람하는데 일조를 마련코자 할 뿐이다.[姑記此, 以備後人遊 覽此山之一助爾.]"라는 문장으로 마무리하였다. 이 글을 읽고 더 많은 사람들이 소백산을 찾아와 명산이 되게 하려는 의도를 보여준다. 「선유 구곡」 또한 자신의 안식을 위해 지은 것이지만, 다른 사람들이 그 시를 보고 찾아와 같은 느낌을 느껴보게 하려는 의도로도 지었다.

외재 당대에 이미 신선이 없다고 생각한 사람이 많았으니, 선유동이 라는 명칭을 글자 그대로 받아들이는 사람은 많지 않았다. 그러나 구 곡을 설정하던 문화가 이미 끝났다고 생각하던 1947년에 외재는 선유 구곡을 경영했고, 바위마다 여울마다 자기가 느낀 감정을 세 글자의 명칭 속에 담았으며, 곡(曲)마다 칠언절구로 노래하였다.

외재가 선유구곡을 경영한 지 칠십년이 지나면서 선유구곡을 찾아 가는 사람이 많아졌으며, 산림청에서 실시한 「2018 숲길 이용자 만족 도 조사」에서 1위를 차지할 정도로 만족도도 높다. 탐방객들이 만족하 는 이유가 저마다 다르겠지만, 각 곡마다 정태진의 한시와 안내판이 있어서 현대 등산객들이 보지 못하는 마음 속의 세계를 느끼게 해준 것도 한 몫을 했을 것이다.

외재는 제1곡 옥하대에서 시작하여 제9곡 옥석대로 탐방했지만, 요 즘은 학천정이 있는 제9곡 옥석대에서 시작하여 제1곡인 옥하대까지 가는 길도 많이 걷는다. 두 번째 길이 바로 남한조의 「선유동잡영」에 서 보여준 순서이다.

RISS(학술연구정보서비스)에서 '외재 정태진'을 검색하면 4편의 논문 이 검색되는데, 『연민학지』에 소개된 논문 2편[11], 『열상고전연구』에

---

11 권오영, 「외재(畏齋) 정태진(丁泰鎭)의 삶과 사상」, 『연민학지』 31집, 연민학회, 2019.

소개된 논문 1편[12], 그리고 2015년에 한국연구재단의 지원을 받아 집필된 「구곡의 스토리텔링을 이용한 힐링프로그램 개발방안」[13]이라는 논문이다. 이 논문은 선유구곡 가운데 제9곡인 옥석대의 스토리 텔링을 이용하여 힐링프로그램을 개발한 것인데, 선유구곡의 자연경관 속에서 치유받는 방법을 제시하였다.

이 연구자는 대상자 70명의 기분상태검사(profile of mood states, POMS)를 실시했는데, 구곡 탐방 전후의 기분상태가 불안, 우울, 분노, 혼란 지수가 떨어진 것이 수치상으로도 증명되었다. 외재가 칠십년 전 선유구곡에서 염원했던 안식이 정신적으로 피로해진 현대인들에게 위안을 준 것이다.

선유구곡 굽이굽이에 설치된 외재의 「선유구곡」 시는 한시를 읽을 생각 없이 찾아온 현대인들에게 아름다운 산수를 자신의 것으로 체화(體化)하는 기회를 주며, 위로도 준다. 탐방객들은 외재의 시를 한 군데서 한 줄씩만 마음에 담아도 위안을 받을 것이다. 이것이 바로 현대적인 우흥(寓興)이다.

옥하대. 開尋題字迷難辨　　새긴 글씨 한가로이 찾지만 확인하기 어려워
영사석. 以石爲槎喚作靈　　너럭바위를 뗏목 삼아 신령을 찾아가네.
활청담. 本來淸活休相溷　　본래 맑고 활발한 마음을 흐리지 말라

　함영대, 「연민 이가원의 학문연원과 외재 정태진」, 『연민학지』 36집, 연민학회, 2021.
12 허권수, 「淵民 李家源先生의 漢文學 成就過程에 대한 고찰」, 『연민학지』 28집, 연민학회, 2008.
13 한승희, 「구곡의 스토리텔링을 이용한 힐링프로그램 개발방안」, 『퇴계학논집』 22호, 영남퇴계학연구원, 2018.

세심대.	到得玆臺思一洗	이 세심대에 이르러 마음 한번 씻을 생각을 하네.
관란대.	照得吾心一鑑寒	차가운 물 위에 내 마음을 비춰보고
탁청대.	一濯長纓萬累輕	한 번 긴 갓끈 씻으니 온갖 근심 가벼워지네.
영귀암.	風浴隨時可詠歸	바람 쐬고 시 읊으며 돌아오니
난생뢰.	琮琤石瀨奏笙鸞	반석 여울 물소리가 신선이 생황 연주하듯
옥석대.	仙人遺舃今何在	신선이 남긴 신발 지금은 어디 있나.

주자는 배를 타고 무이구곡을 거슬러 올라가면서 시를 지어 제자들에게 학문의 입도차제(入道次第)를 비유적으로 보여주었지만, 외재는 주자학도가 아닌 현대인들에게 선유구곡의 산수와 한시를 통해 위안을 주었다.

제1곡에서 보이지 않는 '옥하대(玉霞臺)' 새긴 글씨를 찾으며 외재의 시를 읽기 시작한 탐방객들은 제9곡에 이를 즈음에는 이미 신선이 남긴 신발을 마음 속에 지니게 된다. 외재의 한시 가운데 가장 많이, 그리고 가장 오래 독자들에게 읽히는 시가 바로 「선유구곡」 9수이다. 다들 주자학의 시효가 끝났다고 생각하던 1947년에 무이구곡을 생각하며 구곡시를 지었기에, 시인도 독자도 주자학의 틀에만 매이지 않고 복잡한 세상을 잠시나마 벗어나 위안을 얻고 있다.

제3부

외재 정태진의
개혁의식과 독립운동

외재 정태진의 현실개혁 방안

김문식

1. 머리말

외재(畏齋) 정태진(丁泰鎭)은 개항기에 경상도 영주에서 태어나 대한 제국, 일제 강점, 해방, 한국전쟁이라는 근현대사의 격동기를 겪으면서 성리학자로서의 삶을 살았던 유학자였다. 그는 퇴계(退溪) 이황(李滉)의 후손인 이병호(李炳鎬)와 한주(寒洲) 이진상(李震相)의 제자인 곽종석(郭 鍾錫)의 문하에 들어가 문장과 성리학을 익혔고, 일제 강점기에 유학자 들의 독립운동에 참여한 외에는 대부분의 생애를 학문 연마와 후진 양성 으로 보냈다. 그의 제자였던 연민(淵民) 이가원(李家源)은 스승 정태진의 학문에 대해 '대부분은 심(心)과 례(禮)를 논의하는 송학(宋學)의 범주에 머물렀으나 경세치용(經世致用)의 실(實)에 힘쓴 측면이 있다.'고 평가하 였다.[1]

본 논문은 정태진의 학문 가운데 경세치용의 실학에 힘쓴 측면을 살펴보기 위해 그가 제시한 현실개혁 방안을 검토하기로 한다.[2] 본문에서는 먼저 정태진의 생애와 활동을 개략적으로 서술하고, 그의 현실개혁 방안을 성리학의 재정비, 인재 선발의 방안, 정전제의 시행으로 구분하여 구체적인 방안을 살펴보며, 맺음말에서 그의 현실개혁 방안이 당대 사회에서 가지는 의미를 생각해 보기로 한다.

본 논문의 자료는 1967년에 그의 아들인 정해룡(丁海龍) 등이 편집하고 이가원이 발문을 작성한 석판본(石版本) 『외재문집(畏齋文集)』(14권 7책)을 주로 활용하였다.

2. 생애와 활동

정태진은 1876년(고종 13) 8월 11일에 영주(榮州) 줄포리(茁浦里)에서 태어났으며, 1959년 5월 21일에 문경(聞慶)의 모곡(茅谷)에서 사망하였다. 그의 자(字)는 노수(魯叟), 호는 외재(畏齋), 서포(西浦)이며, 향년은 84세였다.

나주정씨가 줄포마을에 세거하게 된 입향조는 정태진의 11대조인 정

---

1 『畏齋文集』 卷末, 李家源 跋文(1961.9.15).
"蓋其學, 固不出乎論心論禮之宋學之範疇, 然尤有所拳拳於經世致用之實也."
정태진과 이가원의 師弟 관계에 대해서는 다음 논문을 참조.
허권수, 「畏齋 丁泰鎭과 그 제자 淵民 李家源」, 『제24회 淵民學 學術大會 발표집』, 연민학회, 2021, 1-18면.
함영대, 「연민 이가원의 학문연원과 외재 정태진 – 교류서신을 중심으로」, 『淵民學志』 36, 淵民學會, 2021, 19-25면.
2 정태진의 經世論에 대해서는 권오영, 「畏齋 丁泰鎭의 삶과 사상」, 『淵民學志』 31, 淵民學會, 2019에서 거론한 바 있다.

언숙(丁彦璛, 1600-1693)이다. 정언숙은 자가 군서(君瑞), 호는 검암(儉巖), 수고헌(壽考軒)이며, 선조 대에 대사헌을 역임한 호암(扈菴) 정윤복(丁胤福, 1544-1592)의 손자이다. 그는 1629년(인조 7) 12월에 의금부 도사로 임명되고, 1633년 12월에는 안동도호부의 판관에 임명되어 안동으로 왔다. 그는 1636년 안동도호부 판관의 임기가 끝나갈 무렵에 영주 줄포에 정착하기로 결심하였고, 1638년(인조 16)에 줄포에 초당(草堂)을 짓고 아들, 형제들과 함께 이사하였다. 이때는 조선 정부가 병자호란에 패한 이후 심각한 국난을 겪던 시기였다. 정언숙은 1667년에 강원도 원주의 치악산 아래로 이사를 가서 검암정사(儉巖精舍)를 지어 정착하였고, 그의 장남인 정시원(丁時遠)을 비롯한 아들들은 줄포에 그대로 남아 나주 정씨 집성촌을 이루었다.[3] 정언숙과 교류한 미수(眉叟) 허목(許穆, 1595-1682)은 전서(篆書)로 '수고헌' 현판을 써 주었다.

이가원은 정태진의 가학을 언급하며 퇴계 이황의 적전(嫡傳)이던 우담(愚潭) 정시한(丁時翰), 문장과 경술(經術)이 뛰어난 해좌(海左) 정범조(丁範祖), 한학과 송학을 겸하며 유학을 집대성한 다산(茶山) 정약용(丁若鏞) 등 3인을 거론하였다.[4] 이 중 정시한과 정범조는 정윤복의 셋째 아들인 정호관(丁好寬)의 후손이고, 정약용은 넷째 아들인 정호선(丁好善)의 후손이며, 정태진은 첫째 아들인 정호약(丁好約)의 후손이다. 따라서 이들은 모두 호암 정윤복의 후손이 된다. 다음의 〈그림 1〉은 정윤복의 후손을 정리한 나주 정씨(羅州丁氏) 세계도(世系圖)이다.

---

3 『나주정씨 줄포 호암종택』, 한국국학진흥원, 2015, 8-9면.
4 『畏齋文集』 권14, 附錄, 行狀(李家源).
"先是, 丁氏一門, 名儒碩匠, 代不乏人. 若愚潭先生時翰, 道學醇至, 實爲陶山之嫡傳. 而海左範祖, 以文章經術鳴. 至茶山若鏞, 兼治漢宋, 集成斯學, 則先生之所禪受於家傳者, 旣無屠矣."

丁胤福┬好約─彥璛─時遠---載極─若東─序敎─大翊─寅燮─奎悳─<u>泰鎭</u>┬海麟
├好恭　　　　　　　　　　　　　　　　　　　　　　　　├海鳳
├好寬─彥璜─<u>時翰</u>---<u>範祖</u>　　　　　　　　　　　　　├海龍
└好善─彥璧─時潤---載遠─<u>若鏞</u>　　　　　　　　　　　└海鵬

〈그림 1〉 나주 정씨(羅州丁氏) 세계도(世系圖)

정태진의 직계는 고조부 정서교(丁序敎)부터 부친 정규덕(丁奎悳)까지 벼슬이 없었고, 모친은 영양남씨(英陽南氏) 남기홍(南基弘)의 딸이었다. 정태진의 부인은 풍산류씨(豐山柳氏) 류정목(柳禎睦)의 딸이며, 남편보다 3살 연상이었다.

정태진은 20세가 되던 1895년에 동정(東亭) 이병호(李炳鎬)의 문하에 들어가 한학과 성리학을 배웠다. 이정호(李正鎬)에서 개명(改名)한 이병호는 이황의 후손으로 주리설(主理說)을 주장한 성리학자였고,[5] 이황의 『성학십도(聖學十圖)』와 『고경중마방(古鏡重磨方)』을 합한 『오가록(吾家錄)』(2권 1책)을 편집하였다.[6] 정태진은 이병호와 『논어』에 대한 문답을 주고받았으며, 지금은 「학이(學而)」편 24조, 「위정(爲政)」편 18조를 합하여 총 42조의 문답(問答)이 수록된 『논어발문답(論語發問答)』이 전해진다.[7] 정태진은 1908년 이병호가 사망한 이후 면우(俛宇) 곽종석(郭鍾

5 『畏齋文集』 권1, 詩, 「東亭李先生輓」.
"家學心圖在, 眞詮久漸渝. 章章主理旨, 千古諒相符.[近世諸儒心說紛紜, 先生表明主理之旨.] … 積己常行驗, 周旋禮數多. 提要刪繁亂, 繩尺斷無他.[先生嘗編『四禮撮要』. 分類定說, 甚爲便易.]"
『畏齋文集』 권12, 祭文, 「祭東亭李先生文」(1908).
"顯允陶山, 海東武夷, 心法旣明, 道術何歧. 體認精微, 折衷羣說, 推明家學, 主理一訣."

6 『나주정씨 줄포 호암종택』, 96-97면.

7 『畏齋文集』 권2, 書, 「上東亭李先生論語發問」[『論語發問答』本全帙, 而盡逸於庚寅兵亂中. 餘存只此「學而」「爲政」數條, 故今錄之.].

錫)의 문하에 들어가 성리학을 익혔다.

일제가 한반도를 점령한 후 정태진은 동료였던 이승희(李承熙; 대계(大溪), 계도(啓道), 1847-1916)[8], 김사진(金思鎭; 서주(西洲), 1878-1954) 등과 함께 만주 덕흥보(德興堡)로 망명하여 독립운동에 참여하였다. 그는 1919년 4월에 곽종석과 김창숙(金昌淑; 심산(心山), 1879-1962) 등이 한국의 독립을 청원하는 '파리장서'를 작성할 때 137명 중 한 사람으로 서명하였고, 이로 인해 대구 감옥에 구속되어 고초를 겪었다. 1920년에는 서간도(西間島) 임하현으로 망명하여 유림의 독립운동에 참여하였고, 1924년에 귀국한 후 독립운동 자금을 조달하는 등의 지원을 하였다.[9] 이 시기 그의 활동에 대해 김영학(金永學)은 다음과 같이 기록하였다.

> 공(公)은 약관에 과거(科擧)의 법을 그만두고, 임오년 난(1882, 임오군란)과 을미년 변(1895, 을미사변)이 일어나서 나라가 나라가 아니게 되자 과거에 응시하지 않았다. 그러나 매양 '사(士)가 되어 세도(世道)를 하지 않으면 우사(憂士)의 수치'라 말하였다. 경술년(1910)에 집을 닫아걸었고, 면옹(俛翁, 곽종석)이 요동으로 피하려 하자 공이 그 계획에 찬성하였다. 기미년(1919)에 파리장서(巴里長書)에 서명하였고, 일이 발각되자 대구 감옥에 갇혔다가 수개월 만에 풀려났다.[10]

정태진은 한일합방 이후 줄포에 살면서 집안일을 돌보고, 선조와 스승의 글을 정리하며, 제자를 양성하였다. 그는 정언숙이 원주에 세웠던

여기서 '庚寅兵亂'은 1950년에 있었던 한국전쟁을 말한다.

8 李承熙는 寒洲 李震相(1818-1886)의 아들이다.

9 권오영, 앞의 논문, 54-55면.

10 『畏齋文集』 권14, 附錄, 墓誌銘(金永學).

검암정사가 쇠퇴해지자 1925년에 줄포로 옮겨와 학술 장소로 이용하였다. 이때 그는 '수고헌' 현판 옆에 '근서수고헌제판후(謹書壽考軒題板後)' 현판을 걸어 허목이 이 현판을 써준 경위와 내용을 기록하였다. 검암정사의 중건기는 1926년에 김세락(金世洛, 1854-1928)이 작성하였다.[11]

정태진은 1911년에 11대조인 정언숙의 『검암시집(儉巖詩集)』(2권 1책)을 족조(族祖) 정돈섭(丁敦燮)과 함께 편집하여 목판본으로 간행하였다.[12] 그는 『검암시집』을 편찬하는 과정에서 곽종석에게 서문을 부탁하였고,[13] 1912년에는 그 서문을 받았다.[14] 1912년에는 8대조인 정필신(丁必愼, 1677-1709)의 아우였던 정일신(丁一愼, 1682-1737)의 『림와선생일고(臨窩先生逸稿)』(2권 1책)를 목판본으로 간행하였다. 문집은 족숙(族叔) 정규명(丁奎明)과 함께 편찬하였고, 역시 곽종석의 서문을 받았다.[15]

정태진은 나주정씨 6명의 시문을 엮은 『금성세고(錦城世稿)』(2권 1책)를 편찬하였는데, 사후에 석판본(石版本)으로 간행되었다. 여기에는 정옥형(丁玉亨, 1486-1549)의 『월봉집(月峯集)』, 정응두(丁應斗, 1508-1572)의 『삼양재집(三養齋集)』, 정윤희(丁胤禧, 1531-1589)의 『고암집(顧菴集)』, 정윤우(丁胤祐, 1539-1605)의 『초암집(草菴集)』, 정윤복(丁胤福, 1544-1592)의 『도헌집(都憲集)』, 정호선(丁好善, 1591-1654)의 『동원집(東園集)』이

---

11 『나주정씨 줄포 호암종택』, 16-21면.
12 같은 책, 53면.
13 『畏齋文集』 권2, 書, 「上俛宇郭先生」.
　　"儉巖先祖詩集, 泰鎭家世零替, 久在巾笥, 幾乎埋沒. 幸於今日, 得賴門下, 借高鑑而稱賞之, 奮巨筆而揄揚之. 俾幽光潛蹟, 得以不朽於世, 此惠何可忘也. 剞劂之役到來月, 則可斷手伏爲一帙也. … 弁文之作, 亦嘗進請, 而門下每以一帙兩作爲辭. 然竊觀古集之刊行者, 亦多有此, 何必以此爲嫌也."
14 『俛宇先生文集』 권135, 序, 「儉巖詩集序」(1912).
15 『俛宇先生文集』 권136, 序, 「臨窩集序」(1912).

수록되었다. 발문은 외손(外孫) 김사진(金思鎭)이 작성하였다.[16]

　정태진은 이병호가 사망한 이듬해인 1909년에 「동정선생유사(東亭先生遺事)」를 작성하고, 스승의 유고를 간행하기 위해 노력하였다. 그는 이병호의 문집을 간행하는 과정에서 곽종석에게 서문을 써달라고 부탁하였다.[17] 곽종석은 1916년에 이병호의 묘도문자(墓道文字)를 지어 보낸다는 편지를 보냈고,[18] 이병호의 『동정유고(東亭遺稿)』(4권 2책)는 1935년에 석판본으로 간행되었다.[19]

　대한민국 정부는 1990년에 정태진이 독립운동에 참여한 공훈을 기려 건국훈장 애족장을 추서하였다.

3. 성리학의 재정비

　정태진은 화이론의 관점에서 각국의 문화를 파악하고, 조선은 중화(中華)의 문화를 잘 보존하여 삼대(三代)에 필적하는 국가로 보았다. 그는

16　『나주정씨 줄포 호암종택』, 54-55면.

17　『畏齋文集』 권2, 書, 「上俛宇郭先生」(1908).
　　"伏歎東翁遺文, 收合巾笥, 圖所以壽後, 以爲佛恩之報. 而第其草稿, 衆手合寫, 雜出無序, 或有俱收之弊, 或有遺漏之端. 然見今世事搶攘, 朝不慮夕, 不得不急急校勘. 而軒下於吾先師, 許知旣久且深想, 有以不辭玆役. 此中諸生輩一二人, 當躬造以請, 而這間事勢, 各相牽掣, 合有不可强者. 今因姜丈便付呈, 殊違事體, 然幸賜寬恕, 而十分精核, 以惠後輩, 如何如何."

18　『俛宇先生文集續』 권9, 書, 「與丁魯叟」(1916).
　　"東蕙已繕定, 而謀之剞氏否. 鋤於此公, 盖不能無一言. 然思竭氣縮, 無能爲役, 至若狀行, 盛撰已備矣. 屢回奉閱, 愈見精詳鍊, 更無滲漏, 不須添足於已畵之蛇. 第其幽竈之銘, 是爲幽明之相際者, 置鋤一言, 不必以工拙爲嫌. 故玆草數行以呈, 決知其不滿於諸公矣, 然技止此耳. 幸與仁卿, 謹夫另加裁補, 得成完本則甚幸, 否則扯棄之而已. 諒照如何."

19　『나주정씨 줄포 호암종택』, 70, 145면.

조선의 문물이 중화의 제도를 따랐고, 정주학(程朱學)을 높이고 육왕학(陸王學)을 배척하며, 정몽주(陸王學)에서 시작된 성리학이 김굉필(金宏弼), 징어창(鄭汝昌), 조광조(趙光祖), 이언적(李彦迪), 이황(李滉)으로 이어진다고 파악하였다. 그는 특히 조선의 학문은 성리학이 중심이고 이황이 조선의 성리학을 정비하였다고 보았다.

> 우리 동국에 이르러 유술(儒術)을 숭상하고 음사(淫邪)를 물리치며, 의관 문물과 전장(典章) 법도가 모두 중화의 제도를 따랐다. 선왕의 도(道)를 가르치고 학교의 정사를 일으켜, 위로 예의(禮義)의 정치를 이루고 아래로 거문고를 타며 글 읽는 소리가 있으니, 추로(鄒魯)의 지방이라 부르는 것도 마땅하지 않겠는가? 포옹(圃翁, 정몽주)이 처음 성리학을 인도하였고, 김굉필과 정여창이 그를 이었으며, 조광조와 이언적이 이를 이었다. 퇴도(退陶, 李滉)에 이르러 여러 학설을 모으고 절충하며, 육상산(陸象山)과 나흠순(羅欽順)을 배척하고 주자(朱子)를 스승으로 삼으며, 소식(蘇軾)과 왕수인(王守仁)을 물리치고 정자(程氏)를 높였다. 우리 학문을 일으키자 유교가 크게 새로워지고 사람들은 정주를 본받으니 거의 삼대를 이루게 되었다.[20]

정태진은 조선은 모든 군현에 학교를 세워 학문을 장려하고, 명종과 선조 연간에는 훌륭한 학자들이 배출되어 삼대의 정치를 이루었다고 자부하였다. 그는 조선의 문화는 삼대의 중화 문화로 유일하게 유학의 정맥을 보존해 왔으며, 진(秦) 한(漢) 이후 중국의 학문은 조선에 미치지 못하는 것으로 보았다.

---

20 『畏齋文集』 권10, 策, 「道」.

우리 동국에 이르러 위로 반궁(泮宮, 성균관)부터 아래로 열읍(列邑)까지 학교가 없는 곳이 없다. 학문을 중시하고 학교를 일으킨 것이 성대하고, 규모와 제도가 갖추어진 것이 중화에 비견되며 삼대와 비교할 수 있다. 바닷가 한쪽으로 치우친 나라를 추노(鄒魯)의 분위기로 바꾸고, 팔도의 사(士)가 모두 성현의 책을 외우며 홀로 우리 유학의 정맥(正脈)을 보존하고 있다. 명종과 선조 연간에 유현(儒賢)들이 배출되고, 도학이 더욱 밝아지며 강술(講術)이 더욱 갖추어져서, 인심이 맑고 착해지고 정학(正學)이 크게 밝아지니, 성조(聖朝)들께서 배양한 은택이 아님이 없고, 진(秦) 한(漢) 이후로는 쉽게 미칠 바가 아니다.[21]

정태진은 대명의리론(對明義理論)을 견지하고 있었다. 나주정씨 집안에는 초암(草庵) 정윤우(丁允祐, 1539-1605)가 명나라에 갔을 때 신종(神宗) 황제가 하사했다는 유엽배(柳葉杯)가 전해지고 있었다. 버들잎 모양의 이 술잔은 3쌍이고, 후손들은 제사지낼 때 강신용(降神用) 술잔으로 사용하였다. 이 술잔은 영남지역 대명의리의 상징물로 여겨져서 주변 학자들이 이에 관한 글을 많이 남겼다.[22] 정태진은 유엽배에 관한 글들을 편집한 책의 발문을 써서 명 황제가 자기 선조에게 준 특별한 선물에 관한 기록을 남겼다.[23] 또한 그의 동료인 김원중(金源仲)의 집안에는 49시(蓍)의 시초(蓍草)가 전해졌다. 그 선조인 백암(柏巖) 김륵(金玏, 1540-

---

21 『畏齋文集』 권9, 策, 「學校」.
22 김학수, 「草庵 丁允祐 연구 – 16세기 지식인의 관료의식과 그 실천」, 『韓國系譜研究』 10, 한국계보연구회, 2020, 331-340면.
23 『畏齋文集』 권9, 跋, 「書柳葉杯序後」.
   "柳葉杯者, 我從先祖草庵公, 萬曆年間, 嘗奉使于明朝, 而神宗皇帝之所寵賚者也. 公晚寓南鄉仍歿焉, 而其子通德公, 旅僑棲屑, 不遑備先, 故狀碣等文字, 闕焉無修. 不惟公居家治行, 立朝踐職之實, 無從以詳, 將并與皇朝異數, 而湮晦不章. 後之人用是之嗟, 遂歌咏其事, 爲詩爲序, 連篇而累牘, 固可傳也. 煩不能盡錄於此, 特取南野朴公所爲序一篇以附之, 庶備考覽."

1616)이 1612년에 명나라에 갔을 때 신종 황제가 『대학연의(大學衍義)』와 함께 준 선물이었다. 정태진은 300년 전 신종 황제의 선물이 가장 귀한 보물이라고 평가하였다.[24]

정태진은 명 황제의 선물을 소중하게 다뤘지만 청나라에 대해서는 비판적이었다. 그는 청이 중국을 차지한 것은 이적이 중화를 어지럽힌 것이며, 화이론의 입장에서 청의 복식이나 풍속을 인정하지 않았다. 그는 중국으로 가는 여행자를 전송하면서 중국의 산천이나 사람은 예전대로이지만 그 문화는 胡夷의 것이므로 배울 것이 없다고 하였다.

> 아, 호이(胡夷)가 화(華)를 어지럽힌 지 오래되었다. 영력(永曆) 황제가 죽자 왕풍(王風)은 쓸어버린 듯 없어졌고, 천하는 비린내와 티끌에 잠겨 이미 3백년이 지났다. 머리를 짧게 깎고 면복(冕服)을 훼손하며, 오랑캐 치마를 입고 새 지저귀는 소리를 하여 예전의 중국을 회복하지 못하니, 그대는 장차 무엇을 구하겠는가. …… 중국의 산천은 그 땅에 있고, 중국 사람도 그 사람이 있다. 그러나 그들의 옷은 오랑캐이고, 그들의 풍속이나 풍요(風謠)도 오랑캐이다.[25]

정태진은 화이론에 입각하여 각국의 문화를 파악하고 대명의리론을 견지하고 있었다. 이런 상황에서 그가 강조하는 교육 내용은 매우 기본적이고 근본적이었다.

---

24 『畏齋文集』 권9, 贊, 「蓍贊 幷叙」.
"金友源仲家, 有四十九蓍. 其先柏巖先生, 萬曆年間, 奉使朝天, 神皇帝甚寵異之, 賜『大學衍義』一部. 又以其所嘗筮策者四十九蓍, 加賞之, 至今世守之, 儘不易寶也. 今距先生之世, 三百餘年矣, 摩挲神物, 爲之感嘆云."

25 『畏齋文集』 권10, 序, 「送人遊中國序」.

정태진은 교육의 목표는 성인(聖人)의 도를 배워 성인이 되는 데 있고, 학자들은 인의예지(仁義禮智)와 궁격성경(窮格誠敬)을 학문의 기준으로 삼아 일상생활에서 성인의 도를 실천해야 한다고 강조하였다.

사(士)가 배우는 도(道)는 다름이 아니라 배워서 성인(聖人)에 이르는 것이다. 인의예지(仁義禮智)는 학자의 기용(器用)이자 준칙(準則)이고, 궁격성경(窮格誠敬)은 학자의 규구(規矩)이자 승묵(繩墨)이다. 가는 길이 분명하지 않은 것이 아니고, 절목이 상세하지 않은 것도 아니다.[26]

성인은 우리 도학의 목표이고, 학습하는 것은 성인의 도에 이르기를 구하는 것이다. 부자(夫子, 공자)는 하늘이 내린 성인으로 수수(洙水)와 사수(泗水) 사이에서 가르침을 펴자, 천하의 영재들이 옷을 걷어 올리고 속수(束脩)를 가지고 가서 머리 숙여 가르침을 청하였다. 배우는 것이 성인의 도이고, 익히는 것도 성인의 도이다. 성인의 도는 넓으나 그 쓰임은 일상 행동에 있고, 모든 일에 흩어져 있으나 그 요점은 일심(一心)에 있다. 심이 있는 곳에 도(道)가 있다.[27]

정태진은 교육 기관을 향학(鄉學)(庠·塾·序·校)과 국학(國學)으로 구분하고, 향교에서는 소학(小學) 교육을 통해 학문의 기본을 갖추고, 국학에서는 대학(大學) 교육을 통해 덕업(德業)을 진전시켜야 한다고 보았다. 그는 소학 교육과 대학 교육의 핵심은 경(敬) 공부에 있고, 리(理)와 욕(欲)을 구별하고 경을 보존하면 누구나 성인이 될 수 있다고 하였다.

---

26 『畏齋文集』 권9, 策, 「士」.
27 『畏齋文集』 권9, 策, 「教」.

과거의 폐단은 사(士)의 고질이 되었으니 지금 이 길을 폐지한다. 그리고 사를 양성하는 도(道)를 제정하여 한결같이 삼대를 본받되, 상(庠)·숙(塾)·서(序)·교(校)에서 먼저 소학 교육으로 그 기본을 양성하고, 국학(國學)에 모여 대학의 도를 가르쳐 그 덕업을 더욱 진전시킨다. 해마다 그 능력을 살펴 이것으로 사람을 등용하는 길로 삼으니, 사가 된 사람은 다른 데로 달아날 생각이 없이 나의 학문이 이르지 못할 것만을 걱정한다. (중략) 그러므로 주부자(朱夫子, 주자)가 일찍이 말하기를 '경(敬)한 글자는 성학(聖學)의 처음이자 마지막이다.'라고 하였다. 학자들이 여기에서 연유하지 않으면 처음에 본원을 함양하는 것이 없고, 끝내 덕에 나아가고 학업을 닦는 것도 없을 것이다. 학자가 진실로 이(理)와 욕(欲)에 어둡지 않고 은미하게 살피고 경건하게 보존하면 성인이 되는 방도가 이와 다르지 않을 것이다.[28]

정태진은 교육 과목을 구체적으로 제시하였다. 아동에게 『계몽수지(啓蒙須知)』와 『효경』을 가르치고, 조금 성장하면 주자의 주석에 따라 『소학(小學)』, 사서(四書), 육경(六經)을 가르치며, 이와 함께 『심경(心經)』, 『근사록(近思錄)』, 주자의 글과 이황의 글을 가르친다고 하였다.[29] 또한 이들의 교육은 세도(世道)의 부진함을 걱정하는 향촌의 사(士)가 담당하며, 학규는 여씨향약(呂氏鄕約)과 백록동규(白鹿洞規)를 따른다고 하였다.[30]

---

28 『畏齋文集』 권9, 策, 「士」.
29 『畏齋文集』 권10, 論, 「史學論」.
　　"兒生, 稍有知解, 便敎以 『啓蒙須知』·『孝經』 等書. 次 『小學』·四子·六經, 一從紫陽法例. 參以 『心』·『近』·朱·退等書, 以爲進學程歷. 若有餘力, 可就以看史."
30 『畏齋文集』 권9, 策, 「學校」.
　　"居鄕之士, 亦宜自勵, 薦博識有德者, 爲訓士之長. 以世道之不振爲己憂, 以興斯學·立聖法爲己任, 倡奉諸生於校中, 月朔試講, 春秋考法. 學規, 則以呂氏鄕約, 白鹿洞規, 論其功罰."

정태진이 제시한 교육 내용은 『소학』과 『대학』을 포함하는 사서와 육경이고, 그 해석은 주자의 주석을 따르는 주자학이었다. 또한 그는 이황이 여러 학설을 절충하여 주자학의 전통을 이었고, 원나라와 명나라의 학자들은 퇴계의 학문에 미치지 못한다고 하였다. 이를 보면 정태진은 주자학과 퇴계학을 중시하는 성리학자였다.

> 우리 동국은 다행히 열성(列聖)들이 함양한 은택에 힘입어 사(士)가 정학에 힘쓰지 않음이 없었으니, 모두 육씨(陸氏, 陸象山)를 배척할 줄 알고, 주자를 존숭하고 유현(儒賢)이 많이 나왔다. 도산 부자(陶山夫子, 이황)에 이르러 여러 학설을 절충하고 환하게 일신하여 주자의 계통을 이었으니, 원(元) 명(明)의 학자들이 미칠 바가 아니다. 아 근세에 도(道)가 날로 떨어져 사습(士習)이 더욱 무너지고 도학을 꺼리게 되니, 조금이라도 뜻이 높은 사람을 알면 사람들이 조롱하고 나무라며 구차하게 유속(流俗)과 같아져서 점차 공리(功利)와 친해지지 않는 이가 없다. 걸핏하면 정주(程朱)를 부르나 실제는 스스로 천하고 욕된 과목을 달게 여기는 것을 면하지 못한다.[31]

이런 정태진에게 있어 천주학(天主學)은 중화를 어지럽히는 이적의 학문이었고, 이 문제를 해결하려면 정학인 성리학을 가르치고 천주학을 물리치는 데 힘써야 한다고 판단하였다.

> 이적이 화(華)를 어지럽힌 것이 오래되었다. 이른바 야소교(耶蘇敎) 등 괴이한 설이 온갖 단서를 만들어 천하를 아비도 없고 임금도 없는

---

31 『畏齋文集』 권10, 策, 「理學」.

지경에 빠트려 놓고, 일반 백성을 어리석게 하고 대도(大道)를 어지럽히려 한다. 세상에 새로운 것을 좋아하고 일상적인 것을 싫어하는 사람들은 바람을 보고 영향을 받아 이를 따르며 멈추지 않으니, 그 화가 어찌 홍수 정도일 뿐이겠는가. 이러면 어떻게 해야 할까. 내수외양(內修外攘)을 하루라도 조금 느슨하게 하면 안 된다.[32]

천주학이 빠르게 퍼지는 상황에서 1871년에 내려진 서원철폐령으로 성리학을 가르칠 학교는 크게 줄어들고 있었다. 정태진은 태산의 明堂이 王政을 펴는 기반이 되었듯이, 서원철폐령 이후에 남아 있는 서원에서라도 주자학과 퇴계학을 가르쳐 유학을 다시 밝히면 훼철된 서원들이 회복될 날이 올 것이라 기대했다.

그렇지만 태산(泰山)의 명당(明堂)을 폐하여 수리하지 않았으나 헐어버리지 않으니 이로 인해 왕정이 이뤄질 수 있었다. 지금 한두 개 남은 서원이라도 태산의 명당이 될 수 있다. 어떤 군자가 당대의 세계를 자신의 임무로 삼고 미래의 학자를 자신의 책임으로 여겨, 남아 있는 서원을 가지고 주자와 퇴계 두 부자(夫子)의 뜻을 체현한다. 그 규모를 엄격하게 세우고 후생들을 이끌고 가르쳐 우리 유학이 다시 세상에서 밝아지게 하면, 이미 훼손된 서원도 다시 세울 날이 있을 것이고 세도(世道)를 만회하는 방책이 될 것이다.[33]

이를 보면 정태진은 천주학이 성행하고 공리(功利)를 쫓는 풍조가 만연한 상황에서 성리학을 굳게 지키고 전수하면서 유학이 회복될 날이

---

32 『畏齋文集』 권10, 策, 「道」.
33 『畏齋文集』 권10, 論, 「書院論」.

오기를 기다리고 있었다.

4. 인재 선발의 방안

정태진은 교육 기관을 향학과 국학으로 구분하고, 향교(黨·庠·遂·序)에서는 소학 교육, 국학(太學)에서는 대학 교육을 위주로 한다고 보았다. 이때 향학의 장(長)은 각 주현(州縣)에서 명망이 높은 사람을 골라 임명하고, 태학의 장은 산림(山林) 가운데 덕이 높은 사(士)를 골라 임명하며, 각각 학궁의 제도를 갖추고 학생들을 가르친다. 그리고 인재를 선발하는 식년(式年)이 되면 향학의 장은 경(經)과 례(禮)를 분명히 알고 고금의 역사에 통달한 인재를 뽑아 추천하며, 향교에서 추천된 인재들은 현(縣)과 주(州)를 거쳐 국학(태학)에 모이고, 국학에서 이들의 능력을 최종 시험하여 관리로 선발하는 것으로 보았다.

> 지금 학교를 설치하는 것을 넓힐 수는 없으나 산림에서 덕이 높은 사(士)를 택하여 태학의 장(長)으로 둔다. 또 각 주현에서는 명망이 높은 사람을 택하여 향학의 장으로 둔다. 모두 학궁(學宮)의 직책을 갖추고 학생들을 모으고 교육을 맡아 실학(實學)을 가르치면 경(經)과 예(禮)를 분명히 하는 사(士)와 고금의 역사에 통달하는 사람이 그중에서 나올 것이다. …… 고시(考試)하는 해는 지금의 식년이다. 매 식년에 이 법으로 과목을 정하고 과거에 나아갈 때 향학의 장은 그중에서 우수한 자를 택하여 현(縣)으로 나가게 하고, 주(州)로 올리며, 주에서 태학으로 올리면, 태학에서는 사방의 사를 모으고 그중에서 현능(賢能)한 사람을 골라 조정에 등용한다. 그렇게 되면 삼대의 정치가 거의 이루어질 것이다.[34]

그러므로 당(黨)·상(庠)·수(遂)·서(序)에서부터 해마다 적합한 사람을 천거하여 차례로 국학에 올리면 윗자리에 있는 사람이 그를 천거하여 등용한다. 이때가 되면 지방에는 버려진 인재가 없고, 국가에는 간사하고 아첨하는 사람이 없을 것이다.[35]

그러면 향학에서 인재를 선발하는 방법은 무엇일까? 정태진은 과거에서 시부(詩賦)를 중심으로 인재를 선발하는 것을 비판하였다. 당시에 유행하던 시부는 훌륭한 문장도 아니고 허무맹랑하기까지 하므로 그 능력을 기준으로 인재를 선발하는 것은 적절치 않다고 보았기 때문이다. 그는 『대학』의 격물치지(格物致知), 경전에 나오는 성인(聖人)의 법(法), 역사서에 나오는 치란흥망(治亂興亡)의 도(道)가 중요하며, 이들은 모두 시무(時務)에 관련된 긴요한 것으로 보았다.

다만 폐지하지 않을 수 없는 것은 시부(詩賦)의 과목이다. 지금의 시부는 아름다운 문사(文詞)가 되지 못하고 괴상망측하고 허망하여 도리어 허물이 되니, 사람을 선발하는 방법은 더욱 아니다. 『대학』의 격물치지는 학자들이 먼저 힘써야 할 것이므로 강구하여 밝히지 않을 수 없다. 그 외에 성인(聖人)의 법으로 경전에 수록된 것은 모두 일상생활에 절실한 것이므로 학습하지 않을 수 없다. 사서(史書)는 모두 고금의 치란(治亂) 흥망(興亡) 득실(得失)의 도(道)를 기록하였으므로 모를 수가 없다. 이것이 중요한 시무(時務)이다.[36]

---

34 『畏齋文集』 권10, 論, 「科擧論」.
35 『畏齋文集』 권10, 論, 「用人論」.
36 『畏齋文集』 권10, 論, 「科擧論」.

정태진은 과거 시험의 과목으로 경서, 역사서, 제자(諸子), 시무를 중시하고 이들을 각각 네 개의 묶음으로 나누며, 식년마다 과목을 바꿔가면서 시험하는 방법을 제안하였다. 이렇게 되면 과거에 응시하는 유생들은 결국 모든 경서와 역사서를 학습해야 하기 때문이었다.

공거(貢擧)의 제도에 대해서는 주자(朱子)가 논한 것이 있다. '『시』·『서』·『역』을 한 과목으로 하고 자년(子年)과 오년(午年)에 이를 시험한다. 『의례(儀禮)』·『주례(周禮)』와 이대(二戴)의 예(禮)를 한 과목으로 하고 묘년(卯年)에 이를 시험한다. 『춘추』 삼전(三傳)을 한 과목으로 하고 유년(酉年)에 이를 시험한다. 모두 『대학』·『논어』·『맹자』·『중용』을 겸한다. 논(論)은 제자(諸子)를 네 개의 과목으로 나누어 붙인다. 책(策)은 여러 사서(史書)를 나누고, 시무도 그렇게 하면, 사(士)는 통하지 않는 경서가 없고 학습하지 않은 사서가 없으니 모두 당세(當世)의 쓰임이 될 수 있다.' 삼대 이후 규모와 조리가 있는 말로 이보다 나은 것이 없다.[37]

이상에서 정태진이 제시한 과목은 주자의 주장을 요약한 것이다. 다음은 주자가 작성한 「학교공거사의(學校貢擧私議)」에서 시험 과목에 해당하는 부분인데, 정태진이 요약한 것은 진하게 표시된 부분이다. 이를 보면 정태진은 주자의 글에서 핵심만 간추려 기록하였다.

---

[37] 『畏齋文集』 권10, 論, 「科擧論」.
"其貢擧之制, 朱子嘗有論曰, '以『詩』·『書』·『易』爲一科, 而子年·午年試之. 『儀禮』·『周禮』及二戴之禮爲一科, 以卯年試之. 『春秋』三傳爲一科, 而酉年試之. 皆兼『大學』·『論語』·『孟子』·『中庸』. 論則分諸子爲四科, 而以附焉. 策則諸史, 時務亦然, 則士無不通之經, 無不習之史, 皆可爲當世之用矣.' 三代之後, 規模成說, 無踰於此者也."

故今欲以『易』·『書』·『詩』爲一科, 而子年·午年試之. 『周禮』·『儀禮』及二戴之禮爲一科, 而卯年試之. 『春秋』及三傳爲一科, 而酉年試之.[年分皆以省試爲界, 義各二道.] 諸經皆兼『大學』·『論語』·『中庸』·『孟子』.[義各一道] 論則分諸子爲四科, 而分年以附焉.[諸子則如『荀』·『揚』·『王』·『韓』·『老』·『莊』之屬, 及本朝諸家文字, 別別討論, 分定年數. 兼許於當年史傳中, 出論二道.] 策則諸史, 時務亦然.[諸史則『左傳』·『國語』·『史記』·『兩漢』爲一科, 『三國』·『晉書』·『南·北史』爲一科, 『新舊唐書』·『五代史』爲一科, 『通鑑』爲一科. 時務則律歷·地理爲一科, 『通禮新儀』爲一科, 『兵法』·『刑統』·勅令爲一科, 『通典』爲一科. 以次分年, 如經子之法, 策各二道.] 則士無不通之經, 無不習之史, 而皆可爲當世之用矣.[38]

다음의 〈표〉는 주자와 정태진이 주장한 시험 과목을 정리한 것이다. 이를 보면 유생이 네 번의 과거에 응시할 경우 사서와 오경, 중국의 역사, 제자(諸子)와 시무에 해당하는 과목을 모두 익혀야 했다.

〈표〉 주자·정태진의 시험 과목

年	經書		史書	時務
子年	『易』『書』『詩』	『大學』『論語』『中庸』『孟子』	『左傳』『國語』『史記』『兩漢書』	律歷 地理
卯年	『周禮』『儀禮』『大戴禮』『小戴禮』		『三國史』『晉書』『南史』『北史』	『通禮新儀』
午年	『易』『書』『詩』		『新唐書』『舊唐書』『五代史』	『兵法』『刑統』勅令
酉年	春秋三傳		『通鑑』	『通典』

정태진은 인재를 관리로 선발한 후에는 하나의 직무를 맡기고 장기

---

38 『朱子大全』 권69, 「學校貢擧私議」.

간 근무하게 하여 그 성적을 평가하는 방안을 제시하였다. 그는 요(堯)와 순(舜)은 관리에게 한 가지 직무만 맡기고 9년이 지난 후 근무 성적을 따져 출척(黜陟)하였으며, 요순의 정치가 가장 뛰어났던 것도 그 때문이라고 보았다.

> 당(唐) 우(虞) 시대를 보면 (중략) 반드시 하나의 직무를 준다. 기(夔)는 전악(典樂)이 되고, 설(契)은 사도(司徒)가 되며, 기(棄)는 후직(后稷, 농사)이 되고, 익(益)은 우(虞, 산림 천택)가 되며, 고요(皐陶)는 사(士, 판결)가 되었다. 생각건대 그들 중에 더욱 능한 것이 있었겠지만 9년만에 출척(黜陟)하여 그 가부를 논하였다. 요(堯) 순(舜)이 잊지 않고 정치를 한 도(道)가 이러하니, 이것이 당 우의 정치가 고금에 가장 뛰어난 까닭이다.[39]

이상에서 보듯 정태진은 주자의 설을 따라 시험 과목을 경서, 역사서, 제자, 시무로 구분하고 이를 네 개의 묶음으로 나눈 후 3년마다 과목을 바꿔가며 시험하게 하였다. 그리고 인재를 선발하여 관리로 임명한 다음에는 9년이라는 장기간을 주어 근무 성적을 평가하게 하였다. 이러한 정태진의 방안은 정약용과 비슷한 점이 있었다.

정약용은 과거에 응시할 자격을 가진 擧子를 선발할 때 경서와 중국사, 한국사를 학습하게 하였다. 정약용이 제시한 과목을 보면 경서는 10경(經)(『시(詩)』, 『서(書)』, 『역(易)』, 『주례(周禮)』, 『의례경전통해(儀禮經傳通解)』, 『춘추좌씨전(春秋左氏傳)』, 『논어』, 『맹자』, 『중용』, 『대학』)이고, 중국사는 『이십삼대사(二十三代史)』와 『청회전(淸會典)』이며, 한국사는 『삼

---

39 『畏齋文集』 권10, 論, 「用人論」.

국사기(三國史記)』,『고려사(高麗史)』,『동사집성(東史輯成)』,『동문선(東文選)』,『국조보감(國朝寶鑑)』,『국조명신록(國朝名臣錄)』이었다. 정약용은 이들 과목을 네 개의 묶음으로 나누고 식년마다 과목을 바꿔가면서 시험하게 하였다. 또한 정약용은 관리가 된 사람은 3년에 한 번씩 고적(考績)을 실시하고, 9년이 지나면 세 차례 고적을 받은 관리들이 국왕에게 직접 자신의 공적을 설명한 후 암행어사가 현장에서 실상을 확인하여 출척을 결정하는 방식을 제안하였다.[40] 정약용이 제시한 과거 과목은 주자의 제안을 더 발전시킨 것이고, 9년마다 출척을 결정하는 것은『상서』연구에서 나온 것이었다.

정태진의 인재를 선발하는 방안은 주로 주자의 설을 따르면서 정약용과 비슷한 방안을 제안한 것으로 보인다.

5. 정전제의 시행

정태진은 생활 방도를 마련하는 치생(治生)보다 마음을 다스리는 치심(治心)이 중요하다고 생각하였다. 그는 유학이란 성인이 되기를 기약하는 학문이므로, 말(末)에 해당하는 치생보다 본(本)에 해당하는 치심을 우선하며, 치심을 이룬 다음에 치생을 실천하면 된다고 하였다.

우리 학문에 있어서 천하는 모두 성인이 되기를 기약하며, 성인은 우리 학문의 노농(老農)이자 노사(老師)이다. …… 천하의 성인이 어찌

---

40 김문식,『정약용의 경학과 경세학』, 단국대학교 출판부, 2021, 418-423, 450-452면.

치심(治心)을 버리고 치생(治生)을 먼저 하겠는가? …… 그렇지만 주자는 '당연히 해야 하는 우리 일을 위하여 이렇게 하는 것이니, 갑병(甲兵) 전곡(錢穀)의 일도 나를 위해서이다.'라고 하였다. 학자는 그 본(本)을 이루면 그 말(末)을 버리지 않으니, 치생도 우리 몸의 한 가지 일이며 리(理)를 살펴 치심의 단서를 증험할 수도 있다. 이를 도외시하고 먼저 힘써서 한다면 어찌 우리 유학의 도라 하겠는가.[41]

정태진에게 있어 퇴계학은 심학(心學)이 중심이고, 이황의 『고경중마방(古鏡重磨方)』은 학자들에게 치심의 방도를 알려주려는 고심의 산물이었다. 따라서 그는 관북 출신 김봉후(金鳳垕) 군에게 주는 글에서 유학이나 퇴계학은 바로 심학이며, 경전에 나오는 치심의 방도를 찾아 실천하라고 당부하였다.

퇴계 이 선생은 손수 고인들의 잠(箴)과 명(銘)을 모았다. 위로 탕(湯)과 무왕(武王)부터 아래로 당(唐) 송(宋)의 군자들에 이르기까지 경계하는 잠(箴)과 명심하는 명(銘)을 차례로 모아 편을 이루니, 고금에 치심한 방도를 드러내어 학자들에게 은혜를 베푸셨다. 주자의 시에서 '고경중마요고방(古鏡重磨要古方, 옛 거울을 다시 닦으려면 옛 방책이 필요하다)'이란 말을 취하여 책의 이름을 지었다. …… 아, 선생은 대현(大賢)의 자질을 가지고 민락(閩洛, 程朱)의 학통을 계승하셨다. 심법이 분명하지 않음을 근심하고 학자들이 어둠에 빠질까 두려워하며, 갈고 닦는 기술을 가리켜 밝은 본체를 보이셨으니, 실로 선생께서 후학을 위해 적심(赤心)을 내보이심이 이러하였다.[42]

---

41 『畏齋文集』 권11, 雜著, 「治生學者之先務論」.
42 『畏齋文集』 권8, 序, 「古鏡重磨方序」.

우리들의 학문은 심학(心學)이다. (중략) 내가 비록 고루하나 그대의 뜻에 감동하여 '심학' 두 글자를 가르친다. 바라건대 그대는 돌아가 경전(經傳)에서 이를 구한다면 치심의 방도가 차례로 절도가 있을 것이니, 참으로 실체(實體)를 세우고 실용(實用)을 구하여 일상생활에서 이를 실천하고, 실제로 '성현의 말씀이 나를 속이지 않음'을 체득한 후에야 우리 학문은 생각하는 것이 절반을 넘게 될 것이다. 그대는 이에 힘쓰라. 그대가 지금 도산(陶山)을 지나간다고 하니, 도산(이황)의 학문은 바로 심학이다.[43]

심학을 중시했던 정태진은 서양식 개화에 강하게 반대하였다. 그는 개화란 개물성무(開物成務; 사물을 열어 사무를 이룸)와 화민성속(化民成俗; 백성을 교화하여 좋은 풍속을 이룸)을 말하는데, 서양의 천주학은 인륜이 없고 절도가 없으며, 하늘에 절하여 복을 비는 것만 일삼는다고 비판하였다. 또한 그는 개항하여 이상한 물건을 무역하는 것은 재물을 낚는 것이지 개물(開物)이 아니며, 빈민에게 뇌물을 주어 천주당으로 유인하는 것은 본심(本心)을 무너뜨리는 것이지 화민(化民)이 아니라고 보았다. 그는 서양식 개화는 개물이 아닌 멸리(滅理)이고 화민이 아닌 적인(賊人)이며, 천하의 중화를 이적으로 만들고 금수(禽獸)의 지경에 떨어지게 할 것이라 비판하였다.

성인(聖人)이 나오면 천지의 도(道)를 밝히고 민물(民物)의 정(情)을 살펴, 개물성무(開物成務)로 천하의 뜻을 소통시키고, 화민성속(化民成俗)으로 천하의 대중을 화합시킨다. 이것을 개화(開化)라 한다. 지금 만

---

43 『畏齋文集』 권8, 序, 「贈金君鳳至序」.

국(萬國)이 말하는 개화는 과연 개물인가? 화민인가? …… 주변의 이적 국가 중 서양이 최고이나 그들의 학문은 야소(耶蘇)이고 그들의 복식은 문신(文身)이다. 군신 부자 부부의 인륜이 없고, 예의염치의 절도가 없으며, 하늘에 절하여 복을 비는 것만 일로 삼으니, 복이 과연 기도해서 얻을 수 있는 것인가? …… 개항하고 장사할 때 기괴(奇怪)한 물건을 만들어 사람의 이목을 현혹시키고 재물을 낚으니 이것이 개물인가? 빈민에게 뇌물을 주어 천주당(天主堂)으로 유인하고 그들의 본심을 무너뜨리니 이것이 화민인가? 이것은 간소한 것을 좋아하고 이익을 즐기며 재물을 탐내고 여색과 접촉하는 주본(主本)에 불과하니, 이는 바로 금수(禽獸)의 도(道)이다. 그런데 이것으로 천하를 개화시키려 하면서, 자기들의 힘을 믿고 위세를 부려 '너희들의 윤리를 버리고 예법을 버리며, 너희 복식을 변화시켜 하나같이 우리를 따르라.'고 한다. 그렇게 되면 그들이 말하는 개물은 도리어 리(理)를 없애고, 그들이 말하는 화민은 도리어 사람을 해치며, 장차 천하를 컴컴하게 막고 함께 금수의 지경으로 돌아가게 할 것이다. 오호라, 화(華)를 가까이하고 이(夷)를 멀리하는 것은 제왕의 상법(常法)이고, 정(正)을 돕고 사(邪)를 배척하는 것이 유학의 대의이다. 지금은 화이(華夷)를 묻지 않고 사정(邪正)을 묻지 않으며, 그저 천하의 시세를 살펴 그들이 요청하는 바에 응하니 장차 이(夷)가 변하여 화(華)가 되겠는가, 화(華)가 변하여 이(夷)가 되겠는가.[44]

정태진은 이처럼 심학을 중시하고 서양식 개화를 반대하였으나 빈부의 격차가 커짐에 따라 나타나는 경제적 문제를 도외시할 수는 없었다. 그는 당시의 현실이 부귀한 사람들은 방대한 토지를 소유하지만 곤궁한 백성들은 힘들게 일해도 부모를 봉양하지 못하고 처자를 굶기

44 『畏齋文集』 권9, 雜著, 「開化議」.

는 비참한 상황이라고 보았다.

> 우리 조정의 전부(田賦)는 처음 제도를 정할 때는 1/10보다 가벼웠
> 다. 그러나 결(結)로 만들면서 정(井)을 만들지 않았고, 세금을 거두면
> 서 조법(助法)이나 철법(徹法)을 쓰지 않았다. 토지의 경계를 정하지 않
> 아 복수(卜數)에 경중이 생겼고, 전지(田地)가 고르지 않아 빈부의 차이
> 가 현격해졌다. 또한 양전(量田)할 때 교활한 무리가 각자 사사로운 뜻
> 으로 농간을 부려 결(結)의 숫자를 속이니 서로 2-5배의 차이가 났다.
> 부귀한 집은 밭두렁이 연이어 있지만 곤궁한 백성은 그 밭을 빌려서
> 경작한다. 위로 공가(公家)의 부(賦)를 내고, 옆으로 해마다 내기한 것
> 을 갚기도 부족한데 이자를 내어 보상한다. 일 년 내내 힘들게 일하지
> 만 위로 부모를 봉양하지 못하고 아래로 처자를 굶주리게 하니, 구렁텅
> 이에 빠지지 않는 사람이 드물다.[45]

정태진은 이러한 문제점을 해결하기 위해 정전제(井田制)의 시행이
필요하다고 주장하였다. 그는 기자(箕子) 때 평양에서 하나라 전제를
시행하였으나 전국적으로 정전제를 시행한 적은 없으며, 사람들이 우
리나라에서 정전제를 시행하기 어렵다고 생각하는 조건을 세 가지로
제시하였다. 첫째 지형상 넓은 평야가 없다는 점, 둘째 정전제의 상세
한 제도를 알기 어렵다는 점, 셋째 관리들의 녹봉이 부족해진다는 점
등이 그것이었다.

> 우리나라에는 기성(箕聖, 기자)이 처음 와서 평양에 하(夏)의 전제(田
> 制)를 두었으나 끝내 나라 안에 두루 시행하지는 못하였다. 시대가 내려

---

45 『畏齋文集』 권10, 論, 「田賦論」.

오면서 이 법도 폐지되어 다시 보지 못하였으니, 천하에서 정전을 시행하지 않은 것이 오래되었다. …… 사람들은 다음과 같이 말한다. 정전은 중원의 넓고 평평한 땅에서는 시행할 수 있다. 우리나라는 산천이 험하므로 절대로 넓고 평평한 들판이 없으며, 겨우 있다고 해도 구회(溝澮)를 함께 만들면 반드시 제도대로 하기 어렵다. 또 옛 제도는 이미 오래되어 비록 시행하려 해도 일일이 상세히 갖추지 못하므로 불편한 단서가 있을까 걱정이다. 또 우리나라는 공경(公卿)의 녹(祿)이 부족하여 농사를 짓는 것으로 대신하는데, 주군(州郡)의 수령으로 나가거나 방백(方伯)이 되면 여러 읍에 토지를 두고 필요한 것을 공급하니 이를 갑자기 뺏을 수는 없다. 이는 모두 시행하기 어려운 단서이다.[46]

정태진은 세 가지 조건에 일일이 반박하며 당대에 정전제를 시행할 수 있다고 주장하였다. 정전제의 제도를 알기 어렵다는 조건에 대해, 그는 기자의 제도가 아직 평양에 남아 있고, 류형원(柳馨遠)의 『반계수록(磻溪隨錄)』에 상세한 제도가 나오므로 시행할 수 있다고 하였다. 또한 지형상의 난점에 대해서는 지형의 형편대로 토지를 구획한 후 1부(夫)에게 100무(畝)의 땅을 나눠주고, 4부(夫)(400무)의 땅을 합하여 하나의 정전으로 하며, 40무의 토지에서 생산되는 것을 공세(公稅)로 거두면, 주(周)나라의 1/10세(稅)보다 가벼워진다고 하였다. 마지막으로 관리의 녹봉에 대해서는, 당시의 세제가 1두락(斗落)의 토지에서 4−5석(石)을 거두어 1/30세(稅)보다 가벼운데, 정전제를 시행하면 세수가 2−5배 늘어나므로 국가 재정과 관리들의 녹봉을 감당할 수 있다고 주장하였다.

---

46 『畏齋文集』권10, 策, 「田制」.

진실로 이를 실천하려면 어찌 조치할 방도가 없겠는가. 옛 제도는 오래되었으나 기성(箕聖)의 전제는 아직 유허(遺墟)가 있다. 근세에는 유빈계(柳磻溪, 유형원)의 『반계수록(磻溪隨錄)』이 있어 그 규모가 정연하고 자세히 갖춰져 있다. 큰 임무를 알고 큰일을 경험한 사람이 있으면 그저 이를 가지고 시행하며 시대 형편에 맞게 하면 제비를 뽑아 시행하는 것처럼 쉬울 것이다.

우리나라는 비록 험하지만, 땅이 평평하고 넓거나 기울고 굽은 것을 따지지 않고 구획한다. 계곡이 있으면 계곡을 건너서 구획하고, 구릉이 있으면 구릉을 뛰어넘어 구획한다. 다만 척수(尺數)를 1부(夫)의 제도로 하여 고르게 나눠주면, 1부가 받는 것은 100무(畝) 아래가 되지 않을 것 같고, 100무를 구획하여 전제(田制)로 하고 4가(家)가 토지를 함께 하면 정지(井地)를 넓게 차지하지는 못할 것이다. 그리고 다시 10무의 토지를 주어 4가의 여사(廬舍)를 만들고, 40무의 소출을 계산하여 공세(公稅)를 거두면 주(周)의 이른바 '1/10보다 가볍다'는 것이다. 시행하기 어려운 것이 무엇이 있겠는가.

공경(公卿)의 녹(祿)으로 말하면, 우리나라의 세(稅)는 상등의 토지라도 100척(尺)으로 1복(卜)에 불과하니, 지금의 두락(斗落)으로 말해도 500척이면 1두락이라 할 수 있다. 그러면 1두락의 결(結)은 5복에 불과하고, 그 토지에서 거두는 것은 많아도 4-5석(石)이다. 이로 미루어보면 또 1/30세(稅)보다 가볍다. 만약 이 법을 시행하면 1년의 수입이 반드시 전보다 2-5배가 될 것이다. 이것으로 국용(國用)과 백관의 녹을 충당하면 어찌 풍족하지 않겠는가.[47]

정태진이 굳이 정전제를 시행하려고 한 이유는 1/10세(稅)를 실천하기 위해서였다. 그는 정전제의 핵심은 1/10세에 있으며, 정전제를 제도대

---

47 『畏齋文集』 권10, 策, 「田制」.

로 시행하지는 못해도 1/10세를 실천하면 정전제의 효과를 거둘 수 있다
고 판단하였다. 그는 후대의 군주가 인정(仁政)을 펴려면 반드시 1/10세
를 시행해야 하며, 그 결과 삼대의 정치를 이룰 수 있다고 보았다.

　토지가 흩어져 있는 곳을 따지지 않고 무(畝)를 계산하여 고르게 나눠
주며, 토지의 요척(饒瘠)에 따라 등급을 따지고 가감하여 민산(民産)을
결정한다. 그러면 토지와 호구는 분명히 알 수 없지만 1부(夫)가 받는
것은 100무(畝) 아래가 되지 않을 것이다. 10무를 더해 주어 공전(公田)
으로 삼고 경작하여 거두면, 정전을 구획하지 않아도 1/10세(稅)는 동일
하다. 또 기자가 평양에서 전제를 시행한 것은 지금에도 말할 수 있으니,
정전을 만들 수 있는 곳을 정전으로 만들면 이것이 상(商)의 조법(助法)
이다. 정전을 만들 수 없는 것은 위에서 말한 바와 같으니 하(夏)의 공법
(貢法)을 모방할 수 있다. 주나라 때 강남 지역에 공법이 있었으니 정전
제도로 하기가 어려웠기 때문이다. 공법과 조법이 통행하고 시대 형편에
맞게 하면, 인정(人情)에 부합하고 토속(土俗)에도 맞으니, 선왕의 유의
(遺意)를 잃어버리지 않으면 삼대의 정치를 다시 볼 수 있을 것이다.[48]

　맹자(孟子)는 '1/10은 천하의 중정(中正)이니 이보다 많으면 걸(桀)
이 되고 적으면 맥(貊)이 된다.'고 하였다. 1/10의 세제(稅制)라면 천하
의 전부(田賦)가 결정된다. (중략) 오호라, 정지(井地)가 시행되지 않으
니 빈부가 어떻게 고르게 되며, 곡록(穀祿)은 어떻게 평등해지겠는가?
이 때문에 윗사람의 정치 교화가 행해지지 않고, 하민(下民)들의 곤궁
함이 더욱 심해지는 것도 바로 이 때문이다. 우리나라는 실로 기성(箕
聖, 기자)의 구도(舊都)이고, 정전 제도는 아직 관서 지방에 유허가 있
다. 후대의 군주가 진실로 인정(仁政)에 뜻을 두고 이를 계승하여 실천

48　『畏齋文集』 권10, 論, 「井田論」.

한다면 삼대의 정치를 반드시 우리나라에서 다시 보게 될 것이다.[49]

정태진은 정선세의 시행을 통해 토지를 균등하게 분배하고 1/10세를 실천함으로써 빈부의 격차를 해소하고 국가의 재정 부족을 해결하여 삼대의 정치를 이룰 수 있다고 기대하였다. 이러한 정태진의 방안은 선배 학자인 류형원(柳馨遠), 이익(李瀷), 정약용(丁若鏞)의 방안과 유사한 점이 있었다.

유형원은 모든 토지를 공전(公田)으로 한 다음 1부(夫)에게 100무=1경의 토지를 나눠주고 4경을 하나의 전(佃)으로 하여 4경마다 병사 1인을 내도록 하는 병농일치제를 주장하였다. 유형원은 농민뿐만 아니라 사대부에게도 2-12경의 토지를 차등적으로 지급하였지만, 농민 1부마다 100무의 토지를 주고 4부의 토지를 합하여 하나의 단위로 생각하였다. 여기서 4부의 토지를 하나의 단위로 파악하는 것은 한백겸(韓百謙)이 평양에 있는 기자의 정전을 정자형(井字形)이 아닌 전자형(田字形)으로 파악한 것에 연원을 두었다.[50] 정태진은 유형원의 제안에서 1부에게 100무의 토지를 주고 4부의 토지를 하나의 단위로 파악하는 방안을 수용하였다.

이익은 평양의 정전은 기자의 유적이며, 맹자가 주장한 정전론은 삼대의 제도를 변통하여 맹자가 살았던 시기에 적합하게 변용한 것으로 보았다. 그리고 이익은 정전제는 정방형의 토지를 도랑으로 기준으로 구분한 것이 아니라 두렁의 연맥을 통해서도 실시할 수 있다고 보았다.[51] 정전제를 시대 상황이나 토지 형편에 맞게 조정할 수 있다는 이익

---

49 『畏齋文集』 권10, 論, 「田賦論」.
50 최윤오, 「磻溪의 公田制國家論」, 『반계 유형원 연구』, 사람의무늬, 2013, 314-326면.
51 함영대, 『성호학파의 맹자학』, 태학사, 2011, 206-209면.

의 생각은 정태진과 유사한 점이 있었다.

정약용은 정전제는 평평한 땅에 정전을 만들어 기준으로 삼고, 1/9세를 시행하는 것이 정전제의 이상을 실현하는 것이라 주장하였다. 그는 도성을 둘러싼 육수(六遂) 지역에서는 1/9세를 시행하고, 그 바깥 지역에서는 모두 1/10세를 시행하도록 하였다. 정약용은 1/9세를 시행하면 당시 결부법(結負法)에 의한 전세보다 농민의 부담이 커지지만 다른 잡세는 모두 폐지하므로 결국은 농민에게 이롭다고 판단하였다.[52] 정전제의 핵심은 토지 모양이 아니라 세제에 있다는 정약용의 주장은 정태진의 주장과 비슷하였다.

이를 보면 정태진의 정전제 시행 방안은 유형원, 이익, 정약용의 방안을 계승하면서 조정한 것으로 보인다.

6. 맺음말

지금까지 정태진의 현실개혁 방안을 성리학의 재정비, 인재 선발의 방안, 정전제의 시행으로 구분하여 살펴보았다. 이가원은 정태진의 경세 방안은 젊었을 때 습작한 것이 많으나 정약용의 유풍(遺風)을 받은 것이고, 후대에 직무를 맡은 사람은 이를 통해 시폐(時弊)를 바로잡을 수 있다고 하였다.

그가 경세치용(經世致用)의 법칙을 논한 것은 나이가 어렸을 때 습작

---

52 김문식, 『정약용의 경학과 경세학』, 단국대학교 출판부, 2021, 424-429면.

한 것이 많으나 다산(茶山)의 풍(風)에서 받은 것이 적지 않다. 그의 「학교책(學校策)」, 「전제책(田制策)」, 「과거론(科擧論)」, 「서원론(書院論)」, 「전부론(田賦論)」, 「용인론(用人論)」, 「치생학자지선무론(治生學者之先務論)」, 「두설(蠹說)」, 「주설(舟說)」, 「종수설(種樹說)」, 「치포설(治圃說)」 등의 편은 모두 확실하게 법칙에 맞으므로, 후세에 직무를 맡은 사람이 보면 시폐(時弊)를 바로잡을 수 있을 것이다.[53]

이 글에서 주목되는 것은 정태진의 방안이 젊었을 때 습작한 것이 많다는 점이다. 실제로 본문에서 검토한 현실개혁 방안을 보면 그가 일제 강점기, 해방, 한국전쟁이라는 격동기를 체험하면서 제시한 방안은 좀처럼 보이지 않고, 대부분이 개항기와 대한제국기를 배경으로 하여 작성한 것이다. 따라서 정태진의 현실개혁 방안을 검토할 때에는 그가 일제 강점기 이후를 겪으면서 작성한 글은 충분히 남아 있지 않다는 점을 고려해야 한다.

다음으로 주목할 것은 정태진의 개혁 방안에 정약용의 유풍을 계승한 것이 많다는 점이다. 필자가 본문에서 검토한 것을 정리해 보면, 학문의 내용은 주자와 이황의 학문을 계승한 것이 많고, 인재 선발의 방안에서는 주자와 정약용의 방안을 계승하였으며, 정전제의 시행에서는 유형원, 이익, 정약용의 방안을 계승한 점이 나타났다. 이를 종합하면 정태진은 학문적으로 주자학과 퇴계학의 범위 안에 있으면서 남인계 학자인 유형원, 이익, 정약용의 경세 방안을 수용하고 절충하는 방식으로 자신의 개혁 방안을 제시한 것으로 보인다.

정태진이 주자학과 퇴계학의 범위에 머물렀던 것은 그의 스승이던

---

53 『畏齋文集』 권14, 附錄, 行狀(受業 眞城李家源 謹狀).

곽종석이 유학의 명맥을 유지하고 발전시키기 위해 서양 문명을 배워야 한다고 주장한 것과 대비를 이룬다.[54] 정태진은 서양의 학문은 사사로운 공리(功利)로 귀결되기 때문에 정학(正學)이 될 수 없으며, 당시 학자들이 시세를 따라 서양의 학문이나 종교로 경도되는 것을 경계하였다. 정태진은 자신에게 이어진 전통 성리학의 명맥을 보존하고 이를 후학에게 물려주면서 유학이 회복될 날을 기다리는 것이 자신의 역할이라 생각하였다. 따라서 그가 제시한 현실개혁 방안은 자신이 직접 이루기보다는 자신의 후학들이 이뤄주기를 기대하는 제안이었다.

---

54 최영성, 「한국유학사에서 俛宇 郭鍾錫의 위상」, 『南冥學硏究』 27, 경상대학교 남명학 연구소, 2009, 6-8면.

정태진의 선택과 독립운동사에서 가지는 위치

김희곤

1. 머리말

독립운동이란 나라가 식민지로 떨어질 때 이를 지탱하거나 되살려내려는 활동이다. 그래서 독립운동을 식민지해방운동이라고 일컫기도 한다. 나라가 망하기 전에는 무너져가는 것을 막으려고 헌신한 의병전쟁과 구국계몽운동이 주류를 이루었고, 나라가 망한 뒤에는 의열투쟁, 독립전쟁, 농민·노동운동을 통한 항일투쟁, 대한민국 건설과 임시정부 중심의 독립운동 등 다양한 활동이 펼쳐졌다.

한국의 독립운동은 세계적으로 보편성과 특수성을 가진다. 세계 대부분의 식민지해방운동은 외세를 물리치고 자주 독립국가를 달성한다는 것, 그리고 그 국가가 중세 군주사회가 아니라 근대 시민사회, 다시 말해 민주국가를 건설한다는 데 같은 목표를 갖고 있었다. 그래서 이를 세계 독립운동의 보편성이라 부른다. 그러면서도 다른 한편으로는 나라마다 조금씩 다른 양상도 보인다. 또한 국내로 초점을 좁혀 놓아도 독립운동에 참여한 인물마다 보편성과 특수성을 가진다. 한국 독립운동사 50년 역사 속에 등장하는 인물들은 모두 국가를 지탱하거나 되찾는 데 같은 목적을 가졌지만, 출신지역과 학맥, 출생시기별로 이념과 방법에서 차이를 보였다.

여기에서 살피는 정태진(丁泰鎭)은 전통 유학자이다. 자(字)는 노수(魯叟), 호는 외재(畏齋) 또는 서포(西浦)이며, 본관은 나주(羅州)이다. 그는 1876년(고종 13) 8월 11일 경북 영주(榮州) 줄포(茁浦)에서 아버지 정규덕(丁奎悳)(호는 춘포(春圃))과 어머니 영양 남씨(英陽南氏)(기홍(基弘)의 딸) 사이에 태어나 1959년 5월 21일 84세로 작고하였다. 정태진은 1895년 이병호(李炳鎬)에게 배우고, 1908년에 이병호가 작고하자 곽종석(郭鍾錫)의 문하에 나아가 가르침을 받기 시작하였다.[1]

1876년생으로서 유학자가 독립운동에 참가했다면 몇 가지 길을 상정해 볼 수 있다. 한국 독립운동사 전체 구도 속에 그가 선택하고 걸었던 행적이 무엇이며, 그것이 가지는 의미가 어떤 것인지 추적하고 위상을 확인하는 것이 이번 연구의 목표다. 다만 아쉬운 것은 한 편의 논문을 완성시킬 만큼의 자료가 없다는 정도가 아니라 절대적으로 부족하다는 점이다. 그래서 확인할 수 있는 내용만 정리하고, 그의 선택이 한국 독립운동의 전반적인 흐름 가운데 어떠한 위치와 성향을 지니는지 짚어보는 선에 머물고자 한다.

---

1 권오영, 「외재(畏齋) 정태진(丁泰鎭)의 삶과 사상」, 『淵民學志』 제31집, 연민학회, 2019, 51-52면.

2. 정태진이 참가한 독립운동

1) 만주 독립운동기지 덕흥보(德興堡) 개척 지원

1910년 나라가 망하던 시기를 전후하여 유림이 민족문제에 대응한 양상은 여럿이다. 가장 대표적인 것이 목숨을 던져 일제 침략에 항거한 순절, 순국투쟁이다. 70명 정도 자정순국자가 확인되는데 경북 출신이 18명으로 가장 많다. 다음으로 나라 밖으로 망명하여 독립운동 기지를 건설하는 것인데, 대표적인 인물이 이상룡·이회영·이승희 등이다. 그리고 또 하나의 양상은 통감부나 각국 공사관, 국치 이후로는 조선총독부에 서신을 보내 독립을 호소하는 것 등이었다. 곽종석을 비롯한 한주학파의 노선은 여기에 속한다. 이러한 노선을 선택하는 데는 개인적인 의식과 판단이 작동하지만, 대개 학맥과 연결되어 집단적으로 진행되는 것이 대세였다.

정태진은 이 가운데 어느 길을 선택했을까. 그의 학맥이 한주학파에 속한다는 사실만으로도 대개 노선을 헤아릴 수 있다. 앞서 1895년 의병이 일어날 때, 곽종석은 안동의진에서 부장으로 천거되었지만 취임하지 않았고, 뒷날 중·후기의병 시기에 이승희가 곽종석에게 거병을 권유했을 때도 거절했다. 그리고서 이 학맥 인사들이 선택한 길은 각국 공사관에 글을 보내 시비를 따지고 국권 회복을 청원하는 것이었다. 이때 정태진이 어떠한 움직임을 보였는지 명확하지 않지만, 일단 곽종석을 비롯한 한주학맥의 대응 범주와 양상에 속했으리라 짐작된다. 그렇다면 1905년 외교권을 상실했을 때 전국에서 상소투쟁이 일어났으니 여기에는 참가했으리라 짐작할 수 있는데, 이마저도 자료가 없어 확인할 수 없다.

정태진의 움직임이 나타난 때는 나라가 망할 무렵부터 만주에 건설되고 있던 독립운동기지와 관련된 일이다. 같은 학맥의 이승희가 1908년 4월 고향을 떠나 블라디보스토크로 망명할 때 정인하(鄭寅夏)·이수인(李洙仁) 등 한주학맥 계승자들도 동행하였다. 1909년 밀산부 봉밀산 일대에 한흥동(韓興洞)을 개척하였지만, 한계에 부딪치면서 근거지를 옮겼다. 1910년 이래 정돈섭(丁敦燮)이 움직이고 있던 곳이고, 장석영이 밀산에 들렀을 때 서간도가 유리하다고 말한 것이 이승희가 근거지를 이동하는 데 영향을 준 것으로 전해진다.

이승희를 비롯한 관련 인물들은 1913년 만주를 가로질러 단동(丹東)으로 이동했다. 그리고서 북경을 다녀와 1914년 6월 24일(음 5.29) 심양(瀋陽) 서탑(西塔)으로 갔다. 그곳에서 독립운동 근거지가 바로 요중현(遼中縣) 덕흥보(德興堡, 현재 침양시(沈陽市) 양사강진(楊士崗鎭) 덕흥보촌(德興堡村))였다.

〈표 1〉 봉천(奉天; 선양) 부근 마을에 정착한 망명유생(권대웅, 위의 책, 269면)

정착촌	망명유생	비고
奉天	權重洛, 金璉煥안동	遼寧省 沈陽市
德興堡	朴慶鍾평해, 李啓東안동, 李基仁성주, 趙貞奎함안, 金正植, 吳錫泓, 金思鎭영주	遼寧省 沈陽市 楊士崗鎭 德興堡村
南山里	丁敦燮영주, 曹平仲, 李會文안동	遼寧省 沈陽市 新民市 傅当堡鎭 沙里, 일명 南山里
公太堡	申達周, 吳鎭洪	遼寧省 沈陽市 新民市 胡台鎭 西公太村
北 山	成鐘護창녕, 成璣秀	
東民屯	李文周안동, 申慈均, 李柄周	遼寧省 沈陽市 新民市 胡台鎭 杜板牛村
巴圖嶺	朱在基울진	遼寧省 沈陽市 新民市 法哈牛鎭 巴圖魯營子村

丁香屯	安和鎮안동, 安宗洙	遼寧省 沈陽市 丁香屯
句連屯	李晩珪안동, 鄭邦時영주	遼寧省 新民市 句連屯
趙家屯	柳浚榮안동	遼寧省 沈陽市 新民市 興隆堡鎮 趙家屯

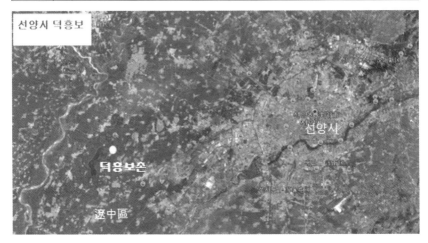

〈그림 1〉 선양시 서쪽 遼中區 楊士崗鎮 德興堡村

〈그림 2〉 덕흥보촌(권대웅, 위의 책, 258면)

〈그림 3〉 덕흥보촌 늪지(권대웅, 위의 책, 259면)　　　〈그림 4〉 덕흥보 표석

정태진의「행장」에 "俛宇는 나라가 무너진 뒤부터 피신할 곳으로 遼
東에 가고자 했는데, 선생은 실제로 그 모의에 찬동하였지만 결국 일
이 뜻대로 되지 않았다."[2]라고 적혀 있다. 이 구절은 가고자했던 곳이
밀산(密山)이 아니라 요동(遼東)의 덕흥보(德興堡)라는 사실을 말해준
다. 정태진은 이승희·조정규 등과 함께 덕흥보 땅을 먼저 구입하기로
방향을 잡았다. 그런데 이승희가 구입한 덕흥보 땅이 습지라는 사실이
뒤늦게 확인되면서 어려움을 겪게 되자, 고향에서는 덕흥보계를 만들
어 자금을 지원했지만 끝내 실패하고 말았다. 그러던 가운데 1916년
3월(음력 2월) 이승희는 생을 마감하였다.[3]

정태진은 이승희·조정규(趙貞奎)·정돈섭(丁敦燮)·김사진(金思鎭)과 덕
흥보의 황무지를 개간하는 데 참가하였다.[4] 그런데 1916년 음력 4월 초

2 『畏齋集』卷14, 行狀.
3 권대웅, 『한계 이승희의 생애와 독립운동』, 성주문화원, 2018, 262~266면.
4 『畏齋集』卷14,「行狀」; 國家報勳處사이트, 功勳電子史料館, 獨立有功者功勳錄 丁泰鎭.
　金龍圭가 지은 壙誌에는 "約與同志避地遼野"라고 했고, 門人 金承學이 지은 墓誌銘에는

여름(양 5월) 정태진이 덕흥보에 가 있던 김사진에게 보낸 답신을 보면, 그는 잠시 국내로 돌아와 고향에서 덕흥보 개척을 지원하던 사정을 알 수 있다.

　　갑자기 삼천리나 이별하게 되니 그리운 마음 아침저녁으로 들지 않은 적이 없습니다. 이번에 그대가 멀리서부터 보내주신 서찰을 받았는데 내용이 정성스러워 비록 異域에 헤어져 있는 와중이지만 오랜 벗을 버리지 않고 돌봐주신 마음을 대략 볼 수 있었습니다. 이 정성을 어디에다 보답해야 할까요? …… 鷄巖(정돈섭) 공과 조석으로 함께 계시면서 외딴 변방에서의 외로움과 근심을 면할 것이니 이 때문에 다행이라 여깁니다. ……

　　저는 봄부터 여름까지 연이어 어버이께서 병을 앓으셔서 두려웠다가, 근래 들어 비로소 조금 덜해지셔서 그나마 書案과 鉛槧을 정돈하여 조금 본분의 공부를 할 수 있었지만, 또 제가 숙병이 도져서 바야흐로 병치레 하느라 힘을 다해 독서를 음미하지 못하고, 단지 세월만 가쁘게 흐르는데도 공부가 끊어지는 것이 유감일 따름입니다. ……

　　이곳은 가뭄이 심하여 벼 심는 기한이 이미 어그러지고 쌀값이 폭등하여 인심이 흉흉하고 위태롭습니다. 모르겠지만 올해 운기는 과연 어떻게 되겠습니까? 그곳의 근래 형편은 어떠합니까? 德興(밑줄 필자)서 농사짓는 일은 과연 염려 없이 추수할 수 있겠습니까? ……

　　황무지를 개간하는 비용은 제가 감당할 재주는 없지만, 우리 형이 이미 변방 먼 땅에 계시면서 이렇게 오롯이 부탁함이 있는데 어찌 극력으로 주선하지 않겠습니까? 말씀하신 대로 75원을 우편으로 부쳤으니 (밑줄 필자) 찾아서 수령하시고 인편을 통해 받았는지 여부를 알려주시는 것이 어떠하겠습니까?[5]

"嘗與數同志, 渡海墾遼野, 不諧意而歸"라고 했다.

첫 번째 문단에서 김사진과 정돈섭이 만주로 가서 움직이던 정황을 보여준다. 둘째 문단은 정태진이 부친의 병환과 자신의 숙환으로 고생하는 사정을 말했는데, 이것이 국내로 들어와 다시 덕흥보로 가지 못한 이유로 짐작된다. 세 번째 문단은 국내 가뭄과 쌀값 폭등을 말하면서 덕흥보의 농사 형편과 가능성을 묻는 내용이다. 네 번째는 김사진의 부탁에 따라 75원을 보낸다는 것이다. 정리하면 1916년 봄·여름 정태진이 부친 병환과 본인의 숙환으로 덕흥보로 다시 가지 못했고, 다만 김사진의 요구대로 자금을 지원했다는 것이다.

김사진이 남긴 기록에는 그 이듬해의 사정이 적혀 있다. 1917년 음력 5월에 정태진을 기다리나 오지 않는다는 내용이 그 핵심이다.[6] 또 정태진의 편지를 받고서 음력 6월 그믐에 답장을 보냈다는 기록으로 보아 정태진이 이 무렵에도 또한 국내에 있었음을 알 수 있다. 다만 그 내용을 요약해보면, 이 사업에 정태진이 협력했음을 알려주는 대목이 보인다.

애초에 덕흥보 사업은 조정규가 힘써 추진하고 정태진이 협력하여 자신(김사진; 필자 주)도 관여하게 되었는데 사업이 크게 실패하였으니 세상에서는 부패한 선비가 일을 그르쳤다고 비난하지 않겠느냐, 6월 초 덕흥보에 큰 비가 내려 큰 수해를 입었고, 이후 파종할 시기가 도래했으나 씨를 심는 한인은 매우 드문 형편이다. 덕흥보 실패 후 여러 곳을 찾아다녔으나 해결책이 없다. 어떻게 해야 할지 교시해 주길 바란다.[7]

---

5 『畏齋集』 卷5, 「答金謹夫思鎭 丙辰」.
6 金思鎭, 『遼行日記』(소수서원박물관 소장 미간본).
7 金思鎭, 위와 같음.

1916년 음력 4월 이후와 그 이듬해 편지에 모두 정태진은 국내에 머물렀다. 그러면서 그는 자금 지원도 여러 차례 했으리라 짐작된다. 이기인 (李基仁)·황학래(黃鶴來)가 회계한 문서 「덕흥보전후세음조(德興堡前後細音條)」에는 1917년 1월과 1918년 3월 현재의 회계 내용이 자세하게 적혀 있어, 1915년에서 1917년 사이의 입출금 사실들을 조금이나마 헤아릴 수 있다. 예를 들자면 1916년 입금된 5백원으로 1916년에 덕흥보 방축 비용으로 50원을 들였다거나 농비를 지출했다는 등의 내용이 적혀 있다.[8] 이 문서는 고향에서 자금을 보내준 사람들에게 회계 내용을 보고한 문서로 여겨진다.[9] 1916년 입금된 총액이 5백 원이라거나 덕흥보 방축 비용이 50원이라는 사실에 견주어보면, 1916년 초여름에 정태진이 보낸 75원의 규모가 결코 적은 금액이 아님을 헤아릴 수 있다. 물론 75원이 이 문서의 5백 원 속에 포함되는지는 알 길이 없지만, 금액의 크기를 짐작할 수는 있기 때문이다.

여기에서 한 가지 짚고 가야 할 사실은 덕흥보 개척의 성격이다. 이것이 이상룡·이회영 등이 앞장선 서간도 유하현 삼원포나 합니하 기지와 같은 성격을 지닌 것은 아니다. 경학사(耕學社)·부민단(扶民團)·한족회 (韓族會)로 이어지는 조직은 동포사회를 형성하고 유지하는 정치·행정 조직이고, 신흥강습소에서 이어지는 신흥무관학교, 백서농장(白西農場)과 서로군정서는 군사 조직이었다. 또 서간도 일대를 개척하던 인물들의 정치적인 성향도 공화주의를 지향하고 있었다. 그런데 덕흥보 개척이란 것도 독립운동기지 건설 사업이기는 하지만, 군대를 기른다거나

---

8 「德興堡前後細音條」(弘齋 李斗勳家의 고문서, 한국국학진흥원 소장)
9 권대웅, 앞의 책, 267면.

공화주의로 나아가는 지향성을 보인 것과는 다르게, 유교를 근본으로 삼고 도(道)를 지켜나갈 터를 확보한다는 데 초점을 둔 것으로 보인다. 덕흥보 개척 사업이 공교회(孔敎會)로 이어지는 모습에서 그러한 성향을 이해할 수 있기 때문이다.[10]

그렇다고 하여 덕흥보와 그 주변지역에 왕래했던 인물들이 모두 보수성을 가졌다거나 공교회로 기울지는 않았다. 당장 덕흥보에 얼마 동안 머물렀던 안동 출신 이계동(李啓東)과 평해 출신 박경종(朴慶鍾)은 성향이 오히려 서간도 지역의 이상룡과 통하는 인물이다.[11] 이계동은 이상룡의 동생 이봉희(李鳳羲)이고, 박경종은 그의 매부다. 이들은 심양(審陽)과 서간도 지역을 오가며 정보를 교류하고 협력하고 있었다. 이봉희는 유하현으로 가서 경학사에 참가하고 신흥학교 교장을 맡기도 하고 서로 군정서에도 참가했다. 특히 이회영과 함께 봉천성(奉天省)으로 파견되어 한인의 입적을 추진하여 동포사회의 안정을 도모하기도 했다.[12] 또 심양 중심지에 머물던 안동출신 김연환(金璉煥)은 1919년 9월 항일투쟁에 쓰일 무기를 몰래 만들다가 폭발하는 일도 있었고,[13] 만주·상해(上海)·국내를 오가며 군자금 모집과 의열투쟁에 나서기도 했다.[14]

---

10 덕흥보를 비롯하여 審陽 일대에 터를 잡은 인물들의 활동과 성격을 독립운동사 차원에서 규명하는 연구가 필요하다는 국가보훈처 서동일 학예연구사의 지적에 전적으로 동의한다.(淵民學會 주최, 제27회 淵民學 학술대회, 「畏齋 丁泰鎭 先生의 생애와 학문」, 2021년 12월 4일)

11 류시중·박병원·김희곤 역주, 『국역 고등경찰요사』, 선인, 2010, 163, 213면.

12 안동독립운동기념관편, 『국역 石洲遺稿(하)』, 경인문화사, 2008, 155면; 김희곤, 『안동 사람들이 만주에서 펼친 항일투쟁』, 지식산업사, 2011, 72면.

13 류시중·박병원·김희곤 역주, 앞의 책, 438-439면.

14 김희곤, 앞의 책, 116-118면.

2) 파리장서운동(제1차 유림단의거) 참가[15]

다음으로 정태진이 분명하게 민족문제에 대응하여 나선 것은 파리장서운동이다. 이것은 3·1운동의 하나로 평가되는 것으로, 제1차 세계대전을 마무리 짓는 파리강화회의 또는 파리평화회의에 한국문제를 상정하여 독립을 성취하려는 움직임 가운데 하나였다. 그 발단부터 간단하게 정리하면서 정태진의 관련 사실을 정리한다.

파리장서는 3·1운동 직후 일부 '보수 유림'들이 나서서 파리에서 열리는 강화회의에 한국을 독립시켜 달라고 요구하는 긴 글[長書], 곧 독립청원서를 보낸 일이었다. 3·1운동 무렵까지 전통을 지키던 보수 유림들이 자신들의 참가 없이 만세운동이 진행되던 형편에서, 오랑캐로 여기면서 외면하던 서양 열강에게 한국을 독립시켜달라고 요구하는 독립청원서를 보낸 것이니, 이를 파리장서의거, 혹은 제1차 유림단의거라 부른다.

제1차 세계대전의 종결과 이에 따른 전쟁을 마무리 짓는 강화회의를 독립의 기회로 포착한 인물들이 3·1운동의 계기를 만들어냈다. 1919년 1월 22일 광무황제 고종의 서세 이후 서울로 몰려든 중견 유림들 사이에 시국에 대한 논의가 있었는데, 마침 유림이 만세운동의 준비단계에서 빠졌다는 사실을 알아챘다. 그들이 유림 차원에서 강화회의에 독립청원서를 보내는 일을 추진하게 된 것이니, 김창숙(金昌淑)·김정호(金丁鎬)·이중업(李中業)·류준근(柳濬根)·유진태(俞鎭泰)·윤중수(尹中洙) 등이 바

---

15 1925년에서 이듬해까지 경북지역 유림들 사이에서 군자금을 모은 거사가 있었으니, 이를 일제가 '경북유림단사건'이라 이름을 붙였다. 그런데 두 가지 거사가 대부분 경북지역 유림들이 핵심이었기 때문에 혼동을 일으키는 경우가 생겼다. 따라서 앞의 '파리장서'를 1차 유림단의거로, 뒤의 것을 2차 유림단의거로 이름을 붙여 구분하고 있다. (김희곤, 「성주지역 독립운동의 성격」, 『한국독립운동사연구』 46, 한국독립운동사연구소, 2013, 239면)

로 핵심인물이었다.[16]

김창숙은 3월 5일 곽종석이 직접 서울에 보낸 김황(金榥)과 곽윤(郭奫) 일행을 만나 독립청원서에 관한 일을 논의하였다. 이에 앞서 2월 하순 곽종석을 찾은 윤충하(尹忠夏)가 유교계 독립청원운동의 필요성을 역설했고, 곽종석은 조카 곽윤을 서울로 보내 윤충하를 만났으나 합의점을 찾지 못한 상황이었다. 바로 그 때 김창숙이 김황·곽윤과 만나 곽종석에게 독립청원서 집필을 부탁하자는 제안을 내놓았다.[17] 이렇게 시작된 논의는 김창숙이 곽종석을 만나 독립청원서 집필을 부탁하고, 이것이 장석영에게로 맡겨졌다가, 다시 김황의 초고와 곽종석의 검토 등을 거쳐 완성되었다. 그 사이에 지역을 나눠 맡은 인물들이 서명자 모집에 나섰고, 며칠 사이에 백 명 정도나 되는 인원의 서명을 확보했다. 이를 서울로 가져간 김창숙이 호서지역에서도 같은 성격의 움직임이 있는 것을 알게 되고, 이들과 협의한 뒤에 독립청원서와 서명자를 하나로 묶었다. 김창숙은 이를 갖고 중국으로 가서 번역하여 파리에 파견된 김규식에게 보내는 것으로 일단 마무리 지었다.

정태진은 137명 서명자 가운데 한 사람이다. 그가 언제 누구의 연락을 받고 서명하게 되었는지 자세한 과정을 알지는 못한다. 당시 서명자는 학연·혈연 등을 통해 권유를 받아 참가한 인물이 많고, 더러는 소식을 듣고 자발적으로 참여한 인물도 있었다.[18] 정태진의 경우도 곽종석 학맥의 움직임 속에서 이해되고, 같은 영주 출신인 김동진(金東鎭)·김택진(金

---

16 김창숙, 『心山遺稿』, 국사편찬위원회, 1973, 309-310면.
17 서동일, 「성주지역 파리장서의 주도세력과 전개과정」, 『성주 3·1운동과 파리장서』, 경북독립운동기념관, 2009, 115-117면.
18 같은 글, 124-127면.

澤鎭)도 마찬가지다. 시기는 3월 중순경이었음은 분명하다. 김창숙이
서울에서 임경호를 만나 자신이 가진 영남본(곽종석본)과 김복한을 대표
로 삼은 또 다른 장서(호서본)를 비교한 끝에, 영남본으로 통합한 뒤 서울
을 떠난 날이 3월 23일이었다. 김창숙이 3월 10일을 전후하여 성주지역
에서 움직였고, 서울 용산역을 출발한 때가 23일 밤 10시였으니,[19] 정태
진이 참가한 때는 3월 중순이라 짐작된다.

　김창숙은 3월 27일 상해에 도착했다. 이때는 2월 1일 상해를 떠난
김규식이 3월 13일 프랑스 파리에 도착한 뒤였다. 상해에 모인 동지들
과 논의한 끝에 김창숙은 서울에서 가져온 독립청원서를 영문본으로
인쇄하여 우편으로 파리강화회의에 보내기로 결정했다. 또 각국 대사·
공사·영사관 및 중국의 각 정계 요인들에게도 우송하고, 아울러 해외
각 항구와 도시 등 동포가 사는 곳에도 배포하였다.[20] 일제는 당시「파
리장서」의 인쇄부수는 한문본 3,000부와 영문본 2,000부였고, 이것이
프랑스 파리에 파견된 김규식과 각국 공사관으로 발송되었으며, 국내
의 모든 향교에도 한문본이 우송되었다고 기록하였다.[21]

　4월부터 일본 경찰은 독립청원서에 서명했거나 관계란 인물들을 잡
아들이기 시작했다. 이 때문에 곽종석을 비롯한 서명자와, 비록 서명하
지는 않았더라도 사실상 주역으로 움직였던 인물들이 대부분 붙잡혀
대구감옥에 갇히게 되었다.

19　김창숙, 앞의 책, 314면.
20　김희곤, 앞의 글, 241면.
21　류시중·박병원·김희곤, 앞의 책, 431면.

"기미년(1919)에 면우가 파리에 투서한 것이 빌미가 되어 南圖(대구 형무소)에 구류되었고, 선생도 東黎 金澤鎭과 함께 피체되었으니, 이는 장서에 서명했기 때문이었다."[22]

			執行原簿
二六四七八	二四四七八	二四四七九	進行番號 記録番號
六七四	二四四八	二六五	記録番號
外周			事件檢任主
窃盗	横領	保安法違反	罪名
八年二月四日	八年二月四日	八年二月四日	廳名
懲役 六月	懲役 五月	不起訴 出獄	裁判又ハ處分 要旨 刑名、刑期 其ノ他
八年二月四日	八年二月四日	八年二月四日	指揮 囑託
			先
			速捕
			關係官廳決告知
八年二月五日			上訴故障 申立 取下
	八年二月四日		裁判確定
八年二月二日	八年二月二日		刑期起算
中原藤次郎 (勾束)	李敬化 (勾束)	丁泰鎭 (勾束)	被告人
			備考

朝鮮總督府裁判所

22 『畏齋集』 卷14, 「行狀」.

여기에서 정태진이 언제 어떻게 체포되었는지 확인되지는 않고 있다. 곽종석·송준필·장석영 등을 비롯한 주역들은 4, 5월에 붙잡혀 대구감옥에 갇혔지만, 다른 서명자들은 이보다 조금 늦은 초여름을 전후하여 붙잡혀 들어갔다. 국가기록원에 남아있는 대구지방법원의 「대정(大正)8년 집행원부」에 보안법위반 혐의로 붙잡혀 구속 상태로 있다가, 대정8년(1919) 12월 24일자로 '불기소(不起訴) 출감(出監)'한다는 사실만 기록되어 있다. 이것은 붙잡혀간 서명자 대다수가 불기소 처분으로 풀려난 것과 마찬가지다. 정태진이 얼마 동안 옥고를 치렀는지 확인하기 어렵지만, 여름에 들어갔다면 대개 서너 달 정도 고생했으리라 짐작된다. 장석영이나 송준필의 기록에서 알 수 있듯이 처음 겪는 옥중 고행이라 견디기 힘들었다.

감옥에서 나온 뒤 정태진의 행방에 대해서도 명확하지는 않다. 다만 「행장」에 김사진과 요동(遼東)을 갔다 왔다고 적혀 있을 뿐 구체적인 기록이 없다.

"수개월 뒤에 석방되자, 드디어 김사진과 함께 遼東으로 갔다가 오랜 뒤에 귀국했다. 이때부터 다시는 국외로 나가지 않았다."[23]

정태진은 김천에서 기차를 타고 요동에 가서 6개월을 머무르고 돌아왔다.[24] 그가 간 곳이 요동의 덕흥보일 것으로 짐작되는데, 김사진과 동행했다는 서술에서 그럴 가능성을 말해준다. 그 뒤로는 정태진이 민

---

23 『畏齋集』卷14, 「行狀」.
24 『畏齋集』卷3, 書, 與晦堂張丈錫英. "泰鎭以遼行適到金泉, 由車路徑趨彼中 … 因半年于北塞而歸."

족문제에 대응하고 나선 자취가 보이질 않는다. 고향 줄포에서 학문
연구와 후진 양성에 힘쓰며 지냈다는 것이 그 핵심이다.[25]

3. 한국 독립운동의 흐름과 정태진의 위치

한국의 독립운동은 대개 50년 정도 펼쳐졌다. 1894년 6월 일본군이
경복궁을 침범한 갑오변란에 이어 청일전쟁이 강토를 휩쓸면서 나라
가 망해가기 시작하자 일제에 맞서 의병전쟁이 시작되었고, 1945년 광
복에 이르기까지 몇 세대를 거치면서 독립운동이 진행되었다. 따라서
여기에 참가한 인물도 몇 세대가 된다. 독립운동의 출발점인 의병전쟁
에 참여한 인물에는 1820년대 출생자로부터 시작되고, 1945년 해방 직
전에 투쟁대열에 참가한 마지막 세대는 1920년대 후반 출생자들이니,
그 격차가 1백년이나 된다. 이러한 차이는 참가자들의 이념과 투쟁방
법에서도 큰 차이를 가져왔다.

한 인물이 50년 투쟁사를 채우기는 힘들다. 따라서 인물마다 특정한
시기에 하나 또는 여러 분야에서 활약했다. 의병전쟁에만 참가한 인물
도 있고, 계몽운동, 의열투쟁, 독립전쟁, 3·1운동, 노동·농민운동, 대
한민국 임시정부, 군자금 모집활동 가운데 한 분야 또는 복수의 분야에
발을 디딘 인물도 있다. 현재 독립유공자로 포상된 인물을 보면 3·1운동
에만 참가한 경우가 가장 많다. 이와 달리 기나긴 투쟁대열에 참가하여
오랜 기간에 걸쳐 다양한 노선과 영역에서 자취를 남긴 인물도 있지만,

25　宋志香, 『榮州·榮豊鄕土誌(하)』, 驪江出版社, 1987, 733면.

이는 드물다.

한국 독립운동은 3·1운동을 기점으로 두 시기로 나뉜다. 전반기에는 보수유림이 택한 의병전쟁과 진보 지식인이 걸었던 애국계몽운동이 축을 형성했다. 전자는 군주주의를, 후자는 공화주의를 지향하면서 대립 각을 세웠다가, 1915년 광복회에서 합류하는 모습을 보였고, 3·1운동에 와서 대한민국 임시정부를 세우면서 완결 지었다. 3·1운동 직후 사회주의가 들어오면서 다시 민족주의와 함께 좌우세력으로 나뉘어 독립운동의 후반기를 장식했다. 후반기에는 1926년 6·10만세운동과 민족유일당운동, 그리고 신간회를 진보와 보수가 합류하는 모습을 보였다.

독립운동에 참가한 제1세대는 유학자로서 의병전쟁의 주역들이다. 1894-1896년 전기의병과, 1904-1909년 중·후기의병을 일으킨 지도자들은 대개 1830-1850년대 출생들이었다. 이는 의병전쟁을 일으킬 때 나이가 50-70세 전후였다는 말이다. 자정순국의 길을 선택한 인물도 대개 이들과 비슷하다. 이들은 전통 유학자로서의 삶과 이념을 한치도 어긋나지 않게 지켜내려 노력했다. 최익현(1833)·유인석(1842)·이만도(1842)·허위(1855)·이남규(1855)·이강년(1858)·이상룡(1858) 같은 인물이 대표적이다. 이 시기 출생자 가운데 두 번째 선택은 의병에 대해 계란으로 바위치기라고 비판하면서, 외국 공사관에 글을 보내 외교활동으로 독립을 청원한 온건한 움직임도 있었다. 곽종석(1846)·이승희(1847) 등이 그 길을 간 대표적인 인물이다. 정태진(1876)은 나이가 어리지만 학맥의 성격상 이 길을 걸었다. 위의 두 가지 선택 외에 아예 문을 닫고 오로지 도(道)를 지킨다는 선을 고수한 노선도 있으니, 전우(1841)가 대표적이다. 이 경우는 독립운동이나 민족운동 선상에서 제외된 길이다.

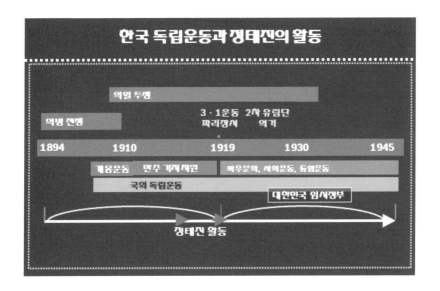

한국 독립운동과 정태진의 활동

1904년 계몽운동이 시작된 뒤로 전통 유학자 출신이지만 혁명적으로 변신하는 인물이 나타나기 시작했다. 대개 1860-1880년대 출생이다. 이들은 유학자로서의 명성을 뒤로 한 채, 서양의 과학문명과 함께 공화주의를 수용한 구국계몽운동의 길을 받아들였다. 따라서 주변 유학자로부터 수많은 질타를 받기도 했지만, 꿋꿋하게 견뎌내며 새로운 길을 걸었다. 더구나 서간도 망명과 독립군기지 건설은 상당한 성과를 올렸다. 이상룡(1858)·류인식(1865)·김동삼(1878)·김창숙(1879)·신채호(1880)·박상진(1884) 등이 그런 인물이다. 출생시기만으로 보면 정태진(1876)은 여기에 속하지만, 그는 계몽운동 전환기에 동참하지 않은 인물이다.

1910년 나라가 망하던 시기를 전후하여 전통 유림에서 순절자가 줄을 이었다. 경북지역에서는 이만도·류도발 등이 그 길을 갔다. 그런 한편으로 만주로 망명하여 독립운동기지를 건설하는 데 몰입한 인물들이 나왔다. 이상룡·김대락 등이 서간도로 갔다. 이 보다 앞서 이승희가 블라디보스토크를 거쳐 북간도로 갔다가, 단동을 거쳐 선양에 도착하여 한인촌을 개척하였다. 이상룡은 이미 1909년 국내에서 공화주의를 지향하기 시작했는데, 이승희는 신해혁명 소식을 들으면서 위안스카이에게 입헌군주제에 찬성하는 글을 보냈다. 이와 달리 이상룡은 쑨원에 기대를 가졌으니 그 차이와 방향성이 큰 셈이다.

서간도에서는 경학사·부민단·한족회로 이어지는 행정 자치 조직과 신흥강습소와 신흥중학, 신흥무관학교, 백서농장, 서로군정서 등으로 이어지는 군사력 양성과 독립전쟁을 추구했다. 그런데 이승희와 그 문도들이 투자한 덕흥보 개척을 비롯한 선양 일대의 뿌리 내리기 사업은 더뎠고, 더구나 공교회운동으로 방향을 잡았다. 이는 한중연대 활동이기도 하지만, 유교적 틀을 고수하던 것이었다. 여기에 견주어 서간도의 활동은 유교적 틀을 벗어나 공화주의만이 아니라 사회주의까지 긍정적으로 인식하고 포용하는 진보성을 보였다.

3·1운동에는 남녀노소 차이가 없이 참가했다. 독립선언 과정에서 전통 유생의 시대에서 신식교육을 받은 학생의 시대로 전환해 나가는 상황이 나타났다. 독립선언서 첫머리에 독립국임과 자주민임을 선언했다. 이에 따라 독립국을 세웠으니, 이것이 바로 대한민국이요, 망명지에서 독립을 목표로 삼고 국가를 운영하는 정부조직이 임시정부이며, 의회가 곧 임시의정원이었다. 1919년 4월 11일 출범한 대한민국 임시정부의 역사가 이렇게 시작되었다. 여기에 주역으로 나선 인물들은 대개 1870-80년대 출생이었다. 이동녕(1869)·이시영(1869)·김구(1876)·안창호(1878)·신규식(1880)·여운형(1886)·조소앙(1887) 등이 그들이다. 대체로 신문물을 받아들인 공화주의자들이 주류를 이루었다.

파리장서운동은 3·1운동에 속한다. 독립청원서를 주도하거나 서명한 인물들은 1910년대에 공화주의를 선택한 경우와 달리 조금은 보수성을 띤 인물들이 많았다. 추진세력과 서명자 대다수가 전통 유림의 틀을 고수하거나, 외국 세력에게 글을 보내 한국문제 해결을 지원해달라고 청원하였다. 곽종석(1846)·장석영(1851)·송준필(1869)과 같은 원로는 말할 것도 없고, 학맥으로 연결되어 서명한 인물도 대개 그러했다. 정태진의 경우가 여기에 속한다. 안동에서 서명한 류필영(1844)·류연박(1844)·이만규(1845)·김병식(1855) 등이 대개 1840-1850년대 출생인 것을 보면 그러한 성향을 짐작할 수 있다.

3·1운동을 지나면서 새로운 식민지투쟁 이론으로 사회주의가 빠르게 들어왔다. 1920년을 넘어서면서 국내외에서 노동운동과 농민운동이 계급투쟁으로 민족해방을 향해 활발하게 펼쳐졌다. 1921년 상하이에서 고려공산당이 조직되고, 1925년 국내에서도 조선공산당이 비밀리에 출범하였다. 여기에 참가한 인물들은 당시 20대 중후반 청년이 주류를 이루었으니, 대개 1890년대 출생들이었다. 김재봉(1890)·이준태(1892)·권오설(1897) 등이 그랬고, 베트남 호치민(1890), 중국 마오쩌둥(1893)·저우언라이(1898) 등도 마찬가지였다. 1904년생 이육사가 사회주의를 받아들인 것은 시대조류를 그대로 보여주는 것이다.

1920년대 이후 독립운동은 다시 1900년대 출생자들이 새롭게 등장하여 포진하게 된다. 물론 안동의 류인식(1865)처럼 50대 나이에 노동운동을 일으킨 혁신적인 인물도 있기는 하지만, 대개 1890년대 이후 출생자들이 노동·농민운동을 이끌었다. 1920년대부터 1940년대까지의 학생운동에서는 1910년대 출생자가, 그리고 태평양전쟁 무렵에는 1920년대 출생자들이 징용·징병반대투쟁과 한국광복군 입대 등으로, 또 국내 학생운동으로 독립운동의 마지막을 장식했다.

크게 그려보면 독립운동은 50년 동안 펼쳐졌지만, 앞에서도 말했듯이 참가자는 1820년대에서 1920년대 출생자까지 거의 백년 차이를 보였다. 시기와 상황에 따라 이념과 투쟁방법이 다르고, 같은 시기라도 할지라도 학맥이나 지역의 특성에 따라 그 양상은 차이를 보였다. 정태진의 경우도 독립운동사 전체 과정에서 그의 선택이 학맥의 성향과 결정적으로 연결되었음을 알 수 있다.

4. 맺음말

앞의 글에서 민족문제가 발생했을 때, 정태진이 선택한 길을 추적하면서 한국독립운동사에서 가지는 위치를 찾아보았다. 그의 활동은 같은 학맥 속의 인물들이 가지는 성향을 고스란히 유지하였다. 전통 유림으로서 학문에 몰입하면서 전통적인 군주주의나, 썩 나아가더라도 입헌군주제 정도에 머물렀다. 독립운동의 방략을 선택함에 있어서도 같은 학맥의 범주 안에서 만주 독립운동 기지 건설에 참가했지만, 그렇다고 직접 군대를 기르거나 조직을 결성하는 데까지는 나아가지는 않았다. 3·1운동이 일어날 때, 정태진이 파리장서에 서명자로 참가했는데, 이것 또한 철저하게 학맥의 범주 안에서 움직였다.

학맥에 따라서는 1870년대 출생자들이 1900년대에 이미 계몽운동과 함께 공화주의를 받아들이면서 백성[民]이 주인 되는 체제를 지향하기도 했지만, 정태진의 경우는 전통적인 보수의 틀을 유지하였다. 또 1870년대생들이 만주로 망명하여 직접 군대를 기르고 노동·농민운동이나 좌우합작을 이끌고 나간 경우도 있지만, 정태진이 참가한 국외기지 건설도 독립군 양성이 아니라 공교회운동, 곧 중국과 손잡은 새로운 유교진흥운동이라는 틀을 갖고 있었다. 그리고 1920년대 이후 학문을 닦는 선 안에서 머물렀다. 독립운동 후반기에 벌어지던 노동운동이나 농민운동에 앞장서기에는 마땅한 연결선이 없었기 때문이다.

독립운동사에서 보는 정태진의 선택은 온건 보수 유림의 성향을 보여준다. 이것은 자신이 속한 학맥 구성원의 성향과 같은 것이다. 만주에 독립운동기지를 건설하더라도 유교를 근본으로 삼는 한중연대의 틀을 가진 것, 3·1운동 시기에는 유림의 독립청원운동에 참가한 것이 이를 말해준다. 다른 한편으로는 정태진이 위난의 시절에도 학문에 매진하고 인간의 근본을 찾는 데 더 많은 비중을 둔 인물이라는 생각을 갖는다.

제4부

외재 정태진과
연민 이가원의 사제관계

연민 이가원의 학문연원과 외재 정태진

교류서신을 중심으로

함영대

1. 문제 제기

광복 이래 한문학 연구의 1세대 학자인 연민 이가원(1917-2000) 선생의 업적과 끼친 학덕은 퇴계학과 성호학, 다산학을 이은 연민학이 성립하고 그를 연구하는 학회가 설립된 것에서 보듯 저절로 뚜렷하다.[1]

---

[1] 허권수 선생의 증언에 따르면 연민학의 성립에 대해 가장 명확한 입장을 보인 당대 학자는 벽사 이우성 선생이다. 벽사 선생은 "연민은 淵民型 인간이야. 한시문에도 능하고 유림활동도 하면서 대학교수가 되어 현대식 저서도 내고 논문도 내고, 거기에다 또 서예에도 능한 그런 인간형이야. 앞으로 우리나라에 다시는 연민 같은 그런 인물이 나오기 어려울 것일세. 그 학문을 '연민학'이라 해서 문제될 것 전혀 없네. 퇴계학은 물론 성호학, 다산학이라고 하는 것과 마찬가지."라고 하면서 연민의 만사에 "他日麗韓文鈔補, 靑河卞鄭更添君"이라 하여 조긍섭, 하겸진, 변영만, 정인보와 병칭하며 그 문장을 높이 평가했다. 환갑기념논문집 서문에서는 연민을 두고 '양반선비'의 대표인사로 꼽기도 했다. 유교적 의식구조와 한문문장의 대가적 수법, 고전적 교양과 절조, 예지에 근대적 학문의 사변과 논리를

연민의 이러한 학문적 성과와 영향은 물론 그 개인의 각고의 노력을 기울인 소산이지만 사우(師友)의 가르침과 연미가 없을 수 없는 것이다. 『연민 이가원 평전』을 기술한 허권수 선생은 연민의 수학과정에서 만났던 스승을 이렇게 정리한 바 있다.

> 淵民은 駿逸과 자질과 剛毅한 집념으로 6세 때부터 학문에 정진하였다. 가정적으로는 조부 老山 李中寅, 陽田 李祥鎬, 東田 李中均, 愛碉 李和聖 등의 정성어린 교육을 받았고, 외가 쪽으로는 畏齋 丁泰鎭, 西洲 金思鎭과 같은 通儒를 만나 학문의 깊이와 폭을 넓힐 수 있었고, 처가 쪽으로 匯溪 柳建宇로부터 문학적 수련을 받았고, 淡如 柳建漢, 野人 柳東銖 등과 酬酢을 하여 문학을 노련하게 만들었다. 그 이후 향리에서의 研學을 종결짓고, 서울로 올라와 5년 동안 당대 우리나라 한문학계의 최고봉인 山康 卞榮晩, 爲堂 鄭寅普를 종유하여 새로운 안목을 키웠다. 그리고 중국문학을 전공하고 우리나라 최초로 朝鮮漢文學史를 저작한 聖嵒 金台俊을 따라 한문학사 집필의 의지를 세우고 민족의식을 고취받았다. 서울에서 공부하는 동안 진주의 碩儒 晦峯 河謙鎭을 알게 되었는데 직접 만나지는 못해도 네 차례 왕복서신을 통해서 문학의 바른 길을 인도받게 되었다.[2]

이렇게 본다면 연민은 특히 고향 안동의 향리에서 어려서부터 적지 않은 스승들에게 배우고 또 격려와 기대를 받았음을 알 수 있다.[3] 그런

두루 평가하여 붙인 명칭이다. 허권수, 『한국학의 큰스승, 연민 이가원 평전』, 술이, 2016, 259-260면 참조.

2 허권수, 앞의 책, 398면

3 특히 서주 김사진의 경우, 연민의 실학에 대한 관심과 시야를 넓히는데 큰 영향을 미쳤다. 특히 그는 반계 유형원의 『반계수록』을 두고 '천년의 경제 대가'라고 평가했고, 『성호

데 여러 스승 가운데서도 외재 정태진(1876-1959)은 매우 특별하다. 연민은 6살이 되지도 않았을 때 막 어머니의 품을 떠나 외재에게 나아가 글을 읽으며 사제간의 인연을 이어갔기 때문이다. 연민은 외재의 제문(祭文)에서 "제가 선생을 따라 공부한 것이 전후 20여 년으로 가장 오래"였을 뿐만 아니라 "가장 많은 사랑을 받았다."[4]고 고백할 정도였으니 사제간의 정의(情誼)가 어떠하였는지는 짐작할 수 있다.

가장 오랜 시간 가르침을 주었던 외재 정태진은 동정 이병호, 면우 곽종석의 문하에서 공부하며 마침내 '성리학의 명가'를 이룩한 학자로, 영주에 세거하는 나주정씨 유학자 집안에서 태어났다. 가정적으로는 우담 정시한, 해좌 정범조, 다산 정약용의 학문을 이어받기도 한 그의 학문은 理學에서는 이진상, 곽종석으로 이어지는 심즉리설(心卽理說)을 받아들였지만 현실대응에서는 다소 경세적인 학풍을 지닌 것으로 평가받는다.[5] 연민은 외재의 학문에 대해 그 전체상을 이렇게 정리한 바 있다.

사설』을 두고는 앞사람이 밝히지 못한 것을 밝혔다고 고평하여 실학 저술에 대한 깊은 관심과 이해를 보여주었다. 다만 두 저서 역시 성리의 학에 근본을 두었기 때문에 우리 유학의 표준이 되었다는 점을 강조하여 전통적인 시각의 고수는 그대로 보여주고 있지만 경세실용지학에 대한 탁월한 시야는 연민의 학문적 여정에 중요한 가르침이 되었다. 이와 관련해서는 金思鎭, 「答朴聽荷」, 『西洲文集』 卷3; 권오영, 「서주 김사진의 삶과 학문성향」, 제25회 연민학 학술대회 발표자료집, 2021, 25면 참조.

4 李家源, 「祭畏齋丁翁文」, 『淵淵夜思齋文藁』, 293면. 이하 이가원의 저작은 개별저작을 참고하되, 『李家源全集』, 정음사, 1986본을 적극 활용한다.

5 외재 정태진의 생애와 학문적 업적에 대해서는 이가원, 「祭畏齋丁翁文」, 『淵淵夜思齋文藁』, 293면. "我生之後, 受眷最多."; 329면, 「畏齋全書拔」, "蓋以家源從先生遊, 前後二十餘載最悠也."; 이가원, 『韓國名人小傳』, 246면, 「畏齋 丁泰鎭 小傳」; 권오영, 「외재 정태진의 삶과 사상」, 『연민학지』 31, 연민학회, 2019 참조.

"대개 선생의 학문은 심성을 논하고 예설을 논하는 宋學의 범주를 벗어나지 않았다. 그러나 여전히 經世致用의 실학에 대해 절실한 마음을 두고 있었다."[6]

그는 20여 세에 「논어발문답안(論語發問答案)」이라는 논문을 발표하여 경의(經義)에 밝은 선비로 이름이 높았고, 1910년 강제로 한일병합이 이루어지고 나서는 이승희, 조정규, 김사진 등과 같이 중국의 동삼성(東三省)으로 가서 덕흥보(德興堡)에 정착하고 토지를 개간하여 농장을 경영하기도 했다. 1919년 면우 곽종석 등이 주동이 되어 진행한 파리장서(巴里長書)에 서명하여 대구에서 체포되기도 하는 등 젊은 시절에는 사회현실에 적극적으로 나서 대응하기도 했다. 하지만 파리장서운동으로 체포되어 석방된 다음 요동으로 건너가 하려던 일이 뜻대로 되지 않으면서부터 귀국하여 다시는 국외로 나가지 않고 처사의 은둔생활을 하면서 오직 독서와 강학에 전력하였으니 연민은 이런 장년 이후의 독서와 강학의 전념한 스승의 삶을 두고 '一方의 師表'가 되었다고 '小傳'에 기록했다.

연민이 편집을 하고 발문을 작성한 『외재전집』에는 총 12통의 연민에게 보내는 편지가 수록되어 있고, 이에 대응되는 일부의 편지가 연민의 문집인 『연연야사재문고(淵淵夜思齋文藁)』에 수록되어 있어 그 왕복서신의 내용을 살펴볼 수가 있다.

『외재집(畏齋集)』에 수록된 연민 이가원과의 교유서신으로 제1신은 농운정사에서 공부하고 있다는 연민을 격려하는 외재의 답신으로부터 수록되어 있고, 연민의 그에 앞선 편지는 연민의 문집에 수록되지 않았

---

6 李家源, 「畏齋全集拔」. "蓋其學, 固不出乎論心論禮之宋學之範疇, 然猶有所拳拳於經世致用之實也."

다.[7] 또한『외재집』에 수록된 외재의 마지막 12신에는 산강 변영만의 작고 소식을 전하고 있는 것으로 보아 대개 1933년부터 1955년까지의 교유기록으로 이해된다. 외재의 몰년은 1956년이니 외재의 거의 말년까지 서신을 교환한 제자가 되는 셈인데 이 때의 연민은 18세의 청년에서 40세의 장년으로 성장하고 있던 시기였다. 연민은 이후 1959년에 집성되는『외재전집』을 14권 7책으로 분류하고 편집하는 역할을 자임하여 그 수제자로서의 책임을 수행한 바 있다. 최근래까지 이어진 전통학문의 사제간 학문 수수의 장엄한 최후풍경이라고도 할 수 있을 것이다.

　여기에서는 외재 정태진의 학문과 사상이 제자와의 교유문답을 통해 어떻게 전수되는지를 살펴보고 아울러 스승과는 조금 다른 학문적 경로를 걸었던 연민의 이후 여정을 함께 살펴보고자 한다. 이는 연민학의 연원을 찾는 과정으로 적지 않은 의미가 있을 뿐만 아니라 한국학술사에서 전통학문이 근대로, 다시 현대로 전환되는 과정을 살펴보는 구체적인 단면으로서도 충분히 음미할 만한 가치가 있는 것으로 판단된다.

2. 교류서신으로 본 학술문답

1) 연민의 수학 여정과 외재 정태진

　연민은 일찍이 자신의 수학과정을 스스로 기록해 둔 것이 있는데 그 기록에 따르면 1921년, 연민이 다섯 살 되던 해에 할아버지 노산공에게

7　이는 연민의 문집으로 남아있는『淵淵夜思齋文藁』가 온전한 정리본이 아니라 불태우려다 남은 원고를 수습한 까닭에서 비롯된 것이다. 이에 대해서는 해당 문집의 서문에 자세하다.

『천자문』을 배우는 것으로 배움을 시작한다. 1926년 10살 때에는 『십팔사략(十八史略)』, 『통감(通鑑)』, 『소학(小學)』, 『맹자(孟子)』를 배우는데 맹자는 매월 초하루, 보름에는 퇴계가 태어나기도 했던 노송정에서 강(講)을 하기도 했다고 한다.

1927년, 12살 때에 영주의 검암정사(儉巖精舍)에서 외재 정태진에게 『논어』를 읽었으며, 그해 겨울에는 집안의 스승인 진사 동전 이중균에게 계속 『논어』를 배우기도 했다. 6살 때부터 이미 외재에게 배웠다고도 한 기록이 있지만 아마 본격적인 배움은 이 때부터인 것으로 판단된다. 1928년부터 1931년까지는 고계산방에서 『대학』과 『시경』, 『서경』을 읽었는데 이 때까지는 과제로 받아 외운 것이라고 했다.

1932년, 연민은 16세 되던 이때부터 다시 『시경』을 읽었는데 외우는데 치우치기 보다는 그 깊은 뜻을 연구하는데 집중했다. 1933년 18세에는 도산서원의 농운정사(隴雲精舍)에서 『대학』을 읽었고 그 이듬해에는 『대학혹문』을 읽었다. 1935년에는 다시 외재에게 『서경』을 1937년에는 『맹자』를 읽었다. 그 외의 『고문진보』나 『당송팔가문』도 공부했는데 대개 20번에서 200번을 읽었다고 하며 『이소경(離騷經)』은 1000번을 읽기도 했다고 한다.

이렇게 10여 세 이후 20세가 넘어갈 때까지 각종 경전과 문장서를 읽는 동시에 시문창작에 대한 공부 역시 병행했다고 한다. 이를테면 1923년 7세부터 종숙인 양전 및 집안의 스승인 이병조를 따라 운자를 붙이지 않는 오언고풍시(五言古風詩)를 배우는 것을 시작으로 운자가 있는 사(詞)나 율시(律詩) 등을 배웠으며 장인인 외계 류건우에게서는 시작 짓는 법과 과시까지 배웠다. 연민이 '경사(經師)'라고 일컬었던 외재에게서도 1933년 여름에 시가와 전, 행장 짓는 법을 배웠고, 1934년에는 사부(辭賦)와 시가 짓는 법을 배웠다. 1935년에는 애간 이화성에게 시가, 잡기, 논설, 비지 짓는 법을 배웠다. 또는 1936년에는 송, 찬, 애제문 짓는 법을 배우기도 했다고 한다.[8]

젊은 시절 연민의 수학기에 연민은 경전공부를 중시하여 10여년간 진행했지만 동시에 문학 및 작법에 대한 공부 역시 상당한 수준으로 수행했던 것이다.

2) 학술문답의 면모

외재와 연민의 교유서신에 보이는 내용의 상당부분은 『맹자』에 대한 문답이거나 또는 학문의 경로에 대한 외재의 권면으로 일관되어 있는데 그 간간이 문학 또는 문장학으로의 발휘에 대한 경계가 함께 드러나 있다.

우선 외재는 처음 연민이 지난 겨울 간 공부하고 있는 농운정사에 대한 이야기부터 후학을 격려했다. 옛 사람들도 선현들의 흔적이 상상되는 곳에서 책을 읽었다고 하면서 도산서원은 급문제현(及門諸賢)들이 왕래하며 수학한 곳으로 가장 좋은 독서처이며 그런 곳에서 책을 읽으면서도 감발되지 않는다면 이는 학문에 진전이 없는 것이라고 했다. 또한 고심하여 의리의 귀취를 발명하게 되면 자기도 모르는 사이 점차 학문의 시야가 열리게 될 것이라고 격려하면서 몇 가지 학문상의 주의할 것을 지적했다. 문자(文字)에 얽매어 그 실(實)을 궁구하지 못하거나 빨리하고자 하여 오로지 엽등(躐等)하는데 전력한다면 터득하지 못할 것이니 모름지기 실심(實心)으로 확고하게 착력(着力)하여 대도(大道)를 기약해야

---

8 李家源, 「淵翁幼時課作年代記」, 『萬花齊笑集』, 154면.

할 것이라고 지적하였는데[9] 이는 그 다음 서신에서도 이어지는 것이다. 그는 "독서의 법은 많이 읽는 것을 탐할 것이 아니라 오래도록 온숙(溫熟)하게 하여 의미기 깊어지면 비야흐로 득력처(得力處)가 있다"고 지적하고 외우는 데만 골몰한다면 실처(實處)에 나아가지 못할 것이라고 했다. 그리고는 독서하는 가운데 의난처(疑難處)가 있다면 수첩차록(隨捷箚錄)하여 보내준다면 후일 강론의 재료로 쓸 수 있을 것이라는 권하기도 했다.[10]

그래서였는지 세 번째 서신에는 문목(問目)에 대한 별지의 답신이 길게 부기되어 있다. 외재는 문목에 답하면서 보내온 질문을 보니 학문에 대한 부지런함을 알 수 있지만 의심하지 말아야 할 것을 의심하는 것도 없지 않다고 지적하고 한 글자 한 구절에 구애되지 말라고 충고한다. 전체를 보아 얕은 데에서 깊은 곳으로 조악한 데에서 정밀한 곳으로 나아가는 것이 좋겠다고 하고는 질문의 중요도에 따라 두루 답을 해 준다. 가장 처음에 등장하는 양혜왕의 참칭왕에 대해 맹자가 그 참칭을 그대로 쓴 것에 대해서는 상당히 자세하게 설명했다.

"당시의 참칭왕은 양혜왕만 그러했던 것이 아니라 제후들이 왕을 칭했다. 天王이 있었다면 참으로 그 참칭을 주벌하고 그 봉호를 삭출했을 것이니 맹자가 어찌 양혜왕이라고 할 수 있었겠는가? 또 이 시대는 주황실이 쇠미하고 천명이 이미 바뀌어 맹자는 백성들을 도탄에서 구하

---

9 丁泰鎭, 「答李淵民家源」 23張, 『畏齋全集』 卷7. "或纏繞於文字而不究其實, 寄心於欲速而務躐等, 終未能得也. 須實用心猛着力, 期之大道也."
10 丁泰鎭, 「與李淵民」 24張, 『畏齋全集』 卷7. "鄒書已讀幾篇, 讀書之法, 不可貪多, 久久溫熟, 使意味滋長, 方有得力處, 若只誦說而已, 則終不干己事, 須就實處, 加工如何. (…) 凡所讀書, 遇疑難處, 隨輒箚錄, 或人便相質, 或日後相對, 以爲講論之資, 如何."

는데 급급해 일찍이 제나라와 양나라의 임금에게 王天下를 권하였으니 필시 王號의 僭稱 여부는 긴급한 것이 아니었을 것이다."[11]

이 외의 소소한 의문에는 간결하게 답하면서 '만일(萬鎰)' 등의 훈고에 대한 질문에는 '옥을 가공하는 가격'이라는 견해에도 일부 긍정하면서도 "이런 것은 대의(大義)가 있는 곳이 아니기 때문에 크게 심력을 허비하여 주석을 할 필요는 없다"는 당부도 잊지 않았다. 이러한 왕복서신의 교유를 하니 4신에서는 "부지런히 물어오는 것에 대한 느낌과 자세하게 읽고 보내온 서신의 내용이 전보다 성장한 것 같다"는 격려도 전하면서[12] 문학하는 것의 의미와 경학에 좀 더 치중해야 한다는 당부를 함께 전했다.

"대개 儒士의 문장이 자기의 뜻을 전달하는 데 부족하다면 그 말을 펼쳐 도를 규명하는 업을 잘할 수 없을 것입니다. 그러나 오히려 이것은 末입니다. 만약 먼저 本原을 배양하여 根基를 두텁게 쌓아두지 않는다면 明道의 실질에 이를 수 없을 것이니 일상에서의 함양 공부에 나아가 내외를 함께 아우르고 본말을 모두 관철한다면 고인들의 영역에 이르지 못할까 염려할 것이 없을 것입니다."[13]

라고 하여 문장학보다는 경학의 본지와 일상에서의 수양에 좀 더 관심을

---

11 丁泰鎮, 「答李淵民」 25張, 『畏齋全集』 卷7. "當時僭稱王者, 不特梁惠王而, 諸侯之僭王在天王則, 可以誅其僭而削其號, 孟子何以削梁惠之王號耶, 且是時周室衰微, 天命已改, 孟子汲汲於救民塗炭而, 嘗勸齊梁之君以王天下則, 未必屑屑於王號之僭與不僭耳.

12 丁泰鎮, 「答李淵民家源」 30張, 『畏齋全集』 卷7. "不惟勤問之可感, 細讀來書, 詞旨意趣, 比前長進, 此之爲喜."

13 丁泰鎮, 「答李淵民」 31張, 『畏齋文集』 卷7. "大抵爲儒士者, 不足以達意則, 無以宣其言以爲明道之業, 然抑末耳. 若不先培養本原厚積根基則, 不能以致明道之實, 就日用上更加涵養之工, 內外交進本末該貫則, 不患不到古人之閫域矣."

기울일 것을 촉구하였다. 이러한 강조는 그 다음의 편지에도 이어지며 "맹자의 본지는 인욕(人欲)을 막고 천리(天理)를 보존하는데 있으니 이 책을 잘 읽는 것은 바로 자신의 행위가 천리인가 인욕인가를 잘 가늠하여 실천하는데 달려있다"고 강조하면서 연민에게 '함양지미(涵養之味)'가 다소 미흡해 보인다는 통렬한 지적도 했다.[14]

이러한 경학 공부상의 가르침과 그에 대한 수응의 분기는 그 다음 서신부터는 좀 더 뚜렷하게 나타나는데 이것은 아마 연민은 정덕리용후생(正德利用厚生)과 관련하여 긴 편지를 보낸 것으로 보인다. 이에 대해 외재는 '의리(義理)는 천하의 양귀(良貴)'라고 단언하고 유술(儒術)의 폐단이 오래되었는데 그것은 사장(詞章)에 물들어 실용을 모르기 때문이라고 하면서 금일의 타개책으로 "문을 닫고 몸소 농사를 지으며 효제를 돈독하게 실천하고 남는 힘이 있으면 독서하여 실체(實體)와 실용(實用)을 궁구하여 자신에게 있는 것이 남음이 있을 것이니, 용사행장(用捨行藏)은 시(時)와 명(命)에 달려 있을 뿐"이라고 진단하고 세상의 변화에 대해서도 "인기인한(忍飢忍寒)하여 더욱 구업(舊業)에 힘쓸 뿐"이라고 심회를 토로했다.[15]

이후의 편지에서는 거듭 본심의 바른 것에 대한 공부에 집중할 것이요 사장공리(詞章功利)의 말습(末習)에 투신하지 말 것을 권면했다. 경

---

14 丁泰鎭, 「答李淵民」 32張, 『畏齋文集』 卷7. "蓋孟子一書, 若口所說出者, 只使人遏人欲存天理, 讀此書者, 不惟在書上, 說天理人欲, 須就日用處, 察得此心之發, 是天理耶 是人欲耶, 若果天理則, 擴而充之, 人欲則遏而去之."

15 丁泰鎭, 「答李淵民」 34張, 『畏齋文集』 卷7. "義理, 天下之良貴也. … 儒術之弊久矣. … 炫耀於詞章之習, 而終無一毫實用則, 是豈謂儒士之業哉? 近世之賤儒術, 實儒子之自取耳. 爲今之計, 只須閉戶躬耕, 敦行孝悌, 餘力讀書以究實體實用在我者, 有裕則用舍行藏, 惟係於時與命而已. … 然惟忍飢忍寒, 益勵舊業."

학을 강조하고 문학에 대한 경도를 극도로 경계한 것이다. 11번째의 다음 서신은 그러한 취지를 가장 강하게 비판한 내용이다.

> 보내온 글을 자세히 읽어보니 매번 汎博으로 일을 삼고 친절한 곳에는 즐겨 마음을 쓰지 않으니 이를 따라가면 비록 글이 韓退之와 같고, 지혜가 管仲과 같아지더라도 끝내 성인의 도에 배반이 될 것이다. 대개 학자는 實心을 세우고 窮理를 궁구하고 實行을 실천하여 오래되면 도에 가까워질 수 있을 것이다. … 현자가 처음 因文入道를 안다는 것은 이미 앞에서 실수한 것이다. 지금 또 外洋의 설에 푹 젖고 大同이니 小康이니 하는 서를 牽强附會하니 잃은 것이 또한 심하다. 이와 같이 하여 그치지 않고 실에 돌아와 궁구할 줄 모른다면 나는 끝내 현자가 미혹에 빠져 더욱 도에서 멀어질 것으로 생각한다.[16]

더욱이 아마 당시 연민이 관심을 가졌던 것으로 보이는 국역(國譯)의 문제에서도 외재는 그다지 중요한 문제로 여기지 않았다.

> 國文은 言語를 통해 문장을 이루는 것으로 당초 제작의 智慧는 聖哲에 근사하지만 國語로 漢文을 譯解하는 도구에 지나지 않는 것입니다. 어찌 이것으로 왕정을 실현하고 다스림을 낼 수 있겠습니까? 깊이 탐구할 필요가 없을 뿐 아니라 학자의 急務도 아닙니다.[17]

---

16 丁泰鎭, 「答李淵民」38張, 『畏齋文集』卷7. "竊詳來論之意, 每欲以汎博爲務, 而至於襯切之地, 不肯下手, 遵是以往, 則雖文如退之, 智如夷吾, 終背於聖人之道也. 蓋學者必能立實心究實理踐實行, 眞積力久, 則於道可庶幾焉. … 賢者初欲因文見道者, 旣已失之於前矣. 今又沈淫於外洋之說, 而附會於大同小康之義, 牽强捏合, 則失之又甚矣. 此此未已, 不知所以反求乎實, 則吾恐賢者, 終於迷惑而益遠於道矣" 이 내용에 대해서는 권오영, 앞의 논문에서도 인용되어 조명된 바가 있다.

17 丁泰鎭, 「答李淵民」39張, 『畏齋文集』卷7. "國文是因言語成文字者, 當初制作之智, 幾

외재는 가르치는 여가에 『중용』과 『대학』을 완숙하게 탐구할 것을 청했다. 성인(聖人)의 요지(要旨)와 오도(吾道)의 본원이 이 두 책에 있으니 이에 대한 연구는 다른 여타의 한만(閑漫)한 일에 비해 그 공이 만 배는 될 것이라고 말했다.[18] 질문과 대답 사이의 거리가 더욱 멀어지는 것을 엿볼 수 있는데 이는 연민의 당시 관심사와는 더욱 거리가 느껴지는 것이다.

이와 관련한 다음의 일화는 연민의 관심사의 방향을 가늠해 볼 수 있는 좋은 사례이다. 심산 김창숙의 장례식 전후로 중재 김황이 성균관대 인근에 있는 연민의 집에 들러 연민의 문장 몇 편을 보고는 "글이 아주 잡박하다"는 평을 내린 적이 있는데 이에 대해 연민은 "이 우주가 음양의 조화로 이루어진 것인데, 천지 만물 가운데 잡박하지 않은 것이 어디 있느냐"고 응수했다고 한다. 이에 대해 허권수 교수는 경서와 『고문진보』, 『당송팔가문초』 등 비교적 정통적인 시문만 보던 중재의 눈에 명나라 청나라의 소설까지 읽는 연민의 글은 잡박해 보일 수 있다고 평가하면서, 대개의 선비들은 경서의 주석과 늘 보던 책을 반복해서 읽지만, 연민은 한국은 물론 중국의 수많은 학자들의 저술을 널리 보고 그 핵심을 파악해서 활용하는 그런 식의 공부를 했기 때문에 그런 차이가 난 것이라고 진단했다. 그 읽는 범위와 공부하는 방식이 달랐다는 것이다.[19] 정곡을 얻은 견해이다.

결국은 관심과 방향의 차이로 이해된다. 그것은 외재와 연민의 방향

於聖哲, 然不過爲國語, 而譯漢文之具, 何嘗以此發政出治乎? 不必深究, 且非學之急務也."

18 같은 글. "姑舍是, 敎授之暇, 若有餘力, 可及須將庸學等書, 熟玩潛究則, 聖人之要旨, 吾道之本原, 在此二書, 比諸閑漫, 研究功相萬也."

19 허권수, 앞의 책, 108-109면.

과도 멀지 않은 것으로 외재가 지향했던 바와 그 가르침을 그대로 수용하기에 연민의 관심사는 차이가 있었으며 변화하는 시대에 대한 반응 역시도 같지 않았다. 그것은 단순히 세대의 차이라고 보기보다는 학문을 대하는 근본적인 취향과 시각의 차이가 아닌가 여겨지기도 한다.

3. 문학과 경학, 또는 문장일노(文章一路)

청년 연민은 구시대의 제도와 방법에 대해 회의하고 새로운 길에 대한 갈망을 가졌다. 공산(恭山) 송준필(宋浚弼)에게 보낸 편지에서는 "천하의 사물이 많고 학술이 분분하기로는 지금보다 심한 적이 없었다"고 전제하고 현재 학자들은 대부분 지루하여 이룬 것이 없는데 그 이유는 "방향이 미혹되었기 때문"이라고 지적했다. 그러므로 자질구레한 행동과 미세한 뜻은 처음에는 파고들지만 연약한 뼈대에 가혹한 예법(禮法) 때문에 마침내는 노쇠(老衰)한 기운에 점점 이르고 만다고 지적하고, "오늘날의 급선무는 낡은 것은 보내버리고 새 것을 맞이하는데 있다."[20]고 하는가 하면 집안 어른께 드리는 편지에서는 "오늘날의 젊은 아이들을 옛날 도덕의 테두리 안에 거두어들여 기를 수는 없다."고 하면서 "새로운 것에 어두우면 세상의 버림을 받게 된다."[21]고 새로운 문물을 받아들여야 함을 역설했다.

어른이 아니라 친우들에게 보낸 편지에서는 그 언론이 더욱 강렬하

---

20 이가원, 「答恭山宋翁浚弼」, 『淵淵夜思齋文藁』 34면. "今日之急, 只在送其陳, 而迎其新."
21 같은 책, 「上王父大人」, 101~102면.

여 "이제 우리나라는 죽었으며, 혼은 돌아오지 않는다"고 진단하고, "선비는 썩었으며 공허하고 큰 소리만 하고 있다"고 지적했다. 심지어 "시골 글방의 선생은 이름을 훔치는 무리들"이라고까지 고언했으며[22] "옛날 것을 추구하는 사람은 마른 나무나 불꺼진 재 같아 다시 탈 수가 없다."[23]는 말로 고전적인 학습의 종말을 고하는 듯한 언사까지 서슴없이 했다. 그만큼 당시 새로운 학문에 대한 연민의 희구는 강렬한 것이었고, 그만큼 전통적인 학문에 대한 통렬한 단절은 불가피한 것으로 보인다.

기실 이러한 지향은 연민에게 갑작스럽게 돌출한 것이 아니라 나름의 내력이 있었던 것이 아닌가 한다. 그의 조부였던 老山은 도산서원의 원장을 지낸 정통유림이지만 구습만 고수했던 것은 아니고 실질적인 사고를 지녔다. 연민에게 "너는 도포만 입고 꿇어앉는 선비는 되지 말아라"고 훈계하여 자기 생각을 가진 선비가 되어야 한다는 점을 역설하였는데[24] 이러한 가르침에 대해 청년 연민은 어느 정도 자기화를 한 것이 아닌가 여겨진다.

여기에 한가지 더 부기할 것은 경학의 본령에 나아가길 기대한 스승과는 달리 문학의 성취에 더욱 관심을 보인 연민의 학술적 지향은 그 분기를 더욱 가속화 한 것으로 보인다.

연민은 외재와 학술문답의 서신을 주고받는 사이 곧 명륜학원에서 수학하고 안동으로 돌아왔다가 다시 서울로 올라가는 등의 행적을 보

---

22 같은 책, 72-73면, 「答李東甫震宰」. "今國死而魂未返, 士腐而猶譚空大 … 尤可笑者, 村堂學究盜名輩."
23 같은 책, 「答李碧史佑成」, 100면.
24 허권수, 앞의 책, 347면.

였던 1943년을 전후하여 산강 변영만과 위당 정인보 등 당대의 한문학 대가들과 교유할 수 있는 기회가 있었다.

연민은 처음 산강을 찾아뵐 때 자신이 지은 글을 선별하여 폐백으로 삼았는데 산강은 연민의 작품마다 품평했다. 이를테면 「한수정기로회 첩서(答李碧史佑成)」에 대해서는 "착상이 조화롭고 아득하여 글 짓는 것이 바르고 고아하니, 정말 아름다운 작품이다."고 했고, 「정사재기(靜思齋記)」는 "정교하고 아름답고 아주 절묘한 작품으로 지금 세상에서는 아마도 다시 이런 격조(格調)를 만들지 못할 것이다."고 고평했다. 연민에게 보내는 편지에서는 "문장이 잘 조화되어 무르녹고 고상하면서도 옛스러운 것은 그대에게는 대단한 일이 아니니 그대를 위해 경하할 일이 아니겠는가? 나도 모르게 백번을 잃어도 싫지 않으니 문예가 사람을 중독시키는 것이 심하다."고까지 했다. 이 때 연민의 나이는 25세에 불과한 청년이었다. 이후 산강은 연민이 있던 안동의 고계산방(古溪山房)을 방문하여 연민의 조부와 집안 어른을 두루 만나고 연민에게는 연생(淵生)이라는 자(字)를 지어주기도 하면서 그 서실명(書室銘)에 "나이 겨우 26세에 용모는 옥설(玉雪)과 같고 재주는 빛나고 글씨는 오묘하면서도 고와서 바로 옛날의 일류학자와 대등하다."고 평가하기도 했다.[25]

위당 정인보는 연민의 문장을 보고서 "문장의 뜻이 홀로 노성하여 때때로 금석의 소리가 쟁쟁함을 이미 보았으며" 자질이 좋으니 부지런히 공력을 들이면 훗날 "그대는 봉황새가 되어 울 것을 기약할 수 있소"라는 큰 칭찬을 받았다.[26] 위당 역시 연민의 작품에다 평어를 붙여 줌은

---

25 李家源,『淵淵夜思齋文庫』, 254면,「祭山康卞翁文」. "淵生, 李君家源字, 年甫卄六, 貌玉雪, 志深才瑩, 筆墨奧麗, 直欲與古一流班."

물론 문장을 짓는 법 등 고문(古文)에 대한 가르침을 받았다.

일국의 대가들에게 지우(知友)를 입은 것으로 상당 부분 연민을 고무시켰을 것이며, 이는 이후 향학의 여정을 정하는데 적지 않은 영향을 끼쳤을 것으로 보인다.

이러한 기본적인 자질과 대가들의 고평은 문학 방면에서의 성취를 증명하는 것이라 볼 수 있겠다. 연민은 위당과의 서신 교환에서 스스로 자신의 문장론에 대한 일단을 피력하기에 이른다.

> 저는 한편의 문장에서 한 글자도 기이한 것이 없으면 족히 문장이 될 수가 없고, 한 글자도 기이한 것이 없다고 해서 또한 반드시 지극한 것은 아니라고 생각합니다. 대개 기이하지 않은 것이 있은 다음이라야 기이한 것이 있게 되는 것입니다. 만약 기이하게 여기지 못할 것이 없다면 그 기이함 또한 기이한 것이 아니고 평범한 것일 따름입니다.[27]

물론 연민의 한문학 분야에서의 성취를 모두 지지하기만 한 것은 아니었다. 연민이 서울 생활을 하면서 알게 된 회봉 하겸진은 1944년 연민이 보낸 두 편의 글을 읽고는 무릎이 저절로 굽는다고 하면서도 연민의 글이 잘 지으려고 인위적으로 노력한 흔적이 보인다는 지적도 함께 했다.[28] 또한 자사(字辭)를 보내면서는 "명(明)과 성(誠)을 밝히는 학문과 박약(博約)의 학문을 그대는 잊었는가 어찌 여기에 힘쓰지 않는가?라

---

26 같은 책, 「東樵傳誦語」, 121면. "筆意已看獨老成, 有時金石淵淵聲, … 他日期君作鳳鳴."
27 李家源, 「與薔園鄭翁」, 『淵淵夜思齋文藁』, 136면. "凡文一篇, 無一字奇者, 固不足爲文, 無一字不奇者, 亦未必爲至, 蓋有不奇, 而後有奇, 若其無不可奇, 其奇亦未奇已矣, 平凡已矣."
28 河謙鎭, 「答李淵生」, 『晦峯全書』 卷19. "謙往時妄疑吾子爲文, 過於用意, 而或者不衷于理."

고 되묻고, 가학의 바른 학문이 그 근원이니 그 근원이 계속 이어지게 하고 그 못을 깊게 할 것[29]이라는 '연생(淵生)'이라는 자에 걸맞는 충언을 했다. 조선 유학에 큰 빛을 남긴 퇴계학이라는 가학을 잘 계승하라는 당부인 셈이다. 그러나 연민의 관심은 경학이나 도학의 계승보다는 문예적인 방면으로 이미 진행되고 있었다.

더욱이 연민은 한문을 한문 그대로 둘 것이 아니라 적극적으로 우리말로 번역하여 널리 대중들에게 알려야 한다고 생각했다. 연민은 해방 전후로 서울에 머물면서 당시의 젊은 학자인 홍기문(洪起文), 이원조(李源朝), 김춘동(金春東), 신응식(申應植), 이민수(李民樹) 등을 규합하여 사서연역회(史書演繹會)를 창립하고 그 첫 번째 사업으로 『삼국유사(三國遺事)』를 번역하여 다음 해 고려문화사(高麗文化社)에서 출판했는데 이는 우리나라 최초의 『삼국유사』 번역본이 되었다. 여기에 참가한 홍기문은 『임꺽정』의 저자 벽초 홍명희의 아들이고, 이원조는 시인 이육사의 아우이다. 연민의 고전국역에 대한 관심은 한국전쟁의 와중에도 1953년 5월 『금오신화』를 번역하여 출판하는가 하면 실직자의 신분으로 있던 1957년에는 정음사에서 『춘향전주석』을 출간하는 등 면면이 이어졌다. 이는 국문번역에 대한 관심이 많지 않았던 외재와는 다른 방향의 여정이었다.

---

29 「李淵生字辭」, 같은 책, 권28. "明誠之學, 博約之詮, 子其無念? 曷不勉旃! 家學之正, 此其淵源, 源源其源, 淵淵其淵."

4. 맺음말

　그럼 외재의 학문은 연민에게 이어지지 못한 것일까? 분명 외재가 기대하고 추구했던 방향과 연민의 삶의 여정은 일치한다고 보기 어렵다. 그것은 앞서 언급한 바와 같이 단순히 시대와 세대간의 차이라고만 치부할 수 없는 근본적인 성향의 차이가 존재했다. 그러나 스승에게 배운 것에 대해 연민은 그 뿌리를 잃지는 않았던 것으로 보인다. 연민은 일찍이 자신의 문집에 대해 자서(自序)하면서 이렇게 말했다.

> 　내가 일찍이 古文辭를 전공했는데, 무릇 지은 것이 있으면 경서를 으뜸으로 삼기를 주장하여 經書를 날줄로 삼고 그 나머지는 씨줄로 삼아 옛 것에 얽매이지 않고 세속에 흐르지도 않았다. 지금 문장을 하는 사람들은 내 글을 일러 古奢하다고 한다. 어째서인가? 그 까닭을 궁구해 보건대 '세속에 흐르지 않았기 때문'이다. 그러나 옛날 사람으로 하여금 구부려서 내 글을 읽어보게 하면 반드시 "옛날 사람이 지은 글은 아니다."라고 할 것이다. 대개 내가 사는 시대가 고려시대나 조선시대다 아니고, 또 漢나라나 唐나라도 아닌데 어떻게 고려, 조선, 한나라, 당나라의 글을 지을 수 있겠는가? 그래서 묵은 말을 쫓아내기에 힘쓰고, 지금 말도 버리지 않는다.[30] 우리나라의 토산품으로 비록 깨어진 기와 못쓰는 자갈 등도 금싸라기처럼 아낀다. 經書를 씨줄로 삼으려는 한 조각 충성심은 진하고 구슬퍼 영원히 사라지지 않을 것이다.[31]

30　연민선생은 龍田선생에게 보내는 편지에서 "李家源之文, 卽李家源之文, 決非先漢韓歸之文也. 故從容古義, 創以新色, 或正或奇, 或奇或偶, 參之億古而無有, 質之今人而不疑, 能事乃可畢矣."라고도 하여 문장에 있어서의 창작자의 개성을 강조하였다. 「答金龍田」, 『淵淵夜思齋文藁』, 96면.

31　李家源, 「自序」, 『通古堂集』. "余嘗治古文辭, 而凡有所爲之者, 力主宗經, 蓋以經爲經, 餘

이 글이 비록 문집의 서문이지만 연민 스스로 '고문사(古文辭)를 전공했다'고 자기 학문의 정체성을 드러낸 점은 주목할 만하다. 또한 경서를 으뜸으로 삼아 '경서를 날줄로 삼거나' 또는 '경서를 씨줄로 삼으려는 한조각 충성심'을 피력했다는 점 역시 간과할 수 없다. 스스로 '진하고 구슬퍼 영원히 사라지지 않을 것'이라고 다짐했기 때문이다. 문사를 전공했지만 이토록 절절한 경학에 대한 향념을 지닌 것은 그 배운 곳이 있기 때문일 것이다. 또한 스승의 가르침을 수용하여 자신의 개성으로 잘 소화하려는 진실한 태도이기도 할 것이다. 연민의 경사 선생은 외재 정태진이다.

연민의 기록을 통해 본 외재 정태진의 표상

구지현

1. 머리말

외재(畏齋) 정태진(丁泰鎭)은 연민(淵民) 이가원(李家源)의 경사(經師)로 일컬어졌다. 기존 연구에서 연민이 경세치용(經世致用)의 학풍을 익히고 실학에 관심을 두게 된 연원에는 외재의 가르침이 있었음을 밝힌 바 있다.[1] 연민의 젊은 시절 학문 과정을 살펴보면 가학, 외가, 처가, 향리로 나누어 볼 수 있는데, 그 가운데 외재는 외가 쪽 인물로서 외조부 정대직 (丁大稙)의 인도에 의한 것이었다.[2]

연민은 1921년 5세 때 처음 외조부에게 천자문을 배우기 시작하여

---

1 권오영, 「외재(畏齋) 정태진(丁泰鎭)의 삶과 사상」, 『연민학지』 31, 연민학회, 2019, 49-70면.
2 허권수, 「淵民 李家源先生의 漢文學 咸就過程에 대한 고찰」, 『열상고전연구』 28, 열상 고전연구회, 2008, 265-323면.

『사략』, 『통감』, 『소학』, 『맹자』를 배운 후 1927년 11세 때 영주의 검암정사(儉巖精舍)에서 외재를 따라 『논어』를 읽었다. 1935년에 다시 외재를 따라 『서경』을 2백 번 읽었다고 한다.[3] 또 1933년 여름 시가(詩歌) 및 전장(傳狀) 짓는 법을 배웠고, 1936년 여름에는 사부(辭賦) 및 시가(詩歌) 짓는 법을 배웠다고 하였다.[4] 외재를 "경사(經師)"라 일컫기는 하였으나 경전 뿐 아니라 시문창작의 기법까지 배웠던 것으로 보인다. 그는 연민의 학문 기초에 가장 큰 영향을 준 스승이라 할 수 있다.

또한 연민은 외재에게 많은 사랑을 받기도 하였을 뿐 아니라 연민 스스로 밝혔듯이 가장 오랫동안 배운 제자이기도 하였다.[5] 『외재집』에 실린 연민에게 보낸 12편의 서신은 "『맹자』에 대한 문답이거나 또는 학문의 경로에 대한 외재의 권면으로 일관되어 있"[6]어 경학의 올바른 방향을 알려주는 스승으로서의 면모를 엿볼 수 있다. 더구나 이 서신이 연민에 의해 가려 뽑혀 실린 것임을 생각하면 연민이 외재의 어떤 면을 전하고 싶었는지 더욱 확실해진다.

연민은 외재의 글을 모아 『외재문집(畏齋文集)』를 편찬하였고 외재의 행장을 지었다. 본고에서는 연민이 외재에 대해 남긴 글을 통하여,

---

3　李家源, 「淵翁幼時讀書年月及遍數記」, 『萬花齋笑集』, 단국대 출판부, 1998, 153-154면. "蓋余五歲辛酉春 始學千字文(周興嗣)於王考老山翁 自是逐日趱課 至什一丙寅 課了史略 通鑑(至九卷)小學孟子 … 丁卯春 從丁畏齋泰鎭翁於榮州之儉巖精舍 讀論語 … 乙亥復從畏齋翁 重讀書經二百遍"

4　李家源, 「淵翁幼時課作年代記」, 『萬花齋笑集』, 단국대 출판부, 1998, 154면. "癸酉夏從 丁畏齋泰鎭翁 做詩歌及傳狀 甲戌夏復從畏翁 做辭賦及詩歌"

5　李家源, 「畏齋丁翁行狀」, 『李家源全集』 11, 351면. "蓋以家源從先生游 前後二十餘載最 悠也"

6　함영대, 「연민 이가원의 학문연원과 외재 정태진」, 『연민학지』 36, 연민학회, 2021, 13-34면.

어떻게 스승을 기억하였는지 살펴보고자 한다.

2. 연민이 본 외재 선생

1) 경사(經師)로서의 외재

「외재전서발(畏齋全書跋)」에 연민은 "감히 망령되게 내 맘대로 열 가운데 여덟을 남겨서 문체로 나누고 분류해 엮어서 모두 14권 7책을 만들고 행장, 묘갈, 묘지, 발문 등 약간 편을 부록으로 하여 삼가 '외재전서'라 제목을 붙였다."[7]라고 하였다. 이 발문은 『외재문집』에 그대로 실려 있다. 다만 "외재전서(畏齋全書)"가 "외재문집(畏齋文集)"으로 바뀌어 있을 뿐이다. 이 내용을 보면 연민은 외재의 문집 편찬을 주관하였을 뿐 아니라 주도적으로 산삭한 것으로 보인다.

이 발문은 "기해년 여름 나의 경사 외재 정 선생이 돌아가셨다."[8]로 시작한다. 앞서도 언급하였듯이 연민은 외재를 자신의 "경사"로 규정하였다. 『논어』와 『서경』 뿐 아니라 시가와 사부까지 배웠다고 기록하고 있는데도 명확히 "경사"라 지칭한 것은, 외재의 학문 가운데 경학에 무게 중심을 두고 있음을 알려준다. 따라서 외재의 행장을 기록하면서 가학과 함께 다음과 같이 학문의 연원을 밝혔다.

을미년(1895) 처음 동정 이병호 씨의 문하에 들어갔으니 나이 겨우

---

7 李家源, 「畏齋全書跋」, 『李家源全集』 11, 329면. "家源乃敢妄以己意 存其十之贏八 分以文體 類以系之 都爲十四卷七册 附之以狀碣志跋等若干篇 敬題之曰畏齋全書"

8 李家源, 「畏齋全書跋」, 『李家源全集』 11, 329면. "己亥夏 吾經師畏齋丁先生没"

이십이었으나 동정이 이미 그가 훌륭한 그릇이 될 것을 장담하였다. 「논어발문」답안 1편을 내놓자 경의(經義)의 깊은 견해에 대해 더욱 칭찬하였다. 그러나 지난해 경인의 난리 때 모두 잃어버리고 지금은 "學而", "爲政" 몇 편이 문집에 실려 있을 뿐이다.[9]

외재가 가학 외에 처음 학문을 전수받은 이가 바로 동정 이병호(李炳鎬, 1851-1908)이다. 동정은 특히 「논어발문」의 답안을 보고 외재를 매우 칭찬하였다고 하였다. 이 답안은 문집에 「상동정선생논어발문(上東亭先生論語發問)」이라는 제목으로 실려 있다. 위 인용문과 마찬가지로 원래 전질이 있었으나 6·25전쟁으로 인해 일실되고 「학이(學而)」, 「위정(爲政)」에 관한 몇 조만이 남았다고 주석이 달려 있다. 현재 남아있는 것은 「학이」 24조, 「위정」 18조로 총 42조이다. 『논어』가 20편인 것을 감안하면 현전하는 것의 열 배에 해당하는 조목이 있었을 것이다.

실행하고 남은 힘이 있으면 문을 배워야 한다는 것은 근본에 힘쓰라는 뜻이고 학문을 하는 것 때문에 설정한 것이 아니다. 그러므로 정남승이 일찍이 묻기를, "실행하고 여가가 있으면 마땅히 육예의 문을 배워야 하니, 부형을 어떻게 섬겨야 효제가 되며 언행을 어떻게 해야 근신할 수 있는지 알려면…"라고 하니 말이 미처 끝나기도 전에 선생이 말하길, "아래에 말하는 것이 자질구레하구나. 성인의 본의의 중요한 점은 위에 있다. 문자를 보면 성인의 말의 맥을 알아야 하지 작게 나누어 다른 곳으로 달려가서는 안 된다. 설이 자질구레해지면 장차 또 병

---

9 李家源, 「畏齋丁翁行狀」, 『李家源全集』 11, 347면. "乙未始登東亭李氏炳鎬之門 年財二十 而東亭已詡其爲瑋器 及論語發問答案一編出 尤以經義之邃見獎 而盡逸往歲庚寅之亂 今只存學而爲政數條 載在集中矣"

통이 생긴다."라고 하였다. 지금 집주에 "힘써 행하면서 문을 배우지
않으면 성현의 성법을 고찰할 방법이 없다"라고 하였으니, 이것은 도
리어 중점을 학문 위에 둔 것이어서 도리어 밑에 자질구레한 병통을
말한 것과 간섭이 되는 것은 어째서인가?[10]

위는 동정이 물은 질문 가운데 한 조목으로, 『논어·학이』의 "子曰
弟子入則孝 出則弟 謹而信 汎愛衆而親仁 行有餘力 則以學文"의 "行有
餘力 則以學文"의 의미를 물은 것이다. 동정의 전제는 이 구절이 "학문
(學文)"에 관한 것이 아니라 "무본(務本)"에 관한 논의라는 것이다. 그렇
기 때문에 동정은 『주자어류(朱子語類)』에 보이는 주자와 제자 정남승
의 대화를 인용하였다. 이 구절은 "효제근신(孝弟謹信)" 등 "제자(弟子)"
로서의 직분과 "학문"의 두 부분으로 크게 나눌 수 있다. 앞부분은 당
연히 해야 하는 것인데, "여력(餘力)"을 어떻게 해석해야 하는가에 따라
"학문"의 필요성이 제기된다. 정남승은 "효제근신"의 당위성을 알기 위
해서는 "학문"이 필요하다는 문제제기를 하고자 한다. 그러나 주자는
질문을 막는다. 이러한 논의는 오히려 논점을 흐리는 것이다. 중요한
것은 근본에 힘쓰는 것이기 때문에 마땅히 해야 할 직분에 힘을 쓰면
될 뿐이지 학문이 필요한가 하지 않는가 따지는 것은 곧 쓸데없는 공론
에 불과한 "지리지병(支離之病)"이다.

한편 실제 『논어집주』에 보이는 "力行而不學文 則無以考聖賢之成

---

10 丁泰鎭, 『畏齋集』 卷2, 「上東亭先生論語發問」. "行有餘力則以學文蓋是務本之意 而非爲
學文而設也 故鄭南升嘗問 力行有餘暇 便當學六藝之文 要知得事父兄如何而爲孝弟 言行如
何而能謹信 語尚未終 先生曰 下面說得支離了 聖人本意重處在上面 凡看文字 須認聖人語
脈 不可分毫走作 若說支離 將來又生出病 今於集註 乃曰力行而不學文 則無以考聖賢之成法
云云 此却歸重在學上 反涉於下面說得支離之病何如"

法 識事理之當然 而所行或出於私意 非但失之於野而已"라는 주자의
의견은 오히려 정남승의 견해와 상통한다. 학문을 하지 않아서 성현이
이루어놓은 법을 고찰할 길이 없고 당연한 사리 역시 알 길이 없다면
결국 학문은 필요한 것이다. 학문이 아닌 "무본"에 관한 것인데도 주자
는 "학문"에 관한 의견을 주석으로 내놓고 있는 것이다. 이러한 주자의
모순을 어떻게 설명할 수 있는가가 질문의 관건이다.

> 주자가 정남승에 대해 사람됨이 평소 근본에 힘쓰는 뜻이 부족하다
> 고 생각한 것 같다. 그가 힘써 행하고 남으면 어떻게 해야 하냐고 운운
> 하는 말을 한 것은 의도가 뒷부분에 있었던 것이다. 이 때문에 질책한
> 것이다. 『집주』에서는 이미 정자와 윤씨의 설을 먼저 말하고 하단에
> 이르러 "힘써 행하고서도 학문을 하지 않으면" 운운한 것은 행함을 편
> 폐해서는 안된다는 것을 알고서 한 말이다. "학문"자를 발명한 것은
> 중점을 학문에 돌린 것이 아니다. 본문의 "則以"를 살펴보면 학문 역시
> 어찌 조금이라도 늦출 수 있겠는가?[11]

외재는 위와 같은 대답을 내놓았다. 정남승에 대한 평가는 외재의
사적인 견해이기는 하다. 그러나 공자가 효(孝)를 묻는 제자들에게 각
기 다른 대답을 해준 것에 대해, 제자의 상황에 따라 상이한 답변을
내놓은 것으로 주를 낸 주자의 견해와 상통하는 면이 있다. 주자가 정
남승과의 대화에서 "학문"에 대해 논의하는 것을 막은 것은, 근본에 힘

---

11 丁泰鎭, 『畏齋集』卷2, 「上東亭先生論語發問」. "朱子之於南升 竊想其人素欠務本之意 而
  其言力行有暇要知得如何云云者 其意重在下面 故此所以責之也 集註 則旣以程子尹氏之說
  先之 至下段謂力行而不學文云云者 以知行之不可偏廢而爲言 蓋發明學文字 非歸重在學文
  上也 觀本文則以字 則學文亦豈可小緩者否"

써야 하는 제자의 직분에 중심을 두지 않고 학문에 집중하는 정남승의 태도를 경계하기 위한 것이었다. 반면『집주』의 주석은 주자의 의견에 앞서 정자와 윤돈(尹燉)의 견해가 전제되어 있다. 정자는 제자의 직분은 문학보다 먼저 해야 할 "선(先)"이라고 설명하였고, 윤돈은 덕행이 본이고 문예가 말에 해당된다고 하였다. 선후본말을 확실하게 밝힌 것이다. 따라서 말미에 덧붙여진 주자의 말은 곧 학문을 소홀이 할 것에 대한 우려, 즉 보완을 위한 설명인 것이다.

네 사람의 효에 대한 질문은 각기 재주의 고하와 단점에 따른 것이었다. 만일 안자, 증자, 염백우, 민자건이 효를 물었다면 각기 어떤 일로 말하였겠는가?

자식이 부모를 섬기는 도는 "愛敬" 두 글자를 넘어서지 않으니, 안자, 증자, 염백우, 민자건이 효를 물었더라도 이것이었을 뿐일 것이다. 그러나 이 네 사람은 공자 문하에 있어서 말해서는 안 될 치우친 말이 분명 한 마디도 없었을 것이기 때문에 공자께서 말씀하지 않으셨을 것이다. 만약 질문을 통해 알려주셨다면 반드시 효의 지극한 경지로써 말씀하셨을 것이니, 효경의 도를 증자에게 말했을 때 볼 수 있었던 것과 같을 것이다.[12]

위는 「위정(爲政)」 편에 관한 발문 가운데 하나이다. 이 편에는 맹의자(孟懿子), 맹무백(孟武伯), 자유(子游), 자하(子夏)가 효에 대해 묻고 공자가 각기 다른 대답을 한 부분을 거론한 것이다. "안증염민(顏曾冉閔)"

---

12 丁泰鎮, 『畏齋集』 卷2, 「上東亭先生論語發問」. "告四子之問孝 各因其材之高下與其所失 則如答顏曾冉閔之問孝 則各以何事言之 人子事親之道 不踰乎愛敬二字 雖答顏曾冉閔之問孝 以此而已 然此四子在孔門 必無一偏之未可言 故夫子不言歟 若因其問而告之 則必以孝之極處言之 如言孝經之道於曾子 可見矣"

은 주자가 "진실로 선악을 알아서 성실히 좋아하고 미워할[眞知善惡而誠好惡之]" 수 있는 제자로 거론한 이들이다. 질문의 요지는 공자 문하에 가장 뛰어난 경지로 꼽히는 네 사람에 대한 평가이다. 이 사람들이 효에 대해 묻는 것을 가정할 때 과연 어떻게 물었을 것인가? 재주에 따라서 또 부족한 점에 따라 질문이 달라질 것이다.

그런데 외재는 이 네 사람이 효에 대해 묻지 않았을 것이라 대답한다. 결국은 물을 필요가 없었을 것이기 때문이다. 질문이란 미흡한 데서 출발하지만 이미 이들이라면 효에 대해 미흡한 이해를 하고 있지는 않았을 것이며, 질문을 하였다 하더라도 공자는 이들의 경지에 맞게 "극처(極處)"로 대답하였으리라는 것이다. 외재가 네 사람의 효에 대한 질문을 "경애(敬愛)"라 정의한 것은 곧 외재의 이해를 의미한다. 이러한 답변은 『논어』를 전체적으로 이해하고 있어야 가능한 것이다. 공자의 도를 증자가 "충서(忠恕)"로 정리한 것처럼, 외재는 효라는 것을 스스로 "경애"로 정리하고 있기 때문이다.

동정이 "경의지수견(經義之邃見)"이라 칭찬하였던 외재의 학문 방식은 연민을 독려하는 편지에 보인다.

> 만일 문자에 얽매어 그 실제를 탐구하지 않거나 속성하려는 데 마음을 두고 등급을 뛰어넘는 데 오로지 힘쓰면 끝내 얻는 것이 없을 것이네. 모름지기 실제로 마음을 쓰고 맹렬히 힘을 붙여야 대도를 기약할 수 있네. 내가 비록 미치지는 못하나 사적으로 그대를 위해 원한다네. 내가 그대에 대해 매번 간절히 생각하여 놓아두지 못하는 것은 자질이 민달하여 이 학문에 함께 나아갈 수 있기 때문이네. 요즘 젊은이들이 예전처럼 모여서 매일 글을 읽고 있으나 진보한 점이 없는 것을 보니 그대를 얻어 전도할 수 없는 것이 한스럽네.[13]

외재가 권하는 학문의 방법은 본질을 깨달아 나아가는 데 있다. 글자 그대로의 의미에 얽매인다면 앞서 정남승과 같은 "지리지병(支離之病)"에 빠질 수 있기 때문이다. 또 등급을 그대로 밟아가면서 터득해 간다면 경전에 대한 전체적인 이해가 가능하고, 곧 학문의 진전을 기약할 수 있게 된다.

위 편지는 1933년 연민이 도산서원의 농운정사에서 공부할 당시[14] 보낸 편지에 답장을 한 것으로 보인다. 특히 연민의 자질을 아꼈던 외재는 편지에도 학문 성취를 바라는 절절한 마음을 그대로 드러냈다. "증전(曾傳)", 즉『대학』의 진도를 물어보고 학문의 방법을 이처럼 차근차근 일러주었던 것이다. 연민을 지도하고자 하는 바람은 곧 이루어져 1935년 연민은 외재를 따라『서경』을 2백 번 읽었다.

1937년 연민은『맹자』를 다시 읽기 시작하였다.[15] 이 시기 연민은 잠시 외재를 찾았던 것으로 보인다. 외재의 편지에 다음과 같은 구절이 보인다.

> 근래 산속 거처를 돌아보니 함께 며칠 강론한 것이 나를 게으름에서 일으키니 위로되고 기쁜 것이 반가워서일 뿐만이 아니었네. … 세전에는 그대가 이미 이곳에 오지 못하니 비록 집에서 효제로써 할 수 있을지라도 남은 힘을 헛되이 하지 말고 독서하다가 의심나거나 어려운 곳

---

13 丁泰鎭,『畏齋集』卷7,「答李淵民家源」."苟或纏繞於文字而不究其實 寄心於欲速而專務 躐等 終未能有得也 須實用心猛着力 期之大道也 泰雖不逮 竊爲賢者願焉 泰於賢者 每惓惓 而不置者 以其資地敏達 可與進於此學也 此間少輩 依前相聚 課日誦讀 然見無進步處 恨未 得賢者 作前導也"

14 허권수,『연민 이가원 평전』, 도서출판 술이, 2016, 42면.

15 같은 책, 42면.

이 있으면 기록해 두었다가 편지를 통해 질정하거나 나중에 만나 강론할 거리로 삼으면 어떤가?[16]

위 내용을 보면 연민은 그저 재주를 아끼는 제자였던 것만은 아니다. 함께 강론할 때야말로 외재가 진정한 즐거움을 느꼈던 것이다. 외재는 추서(鄒書), 즉 『맹자』를 읽겠다고 계획한 제자에게 직접 강론하지는 못하지만 질정을 계속해 갈 것을 당부하였다. 스승의 바람대로 연민은 편지를 통해 『맹자』에 대해 질문하였고 외재는 별지로 작성하여 답변을 보내주었다.

> 지난 겨울 책을 보다가 외람되게 의심나는 점이 있어 경솔하게 적어 보냈습니다. 성대한 보살핌을 입어 꾸짖어 내치지 않으시고 특별히 글을 보내주셨습니다. 자세히 분변하고 가르쳐주셔서 둔한 저로 하여금 마음과 눈이 모두 환하게 만들어주셨으니 마치 옆자리에서 『맹자』 한 편을 청강하는 듯 황홀하였습니다. 제 타고난 자질이 아주 견실하지는 못하여 왕왕 풀이 죽어서 이처럼 하릴없이 시간을 보내니 장차 어디에 정박하게 될지 모르겠습니다.[17]

외재의 답서에 연민은 위와 같은 편지를 보냈다. 의문나는 점에 대해 자세히 가르쳐준 것에 대한 고마움이 넘쳐난다. 그러나 편지 말미

---

16 丁泰鎭, 『畏齋集』 卷7, 「與李淵民」. "頃顧山棲 與之數日講論 起我頹惰 其所以慰喜 不但空谷跫音而已 … 歲前君旣不可來此 雖在家克用孝弟 餘力勿爲虛徐 凡所讀書 遇疑難處 隨輒箚錄 或因便相質 或日後相對 以爲講論之資 如何"

17 李家源, 「答丁畏齋泰鎭翁 因樹書屋薰」, 『李家源全集』 12, 372면. "客冬看書 妄有疑義 率爾錄呈 乃蒙盛眷 不之呵斥 特垂下書 丁寧辨誨 令此頑頓 心目俱明 怳若厠席 而聽講鄒書 一編也 家源稟質 不甚堅實 往往委靡 如是悠謬度日 未知將何所止泊耶"

에 자신의 처지를 과장되게 표현한 것은 친근한 어른에게 보이는 어리광에 가깝다. 연민이 얼마나 외재를 의지하고 있었는지 엿볼 수 있다.

연민은 외재를 동문 서주(西洲) 김사진(金思鎭)과 비교하여 "기상의 弘通은 선생이 혹 서주에게 손색이 있기도 하나 사물의 종밀(綜密)은 또 서주가 미칠 바가 아니다.[蓋其氣像之弘通 則先生或有遜於西洲 而若其事物之綜密 則又非西洲之所及矣]"라고 평가하였다. "종밀"은 곧 빈틈없고 치밀함을 뜻하는 말이다. 외재의 평소 학문 태도가 이러한 품평으로 이어진 것이라 할 수 있다. 또한 평소 학문에 대한 연민의 태도 역시 이러한 권면을 통해 전수된 것이라 할 수 있다.

2) 퇴계를 이은 외재 시의 풍격

연민이 지은 행장은 곧 외재에 대한 연민의 생각을 반영한다. 외재의 삶을 축약하면서 기억해야 할 것을 정리한 것이 곧 행장이라 할 수 있기 때문이다. 행장에 외재의 문학이 많이 거론된 것은 아니지만 거론되었다는 것 자체만으로도 연민의 감식안이 반영된 것으로 보아야 할 것이다.

연민이 문학에 관련된 외재의 행적 가운데 가장 먼저 언급한 것은 『운도아선(雲陶雅選)』이다. 『운도아선』은 스승 동정이 생전에 선집하였던 것으로, 주자와 퇴계의 시를 뽑아놓은 시집이다. 외재는 동문들과 문집을 발간하면서 『운도아선』의 발문을 썼다. 문집에는 7편의 발문이 실려 있으나 연민이 『운도아선』의 발문을 뽑은 이유는, 이 문헌이 동정의 시관을 드러낸 시선집임에도 외재의 문학관도 그대로 드러나 있기 때문이 아닌가 한다.

나는 말한다. "고시 삼백수는 대부분 사물을 끌어다가 흥기시키는 말이 많다. 군자는 시에 대해 때에 따라 흥을 부치고 곳에 따라 생각을 부친다. 가까이로는 날마다 쓰는 떳떳한 인륜이, 멀리로는 산천초목이 정성의 바름을 얻지 않은 것이 없고 사물마다 절로 오묘함을 터득하지 않은 것이 없다. 만일 이런 등의 곳에서 융회할 수 있다면 말하는 것이 더욱 알기 쉽고 사람을 감동시켜서 또 이입되기 쉽다. 군자의 마음을 보면 사물에 부치지만 사물에 정체되지는 않고 정에서 발현되지만 정에 끌리지는 않아, 평담중화하며 우유한가하여 곧 증점이 기수에서 목욕하겠다고 했던 것, 명도가 '訪花隨柳過前川'을 읊었던 것과 기상이 멀지 않다. 이에 흐르고 이에 잠기면 감발하여 더 면려되는 것이 또 어떠하겠는가?"[18]

외재는 발문 앞부분에 "시는 유영으로써 해야지 다른 것으로써 구하면 안된다[詩以游泳不可以他求也]"라는 동정의 말을 인용하였다. 『설문해자(說文解字)』에서 "유(游)"는 "류행지의야(流行之義也)"로 주석하였고, "영(泳)"은 "잠행수중야(潛行水中也)"로 풀이하였다. 여기에서는 사물에 푹 젖어들어 함께 흘러가는 것을 비유한 말로 보인다.

위 인용문은 "유영(游泳)"에 대한 외재의 해석이다. 유가에서 시의 전범은 "시삼백수(詩三百首)"로 일컬어지는 『시경』의 시이다. 시는 "경(景)"을 끌어와 "정(情)"을 드러내는 수법을 사용한다. 현대의 비유법과 비슷하지만 경물을 그려내는 것 자체가 정을 드러내는 것이기 때문에 형상화

18　丁泰鎭, 『畏齋集』卷9, 「雲陶雅選跋」. "余曰 古詩三百篇 率多引物而興起之辭 夫君子之於詩 隨時而寄興 隨處而寓懷 近而日用彝倫 遠而山川草木 無非得其情性之正 而物物自有得之妙矣 苟能於此等處融會 則其爲言尤易知 而感人又易入 見君子之心 寓於物而不滯於物 發於情而不牽於情 平淡中和 優游閒暇 直與曾點之浴沂 明道之過川 其氣像不遠矣 游於斯 泳於斯 則其感發以增勵者 又如何乎哉"

라는 말이 더 알맞을 것이다. 그때그때 생겨나는 기분을 드러내고 곳곳에서 마주치는 생각을 표현하지만 "정성지정(情性之正)"을 얻은 것이 곧 군자의 시이고 표현된 사물도 그 본질을 다 드러낼 수 있는 것이다. 따라서 올바른 시란, "물(物)"이라 지칭된 경(景)과 드러내고자 하는 정(情)이 한쪽으로 치우치지 않은 상태이자 하나로 어우러진 상태, 곧 정경(情景)이 "융회(融會)"되어 마음이 자연스럽게 드러나는 것이다. 동정이 "유영"이라 표현하였던 것을 외재는 정경융회(情景融會)로 풀이하였던 것이다.

군자의 시를 추구하였던 외재의 문학이 연민에게는 어떻게 평가되었을까? 행장에서 다음과 같은 구절을 찾아볼 수 있다.

> 선생은 평소 문사(文辭)로써 스스로 높이지 않으셨다. 그러나 전적의 숲에 침잠하고 예법의 장에 주선하여 요나(裊娜)하고 초쇄(噍殺)한 습기가 하나도 없었다. 석산 권종원과 납매에 대해 창수한 시편은 절로 도산의 여운이 있고 「소백산수기(小白山水記)」 등의 글 역시 유량하여 외울만 하다.[19]

외재 역시 문학을 여기(餘技)로 여기는 전통적인 유학자의 태도를 견지하였던 것으로 보인다. 연민이 경사로 모신 데서 보듯, 외재의 뛰어난 점은 경학과 예법에 있었다. 별도로 예에 관한 저술은 없었으나 "지인들과 주고 받은 문자의 열에 아홉은 예를 논하고 리를 설명한 말이다.[然與知舊文人往復文子 十之八九 蓋論禮說理之語]"라고 연민이 기술할 정도로,

---

19 李家源, 「畏齋丁翁行狀」, 『李家源全集』 11, 350면. "先生素不以文辭自高 然沈潛乎典籍之藪 周旋乎禮法之場 一無裊娜噍殺之習 其與權石山鐘遠 臘梅唱酬之什 自有陶山餘韻 而小白山水記等篇 亦瀏漓可誦矣"

경학과 예학이 외재의 삶에 녹아있었다. 따라서 이러한 바탕 때문에 외재의 문사에는 "뇨나초살지습(裊娜噍殺之習)"이 없었던 것이다.

"뇨나(裊娜)"는 간드러지고 아름다운 모양을, "초살(噍殺)"는 빠르고 급하여 감정에 쉽게 반응하는 소리를 가리킨다. 이러한 버릇이 없다는 것은 외재가 말한 "불체어물(不滯於物)", "불견어정(不牽於情)"의 다른 표현이라고 할 수 있다. 이처럼 주자와 퇴계의 시를 선집한 『운도아선』의 발문에 설명한 시관과 외재의 문학에 대한 연민의 설명이 상통하는 점이 있다. 따라서 외재의 매화시에 "도산여운(陶山餘韻)"이 있다는 평가는 외재의 시 역시 "정경융회(情景融會)"의 시임을 의미한다.

연민은 『옥류산장시화(玉溜山莊詩話)』에서도 외재에 관한 시화를 실었다.

> 퇴계는 매화를 가장 사랑하여 별도로 손수 매화시첩 한 편을 쓰기까지 하셔서 세상에 전한다. 이로부터 문인과 유생의 집에서 분재를 하고 뜰을 채우는 종류를 매화로 하였다. 내 경사이신 외재 정태진 옹께서는 또 다른 호가 서포이다. 석산 권종원(權鐘遠)과 막역한 사이였는데 일찍이 소백산 남쪽에 산을 나누어 거주하였다. 지난 정축 연간에 내가 외재 옹을 줄포에서 뵈었다. 옹께서 서포 매화와 석산의 매화가 증답한 시편을 꺼내어 보여주시는데, 수십 편에 이르렀으니 매화를 읊는 일이 이에 성대하였다. 지금 각기 한 편씩 기록한다. … 외재 옹은 예학에 조예가 깊었고 석산 옹은 평소 은거하여 지조를 지키는 마음이 있었으니 풍류와 유아가 세상에 뛰어나 짝할 이가 없었다. 사물에 감응하여 뜻을 부쳐 덕을 향기롭게 하기에 힘을 썼으니 매우 존경할 만하다.[20]

---

20 李家源, 『玉溜山莊詩話』. "退溪最愛梅 至別有手書梅花詩一編行于世 自是文人學究之家 盆栽庭實 類以梅爲 吾經師畏齋丁泰鎭翁 又號西浦 與石山權鐘遠爲莫逆 嘗於小白之南 分山

연민의 기록을 통해 본 외재 정태진의 표상 **365**

1937년 『맹자』를 읽기 시작할 무렵 줄포로 외재를 방문하였다가 매화를 창수한 시편을 보게 된 일을 적은 것이다. 연민은 매화시의 연원을 퇴계에 두었다. 퇴계의 『매화시첩』은 우리 문학사에서도 독특한 위치에 있다. 한 명의 시인이 매화라는 단일 소재로 시를 지었고 직접 친필로 써서 시집을 만든 것이다.[21] 게다가 72제 107수 가운데 62제 91수를 가려 뽑은 것이니, 퇴계의 표현대로 "혹애(酷愛)"라는 말이 맞을 것이다.

연민은 시화에서 퇴계의 매화시 역시 언급하였다. 「호당효기용동파정혜원월야우출운(湖堂曉起用東坡定惠院月夜偶出韻)」 2수와 「호당매화모춘시개용동파운(湖堂梅花暮春始開用東坡韻)」 2수에 대해 "이학 뿐 아니라 시 역시 제공을 압도한다."라고 한 허균(許筠)의 말을 인용한 것이다.[22] 즉 퇴계의 시가 철리적인 시에 그치는 것이 아니라 문학적인 완성도 역시 높다는 뜻이다. 연민이 허균의 감식안을 신뢰하였던 점을 미루어보면 연민 역시 허균의 의견에 동의하고 있음을 알 수 있다. 또한 외재의 매화시에 대한 기록은 곧 외재의 시 역시 퇴계에 연원을 두고 있음을 명백히 한 것이기도 하다.

외재와 함께 시화에 등장하는 권종원(權鐘遠, 1880-1937)은 동정의 문하에서 공부하기 위해 부친을 따라 풍기 석촌에 이거하여, 호를 석산이라 하였다. 외재가 지은 석산의 행장을 보면 동문수학한 동시에

而居 往在丁丑年間 余拜畏翁於浦上 翁出示西浦梅與石山梅贈和之什 幾至屢十篇 吟梅之事 于斯爲盛 今各錄其一篇 … 畏翁邃於禮學 石翁素有隱操 風流儒雅 曠世無倫 感物寓意 懃以 馨德 其可敬也"

21 홍우흠, 「퇴계의 梅花詩帖에 대한 연구」, 『인문연구』 4, 영남대학교 인문과학연구소, 89면.

22 李家源, 『玉溜山莊詩話』. "喬山讀退溪湖堂曉起用東坡定惠院月夜偶出韻及湖堂梅花暮春 始開用東坡韻二首二篇曰 非惟理學 詩亦壓倒諸公"

이웃하여 살면서 40년을 교유한 사이로, 자신에게 석산은 소경에 있어 길잡이 같은 존재라고 하였다.[23]

이들의 매화시 창수는 석산에게서 시작된다. 석산의 「臘末盆梅始開五六蘂疎瘦可念次東坡韻呈同志求和」에 대한 외재의 화답시가 「乙亥臘月盆梅盛開忽憶前冬石山老人權聲之甞用東坡韻賦梅花一疊求和於子因循未副對景起懷追步而寄」이다. 제목을 미루어 전후사정을 살펴보자면, 석산은 분매(盆梅)를 키우고 있었는데 1934년 섣달에 매화 몇 송이가 가냘프게 피어난 것을 보고 시를 지어 벗들에게 보냈다. 외재 역시 분매가 있었는데, 일년 후인 이듬해 섣달 매화가 활짝 핀 것을 보고 석산의 시를 떠올리고는 화운시를 지어 부친 것이다. 그리고 외재는 「復用其韻賦一篇呈石山兼簡淡山姜應載求和」를 지어 보냈다.

『석산유고』에는 「석산매증서포매(石山梅贈西浦梅)」가 더 실려있고, 『외재문집(畏齋文集)』에는 이에 대한 화답시인 「石山老人寄詩一首題以石山梅贈西浦梅逐用其韻以答之」와 「浦梅再答石梅」, 「淡石兩兄和余梅花詩旣感其賜又步其韻以謝之」가 더 실려있다. 연민이 "屢十篇"에 이르렀다고 한 것을 보아 매화시는 문집에 다 실리지 않았으나 실제로는 여러 차례 주고받았고, 강후창(姜厚昌) 등 동문들과도 함께 하였던 것을 유추할 수 있다.

시작이 되었던 석산의 "동파운(東坡韻)"은 소동파의 칠언고시 「十一月二十六日松風亭下梅花盛開」를 가리킨다. 이 시는 1094년 혜주(惠州)로 유배갈 때 송풍정에서 활짝 핀 매화를 보면서 14년 전 황주(黃州)로 유배

---

23 權鐘遠, 『石山遺稿』 卷4, 「行狀」. "余於君 有同門之舊 有隣井之好 相從講磨 殆四十年 余有疑難 君必從容開曉 余有過差 反復規戒 余之有君 若瞽之有相也"

갈 때 본 춘풍령(春風嶺)의 매화를 떠올리며 시상을 일으킨 작품이다. 주자는 이 시에 「和李伯玉用東坡韻賦梅花」를 비롯해 세 수의 화운시를 지었다. 퇴계 역시 이 운에 따라 세 수의 차운시를 지었다.[24] 동피의 운을 차운하였다고는 하나 퇴계는 주자를 따라 매화를 소재로 한 차운시를 지은 것이다. 연민이 언급한 퇴계의 「湖堂梅花暮春始開用東坡韻」이 이 송풍정 매화시를 차운한 작품 가운데 하나이다.

앞선 정황을 보자면 주자와 퇴계의 시를 선집한 『운도아선』를 간행한 동정의 문하생들에게 동파의 운을 사용하여 매화시를 짓는다는 것은 퇴계를 전승하는 의미가 있었던 것으로 보인다. 석산에 의해 촉발된 매화시는 여러 번 오가면서 흥미로운 방향으로 발전한다. 석산의 시는 다음과 같이 시작한다.

> 나는 서호의 환골한 신선으로
> 석산에 기탁한 지 올해로 오년이네
> 석산 주인 기이한 버릇을 지녀서
> 한번 허락하면 형제처럼 여긴다네
> 가물면 옹기에 감싸 목마름을 면케 하고
> 눈보라엔 방에 들여 헐벗을까 근심하네
> 약한 줄기 엉겨서 골격이 되지 못해
> 괴로이 백 번 읊다 보니 산 같은 어깨 오똑하네
> 我是西湖換骨仙 託契石山今五年
> 石山主人有奇癖 一許心期弟兄然
> 暵日抱甕免枯暍 風雪藏室憂凍瘚

---

24 신두환, 「주자와 퇴계의 매화시(梅花詩) 비교 연구」, 『연민학지』 32, 연민학회, 2019, 189-242면.

弱榦杈枒不成格　百回苦吟山肩兀[25]

　석산의 시는 위와 같이 시작된다. 제목에서 보듯 석산에 사는 매화
가 서포에 사는 매화에게 보내는 것으로 설정되어 있다. 앞서 석산은
「盆梅膌初不成蓓蓄戱作問答二絶」을 지은 바 있는데 매화를 의인화하
여 문답을 주고받은 형식이었다. 여기에서는 더 나아가 매화가 화자가
되어 실제 작자인 석산을 관찰하는 방식으로 이야기를 풀어간다. 첫
구에서 화자는 스스로를 중국 서호에서 온 환골한 신선으로 소개하고
있다. 서호의 고산에서 살았던 임포(林逋)의 고사에서 끌어온 것이다.
매화나무가 화분에 담겨 분매가 된 것을 "換骨"이라는 말로 비유하였
고, 분매의 매화를 틔우기 위한 석산의 노력을 형제처럼 벗을 돌보는
모습으로 풀었다.

　　　원컨대 그대는 늙어도 향기로운 덕에 힘써
　　　설월 중에 맑고 고움을 잘 간직하시길
　　　때때로 주인과 심사를 논하여
　　　한 점 허물도 깨끗한 곳에 용납하지 말길
　　　그리고 산중 향해 소식을 전해주길
　　　서호 집안 가풍을 서로 떨어뜨리지 않았다고
　　　願君晩節懋馨德　好藏淸艷雪月中
　　　時與主翁論心事　點累不容潔淨地
　　　且向山中報消息　湖上家風胥不墜[26]

25　權鐘遠, 「石山梅贈西浦梅」, 『石山遺稿』 卷1.
26　같은 글.

위는 석산 시의 말미이다. 석산의 매화가 서포의 매화에게 당부하는 말로 시를 맺었다. "好藏淸艶雪月中"은 퇴계의 「又雪月中賞梅韻」[27]를 연상시킨다. 새울의 눈이 빛나고 얼음 같은 달빛이 내려 오히려 꽃이 핀 매화의 맑은 모습을 노래한 것이다. 석산이 서포에게 당부하는 것은 그 맑음을 끝까지 지켜달라는 것이다. 직접 말하지 않고 매화에게 부탁하는 방식으로 진술되어 있다.

이 시에 대한 외재의 답은 「石山老人寄詩一首題以石山梅贈西浦梅遂用其韻以答之」이다. 그런데 연민은 이 시를 시화에 뽑지 않고 대신 더 늦게 지은 「浦梅再答石梅」를 실었다.

> 소백산 깊은 곳 홀로 시 읊는 신선은
> 홀로 잠들다 노래에 깨다가 한 해를 보냈네
> 나는 서호에서 와 담박함을 구했더니
> 비 서리를 견딜 강한 사귐이 꼭 들어맞았다오
> 맑음에 살 근원이 있으니 목마름을 어찌 근심하며
> 심을 때 땅을 단단히 하니 넘어질 리 없다네
> 강산이 시들어 지금 이와 같은데
> 홀로 맑은 향기 지키며 우뚝함을 이루었네
> 小山幽處孤吟仙 獨寐歌寤度窮年
> 我來西湖淡相求 風霜契遇已脗然
> 淸有活源那憂暍 植必安地無顚蹶
> 江山搖落今如許 獨葆孤芳成兀兀[28]

---

27 李滉, 「又雪月中賞梅韻」, 『退溪集』 卷5. "盆梅發淸賞 溪雪耀寒濱 更著氷輪影 都輸臘味春 迢遙閬苑境 婥約藐姑眞 莫遣吟詩苦 詩多亦一塵"
28 丁泰鎭, 「浦梅再答石梅」, 『畏齋集』 卷1.

서포 매화의 대답은 위와 같이 시작된다. 외재를 "고음선(孤吟仙)"이라 표현한 화자는 역시 서호에서 온 매화로서 "풍상계(風霜契)"를 맺은 사이가 되었다고 하였다. 이 구절은 퇴계의 「도산잡영(陶山雜詠)」 가운데 「절우사(節友社)」[29]를 연상시킨다. 절우사는 도산서당 산기슭에 있는 화단이다. 이곳에 소나무, 국화, 대나무만 있고 매화가 없는 것을 아쉬워하여 퇴계는 "매형은 어이하여 동참하지 않았나"라고 노래하였다. 이에 대한 응답처럼 서포에 매화가 와서 이 풍상계에 동참한 것으로 설정한 것이다.

그런데 여기에서 흥미로운 점은 매화시가 석산으로부터 시작되었다고는 하지만 외재가 형상화한 서포의 매화는 석산의 매화와 다르다는 것이다. 석산의 매화는 연약하여 온갖 돌봄에도 섣달 꽃을 제대로 피우지 못하였다. 반면 서포의 매화는 풍상을 겪으면서 굳건히 뿌리를 내려 모두 시든 이 섣달에 홀로 꽃을 피워냈던 것이다.

> 석산의 향기로운 짝이 있음에 힘입어
> 때때로 뜻을 부침이 끊이지 않는구려.
> 몇 번의 높은 노래가 지기임을 느끼고
> 영언을 반복하니 탄식을 하게 되네
> 친구의 심사가 이 시편 중에 보이니
> 낭랑하게 펼쳐서 송풍원을 읽었네
> 광평의 고운 말을 풀어서 토해내고
> 도산의 바른 곡조 매번 그리워하네

---

29 "松菊陶園與竹三 梅兄胡奈不同參 我今倂作風霜契 苦節淸芬儘飽諳"

賴有石山馨香伴　時時寄意不停斷
數疊高歌感氣類　永言反復發嗟歎
故人心事篇中見　琅然展讀松風院
廣平婉辭能解吐　陶山雅曲每紆戀[30]

위 부분은 창화가 오간 상황을 노래한다. "석산형향반(石山馨香伴)"은
곧 석산의 매화이다. 이 매화 때문에 석산은 시를 지어 벗들에게 보냈다.
"시시기의(時時寄意)"라 한 것은 매화를 노래하면서 실은 이를 통해 석산
의 정을 부쳐온 것을 말한다. 영언(永言)은 『서경』의 "시는 뜻을 말한
것이고 노래는 말을 길게 한 것이다.[詩言志 歌永言]"에서 유래한다. 이렇
게 매화 시편을 몇 차례 주고받는 가운데 "기류(氣類)", 즉 동류로서의
공감을 느끼게 되었다. 그리고 시를 여러 번 읊은 사이에 상대의 생각을
이해하게 되니 자연히 탄식을 할 수밖에 없다. 그 생각이란 곧 퇴계를
따르는 것이다. "광평완사(廣平婉辭)"는 광평군공(廣平郡公)에 봉해졌던
송경(宋璟)이 지은 「매화부(梅花賦)」를 가리킨다. 이처럼 매화를 아름답
게 노래한 석산의 시편은 곧 "도산아곡(陶山雅曲)", 즉 퇴계의 시를 연모
하여 따르는 것임을 알기에 탄식이 나오게 되는 것이다. 외재는 석산의
매화를 퇴계의 매화로 적극적으로 해석하였던 것이다.

내 마음은 맑아지고 내 눈은 밝아져
오묘한 곳 한가로운 정을 즐길 뿐만이 아니네
하늘 꽃에 절로 그윽하고 바름이 있으니
세상 밖 판도 바뀜은 상관하지 않네

30　丁泰鎭, 「浦梅再答石梅」, 『畏齋集』 卷1.

한 골짜기에 맑은 바람 숨기고
담담하게 티끌먼지 받지 않아야 하리
사물과 나 사이에 막이 있다 말하지 마오.
한 가지 이치가 이 가운데 통하고 있으니.
나 위함과 남 위함이 다른 일이 아니니
다만 오늘은 밭을 만들 뿐이네
원하노니 그대를 따라 향기로운 덕에 힘써서
세한에도 그윽한 감상 떨어지지 않게 하리
我抱泠泠我眼明　妙處不啻娛閑情
天葩自是幽貞者　不關世外飜覆杯
正須一壑藏淸風　澹澹不受塵煙濛
莫道物我隔皮膜　一理融貫在此中
爲己爲人非別事　只看今日作田地
願言從君懋馨德　歲寒幽賞也毋墜³¹

　위 부분은 매화를 통해 자신의 깨달음을 노래한 것이다. "천파(天葩)",
즉 천연의 아름다운 꽃은 매화를 말하는 것이지만 곧 외재 자신의 성정
을 가리키는 말로, "천파자시유정자(天葩自是幽貞者)"는 "성정지정(性情
之正)"이다. 세상이 복잡하고 어지러운 때이지만 홀로 그 바름을 닦는
것이야 말로 해야 지금 해야할 일일 뿐이다. "일리융관재차중(一理融貫在
此中)"과 "위기위인비별사(爲己爲人非別事)"는 만년에 외재의 깨달음이
녹아있는 부분이다. 이 시는 "원군만절무형덕(願君晩節懋馨德)"라는 석
산의 당부에 "원언종군무형덕(願言從君懋馨德)"라 하여 지조를 지키며 살
아갈 것을 피력하며 끝을 맺고 있다.

31 같은 글.

본래 「石山老人寄詩一首題以石山梅贈西浦梅遂用其韻以答之」는 "석산 노인은 진실로 매선이니 맑고 고움 잘 간직한지 얼마나 오래던가[石山老人眞梅仙 好藏淸艶幾多年]"로 시작한다. 석산을 "매선(梅仙)"이라 하며 "호장청염설월중(好藏淸艶雪月中)"을 "호장청염기다년(好藏淸艶幾多年)"로 받은 이 시는 석산 시를 차운하였을 뿐 매화를 화자로 하는 설정은 따르지 않았다. 한편 다시 지어 보낸 「포매재답석매(浦梅再答石梅)」는 위와 같이 석산의 설정을 따라 다시 지어진 것이다.

매화와 문답을 나누는 설정은 퇴계의 시에 이미 보인다. 퇴계에게는 국화증답시도 있지만 4수의 매화증답시는 내면적인 교류와 합일의 심오함을 얻은 것으로 평가된다.[32] 퇴계 매화시의 또 한 부류로 '한상시(寒傷詩)'가 있다. 매화가 추위에 손상된 모습을 자신이 그러한 것처럼 애달파하는 한상시는 매화에 대한 측은지심과 깊은 우정을 보여준다.[33] 그런데 외재의 매화시는 여기에서 한 단계 더 나아가 아예 매화를 화자로 설정하여 접근하였다. 연민이 첫 번째보다 두 번째 외재의 답시를 뽑아넣은 것은 이러한 설정이 더 걸맞았기 때문이 아닌가 한다.

연민은 무엇보다도 외재와 석산의 "풍류유아(風流儒雅)"를 거론하였다. 자연을 즐기는 풍류에도 올바름이 그대로 드러내는 것은 예학에 깊은 외재와 "은조(隱操)"를 지닌 석산이기에 가능하였던 것이다. 매화에 감응하여 "형덕(馨德)"에 힘쓰는 것이 바로 이 매화시의 주제이다. "정경융회(情景融會)"의 가장 절정의 양식을 보여주는 시인 것이다.

---

32 이재일, 「매화시에 나타난 이황의 의식지향」, 『동양한문학연구』 제27집, 동양한문학회, 2008, 332면.
33 김태오, 「퇴계의 매화사랑과 매화시의 교육적 함의」, 『한국학논집』 50, 계명대 한국학연구원, 2013, 157-191면.

연민이 줄포에서 이 매화 창수 시편들을 보았을 때가 1937년이었다. 석산은 1935년 동래 범어사를 다녀온 후 담화증(痰火症)을 얻어 음식을 소화시키지 못하였다. 생식을 권유받은 석산은 일년 여 간 시도하였으나 결국 효험을 얻지 못하고 끝내 1937년 4월 12일 58세로 병사하고 말았다. 1934년 받은 매화시에 1년 만에 화운시를 보낸 것은 거동하기 힘든 벗에게 보내는 위문시였던 것이다.

매화 창수는 석산이 죽을 때까지 2년여의 시간 속에 이루어진 것이다. "弱榦杈枒不成格"의 매화는 석산의 병든 몸을 대변한다. 이와 대조적으로 '獨葆孤芳成兀兀"라고 표현된 외재의 매화는 자신이라도 굳건히 斯道를 지키겠다고 석산을 안심시키는 말이기도 하다. "願君晚節懋馨德"의 당부와 "願言從君懋馨德"의 응락은, 죽음으로 인한 평생지기와의 이별에 앞서 주고받은 유언과 같다. 그러나 시어는 "裊娜噍殺之習"이 없다는 연민의 평과 같이 감정의 기복도 슬픈 소리도 찾을 수 없다.

연민이 외재로부터 매화 증답 시편들을 받아들었을 때 무엇보다도 퇴계의 시를 떠올렸고 그 가운데 이 시편들을 선택해 시화에 실었던 것은 "平淡中和 優游閒暇"를 그대로 구현되었다고 보았기 때문일 것이다. 만년에도 꺾이지 않는 외재의 굳은 의지를 느끼고 연민은 "甚可敬也"라 평가하지 않을 수 없었던 것이다.

3. 맺음말

연민은 발문에 보이듯 『외재문집』을 편집하였고, 외재의 삶을 정리하는 행장을 지었다. 어릴 때부터 장년이 될 때까지 20여 년간 외재의 가르침을 받아, "경사(經師)"라고 분명히 스승임을 밝혔다. 연민이 제문에 "선생의 덕을 어느 날인들 감히 잊겠는가?[先生之德 曷日敢忘]"라고 하면서 평생 받은 가르침과 사랑을 절절하게 표현하였다. 누구보다도 외재를 가까이 살피고 오래 모셨기 때문에 외재를 잘 이해하고 있었다.

이러한 사적인 관계와 별개로 연민은 외재를 어떻게 평가하였던 것일까? 연민은 외재의 학문을 예학에 조예가 깊고 학문이 "종밀(綜密)"하다고 기록하였다. 아울러 연민은 외재의 시문이 퇴계의 풍격을 지닌 것으로 평가하였다. 외재가 시를 즐겨 내세우지 않았고 "경사"라고 밝힐 정도로 경전의 스승이었음에도 『옥류산장시화』에는 유독 외재의 매화시 증답 시편이 소개되어 있다. 석산 권종원에 화답하기 위해 지은 것이기는 하지만 외재의 매화 증답 시편은 자연스럽게 퇴계의 매화시를 떠올리게 하였다. 만년에 나라를 잃은 시기를 거쳤고 "사도(斯道)"가 추락하는 현대에 이르러 함께 한 동지 석산을 잃은 상황에서도 "平淡中和 優游閒暇"한 퇴계의 풍격을 매화를 통해 드러내고 있었던 것이다.

연민의 평소 품성을 미루어본다면 외재에 대한 평가는 사적인 관계와 상관없는 객관적인 평가라 보아도 좋을 것이다. 덧붙여 외재에서 연민으로 이어지는 학문의 전수는 이후 과제로 남긴다.

부록

외재 정옹 행장(畏齋丁翁行狀)

이가원 저 / 허경진 역

외재선생(畏齋先生)의 휘는 태진(泰鎭), 자는 노수(魯叟), 성은 정씨(丁氏)이니, 대대로 영주(榮州) 줄포리(茁浦里)에 살아 일찍이 자호를 서포(西浦)라 하였다. 외재는 만년에 스스로 쓴 호이다.

그 선대는 금성(錦城) 사람이니 원조(遠祖) 휘 윤종(允宗)은 고려 검교대장군(檢校大將軍)이며, 열조(洌朝)[1]에 들어와 휘 자급(子伋)이 교리(校理), 휘 수강(壽崗)이 부제학(副提學), 공안공(恭安公) 휘 옥형(玉亨)이 병조판서, 충정공(忠靖公) 휘 응두(應斗)가 좌찬성, 휘 윤복(胤福)이 대사헌으로 모두 옥당(玉堂)[2]에 들었기에[3] 나라의 이름난 문중으로 우뚝하

---

1 조선후기의 실학자들이 열수(洌水)를 한강이라고 비정하였고, 다산 정약용은 자신이 한강 가에 산다고 하여 호를 열수(洌叟), 열옹(洌翁)이라 하였다. 연암도 별호를 열상외사(洌上外史), 또는 열상외수(洌上外叟)라고 하였다. 서울이 한강가에 있어 열상(洌上)이라 하였기에, 연민선생이 한양에 도읍한 조선을 열조(洌朝)라고 표기한 것이다.

2 한나라 때에 설치된 옥당전(玉堂殿)은 학사들이 대조(待詔)하던 곳이다. 후세에는 흔히 한림원(翰林院)이나 홍문관(弘文館)의 별칭으로 쓰였다.

였다.

대사헌에서 재전(再傳)하여 손자대에 음사(蔭仕)로 현령(縣令) 벼슬을 한 휘 언숙(彦璛)의 호는 검암(儉巖)인데, 처음 원주(原州)에서 줄포로 옮겨와 살았으며, 10대[4]를 전하여 선생에 이르렀다. 고조는 휘 서교(序敎), 증조는 휘 대익(大翊), 호 송포(松圃), 조부는 휘 인섭(寅燮), 부친은 휘 규덕(奎悳)[5], 호 춘포(春圃)인데 모두 은거하여 벼슬하지 않았다. 모친은 영양남씨(英陽南氏)이니, 외조는 휘 기홍(基弘)이다.

선생은 고종(高宗) 병자년(1876) 하력(夏曆)[6] 8월 11일에 줄포(茁浦)의 세제(世第)에서 태어났다. 자라면서 기상이 준엄하고 품은 뜻이 활달하였으며, 이마가 넓고[7] 콧대가 우뚝하였다.[8] 수염이 아름다워 신선(神仙)

3 5대가 옥당(홍문관)에 선발된 것은 자랑스러운 일이어서 다산 정약용도 「선중씨(先仲氏)의 묘지명」에서 이 사실을 가장 먼저 썼다. "압해 정씨(押海丁氏)는 교리(校理) 자급(子伋)에서부터 현달하기 시작하여 계속 대를 이어가며 부제학(副提學) 수강(壽崗), 병조판서 옥형(玉亨), 좌찬성 응두(應斗), 대사헌 윤복(胤福), 관찰사 호선(好善), 교리 언벽(彦璧), 병조참의 시윤(時潤)이 모두 옥당(玉堂)에 들어갔다." 실제로는 병조참의 시윤의 4남 가운데 둘째 아들 좌승지(左承旨) 도복(道復)도 1708년 12월 23일 홍문관 부수찬(종6품)에 제수되어 옥당에 들어갔는데, 다산은 장남 도태(道泰)의 후손이므로 도복을 쓰지 않았다. 다산도 「가승촬요에 쓰다[題家乘撮要]」라는 글에서는 "우리 집안이 9대가 옥당(玉堂)에 벼슬한 것에 대해서는 세상에서 부러워한다[吾家九世玉堂 世所豔稱]"고 썼다.
4 실제로는 11대이다. 검암은 나주정씨 17세이고, 외재는 28세이다.
5 이상의 가계는 『외재문집(畏齋文集)』 권13 「선고 처사부군 행장(先考處士府君行狀)」에 자세하게 실려 있다.
6 하(夏)나라의 역법인데, 음력(陰曆)을 말한다. 한(漢)나라 태초력(太初曆) 이전에 사용되었다는 황제력(皇帝曆)·전욱력(顓頊曆)·하력(夏曆)·은력(殷曆)·주력(周曆)·노력(魯曆)은 모두 태음태양력(太陰太陽曆)이며 365와 4분의 1일을 1회귀년으로 삼았으므로 '사분력(四分曆)'이라고도 부른다. 하력(夏曆) 즉 지금의 음력에서는 건인(建寅) 즉 북두성의 자루가 인(寅)을 가리키는 때를 정월로 삼는다.
7 원문은 광상(廣顙)인데, 귀한 상을 이른다. 삼국시대 오(吳)나라의 손권(孫權)과 남조 양(梁)나라 간문제(簡文帝)가 모두 네모난 얼굴이었다고 한다. 『퇴계집』 언행록에 "(퇴계)선생은 이마가 두툼하고 넓었으므로, (숙부) 송재(松齋)가 매우 아껴서 항상 '광상(廣

같았다.

정씨 문중의 선대에 명유(名儒) 석장(碩匠)들이 없던 대(代)가 없었다. 우담선생(愚潭先生) 시한(時翰, 1625-1707)은 도학이 독실하여 참으로 도산(陶山)의 적전(嫡傳)[9]이었다. 해좌(海左) 범조(範祖, 1723-1801)는 문장과 경술(經術)로 이름났으며, 다산(茶山) 약용(若鏞, 1762-1836)에 이르러 한학(漢學)과 송학(宋學)을 아울러 닦아서 사학(斯學)을 집대성하였으니, 선생이 가학(家學)에서 물려받은 것이 이미 잔약하지 않았다.

선생은 을미년(1895)에 처음 동정(東亭) 이병호(李炳鎬)의 문하에 들어갔는데, 나이 겨우 스물에 동정이 이미 훌륭한 그릇이 될 것임을 장담하였다. 「논어발문(論語發問)」의 답안[10] 1편을 내어놓자 경의(經義)의 깊은 견해에 대해 더욱 칭찬하였다. 그러나 지난 경인년(1950) 난리 때 모두 잃어버리고 지금은 「학이(學而)」, 「위정(爲政)」 몇 조목만 문집에 실려 있을 뿐이다.[11]

무신년(1908)에 동정이 세상을 떠나자 어진 스승을 잃어 끝내 학업을

顙)'이라고 부르고, 그 이름을 부르지 않았다."고 하였다.

8 훌륭한 얼굴을 말한다. 한나라 고조(高祖)의 모습이 뛰어났는데,『사기(史記)』「고조본기(高祖本記)」에 "고조의 모습이 콧대가 우뚝하고 용의 얼굴이었다.[高祖爲人 隆準龍顏]"라고 하였다. 여기에서 용안(龍顏)이라는 말이 생겨났다.

9 조경(趙絅)이 「우복 정선생 신도비명(愚伏鄭先生神道碑銘)」에서 "도산의 퇴계선생은 粤惟陶山 / 주회암의 정통 도맥을 이어받고 嫡傳晦朱 / 아름답다 우복선생께서는 懿哉愚伏 / 일찌감치 퇴도 자취를 따르셨네 陶軌夙趨"라고 하였다. 다산 정약용은 「방친유사(旁親遺事)」에서 "우담선생은 퇴계(退溪)를 준칙(準則)으로 삼았으니 … 진유(眞儒)와 순학(醇學)은 오로지 선생 한 분뿐이다. … 사문(斯文)의 적전(嫡傳)을 이을 만하다[退溪爲準則 … 眞儒醇學 先生一人而已 … 足以承嫡傳於斯文]"고 하였다.

10 이 답안은『외재문집』에 「상동정선생논어발문(上東亭先生論語發問)」이라는 제목으로 일부가 실려 있다.

11 현재 남아있는 것은 「학이(學而)」 24조, 「위정(爲政)」 18조로 모두 42조이다.

마치지 못했음을 한스럽게 여겨, 여러 동문(同門)들과 함께 스승이 남긴 글을 편집하여 간행하였다. 『운도아선(雲陶雅選)』의 발문을 쓰고[12] 또 행장(行狀)을 지어 스승의 훌륭함을 기렸다.

사람들과 성리설(性理說)을 논할 때에는 주리(主理)의 종지(宗旨)를 정성껏 받들지 않은 적이 없었다. 동정(東亭)에게서 학업을 마무리 짓지 못하자 면우(俛宇) 곽종석(郭鍾錫)에게 배우기를 청하였으며, 예설(禮說)이 많았다. 당시에 영남의 유림은 병(屛)·호(虎) 두 계열로 나뉘었는데,[13] 면우(俛宇)는 한주(寒洲) 이진상(李震相)에게 배웠으므로 사람들

---

12 운(雲)은 주희의 호 운곡산인(雲谷山人)이고 도(陶)는 이황의 호 도산(陶山)이니, 『운도아선(雲陶雅選)』은 주자와 퇴계의 시를 뽑아놓은 시선집이다. 외재는 이 발문에서 이렇게 말하였다. "고시(古詩) 삼백 수는 대부분 사물을 끌어다가 흥기시키는 말이 많다. 군자는 시에 대해 때에 따라 흥을 부치고 곳에 따라 생각을 부친다. 가까이로는 날마다 쓰는 떳떳한 인륜이, 멀리로는 산천초목이 정성의 바름을 얻지 않은 것이 없고 사물마다 절로 오묘함을 터득하지 않은 것이 없다. 만일 이런 곳에서 융회할 수 있다면 말하는 것이 더욱 알기 쉽고 사람을 감동시켜서 또 이입되기 쉽다. 군자의 마음을 보면 사물에 부치지만 사물에 정체되지는 않고 정에서 발현되지만 정에 끌리지는 않아, 평담중화하며 우유한가하니, 증점이 기수에서 목욕하겠다고 했던 것이나, 명도가 '버들 따라 꽃을 찾으며 앞 내를 지나네[傍花隨柳過前川]'라고 읊었던 것과 기상이 멀지 않다. 이에 흐르고 이에 잠기면 감발하여 더 면려되는 것이 또 어떠하겠는가?"

13 1620년에 이황을 주향(主享)으로 모신 여강서원을 건립하면서 류성룡과 김성일의 위패를 어디에 배치할 것인가를 두고 논란이 제기되었다. 퇴계 사후의 적전화(嫡傳化) 문제와 관련되어 첨예하게 대립되었는데, 류성룡 계열에서는 작위(爵位)를 내세워 영의정을 지낸 류성룡을 동쪽에 두어야 한다고 하였고, 김성일 계열에서는 나이를 내세워 4살 위인 김성일을 동쪽에 두어야 한다고 주장하였다. 이때는 정경세의 자문을 받아 류성룡을 동쪽에, 김성일을 서쪽으로 배치하는 것으로 일단락되었다. 여강서원은 1676년에 사액(賜額)을 받으면서 호계서원(虎溪書院)으로 이름이 바뀌었다. 류성룡 계열은 풍산의 병산서원(屛山書院)을 중심으로 활동한 반면, 김성일 계열은 호계서원을 중심으로 자신들의 세력을 결집해갔다. 이런 이유로 류성룡 계열을 병파, 김성일 계열을 호파라 불렀다. 2013년 5월 호계서원의 복원사업을 계기로 경상북도에서 내놓은 중재안이 받아들여져 류성룡을 동쪽에, 김성일과 그의 학문적 계승자인 이상정을 서쪽에 배향하는 것으로 결정되면서 병호시비(屛虎是非)가 매듭지어졌다.

이 그를 호론(虎論) 계의 학자라고 지목하였다.[14] 선생이 계암(雞巖) 정돈섭(丁敦燮), 서주(西洲) 김사진(金思鎭)과 함께 동정을 스승으로 섬기던 것처럼 면우를 섬기게 되자, 식자들이 옳게 여겼다.

면우(俛宇)가 망국[社屋][15] 이후에 요동(遼東)으로 망명[避地][16]하려고 하자, 선생이 실로 그 계책에 찬동하였으나 일이 끝내 이루어지지 못하였다. 병진년(1916)에 대계(大溪) 이승희(李承熙), 서천(西川) 조정규(趙貞奎)와 계암(雞巖), 서주(西洲)가 덕흥보(德興堡)에 개간을 경영하며 함께 가자고 하였다.[17]

기미년(1919)에 면우가 파리(巴里)에 장서(長書)를 보냈다가 남쪽 감옥[南圄][18]에 구금되었는데, 선생도 동려(東黎) 김택진(金澤鎭)과 함께 체포

---

14 호론 계의 대표적인 학자 이상정의 학문이 동생 이광정(李光靖)과 남한조(南漢朝)를 통해 유치명(柳致明)으로 이어지고, 이진상(李震相)에 이르러 유리론(唯理論)으로 전개되었다.

15 토지신(土地神)을 제사 지내는 사직단에 지붕을 덮는다는 뜻으로, 전하여 망국(亡國)을 의미한다. 『예기(禮記)』「교특생(郊特牲)」에 "망국의 사(社)에는 지붕을 만들어 덮어서 하늘의 양기를 받지 못하게 한다.[喪國之社 屋之 不受天陽也]"라고 한 데서 온 말이다.

16 『논어』「헌문(憲問)」에 "현자는 세상을 피하고, 그 다음은 땅을 피하고, 그 다음은 예모가 쇠하면 피하고, 그 다음은 말을 어기면 피한다.[賢者避世 其次避地 其次避色 其次避言]"라고 하였다. 땅을 피한다는 것은 어지러운 나라를 떠나 다스려지는 나라로 가는 것을 말한다.

17 이승희와 그의 동지들이 1913년 만주를 가로질러 단동(丹東)으로 이동했다. 그리고 북경을 다녀와 1914년 6월 24일(음력 5월 29일) 심양(瀋陽) 서탑(西塔)으로 갔다. 그곳의 독립운동 근거지가 바로 요중현(遼中縣) 덕흥보(德興堡), 현재 瀋陽市 楊士崗鎭 德興堡村이였다. 함께 망명한 선비들은 박경종(朴慶鍾), 이계동(李啓東), 이기인(李基仁), 조정규(趙貞奎), 김정식(金正植), 오석홍(吳錫泓), 김사진(金思鎭)이다. 이승희가 구입한 덕흥보 땅이 습지라는 사실이 뒤늦게 확인되면서 어려움을 겪게 되자, 고향에서는 덕흥보계를 만들어 자금을 지원했지만 끝내 실패하고 말았다. 1916년 음력 4월 초여름(양력 5월) 정태진이 덕흥보에 가 있던 김사진에게 보낸 답신에, 고향에서 덕흥보 개척을 지원하며 75원을 우편으로 부친 사연이 실려 있다.

18 대구형무소를 가리킨다.

되었으니 (파리장서에) 서명했기 때문이다.

몇 달 뒤에 풀려나자 곧바로 서주(西洲)와 함께 요동에 갔다가 한참 뒤에 돌아왔다.[19] 이때부터 다시는 국외로 나가지 않고, 선조의 검암정사(儉巖精舍)를 중건하였다.[20] 그곳에 책 천여 권을 소장하고, 책상에 마주앉아 열심히 읽었다. 동남의 손님이며 벗들이 찾아와 거의 빈 날이 없었다. 글과 술과 바둑과 이야기로 저마다 즐거움을 다하여 당대의 인재들이 모여들었는데[21] 가르치는데 방법이 있어 성취한 바가 많았다.

영주(榮州)는 본디 문향(文鄕)[22]이지만, 이보다 앞서 학자들이 과거시험 공부에 많은 폐단이 생겨 실학(實學)[23]이 있음을 알지 못하였다. 선생

---

19 『외재집』권3 「회당 장석영에게 보낸 편지[與晦堂張丈錫英]」에 "태진이 요동에 가느라고 김천에 이르러 기차를 타고 그곳에 달려갔다가 … 반년 동안 북새(北塞)에 머물다가 돌아왔습니다[泰鎭以遼行適到金泉, 由車路徑趍彼中 … 因半年于北塞而歸]"라고 하였다.

20 검암정사는 정언숙이 치악산 골짜기에 2칸 띠집으로 지었는데, 외재가 중건한 사연을 김세락(金世洛)이 「검암정사중건기(儉巖精舍重建記)」에 이렇게 밝혔다. "(검암)공이 운명하고, 정사도 잇따라 무너졌다. … 줄포에 살던 후손들이 오래 전부터 소장해 왔던 공의 유집(遺集)을 간행하여 보관한 지 오래 되자, 또 서로 도모하여 말하였다. '정사가 폐해진 지 이제 백년이 되었는데도 중건할 겨를이 없었으니, 어찌 후손들의 책임이 아니겠는가? 이곳이 정사의 옛터는 아니지만, 또한 선조께서 아끼고 좋아하시어 거니시던 곳이다. 그때 심은 뽕나무와 가래나무들을 바라보면 아직도 공이 머물고 계시는 것 같아 그립고 공경하는 마음이 일어난다. 어찌 치악산과 다르겠는가?' 드디어 뒷산 기슭에 나아가서 선대에 계획한 것을 계승하여 집을 짓고 옛날 편액을 걸었다. 그러니 산은 높고 물은 길어, 다시 선생의 가풍을 볼 수 있었다. 이에 주손(冑孫) 태진(泰鎭)이 나에게 기문을 청하였다."

21 『외재문집』권14 「부록」「행장」에는 '坌集', 이가원의 『연연야사재문고(淵淵夜思齋文藁)』「난사서옥고(蘭思書屋藁)」임인(1962)에 실린 「외재정옹행장(畏齋丁翁行狀)」에는 '來集'으로 되어 있는데, 큰 차이는 없다.

22 『외재문집』권14 「부록」「행장」에는 '文獻鄕'으로 되어 있지만, 『연연야사재문고(淵淵夜思齋文藁)』에 실린 「외재정옹행장(畏齋丁翁行狀)」을 따라 '文鄕'으로 번역하였다.

23 주희(朱熹)가 『중용장구(中庸章句)』머리에서 정자(程子)의 말을 인용하여 "이 책이 처음에는 일리(一理)를 말하고 중간에는 만사(萬事)로 분산되었다가 마지막에 다시 일리(一理)로 합쳐진다. 놓으면 우주에 가득 차고 거두면 은밀하게 간직되어 그 맛이 무궁하니, 모두가 실학(實學)이다."라고 하였다. 성리학에서 인격 수양에 절실하게 유용한 학문을

이 서주와 함께 참으로 두 스승의 가르침을 이어받아, 잘못 흘러가는 물결을 끌어당겨 성리학의 숲으로 돌아오게 하였다. 그래서 영남의 선비들이 모두 이르기를 "영주의 참다운 학자는 정노수(丁魯叟)와 김근부(金謹夫) 두 사람 뿐이다."라고 하였다. 근부(謹夫)는 서주의 자이다.

기상이 널리 융통하기로는 선생이 혹 서주에게 손색이 있더라도, 사물을 꼼꼼하게 종합하는 점에 있어서는 서주가 미치지 못하였다.

선생은 비록 전문적으로 저술한 책이 따로 없지만, 오랜 친구나 문인들과 주고받은 문자 열 가운데 여덟아홉은 모두 예(禮)를 논하고 성리(性理)를 설파한 글이다. 예를 논한 글로는 지우(摯友)인 임거(林居) 정창묵(鄭昌黙)과 주고받은 글이 가장 심오하여 문답한 글이 편질(篇帙)에 가득하였다.

임거(林居)는 우복선생(愚伏先生) 경세(經世)의 후손으로, 그의 예학은 우복 이후 집안에 세전해온 예학보다 훌륭한 것이 없었고 오히려 선생의 논의를 많이 따랐다. 지금 문집을 살펴보면 분명히 모두 상고할 수 있다. 선생이 일찍이 가원(家源)에게 이렇게 말씀하였다.

"내 평생 한 일이라곤 볼만한 게 없지만 예설(禮說) 몇 편은 사람들의 마음에 들었으니, 예(禮)라는 것은 천리(天理)에 근본하고 인정에 합하여 민생의 일상생활을 이롭게 하는 것이다."

선생은 심합이기(心合理氣), 심즉리(心卽理), 심주리(心主理)에 대해 논하면서 임거(林居)에게 답하는 편지에서 이렇게 말하였다.

"심합이기는 본래 북계(北溪)[24]의 설인데, 퇴도(退陶)가 취하여 보편

적인 설명으로 삼았습니다. 심(心)의 정론은 「심통성정도(心統性情圖)」
의 중도(中圖)와 하도(下圖) 두 그림입니다. 중도와 하도에 모두 제일
잇부분에 '합이기(合理氣)'란 세 글자가 쓰여 있는데, 중도는 '합이기(合
理氣)'의 가운데에 나아가 척발(剔發)하여 이(理)를 홀지게 말한 것이니
진실로 심(心)의 본체는 기(氣)에 섞어서 말할 수 없기 때문입니다. '심
즉리(心卽理)'의 설은 곧 중도의 뜻을 이은 것입니다. 예로부터 성현이
심을 논하면서 이를 홀지게 가리켜 말할 때도 있고 이기(理氣)를 합하
여 말할 때도 있으니, 홀지게 가리키는 것은 본체(本體)이고 기(氣)를
합했다는 것은 통체(統體)입니다. 지금 본체를 가리켜 '심즉리'라고 말
하는 것이 진실로 모르겠습니다만, 어디가 옛 성인의 뜻에 어긋나기에
온 세상이 공격하여 배척하기를 마치 이단사설처럼 합니까. 우순(虞
舜)²⁵의 인심도심(人心道心)²⁶은 형기(形氣)와 성명(性命)을 아울러 거론
하여 말했고, 공자의 존망(存亡)과 출입(出入)²⁷은 진망(眞妄)과 사정(邪
正)을 합하여 말한 것이니 모두 전체를 통섭하여 가리킨 것입니다. '심
즉리(心卽理)'를 말하는 것이라고 해서 어찌 일찍이 기(氣)를 합한 심

장주(漳州) 용계(龍溪) 사람으로, 주희가 장주 태수(漳州太守)로 있을 때 나아가 수학하여
황간(黃榦)과 함께 고제(高弟)가 되었다. 주희의 어록(語錄)을 기록하였으며, 저서에 『어
맹대학중용구의(語孟大學中庸口義)』, 『북계자의(北溪字義)』, 『북계대전집(北溪大全集)』
이 있다.

25 우순은 고대 중국의 순(舜)임금을 말한다. 우(虞)는 유우씨(有虞氏)이다. 조상이 우(虞)
에서 일어났으므로 유우씨라 한다. 성은 요(姚)이고 이름은 중화(重華)이다.

26 '인심도심(人心道心)'은 순이 우(禹)에게 전했다는 "인심은 위태하고 도심은 은미하니,
오직 정밀하고 일관되게 하여 참으로 그 중도를 잡아야 한다.[人心惟危 道心惟微 惟精惟
一 允執厥中]"에서 나온 말이다. -「대우모(大禹謨)」, 『서경』

27 공자는 심(心)에 대해 "잡으면 보존되고 놓으면 달아나서 출입함이 때가 없으며 그
향할 곳을 알 수 없음이 마음이다.[操則存, 舍則亡, 出入無時, 莫知其鄉, 惟心之謂與.]"라
고 했다. -「고자(告子)」, 『맹자』

(心)을 말하지 않았다고 하겠습니까. 다만 본체로서 말하기 때문에 '심즉리(心卽理)'라고 이르는 것입니다."

또 나의 종조숙부(從祖叔父) 침랑공(寢郎公) 충호(忠鎬)에게 보낸 편지에서는 이렇게 말하였다.

"대개 심(心)을 보편적으로 설명하면 '합이기(合理氣)'라고 말하는 것이 가능하므로 노선생(老先生, 퇴계)이 진실로 많이 그렇게 말하였습니다. 그러나 합이기(合理氣) 가운데 또한 주(主)와 빈(賓), 경(輕)과 중(重)의 다름이 있어 다만 이기(理氣) 두 글자로 대대(對待)[28]하여 설명할 수 없습니다. 그러므로 '심(心)이 미발(未發)함에 기(氣)는 용사(用事)하지 않고 오직 이(理)뿐이다'라고 말씀하였으니, 이것은 미발시(未發時)에 이(理)를 주로 하여 말한 것입니다. 이미 사단(四端)은 이(理)의 발(發)함이고 칠정(七情)은 기(氣)의 발(發)함이라고 말하고, 그 아래에 이어서 말하기를 비록 기(氣)에서 발했으나 이(理)가 타고서 주(主)가 된다고 하였으니 이것은 이발시(已發時)에 이(理)를 주로하여 말한 것입니다."

또 이렇게 말하였다.

"심(心)이 정(靜)함에 태극(太極)의 체(體)가 갖추어지고, 심(心)이 동(動)함에 태극의 용(用)이 행해집니다. 그러므로 '심이 태극이 된다'라고 말했으니 이것은 동정(動靜)을 겸하고 이(理)를 주로 하여 말한 것입니다."

기타 은미한 말과 심오한 뜻이 문집 속에 보이는 것을 하나하나 다 들 수는 없으나 오직 이 세 조목에서 또한 가리키는 뜻이 있는 바를

---

28 어떤 사물이나 개념의 속성이 서로 상반되면서 한편 서로 의존하는 점이 있는 것을 말한다. 예를 들면 음(陰)과 양(陽)의 관계이다.

알 수 있다. 이것은 영남의 사림(士林)이 혹 선생이 자못 한주(寒洲)의 심즉리설(心卽理說)을 찬성하고 동정(東亭)의 주리(主理)의 논을 고수하는 깃이 도산(퇴계)의 원래 가리키는 설에 합하지 않는다고 했기 때문에 이런 논변을 한 것이다.

대개 한주(寒洲)가 '심즉리'를 제창한 것은 오로지 율곡(栗谷) 이이(李珥)의 주기(主氣)의 설을 깊이 배척하기 위하여 발표한 것인데, 세상의 유자들은 한주의 설을 대부분 양명(陽明) 왕수인(王守仁)의 '심즉리'와 같다고 여겨 배척을 하니 매우 어이가 없는 일이다.

선생이 경세치용(經世致用)의 학문을 논한 것은 나이가 어렸을 때 습작한 것이 많은데, 다산(茶山)의 학풍에서 받은 것이 적지 않다. 선생의 「학교책(學校策)」·「전제책(田制策)」과 「과거론(科擧論)」·「서원론(書院論)」·「전부론(田賦論)」·「용인론(用人論)」·「치생학자지선무론(治生學者之先務論)」·「두설(蠹說)」·「주설(舟說)」·「종수설(種樹說)」·「치포설(治圃說)」 등의 편은 모두 확실하게 법칙에 맞으므로, 후세에 직무를 맡은 사람이 읽어보면 시폐(時弊)를 바로잡을 수 있을 것이다.

선생이 지은 「두설(蠹說)」에 이런 구절이 있다.

물건에 깃든 좀은 그 해(害)를 말로 표현할 수는 있지만, 사람 가운데 있는 좀은 그 피해가 이보다 더 큼에랴? 헛된 것을 지어내는 것은 도의(道義)의 좀이다. 문장 등의 여러 가지 기예는 학술(學術)의 좀이다. 아첨하여 녹을 탐내는 자는 나라를 고질병 들게 하는[痼國] 좀이다. 허탄하고 방종한 것은 풍속(風俗)을 망치는 좀이다. 헛된 것을 꾸며서 공명(功名)을 가까이하려는 것은 명예의 좀이다.

이 오두(五蠹)의 설은 성호(星湖) 이익(李瀷)이 지은 육두(六蠹)[29]의 설보다 더 절실한 바가 있다.

선생이 때로는 손수 나무를 심고 채소밭을 가꾸었는데, "나는 나무 심기를 좋아한다."고 하였으며, 또 이르기를 "나는 한낱 늙은 농부야." 하였다. 그러므로 임하(林下)에 궁하게 살더라도 힘 들이지 않고 농사 짓는 기술이 있어서, 전심하여 독서할 수 있었다.

선생은 문장에 대해 이렇게 논하였다.

"문장은 내용이 있으면 내적인 아름다움이 있게 된다. 내적인 아름다움이 있게 되면, 반드시 찬란한 문채(文彩)가 빛나 볼 만하게 되니, 이것이 이른바 문장이다. 옥을 보지 않았는가? 옥이 온화하면서도 윤택한 가운데 엄숙한 점은 내적인 아름다움이고, 정밀한 빛이 맑게 넘쳐 광채가 사방으로 퍼지는 것은 문장이 밖으로 나타난 것이다. 옥이 만약 온화하고 윤택한 덕이나 엄숙한 바탕이 없다면, 그 정밀한 빛이나 광채가 나타나려고 해도 되겠는가?"

선생은 평소 문사(文辭)로써 스스로 높이지 않으셨다. 그러나 전적(典籍)의 숲에 침잠하고 예법의 장에 주선하여, 문장에 요나(裊娜)하고 초쇄(噍殺)한[30] 습기가 하나도 없었다. 석산(石山) 권종원(權鍾遠)[31]과 납

---

29 『성호사설』권12, 「인사문(人事門)」에 「육두(六蠹)」가 실려 있다. "농사를 힘쓰지 않는 자 가운데 여섯 종류의 좀[蠹]이 있는데, 장사꾼은 그 중에 들어 있지 않는다. 첫째가 노비(奴婢)요, 둘째가 과업(科業)이요, 셋째가 벌열(閥閱)이요, 넷째가 기교(技巧)요, 다섯째가 승니(僧尼)요, 여섯째가 게으름뱅이[遊惰]들이다."라고 하였다.

30 '요나(裊娜)'는 간드러지고 아름다운 모양을, '초쇄(噍殺)'는 빠르고 급하여 감정에 쉽게 반응하는 소리를 가리킨다.

31 권종원(權鍾遠, 1880-1937)은 동정의 문하에서 공부하기 위해 부친을 따라 풍기 석촌에 이거하여, 호를 석산(石山)이라 하였다. 외재가 지은 석산의 행장을 보면 동문수학한 동시에 이웃하여 살면서 40년을 교유한 사이로, 자신에게 석산은 소경에 있어 길잡이

매(臘梅)에 대해 창수한 시편은 절로 도산의 여운이 있고, 「소백산수기(小白山水記)」 등의 글 역시 물 흐르듯 시원하여 외울만 하다.

선생이 84세를 누리고 기해년(1959) 5월 21일 문경(聞慶) 모곡(茅谷)의 머물던 집에서 역책(易簀)하니,[32] 원근 산림의 선비들이 일어나 나와서 모두들 "철인이 떠나셨다.[悲儒萎矣]"[33] 하고 말하였다. 열흘 지난 모갑(某甲)에 집 뒤 옥녀봉(玉女峯) 계좌(癸坐) 언덕에 장사지냈다.

배(配) 풍산류씨(豐山柳氏)는 서애선생(西厓先生) 성룡(成龍)의 후손 정목(禎睦)의 딸로 현숙하고 내조를 많이 했는데, 아들 넷을 낳았으니 해린(海麟)·해봉(海鳳)·해룡(海龍)·해붕(海鵬)이고, 딸 하나는 이종학(李鐘學)[34]에게 시집갔다.

해린은 아들이 하나인데 조영(祖榮)이 요절하였고, 딸은 셋인데 이종환(李宗煥)·이원소(李源昭)에게 시집갔으며, 나머지는 어리다.

해봉은 아들이 넷인데, 휘영(徽榮)·순영(純榮)·진영(縉榮)·소영(紹榮)이다. 딸은 하나인데 어리다.

해룡은 아들이 하나인데 만영(萬榮)이며, 딸은 여섯인데 김규장(金奎章)에게 시집갔고, 나머지는 어리다.

같은 존재라고 하였다.

32 스승이나 현인의 죽음을 가리키는 말이다. 증자(曾子)가 임종할 때 계손씨(季孫氏)가 보내준 대부의 삿자리를 바꾸어 깔도록[易簀] 자손에게 명하면서 "나는 바른 도리를 얻어 죽으면 그뿐이다.[吾得正而斃焉斯已矣]" 하였다. -「단궁상(檀弓上)」, 『예기(禮記)』

33 공자(孔子)가 자신이 별세할 꿈을 꾸고 아침에 일찍 일어나 뒷짐을 지고 지팡이를 짚고 문 앞에서 한가로이 거닐며 노래하기를 "철인이 죽게 되겠구나.[哲人其萎乎]" 하였다. -「단궁상(檀弓上)」, 『예기』

34 『외재문집』 권14 「부록」에 실린 「행장」이나 이가원의 『연연야사재문고(淵淵夜思齋文藁)』에 실린 「외재정옹행장(畏齋丁翁行狀)」에 모두 '李鍾學'으로 되어 있지만, 나주정씨 기묘보 제7권에 '李鐘學'으로 되어 있어서 이에 따라 표기하였다.

해붕은 아들이 둘인데 준영(俊榮)과 건영(健榮)이며, 딸은 둘인데 어리다.

종학(鍾學)은 딸이 하나인데 어리다.

선생이 세상을 떠나자 소우(少友) 김용규(金龍圭)와 문인 김승학(金承學)이 책상자에 간직된 원고를 꺼내어 함께 교정을 보고, 해붕과 해룡이 다시 가원에게 맡기어 교정을 마치고 제목을 『외재전서(畏齋全書)』[35]라고 하였다.

이제 공간(公刊)하게 되자, 문하의 여러분들이 '가원이 선생을 따라 가장 오래 노닐었다'고 하여 편차를 정하게 하였다. 돌아보니 가원이 선생에게 사랑을 받은 지 전후 20여년이나 되어 평일의 일에 대해 자세히 기록할 수 있지만, 식견이 얕고 문장이 약하니 어찌 아름다운 덕의 만분의 일이라도 제대로 밝게 열어 보일 수 있겠는가.

가원이 생각해보니 예전 검암정사에서 모시고 글을 읽을 때에 눈보라가 치고 창밖은 추웠는데 푸르스름한 등잔불[36] 밑에서 선생은 사대(四代)의 책[37]을 외우고 가원은 파경(葩經)[38]을 읽다가, 밤이 깊어서야 마

---

35 『외재문집』 권14 「부록」에 실린 「행장」에는 '畏齋文集'이라고 교정되어 실렸지만, 이 가원의 『연연야사재문고(淵淵夜思齋文藁)』에 실린 「외재 정옹 행장」 원문 '畏齋全書'에 따라 번역하였다.

36 청등(靑燈)은 어둠 속에 푸르스름한 불빛이라는 뜻으로, 청빈한 삶을 살며 학문에 열중하는 것을 말한다. 송나라 육유(陸游)의 「객수(客愁)」 시에 "창백한 얼굴 흰머리로 노경에 접어들어, 청등 아래 독서하며 고심만 하네.[蒼顔白髮入衰境 黃卷靑燈空苦心]"라는 구절이 있다.

37 사대지서(四代之書)는 「우서(虞書)」·「하서(夏書)」·「상서(商書)」·「주서(周書)」, 곧 『서경』을 가리킨다.

38 『시경(詩經)』의 내용이 꽃봉오리처럼 아름답다 하여 붙여진 별칭이다. 한유(韓愈)의 「진학해(進學解)」에 "『시경』은 바르고 꽃봉오리와 같다.[詩正而葩]" 하였기에 『시경』을 '파경(葩經)'이라고도 부르게 되었다.

쳤다. 토론이 고금(古今) 치란(治亂)의 까닭, 당세의 학술과 문장, 명론 (名論)³⁹과 파별(派別)의 동이(同異)에까지 미쳤으니, 그 즐거움이 어떠 했으랴. 지금 추억해보니 아득하기만 하다.

선생께서 남기신 글과 평일에 보고 들은 것들을 순서대로 늘어놓아 행장을 짓고, 장차 당세의 입언군자(立言君子)⁴⁰에게 명(銘)을 부탁하고 자 한다. 수업한 제자 진성(眞城) 이가원(李家源)⁴¹이 삼가 행장을 짓다.

– 허경진 번역

---

39 『논어』「자로(子路)」에서 공자가 정명론(正名論)을 가르칠 때에 "군자가 이름을 붙이면 반드시 말할 수 있으며 말하면 반드시 행할 수 있는 것이니, 군자는 그 말에 있어서 구차히 함이 없다.[君子名之必可言也 言之必可行也 君子於其言 無所苟而已矣]"라고 하였다. 이 글에서는 선비로서 처신하는 문제, 즉 출처(出處)의 명분(名分)에 관한 논의를 가리킨다.
40 춘추시대 노(魯)나라 대부 숙손표(叔孫豹)가 진(晉)나라에 갔을 때에 범선자(范宣子)가 죽어도 썩지 않는 것을 묻자, 그가 이렇게 대답하였다. "가장 좋은 것은 덕을 세우는 것이고, 그 다음은 공을 세우는 것이며, 그 다음은 언론을 세우는[立言] 것이다. (이 세 가지는) 아무리 오래되어도 없어지지 않으니, 이를 불후라고 한다.[大上有立德 其次有立功 其次有立言 雖久不廢 此之謂不朽]"-「양공(襄公) 24년」,『춘추좌씨전(春秋左氏傳)』
41 '眞城李家源' 다섯 글자는『연연야사재문고(淵淵夜思齋文藁)』에 실린「외재정옹행장(畏齋丁翁行狀)」에는 없고,『외재문집』부록에만 보인다.

외재 정태진 소전(小傳)[*]

이가원

외재(畏齋) 정태진(丁泰鎭, 1876-1959)의 자(字)는 노수(魯叟)요, 또 다른 호는 서포(西浦)이다.

일찍이 영남(嶺南) 영주(榮州) 줄포(茁浦)에 세거(世居)하는 나주정씨(羅州丁氏)의 유학가(儒學家)에 태어나 가전적으로 우담(愚潭), 해좌(海左), 다산(茶山) 여러 선생(先生)의 학문(學問)을 이어 받고, 또 동정(東亭) 이병호(李炳鎬), 면우(俛宇) 곽종석(郭鍾錫) 두 스승의 교훈을 입어 마침내 성리학(性理學)의 명가를 이룩하였다.

그는 이미 이십여세(二十餘歲)에 「논어발문답안(論語發問答案)」이란 논문(論文)을 발표하여, 경의(經義)에 밝은 선비로서 이름이 높았었고,

* 이 글은 연민선생이 『정씨휘보(丁氏彙報)』 제2집에 발표한 뒤에 『한국명인소전』(일지사, 1975)에 실은 글이다. 외재의 생애와 학문을 간단하게나마 한글로 소개한 첫 번째 글이기에 행장과 함께 소개한다. 원문은 국한문혼용으로 되어 있지만, 후세의 독자를 위해 한글을 병기한다.

1910년 소위 한일합병(韓日合倂)의 협약(脅約)이 결정된 뒤에는 조국(祖國)을 잠시 떠나서 요동(遼東)으로 건너가려 하였으나, 일이 곧 이룩되지 못하였다.

그 6년 뒤인 1916년에 대계(大溪) 이승희(李承熙), 서천(西川) 조정규(趙貞奎), 도암(陶菴) 정돈섭(丁敦燮), 서주(西洲) 김사진(金思鎭)과 함께 덕흥보(德興堡)의 개간을 경영하였다.

1919년에 면우(俛宇)를 중심으로 한 유림대표자(儒林代表者)의 파리장서(巴里長書)에 서명(署名)하여, 동군(同郡)의 지우(摯友) 동려(東黎) 김택진(金澤鎭)과 함께 대구(大邱)에서 피체된 지 몇 달 만에 석방되자, 곧 서주(西洲)와 함께 요동(遼東)으로 건너갔으나, 모든 계획은 뜻대로 되지를 않았었다.

그 뒤 귀국(歸國)하여 다시금 국외로 나가지 않고 처사(處士)의 은둔생활을 계속하면서 오로지 독서(讀書)와 강학(講學)에 마음을 기울여 위로 선철(先哲)의 여서(餘緖)를 이어 받고, 아래로 후배(後輩)의 길을 열어 우뚝히 일방(一方)의 사표(師表)가 되었었다.

그가 살고 있던 영주(榮州)는 예로부터 문헌(文獻)의 향(鄕)으로 이름 높았으나, 그 말기에 이르러서 학자(學者)들이 과문 폐습(科文弊習)에 젖어 실학(實學)을 잘 알지 못하였다. 그는 서주(西洲)와 더불어 성리학(性理學)을 창명(昌明)시켰으므로 유림(儒林)에서는 영주에 참다운 학자(學者) 둘이 있다고 말하였던 것이다.

외재는 비록 많은 저서(著書)를 남기지는 못하였으나, 그 유저(遺著) 『외재문집(畏齋文集)』은 이미 간행(刊行)되었다. 성리학(性理學)에 있어서는 끝까지 주리설(主理說)을 주장하여 수많은 교우(交友)와 왕복한 서한(書翰) 중에 언급되었고, 예설(禮說)에 더욱 깊어서 당시 지례가(知禮

家)의 자문을 많이 받았으며, 경세(經世) 치용학(致用學)에 대하여서는 젊을 때의 습작(習作)이 많았으나, 학교(學校), 전제(田制), 과거(科擧), 서원(書院), 용인(用人), 치생(治生), 종수(種樹), 치포(治圃) 등에 관한 논설도 많거니와, 특히 「두설(蠹說)」 중에서는 도의(道義)의 좀, 학술(學術)의 좀, 국가(國家)의 좀, 패속(敗俗)의 좀, 명예(名譽)의 좀 등 오두(五蠹)를 열거하였다. 이들은 대개 다산(茶山)과 성호(星湖) 이익(李瀷)의 학풍(學風)을 받은 것이다.

문학(文學)에 있어서는 오로지 사장(詞章)에 힘쓰지 않고 사달(辭達) 이순(理順)한 숙속(菽粟)의 문장이 일가(一家)를 이룩하였다. 만년(晚年)에 문경(聞慶) 모곡(茅谷)에 우거하여 팔십사세(八十四歲)의 고령을 향유하였고, 급문(及門)한 제자가 경향(京鄉)에서 각기 선비의 본령(本領)을 지닌 이가 많았다.

<table>
<tr><td>제1부</td><td>나주정씨 줄포문중과 외재 정태진</td></tr>
</table>

【외재 정태진의 삶과 사상】_ 권오영

郭鍾錫, 『俛宇文集』.

金思鎭, 『西洲文集』.

尹冑夏, 『膠宇文集』.

李家源, 『淵淵夜思齋文藁』.

李家源, 『李家源全集』, 正音社, 1986.

李晩寅, 『龍山文集』.

李炳鎬, 『東亭遺稿』.

李承熙, 『韓溪遺稿』.

李滉, 『退溪文集』.

丁泰鎭, 『畏齋文集』.

권오영, 「고려말 조선초 성리학 주요 개념의 이해의 추이」, 『圃隱學硏究』27, 圃隱學會, 2021.

李家源, 「畏齋 丁泰鎭 小傳」, 『李家源全集』 9, 韓國名人小傳, 正音社, 1986.

李家源, 「總結−退溪學의 系譜的 硏究」, 『退溪學及其系譜學的硏究』, 退溪學硏究院, 1989.

國家報勳處사이트, 功勳電子史料館, 獨立有功者功勳錄, 丁泰鎭項.

【외재 정태진의 생애와 학문】_ 허권수

郭鍾錫, 『俛宇集』, 韓國文集叢刊本.

金思鎭, 『西洲集』, 線裝本.

李家源, 『淵淵夜思齋文藁』通文館. 1967.

_____, 『李家源全集』 제9책 『韓國名人小傳』, 정음사, 1986, 246-247면.

_____, 『萬花齊笑集』, 단국대학교 출판부, 1997.

李炳鎬, 『東亭集』, 線裝本.

丁範祖, 『海左集』, 韓國文集叢刊本.

丁時翰, 『愚潭集』, 韓國文集叢刊本.

丁若鏞, 『與猶堂全書』, 韓國文集叢刊本.

丁泰鎭, 『畏齋集』, 線裝本.

許捲洙, 「畏齋 丁泰鎭과 그 제자 淵民 李家源」, 『月軒宗報』, 2018.

제2부 **외재 정태진의 시문학**

【외재 정태진의 시문에 대한 규견】_ 심경호

郭鍾錫, 『俛宇集』 1-5, 한국문집총간 340-344, 민족문화추진회.

李家源, 『淵淵夜思齋文藁』, 『李家源全集』 11, 正音社, 2005.

李家源, 『韓國名人小傳』, 『李家源全集』 9, 正音社, 1986.

李珥, 『栗谷先生全書』, 한국문집총간 44-45, 민족문화추진회, 1988.

李瀷, 『星湖僿說』, 한국고전번역원 한국고전종합DB 제공.

李滉, 『退溪先生文集』, 한국문집총간 29-31, 민족문화추진회, 1988.

정도전 저, 심경호 역주, 『삼봉집』, 한국고전선집1, 한국고전번역원, 2013.

丁泰鎭, 『畏齋文集』 14권 7책, 1967.

趙季 輯校, 『足本 皇華集』 上中下, 江蘇省: 鳳凰出版社, 2013.3.

권오영, 「외재(畏齋) 정태진(丁泰鎭)의 삶과 사상」, 『연민학지』 31, 연민학회, 2019, 49-70면.

김문기 · 강정서, 『경북의 구곡문화』, 경북대학교 퇴계연구소, 2008.

고성환, 「발견 외재(畏齋) 정태진(丁泰鎭)」, 『경북일보』, 2018년 07월 23일 월요일 18면 「경북포럼」.

심경호, 『참요』, 한얼미디어, 2012.

李家源, 「退溪學의 系譜的 研究」, 『退溪學及其系譜學的研究』, 退溪學研究院, 1989, 391면.

이정화, 「외재(畏齋)의 선유구곡시(仙遊九曲詩)에 나타난 산수 인식」, 『연민학지』 36, 연민학회, 2021, 35-58면.

함영대, 「연민 이가원의 학문연원과 외재 정태진 – 교류서신을 중심으로」, 『연민학지』 36, 연민학회, 2021, 13-34면.

허권수, 『면우(俛宇) 곽종석(郭鍾錫)의 학문과 사상』, 술이, 2010.

國家報勳處사이트, 功勳電子史料館, 獨立有功者功勳錄, 丁泰鎭項.

【외재의 선유구곡시에 나타난 산수 인식】_이정화

『論語』, 성균관대학교 대동문화연구원, 1971.

『孟子』, 성균관대학교 대동문화연구원, 1971.

『詳說 古文眞寶大全』, 보경문화사, 1986.

『畏齋先生文集』, 家藏本.

권오영, 「畏齋 丁泰鎭의 삶과 사상」, 『淵民學志』 31, 연민학회, 2019, 65면.

李家源, 『韓國漢文學史』, 민중서관, 1961, 324면.

이로펀(衣若芬), 「中韓 九曲山水 문화 연구」, 『淵民學志』 33, 연민학회, 2020, 234면.

이상주, 「구곡문화관광특구와 그 유교문화관광자원적 가치」, 『淵民學志』 33, 연민학회, 2020, 278면.

李貞和, 「武夷櫂歌의 사상적 지향점과 선비 형상 연구」, 『孔子學』 24, 한국공자학회, 2013, 120-121면.

_____, 「문경지역 퇴계학맥의 주요 인물과 그 특징」, 『영남지역 퇴계학맥의 전개』, 경북대 퇴계연구소, 2020, 157면.

함영대, 「외재 정태진과 연민 이가원의 학술문답 – 왕복서신을 중심으로」, 『제24회 연민학 학술대회 발표자료집』, 연민학회, 2021, 22면.

許捲洙, 「畏齋 丁泰鎭과 그 제자 淵民 李家源」, 『제24회 연민학 학술대회 발표자료집』, 연민학회, 2021, 17면.

【외재 정태진의 한시 연구】_ 최영성

이가원(李家源), 『옥류산장시화(玉溜山莊詩話)』.

정태진(丁泰鎭), 『외재집(畏齋集)』.

권오영, 「외재 정태진의 삶과 사상」, 『연민학지』 31, 연민학회, 2019.

윤호진, 「淵民先生의 ‘法古創新’論이 學界에 미친 影響 및 그 餘波」, 『열상고전연구』 26, 열상고전연구회, 2007.

이정화, 「외재의 仙遊九曲詩에 나타난 山水 인식」, 『연민학지』 36, 연민학회, 2021.

함영대, 「연민 이가원의 학문 연원과 외재 정태진」, 『연민학지』 36, 연민학회, 2021.

허경진, 『연민 이가원 선생의 생애와 학문』, 보고사, 2005.

허권수, 「연민 이가원 선생의 한문학 성취과정에 대한 고찰」, 『열상고전연구』 28, 열상고전연구회, 2008.

제3부　외재 정태진의 개혁의식과 독립운동

【외재 정태진의 현실개혁 방안】_ 김문식

『朱子大全』.

『畏齋文集』.

『俛宇先生文集』.

권오영, 「畏齋 정태진(丁泰鎭, 1903-1952)의 삶과 사상」, 『淵民學志』 31, 淵

民學會, 2019, 54-55면.

김문식, 『정약용의 경학과 경세학』, 단국대학교 출판부, 2021, 418-429, 450-452면.

김학수, 「草庵 丁允祐 연구 - 16세기 지식인의 관료의식과 그 실천」, 『韓國系譜研究』 10, 한국계보연구회, 2020, 331-340면.

崔英成, 「한국유학사에서 俛宇 郭鍾錫의 위상」, 『南冥學研究』 27, 경상대학교 남명학연구소, 2009, 6-8면.

최윤오, 「磻溪의 公田制國家論」, 『반계 유형원 연구』, 사람의무늬, 2013, 314-326면.

함영대, 『성호학파의 맹자학』, 태학사, 2011, 206-209면.

_____, 「연민 이가원의 학문연원과 외재 정태진 - 교류서신을 중심으로」, 『淵民學志』 36, 淵民學會, 2021, 19-25면.

허권수, 「畏齋 丁泰鎭과 그 제자 淵民 李家源」, 『제24회 淵民學 學術大會 발표집』, 연민학회, 2021, 1-18면.

『나주정씨 줄포 호암종택』, 한국국학진흥원, 2015, 8-9, 16-21, 53-55, 96-97, 145면.

【정태진의 선택과 독립운동사에서 가지는 위치】_ 김희곤

金思鎭, 『遼行日記』, 소수서원박물관 소장.

金昌淑, 『心山遺稿』, 국사편찬위원회, 1973, 309-310, 314면.

류시중·박병원·김희곤, 『국역 고등경찰요사』, 선인, 2010, 163, 213, 431, 438-439면.

宋志香, 『榮州·榮豊鄕土誌(하)』, 驪江出版社, 1987, 733면.

안동독립운동기념관편, 『국역 石洲遺稿(하)』, 경인문화사, 2008, 155면.

丁泰鎭, 『畏齋集』.

「德興堡前後細音條」(弘窩 李斗勳家의 고문서), 한국국학진흥원 소장.

권대웅, 『한계 이승희의 생애와 독립운동』, 성주문화원, 2018, 262-267면.

권오영, 「외재(畏齋) 정태진(丁泰鎭)의 삶과 사상」, 『淵民學志』 31, 연민학회, 2019, 51-52면.

김희곤, 『안동사람들이 만주에서 펼친 항일투쟁』, 지식산업사, 2011, 72, 116-
118면.

_____, 「성주지역의 독립운동과 성격」, 『한국독립운동사연구』 46, 한국독립운
동사연구, 2013, 239, 241면.

서동일, 「성주지역 파리장서의 주도세력과 전개과정」, 『성주 3·1운동과 파리
장서』, 경북독립운동기념관, 2019, 115-117, 124-127면.

제4부 **외재 정태진과 연민 이가원의 사제관계**

【연민 이가원의 학문연원과 외재 정태진】_함영대

金思鎭, 『西洲文集』, 국립중앙도서관 소장본.

李家源, 『淵淵夜思齋文藁』, 통문관, 1967.

李家源, 『通古堂集』, 국민서관, 1967.

_____, 『李家源全集』, 정음사, 1986.

丁泰鎭, 『畏齋文集』, 국립중앙도서관 소장본.

권오영, 「외재 정태진의 삶과 사상」, 『연민학지』 31, 연민학회, 2019

_____, 「서주 김사진의 삶과 학문성향」, 제25회 연민학학술대회 발표자료집,
2021, 25면.

허권수, 『한국학의 큰 스승, 연민 이가원 평전』, 술이, 2016, 108-109, 259-
260, 347, 398면.

【연민의 기록을 통해 본 외재 정태진의 표상】_구지현

李家源, 『李家源全集』, 정음사, 1986.

丁泰鎭, 『畏齋文集』, 국립중앙도서관 소장본.

권오영, 「외재(畏齋) 정태진(丁泰鎭)의 삶과 사상」, 『연민학지』 31, 연민학회,
2019, 49-70면.

김태오, 「퇴계의 매화사랑과 매화시의 교육적 함의」, 『한국학논집』 50, 계명대 한국학연구원, 2013, 157-191면.

신두환, 「주자와 퇴계의 매화시(梅花詩) 비교 연구」, 『연민학지』 32, 연민학회, 2019, 189-242면.

이재일, 「매화시에 나타난 이황의 의식지향」, 『동양한문학연구』 27, 동양한문학회, 2008, 303-343면.

함영대, 「연민 이가원의 학문연원과 외재 정태진」, 『연민학지』 36, 연민학회, 2021, 13-34면.

허권수, 「淵民 李家源先生의 漢文學 成就過程에 대한 고찰」, 『열상고전연구』 28, 열상고전연구회, 2008, 265-323면.

_____, 『연민 이가원 평전』, 도서출판 술이, 2016.

홍우흠, 「퇴계의 매화시첩(梅花詩帖)에 대한 연구」, 『인문연구』 4, 영남대학교 인문과학연구소, 89면.

제가 연민선생(淵民先生) 연구실에서 10년 모시고 공부할 때나 그 뒤에 명륜동 댁을 20년 드나들며 공부할 때에 외재(畏齋) 선생 말씀을 많이 들었습니다. 연민선생께서 학문을 이루게 된 배경으로 언제나 퇴계(退溪) 선생 이후로 전해져 온 가학(家學)을 말씀하셨지만, 외가에 가서 공부한 이야기도 자주 들려 주셨으며, 그때마다 외조부 송대(松臺)와 외재선생 이야기를 들려 주셨습니다.

제가 연민학회 이사장을 맡고나서 첫 번째 행사를 치른 것이 제27회 학술발표회인 「외재 정태진 선생의 생애와 학문」 학술대회였습니다. 코로나 방역대책을 겨우 지켰을 정도로 많은 회원들이 참석해 주셨으며, 발표와 토론이 진지해서 회의가 끝날 때까지 참석자들이 대부분 자리를 지켰습니다. 역대 회장 3명이 모두 참석한 뜻깊은 자리이기도 했습니다.

연민선생이 직접 편집하신 『외재전서(畏齋全書)』 14권을 읽어보면 외재선생은 학문과 문장이 뛰어난 분이어서, 연민선생께서 늘 경사(經師)라고 말씀하셨던 것이 과장되지 않았음을 알 수 있습니다. 그러나 선생의 학문과 독립운동의 행적이 학계에 거의 알려지지 않은 것이 안타까웠습니다.

연민학회에서는 이미 권오영 회원이 『연민학지』 제31집에, 이정화, 함영대 회원이 제36집에 선생에 관한 논문을 게재했는데, 이번 학술대회에서 발표된 논문 8편까지 합해 단행본으로 간행하여 널리 소개하기로 했습니다. 발표와 토론을 맡아주신 연민학회 회원 여러분, 학술대회에 참석하여 경청하셨던 외재선생의 후손 여러분께 감사드립니다.

2022년 3월

사단법인연민학회 이사장 허경진

저자 소개

허권수 경상국립대학교 한문학과 명예교수

허경진 연세대학교 연합신학대학원 객원교수

권오영 한국학중앙연구원 교수

심경호 고려대학교 한문학과 명예교수

김희곤 안동대학교 사학과 명예교수

최영성 한국전통문화대학교 무형유산학과 교수

이정화 동양대학교 교양학부 교수, 학부장

김문식 단국대학교 사학과 교수

구지현 선문대학교 국문학과 교수, 인문과학연구소 소장

함영대 안동대학교 한문학과 교수

연민학회연구총서 1

외재 정태진의 생애와 학문

2022년 4월 25일 초판 1쇄 펴냄

저 자 허권수·허경진 외
발행인 김흥국
발행처 보고사

책임편집 이순민
표지디자인 김규범

등록 1990년 12월 13일 제6-0429호
주소 경기도 파주시 회동길 337-15 보고사 2층
전화 031-955-9797(대표)
   02-922-5120~1(편집), 02-922-2246(영업)
팩스 02-922-6990
메일 kanapub3@naver.com / bogosabooks@naver.com
http://www.bogosabooks.co.kr

ISBN 979-11-6587-303-5 93910
ⓒ 허권수·허경진 외, 2022